Informatik-Fachberichte

Herausgegeben von W. Brauer
im Auftrag der Gesellschaft für Informatik (GI)

17

Bildverarbeitung und Mustererkennung

DAGM Symposium, Oberpfaffenhofen
11.-13. Oktober 1978

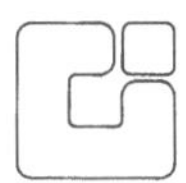

Herausgegeben von E. Triendl

Springer-Verlag
Berlin Heidelberg New York 1978

Herausgeber

Dr. Ernst Triendl
DFVLR
Deutsche Forschungs-
und Versuchsanstalt
für Luft- und Raumfahrt e. V.
Institut für Nachrichtentechnik
8031 Oberpfaffenhofen/Post Weßling

AMS Subject Classifications (1970): 68−00, 68−02
CR Subject Classifications (1974): 3.63

ISBN-13: 978-3-540-09058-8   e-ISBN-13: 978-3-642-67103-6
DOI: 10.1007/978-3-642-67103-6

CIP-Kurztitelaufnahme der Deutschen Bibliothek. *Bildverarbeitung und Mustererkennung*: DAGM-Sympo-
sium, Oberpfaffenhofen, 11. − 13. Oktober 1978 / hrsg. von E. Triendl. − Berlin, Heidelberg, New York :
Springer 1978. (Informatik-Fachberichte; Bd. 17)
NE: Triendl, Ernst [Hrsg.]; Deutsche Arbeitsgemeinschaft für Mustererkennung

<u>Vorwort</u>

Die Arbeiten zu Bildverarbeitung und Mustererkennung sind ein Versuch, die Natur der Wahrnehmung zu begreifen und die menschliche Intelligenzleistung in einem schmalen Teilbereich zu unterstützen. Überdies trägt die zunehmende Verfügbarkeit von Rechenanlagen zu den weltweiten Bemühungen um Fortschritte auf diesem Gebiet bei. Neue Aspekte und Ergebnisse zeigen sich in so kurzen Abständen und in solcher Fülle, daß ein Überblick über das Gesamtgebiet der Mustererkennung in jährlicher Folge nützlich erscheint. Der vorliegende Tagungsband zeigt einen repräsentativen Querschnitt durch den Stand der Arbeiten in der Bundesrepublik im Sommer 1978.

Das Symposium wird von der Deutschen Arbeitsgemeinschaft für Mustererkennung (DAGM) organisiert und von der Deutschen Forschungs- und Versuchsanstalt für Luft- und Raumfahrt (DFVLR) ausgerichtet. Die DAGM ist ein Dachverband folgender wissenschaftlicher Gesellschaften:
    Deutsche Gesellschaft für angewandte Optik (DGaO),
    Deutsche Gesellschaft für Ortung und Navigation (DGON),
    Deutsche Gesellschaft für Medizinische Dokumentation,
        Information und Statistik (GMDS),
    Deutsche Gesellschaft für Angewandte Datenverarbeitung
        und Automation in der Medizin (GADAM),
    Gesellschaft für Informatik (GI),
    Nachrichtentechnische Gesellschaft (NTG).
Die DAGM fördert den Erfahrungsaustausch auf dem Gesamtgebiet der Mustererkennung und ist als Nationales Komitee Mitglied der International Association for Pattern Recognition (IAPR).

Für die Arbeit im Programm-Ausschuß möchte ich mich bedanken bei J.P. Foith, Karlsruhe; Prof. H. Niemann, Erlangen; Prof. E. Paulus, Braunschweig; Prof. G. Winkler, Karlsruhe. An der Organisation haben mitgewirkt J.P. Foith, Institut für Informationsverarbeitung in Technik und Biologie, Karlsruhe und H. Platzer, Lehrstuhl für Nachrichtentechnik der TU München, sowie das Institut für Nachrichtentechnik der DFVLR Oberpfaffenhofen.

Besonders möchte ich mich bei den Autoren für die erstklassigen Beiträge und die Einhaltung der knappen Termine bedanken.

Allen Teilnehmern, sowie den Lesern wünsche ich einen intensiven Gedankenaustausch und viele Anregungen für die weitere Arbeit.

E. Triendl

<u>INHALTSVERZEICHNIS</u>

Autoren und ihre Adressen IX

NUMERISCHE VERFAHREN

Unüberwachtes Lernen
     H. Niemann.. 3

Klassifikation mehrdimensionaler Daten bei unbekannter
Klassenanzahl mit einem Gradientenverfahren
     L. Schüler, H. Wolff 21

Schnelle Klassifikation unter Verwendung eines Festwert-
speichers
     H. Kelle, C.E. Liedtke 26

ZEICHENERKENNUNG

Automatische Erkennung von Schreibern
     W. Kuckuck, B. Rieger, K. Steinke 35

Zur synthetischen Erzeugung variierender Rasterbilder
     W. Doster, J. Schürmann 39

Optische Zeichenerkennung mit inkohärenter Principal
Component Filterung
     R. Hauck 45

SPRACHE

Automatische forensische Sprechererkennung
     E. Bunge 55

Quantisierung von Spektralkomponenten für die Klassifizierung von Sprachsignalen
     H. Ney 62

Ein Abstands-Klassifikator mit automatischer Lernmusterauswahl, angewandt auf die Verifikation kooperativer
Sprecher
     M.H. Kuhn, H. Tomaschewski 68

Automatische Sprecherverifizierung im Spektralbereich
     U. Höfker, P. Jesorsky 74

BILDVERARBEITUNGSSYSTEME

Das bildverarbeitende Mehrprozessorsystem "FLIP"
     K. Lütjen 83

Optische Prozessoren mit Schnittstellen für Hybridverarbeitung
    H.-E. Reinfelder 91

Ein Schnittstellenelement zur inkohärent zu kohärent
optischen Wandlung auf Flüssigkristallbasis
    A. Kießling 95

Aspekte zur Mikroskopbilddigitalisierung
    P. Gais, K. Rechenmacher, W. Köditz 100

STRUKTURELLE VERFAHREN

Bildbeschreibungssprachen - was sie sind und was sie leisten
    G. Winkler 107

Analyse elektrischer Schaltpläne mit einfachen Schaltungs-
symbolen
    H. Bunke 126

Ein spezielles Verfahren zur Analyse und Synthese von
Linienbildern
    H. Amiri 133

Darstellung grafischer Bilder durch quadratische Stereotypen
    V. Märgner 139

Bilddarstellung durch konvexe Elementarmuster
    P. Zamperoni 145

Parametrisierte Bereichsfindung in digitisierten Fern-
sehbildern für die Beschreibung bewegter Objekte
    B. Radig 155

Identifikation und Verfolgung von Objekten anhand nicht-
perfekter Konturen
    B. Neumann 164

BILDFILTERUNG

Ein Programmsystem zur Bildverbesserung an multispektralen
Scannerdaten durch zweidimensionale digitale Filterung
    P. Nowak 177

Rekursive Verfahren zur Ortsfrequenzfilterung von Bildsignalen
    F. Wahl 183

Erfahrungen mit einem Hybrid-System zur Ortsfrequenzfilterung inkohärent beleuchteter Objekte
    D. Görlitz, F. Lanzl 193

Inverse Filterung in einem nichtkohärent-optischen
elektronischen Rückkopplungskreis
    D. Görlitz, F. Lanzl, Th. Mischke 198

Untersuchung von zweidimensionalen Rangordnungsoperatoren
im Orts- und Frequenzbereich
    G. Heygster 204

TRANSFORMATION UND VORVERARBEITUNG

Signaltransformation mit Hilfe orthonormierter m-Sequenzen
(m-Funktionen)
    H.-J. Grallert 211

Spline-Interpolation bei der Bildverarbeitung
    R. Winter 222

Computergestüzte Auswertung von Geschoß- und Werkzeugspuren
    W. Deinet 228

EXTRAKTION UND KLASSIFIZIERUNG

Maße für die Auffälligkeit in Bildern
    G. Winkler, K. Vattrodt 237

Teilautomatische Objektextraktion aus Luftbildern
    W.-D. Groch, W. Kestner, U. Obermöller, M. Sties 243

Ein hierarchisches Textur-Modell
    J.P. Foith 252

Modellierung von Kanten bei unregelmäßiger Rasterung
    E. Triendl 260

Segmentierung und Erkennung eines Objektes in natürlicher
Umgebung
    A. Korn 265

Automatische Bestimmung von Blasengrössenverteilungen
anhand dreidimensionaler Hologrammrekonstruktionen
    G. Haussmann, W. Lauterborn 275

Untersuchungen zur Beurteilung der Güte von Klassifizierungsergebnissen
    P. Haberäcker 281

ZYTOLOGIE

Automatische Zellbildanalyse
    W. Abmayr 299

Digitale Auswertung der Farbinformation von licht-
mikroskopischen Zellbildern
    A. Rüter, H.M. Aus, M. Haucke, H. Harms 311

Analyse multispektraler mikroskopischer Zellbilder
    V. Klement 318

MEDIZIN

Konturfindungsalgorithmen und ihre Anwendung auf
dem Gebiet der medizinischen Bilddatenverarbeitung
L. Abele, L. Lange 327

Klassifizierung von Substanzflecken in Chromatogrammen
H. Kronberg, V. Neuhoff 334

Automatische Verarbeitung von cranialen Computer-Tomo-
grammen
H.S. Stiehl 338

Vergleich von linearen Rekonstruktionsverfahren in der
Computertomographie mit statistischen Methoden
H. Füchtjohann 345

Automatische Erkennung und Lokalisation von Metallsplittern in Röntgenaufnahmen der Augenregion
J. Ellwart, M. Mertz 350

Methoden zur reproduzierbaren Darstellung pathologischer
Veränderungen der Papille am Augenhintergrund
N. Schultes, M. Mertz 358

Mustererkennungsverfahren bei Ultraschallschnittbildern
der Prostata zur Tumorerkennung
A. Gaca, E. Loch, U. Scheiding, W.v. Seelen, G. Wessels   366

ANHANG

Verzeichnis von digitalen Bildverarbeitungssystemen in der
Bundesrepublik Deutschland (ohne Anspruch auf Vollständigkeit) 379

AUTORENVERZEICHNIS

Abele, L.   Lehrstuhl für Nachrichtentechnik, Arcisstrasse 21
                     8000 München 21

Abmayr, W.   Gesellschaft für Strahlen- und Umweltforschung mbH.
                     Ingolstädter Landstr. 1, 8042 Neuherberg

Amiri, H.   Institut für Nachrichtentechnik, Technische
                     Universität Braunschweig, Postfach 33 29
                     3300 Braunschweig

Aus, H.M.   Institut für Virologie und Immunbiologie der
                     Universität Würzburg, Versbacher Landstrasse 7
                     8700 Würzburg

Bunge, E.   Bundeskriminalamt, Kriminaltechnisches Institut,
                     Thaerstrasse 11, 6200 Wiesbaden

Bunke, H.   Lehrstuhl für Informatik 5 (Mustererkennung)
                     Universität Erlangen-Nürnberg, Martensstrasse 3,
                     8520 Erlangen

Deinet, W.   Bundeskriminalamt, Kriminaltechnisches Institut,
                     Thaerstrasse 11, 6200 Wiesbaden

Doster, W.   AEG-Telefunken, Forschungsinstitut, Postfach 17 30,
                     7900 Ulm

Ellwart, J.   Institut für Hämatologie der Gesellschaft für
                     Strahlen- und Umweltforschung, Landwehrstr. 61,
                     8000 München 2

Foith, J.P   Institut für Informationsverarbeitung in Technik
                     und Biologie (IITB) der Fraunhofer-Gesellschaft e.V.
                     Sebastian-Kneipp-Str. 12-14, 7500 Karlsruhe

Füchtjohann, H.   Institut für Nachrichtentechnik, Technische Uni-
                     versität Braunschweig, Schleinitzstrasse 23,
                     3300 Braunschweig

Gais. P.   Gesellschaft für Strahlen- und Umweltforschung mbH.
                     Ingolstädter Landstrasse 1, 8042 Neuherberg

Gaca, A.   Deutsche Klinik für Diagnostik, Aukammallee 33,
                     6200 Wiesbaden

Görlitz, D.   Institut für Angewandte Physik, Universität Hamburg
                     Jungiusstrasse 11, 2000 Hamburg 36

Grallert, H.   Institut für Nachrichtengeräte und Datenverarbeitung
                     der Rhein-Westf. Hochschule Aachen, Templergraben 55
                     5100 Aachen

Groch, W.D.   Forschungsinstitut für Informationsverarbeitung
                     und Mustererkennung, Forschungsgesellschaft für
                     Angewandte Naturwissenschaften e.V., Breslauer Str. 48
                     7500 Karlsruhe

Haberäcker, P.   Deutsche Forschungs- und Versuchsanstalt für
                     Luft- und Raumfahrt e.V., Institut für Nachrichten-
                     technik, 8031 Wessling

Harms, H.	Institut für Virologie und Immunbiologie Universität Würzburg, Versbacher Landstrasse 7 8700 Würzburg
Hauck, R.	Physikalisches Institut, Abteilung Angewandte Optik, Erwin-Rommel-Strasse 1, 8520 Erlangen
Haucke, M.	Institut für Virologie und Immunbiologie, Universität Würzburg, Versbacher Landstrasse 7 8700 Würzburg
Haussmann, G.	Drittes Physikalisches Institut, Universität 3400 Göttingen
Heygster, G.	Max-Planck-Institut für experimentelle Medizin, Forschungsstelle Neurochemie, Hermann-Rein-Str. 3, 3400 Göttingen
Jesorsky, P.	Heinrich-Hertz-Institut für Nachrichtentechnk Berlin GmbH., Einsteinufer 37, 1000 Berlin 10
Kelle, H.	Theoretische Nachrichtentechnik der Technischen Universität Hannover, Callinstrasse 32, 3000 Hannover
Kestner, W.	Forschungsinstitut für Informationsverarbeitung und Mustererkennung, Forschungsgesellschaft für Angewandte Naturwissenschaften e.V., Breslauer Strasse 48, 7500 Karlsruhe
Kießling, A.	Forschungsinstitut für Informationsverarbeitung und Mustererkennung, Forschungsgesellschaft für Angewandte Naturwissenschaften e.V., 7500 Karlsruhe
Klement, V.	Mediz. Hochschule, Hannover, Abteilung Nuklearmedizin und Spez. Biophysik, Karl-Weichert-Allee 9 3000 Hannover 61
Köditz, W.	Gesellschaft für Strahlen- und Umweltforschung mbH. Ingolstädter Landstrasse 1, 8042 Neuherberg
Korn, A.	Institut für Informationsverarbeitung in Technik und Biologie der Fraunhofer-Gesellschaft, Sebastian-Kneipp-Str. 12-14
Kronberg, H.	Max-Planck-Institut für experimentelle Medizin, Forschungsstelle Neurochemie, Hermann-Reins-Str. 3 3400 Göttingen
Kuckuck, W.	Bundeskriminalamt, Kriminaltechnisches Institut, Thaerstrasse 11, 6200 Wiesbaden
Kuhn, M.H.	Philips GmbH., Forschungslaboratorium Hamburg, Vogt-Kölln-Strasse 30, 2000 Hamburg 54
Lange, L.	Lehrstuhl für Nachrichtentechnik, Arcisstrasse 21, 8000 München 21

Lanzl, F.	Institut für Angewandte Physik, Universität Hamburg, Jungiusstrasse 11, 2000 Hamburg 36
Lauterborn, W.	Drittes Physikalisches Institut, Universität 3400 Göttingen
Liedtke, D.E.	Theoretische Nachrichtentechnik, Technische Universität Hannover, Callinstrasse 32, 3000 Hannover
Loch, E.	Deutsche Klinik für Diagnostik, Aukammallee 33, 6200 Wiesbaden
Lütjen, K.	Forschungsinstitut für Informationsverarbeitung und Mustererkennung, Forschungsgesellschaft für Angewandte Naturwissenschaften e.V. Breslauer Strasse 48 7500 Karlsruhe
Märgner, V.	Institut für Nachrichtentechnik, Technische Universität Braunschweig, Mühlenpfortenstr. 23, Postfach 3329, 3300 Braunschweig
Mertz, M.	Augenklinik rechts der Isar, Technische Universität München, Ismaninger Str. 22, 8000 München 80
Mischke, Th.	Institut für Angewandte Physik, Universität Hamburg Jungiusstrasse 11, 2000 Hamburg 36
Neuhoff, V.	Max-Planck-Institut für experimentelle Medizin, Forschungsstelle Neurochemie, Hermann-Rein-Str. 3 3400 Göttingen
Neumann, B.	Fachbereich Informatik, Universität Hamburg, Schlüterstrasse 70, 2000 Hamburg 13
Ney, H.	Philips GmbH., Forschungslaboratorium Hamburg, Vogt-Kölln-Str. 30, 2000 Hamburg 54
Niemann, H.	Lehrstuhl für Informatik 5 (Mustererkennung), Universität Erlangen-Nürnberg, Martensstrasse 3, 8520 Erlangen
Nowak, P.	Deutsche Forschungs- und Versuchsanstalt für Luft- und Raumfahrt e.V., Institut für Nachrichtentechnik, 8031 Weßling
Obermöller, U.	Forschungsinstitut für Informationsverarbeitung und Mustererkennung, Forschungsgesellschaft für Angewandte Naturwissenschaften e.V. Breslauer-Strasse 48, 7500 Karlsruhe
Pretschner,	Mediz. Hochschule Hannover, Dep. Radiologie, Karl-Wiechert-Alle 9, 3000 Hannover 61
Radig, B.	Institut für Informatik, Universität Hamburg, Schlüterstrasse 66-72, 2000 Hamburg 13
Rechenmacher, K.	Gesellschaft für Strahlen- und Umweltforschung mbH., Ingolstädter Landstrasse 1, 8042 Neuherberg

Reinfelder, E.   Forschungsinstitut für Informationsverarbeitung
                  und Mustererkennung, Forschungsgesellschaft für
                  Angewandte Naturwissenschaften e.V., Breslauer-
                  Strasse 48, 7500 Karlsruhe

Rieger, B.   Bundeskriminalamt, Kriminaltechnisches Institut,
                  Thaerstrasse 11, 6200 Wiesbaden

Rüter, A.   Institut für Virologie und Immunbiologie, Universi-
                  tät Würzburg, Versbacher Landstrasse 7,
                  8700 Würzburg

Scheiding, U.   Batelle Institut Frankfurt, Am Römerhof 35
                  6000 Frankfurt/Main

Schultes, N.   Augenklinik und -poliklinik rechts der Isar,
                  Technische Universität München, Ismaninger Str. 22,
                  8000 München 80

Schüler, L.   Institut für Angewandte Mathematik der Technischen
                  Universität Braunschweig, Pockelstrasse 14,
                  3300 Braunschweig

Schürmann, J.   AEG-Telefunken, Forschungsinstitut, Postfach 1730,
                  7900 Ulm

Seelen, v., W.   Institut für Biophysik, Universität Mainz, Post-
                  fach 39 80, 6500 Mainz

Steinke, K.   Bundeskriminalamt, Kriminaltechnisches Institut,
                  Thaerstrasse 11, 6200 Wiesbaden

Sties, M.   Forschungsinstitut für Informationsverarbeitung
                  und Mustererkennung, Forschungsgesellschaft für
                  Angewandte Naturwissenschaften e.V. Breslauer-Str. 48,
                  7500 Karlsruhe

Stiehl, S.   Waldallee 10 a, 1000 Berlin 22

Tomaschewski, H. Philips GmbH., Forschungslaboratorium Hamburg,
                  Vogt-Kölln-Strasse 30, 2000 Hamburg 54

Triendl, E.   Deutsche Forschungs- und Versuchsanstalt für Luft-
                  und Raumfahrt e.V., Institut für Nachrichtentechnik,
                  8031 Weßling

Vattrodt, K.   Institut für Informationsverarbeitung in Technik
                  und Biologie, Sebastian-Kneipp-Strasse 12 - 14,
                  7500 Karlsruhe 1

Wahl, F.   Lehrstuhl für Nachrichtechnik, Technische Universität
                  8000 München, Arcisstrasse 21

Wessels, G.   Deutsche Klinik für Diagnostik, Aukammallee 33
6200 Wiesbaden

Winkler, G.   Institut für Informationsverarbeitung in Technik
und Biologie, Sebastian-Kneipp-Str. 12 -14,
7500 Karlsruhe 1

Winter, R.   Deutsche Forschungs- und Versuchsanstalt für Luft-
und Raumfahrt e.V., Institut für Nachrichtentechnik,
8031 Weßling

Wolff, H.   Institut für Angewandte Mathematik, Technische
Universität Braunschweig, Pochelstrasse 14,
3300 Braunschweig

Zamperoni, P.   Technische Universität Braunschweig, Institut für
Nachrichtentechnik, Schleinitzstrasse 23,
3300 Braunschweig

NUMERISCHE VERFAHREN

UNÜBERWACHTES LERNEN

H.Niemann
Universität Erlangen-Nürnberg

Kurzfassung

In einer Einführung wird zunächst der Begriff des unüberwachten Lernens definiert. Im
Abschnitt 2 werden Verfahren zur interaktiven Strukturierung einer Stichprobe durch
Abbildung in eine Ebene erläutert. Den Hauptteil bildet Abschnitt 3 mit Verfahren zur
unüberwachten Ermittlung von Klassenbereichen; dazu gehören die Identifikation von
Mischungsverteilungen, das entscheidungsüberwachte Lernen und die Analyse von Häufungsgebieten. Im Abschnitt 4 wird kurz auf die Bildung nichtdisjunkter, insbesondere hierarchischer Klassenbereiche eingegangen. Einige Anwendungen, offene Probleme und Beziehungen zu Problemen der Bildanalyse werden in der Schlußbemerkung des Abschnitts 5
diskutiert.

1. Einführung

Im Rahmen dieser Ausführungen wird der Begriff "Lernen" wie folgt definiert:

Definition 1
Als "Lernen" wird jede Änderung der Reaktionsweise eines Systems bezeichnet, die auf-

grund der Aufnahme und Verarbeitung äußerer Information in Richtung auf ein optimales

Verhalten erfolgt.

Es ist wichtig, daß nicht zielgerichtete Änderungen der Reaktionsweise - z.B. durch

Ausfall einer Baugruppe bei einem Digitalrechner - nicht als Lernen bezeichnet werden.

Zunächst wird offengelassen, was unter einem optimalen Verhalten zu verstehen ist. Es

lassen sich zwei wichtige Gruppen von Lernprozessen unterscheiden: Einmal das über-

wachte Lernen oder Lernen mit Lehrer; hierbei gibt es eine unfehlbare, übergeordnete

Instanz, die den Lernerfolg beurteilt. Zum anderen das unüberwachte Lernen oder Lernen

ohne Lehrer; hierbei fehlt die Überwachungsinstanz, d.h. dem System wird von außen

nicht mitgeteilt, ob eine Änderung der Reaktionsweise richtig oder falsch war.

Die obigen Ausführungen werden nun für Systeme, die Muster klassifizieren, speziali-

siert. Bekanntlich geht es bei der Klassifikation von Mustern $^{\rho}\underline{f}(\underline{x})$ eines Problem-

kreises Ω darum, die Muster als Ganzes und i.a. unabhängig von anderen einer von k

möglichen Klassen Ω_κ, $\kappa = 1,...,k$ zuzuordnen [2]. Zu diesem Zweck wird aus dem Muster

$^{\rho}\underline{f}(\underline{x})$ ein Merkmalvektor $^{\rho}\underline{c}$ extrahiert, der die Eingangsgröße des eigentlichen Klassi-

fikators ist. Mit Hilfe von k Trennfunktionen $d(\underline{c}, \underline{a}_\kappa)$ werden Muster nach der Vorschrift

$$d(\underline{c}, \underline{a}_\kappa) = \max_\lambda d(\underline{c}, \underline{a}_\kappa) \implies \underline{c} \in \Omega_\kappa \tag{1}$$

klassifiziert. Die Trennfunktionen liegen bis auf die Parameter $\underline{a}_\kappa$ fest. Die Bestim-

mung der Parameter $\underline{a}_\kappa$ ist kein Problem, wenn eine klassifizierte Stichprobe

$$\omega = \{^1\underline{f}(\underline{x}),\ldots, ^N\underline{f}(\underline{x})\} \tag{2}$$

von Mustern vorliegt, d.h. wenn von jedem Muster $^\rho\underline{f}(\underline{x})\in\omega$ auch die zugehörige Klasse bekannt ist [1-4]. Im folgenden wird der Fall untersucht, daß eine nichtklassifizierte Stichprobe vorliegt und das System damit die Klasseneinteilung bestimmen soll. Da es keine Instanz gibt, die dem System den Erfolg bei der Klassifikation von Mustern $^\rho\underline{f}(\underline{x})\in\omega$ mitteilt, liegt ein unüberwachter Lernprozeß vor. Damit läßt sich ein solches System etwas genauer definieren zu:

Definition 2

Ein unüberwacht lernendes Klassifikationssystem L ist ein Quadrupel

$$L = \{R_{\underline{c}}, R_{\underline{a}}, \omega, G\} \tag{3}$$

$R_{\underline{c}}$: Merkmalsraum,

$R_{\underline{a}}$: Parameterraum,

ω : unklassifizierte Stichprobe,

G : Abbildung $R_{\underline{a}} \times R_{\underline{c}} \longrightarrow R_{\underline{a}}$.

Es ermöglicht die Zerlegung der Stichprobe ω in Teilmengen $\omega_\kappa \subset \Omega_\kappa$ und die Klassifikation neuer Muster $^\rho\underline{f}(\underline{x})\notin\omega$.

Der Merkmals- und der Parameterraum (d.h. die Art der Merkmale $\underline{c}$ und der Trennfunktionen d) sowie die Stichprobe ω werden als bekannt vorausgesetzt. Gesucht ist eine Abbildung G zur Bestimmung der optimalen Parameter $\underline{a}_\kappa$. Alle Ansätze zur Lösung dieses Problems beruhen auf zwei Postulaten:

Postulat 1

Klassen sind so zu bilden, daß Muster einer Klasse einander ähnlich und/oder Muster verschiedener Klassen einander unähnlich sind.

Postulat 2

Wenn die Merkmalvektoren $^i\underline{c}$, $^j\underline{c}$ zweier Muster $^i\underline{f}(\underline{x})$, $^j\underline{f}(\underline{x})$ im Merkmalsraum nahe beieinander liegen, so sind die Muster sich ähnlich.

Postulat 2 besagt dagegen nicht, daß ähnliche Muster immer nahe zusammen liegen müssen. Es gibt viele Möglichkeiten, Abstände zwischen zwei Mustern im $R_{\underline{c}}$ zu messen; es gibt viele Möglichkeiten, Abstände zwischen zwei Mengen ω_κ, ω_λ von Mustern zu messen; man kann Trennfunktionen $d(\underline{c}, \underline{a}_\kappa)$ sehr unterschiedlich wählen; das Optimierungskriterium zur Bestimmung der Parameter ist in weiter Grenzen wählbar; schließlich gibt es verschiedene numerische Methoden, um eine bestimmte Optimierungsaufgabe zu lösen. Daraus erklärt sich, daß es zum unüberwachten Lernen eine Vielzahl von Methoden gibt. Einige beschränken sich auf die Zerlegung der Stichprobe ω, da dann Trennfunktionen überwacht bestimmt werden können. Einige Bücher, die sich ausschließlich dem Themenkomplex des unüberwachten Lernens - wenn auch unter anderem Titel - widmen, sind [5-8].

2. Strukturerhaltende Abbildung

Die Merkmalvektoren $^{\rho}\underline{c}\in\omega$ sind Punkte im n-dimensionalen Merkmalsraum R_c. Da nach
Postulat 1 und 2 Muster einer Klasse ähnlich sein sollen und benachbarte Muster ähn-
lich sind, sollten Merkmalvektoren von Mustern einer Klasse, $^{\rho}\underline{c}\in\omega_K, \underline{c}\in\Omega_K$, im Merkmalsraum Gebiete hoher Punktdichte, sog. Häufungsgebiete (cluster), bilden. Im R_2 oder R_3
kann ein menschlicher Betrachter solche Häufungsgebiete mit einem Blick feststellen,
nicht dagegen im R_n, $n > 3$. Es ist daher naheliegend, die Stichprobe $\omega\in R_n$ so in eine
neue Stichprobe $\omega'\in R_{n'}$, $n' = 2$ oder 3, abzubilden, daß die Abstände zwischen den
Mustern möglichst erhalten bleiben; dieses wird als Strukturerhaltung bezeichnet.
Durch grafische Darstellung von ω' läßt sich eine Zerlegung der Stichprobe interaktiv,
d.h. durch einen Beobachter, durchführen. Die zerlegte Stichprobe kann z.B. Anfangs-
werte für ein Iterationsverfahren liefern oder Grundlage eines überwachten Lernprozesses sein. Natürlich wird es i.a. nicht möglich sein, die $N(N-1)/2$ verschiedenen Abstände einer Stichprobe vom Umfang N exakt zu erhalten, wenn vom R_n in den $R_{n'}$ mit
$n' < n$ abgebildet wird.

Derartige Abbildungen lassen sich linear [9,10] oder nichtlinear [11-15] durchführen,
wobei bei letzteren wiederum iterative und nichtiterative Verfahren zu unterscheiden
sind. Als Beispiel wird aus der Vielzahl der Verfahren hier eine lineare und eine
iterative nichtlineare Abbildung herausgegriffen.

Eine häufig angewendete lineare Abbildung ist die bekannte diskrete Karhunen-Loeve
Transformation [9]. Dabei wird die Kovarianzmatrix

$$\underline{K} = \frac{1}{2} \sum_{\rho=1}^{N} (^{\rho}\underline{c} - \underline{m}) (^{\rho}\underline{c} - \underline{m})_t \tag{4}$$

$$\underline{m} = \frac{1}{N} \sum_{\rho=1}^{N} {}^{\rho}\underline{c}$$

der Stichprobe ω berechnet. Sind $\underline{\phi}_1$, $\underline{\phi}_2$ die Eigenvektoren, die zu den größten Eigen-
werten von $\underline{K}$ gehören, so erhält man die Abbildung $^{\rho}\underline{c}'$ für $n' = 2$ eines Merkmalvektors
$^{\rho}\underline{c}$ gemäß

$$^{\rho}\underline{c}' = \begin{bmatrix} ^{\rho}c'_1 \\ ^{\rho}c'_2 \end{bmatrix} = \begin{bmatrix} \underline{\phi}_{1t} \\ \underline{\phi}_{2t} \end{bmatrix} {}^{\rho}\underline{c} \tag{5}$$

Der tiefgestellte Index t bezeichnet den transponierten Vektor. Der Vorteil dieser Abbildung ist die problemlose Berechnung, die je nach Rechnerkapazität ohne weiteres für
$n = 300 - 600$ möglich ist. Dazu kommt, daß auch neue Muster $^{\rho}\underline{c}\notin\omega$ abgebildet werden
können. Der immer wieder angeführte Nachteil besteht in der Beschränkung auf lineare
Abbildungen, wodurch komplizierte Datenstrukturen im R_n nicht mehr im $R_{n'}$ angemessen
darstellbar sind.

Um diesen Nachteil zu vermeiden, wurden zahlreiche Ansätze für nichtlineare Abbildungen entwickelt. Bei iterativen Verfahren bestehen zwar keine Einschränkungen hinsichtlich der Kompliziertheit der Abbildung, jedoch ist die Konvergenz der meisten Algorithmen problematisch. In [12] wurde ein Algorithmus entwickelt, dessen Konvergenz nachweisbar ist. Bei diesem Algorithmus wird der Abstand zweier Merkmalvektoren $^j\underline{c}$, $^k\underline{c}$ gemessen durch

$$s_{jk} = (^j\underline{c} - {}^k\underline{c})_t \ (^j\underline{c} - {}^k\underline{c}) \quad . \tag{6}$$

Diese Merkmalvektoren sollen so in zwei andere, $^j\underline{c}'$, $^k\underline{c}'$, abgebildet werden, daß der Abstand s'_{jk} zwischen $^j\underline{c}'$, $^k\underline{c}'$ möglichst gut mit s_{jk} übereinstimmt. Der mittlere Fehler der Abstände von Merkmalvektoren $^j\underline{c}$, $^k\underline{c}\in\omega$ und $^j\underline{c}'$, $^k\underline{c}'\in\omega'$ wird gemessen durch

$$\varepsilon = \varepsilon(\omega,\omega') = \frac{1}{\sum\limits_{k<j} s_{jk}^2} \sum\limits_{k<j} (s_{jk} - s'_{jk})^2 \quad . \tag{7}$$

Gesucht ist die optimale Stichprobe ω'_0, die durch

$$\varepsilon(\omega,\omega'_0) = \min_{\omega'} \varepsilon(\omega,\omega') \tag{8}$$

definiert ist. Es ist zweckmäßig, die Stichproben ω und ω' durch je einen Vektor

$$\begin{aligned}
\underline{C} &= (^1\underline{c}_t, \ ^2\underline{c}_t, \ldots, \ ^N\underline{c}_t)_t \in R_{N\cdot n} \\
\underline{C}' &= (^1\underline{c}'_t, \ ^2\underline{c}'_t, \ldots, \ ^N\underline{c}'_t)_t \in R_{Nn'}
\end{aligned} \tag{9}$$

darzustellen. Beginnend mit einer beliebigen Startkonfiguration ω'_1 wird iterativ im m-ten Schritt eine verbesserte Konfiguration

$$\underline{C}'_{m+1} = \underline{C}'_m + \beta_m \ \underline{r}_m \tag{10}$$

berechnet. Dabei ist β_m die Schrittweite und $\underline{r}_m$ die Richtung der Änderung. Als Richtungen kommen insbesondere der Gradienten- und der Koordinatenabstieg in Frage. Es läßt sich zeigen, daß es dafür eine Schrittweite β_m gibt, so daß in jedem Schritt

$$\varepsilon(\underline{C},\underline{C}'_m + \beta_m\underline{r}_m) = \varepsilon(\underline{C},\underline{C}'_{m+1}) < \varepsilon(\underline{C},\underline{C}'_m) \tag{11}$$

ist, d.h. das Iterationsverfahren konvergiert. Die optimale Schrittweite β_m läßt sich jeweils durch Berechnung der Nullstellen eines Polynoms dritten Grades ermitteln.

Die guten Konvergenzeigenschaften des obigen Algorithmus konnten experimentell bestätigt werden. Der Vorteil der nichtlinearen Abbildung wird i.a. darin gesehen, daß auch solche Häufungsgebiete getrennt dargestellt werden können, die mit linearen Abbildungen als eine einheitliche Punktmenge erscheinen. Nach den bisherigen Erfahrungen des Autors scheint es schwierig zu sein, realistische Daten zu finden, bei denen dieser Vorteil sich auswirkt. Die Nachteile der nichtlinearen Abbildung bestehen im hohen Rechenaufwand und der dadurch bedingten Beschränkung auf Stichproben mit N = 200 bis 500 Muster sowie der Probleme bei der Abbildung von Mustern $^\rho\underline{c}\notin\omega$ [15].

3. Unüberwachte Klassenbildung

In diesem Abschnitt werden Verfahren erörtert, um aus einer Stichprobe ω Information über die Klassen zu gewinnen. Das Ziel ist dabei, ω in disjunkte Teilmengen ω_κ zu zerlegen; im Unterschied zu Abschnitt 4 sind die Zerlegungen in einem Schritt, also nicht hierarchisch durchzuführen. Im Unterabschnitt 3.1. wird der "klassische" Ansatz der Analyse von Mischungsverteilungen behandelt, in 3.2. das schon sehr früh vorgeschlagene entscheidungsüberwachte Lernen und in 3.3. die am häufigsten angewendeten Verfahren der Analyse von Häufungsgebieten.

3.1. Identifikation von Mischungsverteilungen

Aus der Entscheidungstheorie ist bekannt [1-4], daß es keine Probleme bereitet, Trennfunktionen $d(\underline{c}, \underline{a}_\kappa)$ gemäß Gl.(1) anzugeben, wenn die klassenbedingten Verteilungsdichten $w(\underline{c}|\Omega_\kappa)$ der Merkmalvektoren bekannt sind. Soll z.B. die Fehlerwahrscheinlichkeit bei der Klassifikation minimiert werden, so erhält man

$$d(\underline{c}, \underline{a}_\kappa) = p_\kappa\, w(\underline{c}|\Omega_\kappa) = p_\kappa\, w(\underline{c}|\underline{a}_\kappa) \quad , \tag{12}$$

wobei p_κ die a priori Wahrscheinlichkeit der Klasse Ω_κ ist. Die Schreibweise in Gl.(12) soll andeuten, daß die bedingte Dichte $w(\underline{c}|\Omega_\kappa)$ bis auf den Parametervektor $\underline{a}_\kappa$ bekannt ist. Beispielsweise wird vielfach vorausgesetzt, daß $w(\underline{c}|\Omega_\kappa)$ mit genügender Genauigkeit durch eine Normalverteilungsdichte approximierbar ist; die unbekannten Parameter wären dann Mittelwertsvektor und Kovarianzmatrix. Wenn die Stichprobe ω zerlegt ist in Teilmengen $\omega_\kappa \subset \Omega_\kappa$, so bereitet es keine Schwierigkeiten, Schätzwerte der Parameter zu berechnen [16]. Wenn ω nicht zerlegt ist, sind diese Verfahren nicht mehr anwendbar [17]. Trotzdem ist es naheliegend, auch in diesem Falle eine Schätzung der Parameter anzustreben, zumal da die mathematische Statistik leistungsfähige Schätzverfahren zur Verfügung stellt [18].

Grundsätzlich ist es möglich, mit Hilfe der nichtzerlegten Stichprobe ω die Mischungsverteilungsdichte

$$w(\underline{c}) = \sum_{\kappa=1}^{k} p_\kappa\, w(\underline{c}|\underline{a}_\kappa) = w(\underline{c}|k,\{p_\kappa,\underline{a}_\kappa,\kappa=1,\ldots,k\}) \tag{13}$$

zu schätzen. Offensichtlich hängt $w(\underline{c})$ von den unbekannten Parametern $k,\{p_\kappa,\underline{a}_\kappa, \kappa=1,\ldots,k\}$ ab. Es stellt sich damit die prinzipielle Frage, welchen Bedingungen die Dichten $w(\underline{c}|\underline{a}_\kappa)$ genügen müssen, damit die unbekannten Parameter mit Hilfe von $w(\underline{c})$ geschätzt werden können. Die folgende Diskussion wird sich zunächst auf Verteilungen $W(\underline{c})$ - nicht Dichten $w(\underline{c})$ - beziehen.

Im folgenden wird vorausgesetzt, daß die bedingten Verteilungen $W(\underline{c}|\Omega_\kappa)$ der Merkmalvektoren eines Problemkreises Elemente einer bekannten n-dimensionalen parametrischen Familie $\tilde{W}(\underline{c}|\underline{a})$ von Verteilungen sind, d.h. es ist

$$W(\underline{c}|\Omega_\kappa) = W(\underline{c}|\underline{a}_\kappa) \in \tilde{W}(\underline{c}|\underline{a}) = \{W(\underline{c}|\underline{a}) \mid \underline{a} \in R_{\underline{a}}\} \quad . \tag{14}$$

Dabei ist R_a der Parameterraum. Ein Beispiel für eine Familie $\tilde{W}$ ist die schon erwähnte Familie der n-dimensionalen Normalverteilungen. Weiterhin wird vorausgesetzt, daß es eine m-dimensionale Verteilung

$$P = \{p_\kappa(\underline{a}_\kappa)|\kappa = 1,\ldots,k\} \tag{15}$$

gibt, die $k < \infty$ Punkten $\underline{a}_\kappa \in R_a$ eine Wahrscheinlichkeit $p_\kappa > 0$ zuordnet, so daß

$$\sum_\kappa p_\kappa = 1 \quad , \quad 1 \leqslant k < \infty \tag{16}$$

gilt. Durch P und die Abbildung

$$Q(P) = \sum_{\kappa=1}^{k} p_\kappa \, W(\underline{c}|\underline{a}_\kappa) = W(\underline{c}) \tag{17}$$

wird eine n-dimensionale Verteilung $W(\underline{c})$ definiert. P heißt auch die mischende Verteilung, $W(\underline{c})$ die Mischung oder Mischungsverteilung. Ist

$$\tilde{P} = \{P|p_\kappa(\underline{a}_\kappa) > 0, \sum_\kappa p_\kappa = 1, 1 \leqslant k < \infty\} \tag{18}$$

die Menge der mischenden Verteilungen, so ist

$$\tilde{W}(\underline{c}) = Q(\tilde{P}) = \{Q(P)|P \in \tilde{P}\} \tag{19}$$

die Menge der (endlichen) Mischungsverteilungen. Ein Element $W(\underline{c}) \in \tilde{W}(\underline{c})$ ist eindeutig gekennzeichnet, wenn die Parameter $B = \{k, p_\kappa(\underline{a}_\kappa)|\kappa = 1,\ldots,k\}$ und $\tilde{W}(\underline{c}|\underline{a})$ bekannt sind. Damit läßt sich definieren, was eine identifizierbare Mischungsverteilung ist: Die Menge $\tilde{W}(\underline{c})$ der endlichen Mischungsverteilungen heißt identifizierbar, wenn sich für jedes Element $W(\underline{c}) \in \tilde{W}(\underline{c})$ die Parameter B eindeutig bestimmen lassen, d.h. wenn

$$P_1 \neq P_2 \iff Q(P_1) = W_1(\underline{c}) \neq W_2(\underline{c}) = Q(P_2) \quad . \tag{20}$$

Es darf also nicht sein, daß durch verschiedene Parameter B die gleiche Mischungsverteilung erzeugt wird. Die parametrische Familie $\underline{\tilde{W}}(\underline{c}|\underline{a})$ in Gl.(14) heißt identifizierbar, wenn die von ihr erzeugte Menge $\tilde{W}(\underline{c})$ in Gl.(19) identifizierbar ist.

Offensichtlich ist unüberwachtes Lernen durch Schätzung der unbekannten Parameter nur möglich, wenn die bedingten Verteilungen der Merkmalvektoren Elemente einer identifizierbaren parametrischen Familie von Verteilungen sind. In der Literatur [19-22] wurde ausführlich untersucht, unter welchen Voraussetzungen parametrische Familien von Verteilungen identifizierbar sind, wie das Vorliegen dieser Voraussetzungen prüfbar ist und insbesondere welche der bekannten parametrischen Familien tatsächlich identifizierbar sind. Danach ist bekannt, daß die Familie der n-dimensionalen Normalverteilungen identifizierbar ist. Da zu den Normalverteilungen auch die Dichten existieren, folgt daraus weiter, daß man eine Dichte $w(\underline{c})$ nur auf eine einzige Art aus Normalverteilungsdichten gemäß Gl.(13) zusammensetzen kann (vorausgesetzt natürlich, daß das überhaupt geht). Weiterhin ist bekannt, daß auch Verteilungen, die sich als Produkt n eindimen-

sionaler Verteilungen $W(c|\underline{a}) \in \tilde{W}(c|\underline{a})$ ergeben, identifizierbar sind, vorausgesetzt
daß $\tilde{W}(c|\underline{a})$ identifizierbar ist. Insgesamt läßt sich feststellen, daß unüberwachtes
Lernen für viele praktisch interessante Familien von Dichten möglich ist, wenn auch
nicht für alle. Die letzte Einschränkung hat wenig Gewicht, da man nichtidentifizier-
bare Familien meistens durch identifizierbare approximieren kann. Der grundsätzliche
Gesichtspunkt der Identifizierbarkeit ist daher kein wesentliches Problem. Wichtiger
ist der praktische Gesichtspunkt, die Identifikation tatsächlich durchzuführen, also
Schätzwerte der Parameter zu berechnen.

Zur Berechnung der Parameter gibt es verschiedene Ansätze, wie allgemeine Algorithmen
[23], Schätzung mit Momenten [24], Bayes-Schätzung [21,25], Maximum-Likelihood-Schät-
zung [26,27] und stochastische Approximationsverfahren [28]. Leider sind die Verfahren
rechnerisch so aufwendig, daß sie für Probleme der Mustererkennung kaum einsetzbar
sind. Um einen Eindruck von den Schwierigkeiten zu geben, wird die Maximum-Likelihood-
Schätzung betrachtet. Dabei wird vorausgesetzt, daß die Zahl k der Klassen bekannt ist.

Der Maximum-Likelihood-Schätzwert der Parameter einer Mischungsverteilungsdichte gemäß
Gl.(13) ergibt sich, wie üblich, durch Maximierung der Likelihood-Funktion

$$l(\{p_\kappa, \underline{a}_\kappa\}) = \log w(\omega|\{p_\kappa, \underline{a}_\kappa\})$$

$$= \sum_{j=1}^{N} \log \left[\sum_{\kappa=1}^{k} p_\kappa \, w(^j\underline{c}|\underline{a}_\kappa) \right] \tag{21}$$

Die Schätzwerte $\hat{p}_\kappa$, $\hat{\underline{a}}_\kappa$ sind definiert durch

$$l(\{\hat{p}_\kappa, \hat{\underline{a}}_\kappa\}) = \max_{\{p_\kappa, \underline{a}_\kappa | \kappa = 1,\ldots,k\}} l(\{p_\kappa, \underline{a}_\kappa\}) \quad . \tag{22}$$

Die Lösung dieser Gleichungen für normalverteilte Merkmalvektoren ergibt

$$\hat{p}_\lambda = \frac{1}{N} \sum_{j=1}^{N} \hat{p}\,(\Omega_\lambda|^j\underline{c}) \quad ,$$

$$\hat{\underline{\mu}}_\lambda = \frac{1}{N\hat{p}_\lambda} \sum_{j=1}^{N} \hat{p}\,(\Omega_\lambda|^j\underline{c}) \cdot {}^j\underline{c} \quad , \tag{23}$$

$$\hat{\underline{K}}_\lambda = \frac{1}{N\hat{p}_\lambda} \sum_{j=1}^{N} \hat{p}\,(\Omega_\lambda|^j\underline{c}) \, [(^j\underline{c} - \hat{\underline{\mu}}_\lambda)(^j\underline{c} - \hat{\underline{\mu}}_\lambda)_t] \quad .$$

Dabei ist $\hat{p}(\Omega_\lambda|^j\underline{c})$ ein Schätzwert für die a posteriori-Wahrscheinlichkeit der Klasse
Ω_λ, wenn $^j\underline{c}$ beobachtet wurde. Man erkennt sofort, daß die obigen Schätzgleichungen in
die bekannten einfachen Schätzgleichungen des überwachten Lernens übergehen, wenn die
richtige Klasse mit der Wahrscheinlichkeit 1 ermittelt werden kann, also bekannt ist.
Dann ergibt sich nämlich für diese (richtige) Klasse Ω_κ der Wert $\hat{p}(\Omega_\kappa|^j\underline{c}) = 1$ und für
alle $\lambda \neq \kappa$ ist $\hat{p}(\Omega_\lambda|^j\underline{c}) = 0$. Die Unsicherheit über die richtige Klasse führt also zu
einer wesentlichen Erschwerung der Schätzung. Aufgrund der Beziehung

$$p(\Omega_\lambda \mid {}^j\underline{c}) = \frac{p_\lambda w({}^j\underline{c} \mid \underline{\mu}_\lambda, \underline{K}_\lambda)}{\sum_{\kappa=1}^{k} p_\kappa \, w({}^j\underline{c} \mid \underline{\mu}_\kappa, \underline{K}_\kappa)} \tag{24}$$

ist klar, daß die Schätzwerte für p_λ, $\underline{\mu}_\lambda$, $\underline{K}_\lambda$ von allen Schätzwerten $\hat{p}_\kappa$, $\hat{\underline{\mu}}_\kappa$, $\hat{\underline{K}}_\kappa$, $\kappa=1,\ldots,k$ abhängen. Da $w({}^j\underline{c} \mid \Omega_\kappa)$ Normalverteilungsdichten sind, erhält man ein System gekoppelter transzendenter Gleichungen, dessen Lösung äußerst unangenehm ist.

Eine iterative Lösung dieser Gleichungen wird in [26] entwickelt und an einem Beispiel mit 18 einzelnen Parametern (3 Klassen im 2-dimensionalen Merkmalsraum) getestet; dort wird auch ein Testverfahren zur Bestimmung der Zahl der Klassen vorgeschlagen. Ein Problem bei der iterativen Lösung nichtlinearer Gleichungssysteme stellt die Tatsache dar, daß je nach Startpunkt der Iteration Konvergenz gegen verschiedene Lösungen erfolgen kann. Grundsätzlich ist es sicherlich möglich, daß so ein Gleichungssystem mehrere Lösungen hat. Andrerseits scheint das dem Begriff der Identifizierbarkeit zu widersprechen. Es ist aber zu berücksichtigen, daß z.B. die Annahme klassenbedingter Normalverteilungsdichten stets nur eine Approximation an die tatsächlichen Verhältnisse sein wird und der Einfluß einer endlichen Stichprobe auf die Schätzung kaum zu übersehen ist. Wenn man Bild 1 betrachtet, kommt man zu der Auffassung, daß die Konvergenz gegen verschiedene Lösungen eigentlich in der Natur der Sache liegt. Die dort gezeigte Stichprobe kann man nach den Merkmalen Fläche, Form, Strichelung auf verschiedene Arten in Klassen zerlegen. Man kann diese Merkmale den 3 Komponenten eines Merkmalvektors zuordnen und ein System damit unüberwacht lernen lassen. Welches ist dann die "richtige" Lösung, gegen die das Verfahren konvergieren soll? Es wird in [27] darauf hingewiesen, daß es verschiedene vereinfachende Annahmen gibt, um die Lösung der Gl.(23) wesentlich zu vereinfachen. Damit wird bereits der Übergang zum entscheidungsüberwachten Lernen gebildet, das kurz im nächsten Unterabschnitt diskutiert wird.

3.2. Entscheidungsüberwachtes Lernen

Die Untersuchung des allgemeinen unüberwachten Lernvorgangs im vorigen Unterabschnitt zeigte deutlich, daß ohne zusätzliche Maßnahmen der Rechenaufwand untragbar wird. Mit zu den ersten Vorschlägen für unüberwachtes Lernen gehört das entscheidungsüberwachte Lernen [29], das im Zusammenhang mit adaptiven Empfängern vorgeschlagen wurde. Das Prinzip des entscheidungsüberwachten Lernens besteht darin, die Klasse eines neuen Musters zuerst zu schätzen; dieser Schätzwert wird verwendet, um aus dem unüberwachten einen überwachten Lernprozeß zu machen, der numerisch problemlos durchführbar ist. Da die Schätzung der Klassenzugehörigkeit i.a. nur mit einer gewissen Fehlerwahrscheinlichkeit durchführbar ist, stellt sich natürlich die Frage nach der Konvergenz so eines Lernprozesses. Für die Umwandlung in einen überwachten Lernprozeß gibt es verschiedene Ansätze, die im folgenden kurz erörtert werden.

Ein erster Ansatz ergibt sich unmittelbar aus Gl.(23). Man beginne mit beliebigen Startparametern $\hat{p}_{\lambda 0}$, $\hat{\underline{K}}_{\lambda 0}$, $\hat{\underline{\mu}}_{\lambda 0}$, $\lambda=1,\ldots,k$. Zweckmäßig ist es natürlich, solche Startwerte zu

wählen, die möglichst in der Nähe der richtigen liegen; das ist z.B. durch interaktive
Vorstrukturierung einer kleinen Stichprobe, wie in Abschnitt 2 beschrieben, möglich.
Wenn im j-ten Iterationsschritt j=1,...,N ein neues, nicht klassifiziertes Muster $^j\underline{c}$
angeboten wird, bestimme man mit den aus dem (j-1)-ten Schritt bekannten Parametern
$\hat{p}_{\lambda,j-1}$, $\hat{\underline{\mu}}_{\lambda,j-1}$, $\hat{\underline{K}}_{\lambda,j-1}$ Schätzwerte $\hat{p}(\Omega_\lambda|^j\underline{c})$ gemäß Gl.(24). Diese werden zur Berechnung
verbesserter Schätzwerte $\hat{p}_{\lambda,j}$, $\hat{\underline{\mu}}_{\lambda,j}$, $\underline{\hat{K}}_{\lambda,j}$ gemäß Gl.(23) verwendet. Theoretische Aussagen zur Konvergenz liegen bisher nicht vor. Wenn jedoch die Klassen im Merkmalsraum
gut getrennt und die Startparameter einigermaßen zuverlässig sind, ist zu erwarten,
daß für die richtige Klasse Ω_κ eines neuen Musters $^j\underline{c}$ der Schätzwert $\hat{p}(\Omega_\kappa|^j\underline{c})$ nahe bei
1 und alle anderen nahe bei 0 liegen. In diesem Falle sind die Gln.(23) ohnehin nahezu
entkoppelt, und es ist gute Konvergenz der vorgeschlagenen Iteration zu erwarten.

Ein zweiter Ansatz ist in [29,30] enthalten. Man verwende die aus dem (j-1)-ten Schritt
berechneten Parameter, um ein neues Muster $^j\underline{c}$ zu klassifizieren. Das kann z.B. dadurch
geschehen, daß man wiederum Schätzwerte $\hat{p}(\Omega_\lambda|^j\underline{c})$ gemäß Gl.(24) berechnet und das Muster
$^j\underline{c}$ der Klasse Ω_κ mit maximalem $\hat{p}(\Omega_\kappa|^j\underline{c})$ zuordnet (s.Gl.(1) und Gl.(12)). Diese Klasse
wird nun als richtige Klasse betrachtet, d.h. man setzt für die Berechnung der ver-
besserten Schätzwerte $\hat{p}_{\lambda,i}$, $\hat{\underline{\mu}}_{\lambda,i}$, $\underline{\hat{K}}_{\lambda,i}$ in Gl.(23)

$$\hat{p}(\Omega_\lambda|^j\underline{c}) = \begin{cases} 1 & \text{für } \lambda = \kappa \\ 0 & \text{für } \lambda \neq \kappa \end{cases} . \tag{25}$$

Damit gehen, wie schon erwähnt, die Gl.(23) in die einfachen Schätzgleichungen des
überwachten Lernens über; man kann auch sagen, daß damit das Gleichungssystem (23)
entkoppelt wird. Theoretische Aussagen zur Konvergenz liegen nicht vor, jedoch wurde
in [29] eine experimentelle Untersuchung am Beispiel der Signaldetektion durchgeführt;
dabei ergab sich eine zufriedenstellende Konvergenz.

Ein dritter Ansatz besteht darin, das neue Muster $^j\underline{c}$ mit der Wahrscheinlichkeit
$\hat{p}(\Omega_\lambda|^j\underline{c})$ der Klasse Ω_λ zuzuordnen und nach der Zuordnung wie oben unter Gl.(25) zu
verfahren. Die Zuordnung kann z.B. durch einen Zufallszahlengenerator erfolgen, der
eine Zahl $\lambda\in\{1,...,k\}$ mit der Wahrscheinlichkeit $\hat{p}(\Omega_\lambda|^j\underline{c})$ erzeugt. Verschiedene Ver-
sionen dieses Verfahrens wurden in [31-33] untersucht. Dabei wurden im Unterschied
zu Gl.(23) die Bayes-Schätzwerte verwendet. Unter recht allgemeinen Voraussetzungen
wird gezeigt, daß so ein Verfahren mit der Wahrscheinlichkeit 1 konvergiert.

3.3. Analyse von Häufungsgebieten

Ein wesentlicher Ansatzpunkt der Kritik an den bisher erläuterten Verfahren besteht
- ähnlich wie bei der Entwicklung fest dimensionierter Klassifikatoren - darin, daß
statistische Vorkenntnisse erforderlich sind; es muß nämlich eine parametrische
Familie von Dichten bekannt sein. Aus den Gl.(1) und (12) geht jedoch hervor, daß
diese Dichten nur Mittel zum Zwecke der Bestimmung der Trennfunktionen $d(\underline{c},\underline{a}_\kappa)$ sind.
Statt sich um die Bestimmung der Dichten zu bemühen scheint es sinnvoll zu sein, die
Trennfunktionen direkt zu ermitteln. Diese Auffassung wurde z.B. in [34] konsequent

entwickelt. Natürlich kommt man auch hier nicht ohne Vorkenntnisse oder Annahmen aus:
um die Parameter der Trennfunktionen zu bestimmten, muß man eine Familie solcher
Funktionen vorgeben. Die Beliebtheit dieses Ansatzes dürfte daher vor allem darin begründet sein, daß er rechnerisch relativ leicht beherrschbar ist.

Dieser Unterabschnitt gliedert sich in zwei Teile. Zunächst wird eine allgemeine Begründung der Vorgehensweise gegeben; es folgt als Beispiel ein spezieller Algorithmus,
der zusätzlich einige heuristische Erweiterungen enthält.

Zunächst wird eine Funktion $S(\underline{c},\underline{a}_\kappa)$ definiert, welche die Kosten dafür angibt, daß
ein Muster $\underline{c}$ der Klasse Ω_κ zugeordnet wird. Wählt man z.B.

$$S(\underline{c},\underline{a}_\kappa) = (\underline{c}-\underline{a}_\kappa)^2 \quad , \tag{26}$$

so lassen die Parameter $\underline{a}_\kappa$ sich als Klassenzentren oder Prototypen interpretieren und
die "Kosten" sind das Abstandsquadrat eines Musters vom jeweiligen Zentrum. Damit ergibt sich der mittlere Verlust zu

$$V = \sum_{\kappa=1}^{k} p_\kappa \int_{\Omega_\kappa} S(\underline{c},\underline{a}_\kappa) \, w(\underline{c}|\Omega_\kappa)d\underline{c} \quad . \tag{27}$$

Gesucht sind Parameter $\underline{a}_\kappa$ und Klassenbereiche Ω_κ, so daß der Verlust V minimiert wird.
Es wird nun vorausgesetzt, daß die klassenbedingten Dichten sich nicht überlappen
(das ist wesentlich restriktiver als Identifizierbarkeit !); dann gilt auch

$$V = \sum_{\kappa} \int_{\Omega_\kappa} S(\underline{c},\underline{a}_\kappa) \, w(\underline{c})d\underline{c} \quad . \tag{28}$$

Wesentlich an Gl.(28) ist, daß sie die Form eines Erwartungswertes $E\{...\}$ hat, während
Gl.(27) die Summe bedingter Erwartungswerte ist. Auf Gl.(28) sind daher bekannte Verfahren der stochastischen Approximation unmittelbar anwendbar. Die iterative Minimierung von V beruht darauf, daß die Variation von V aus zwei unabhängigen Anteilen
besteht; der eine entsteht durch Variation der Parameter $\underline{a}_\kappa$ bei festen Klassenbereichen
Ω_κ, der andere durch Variation von Ω_κ bei festen $\underline{a}_\kappa$. Damit ergibt sich die Vorgehensweise:

1. Im m-ten Iterationsschritt bestimme man für festes $\underline{a}_{\kappa,m}$ die Klassenbereiche $\Omega_{\kappa,m}$,
   so daß V minimal wird. Es läßt sich leicht zeigen, daß die Klassenbereiche gegeben
   sind durch

$$\Omega_{\kappa,m} = \{\underline{c}\,|\,S(\underline{c},\underline{a}_{\kappa,m}) = \min_\lambda S(\underline{c},\underline{a}_{\lambda,m})\} \quad . \tag{29}$$

2. Anschließend bestimme man für festes $\Omega_{\kappa,m}$ die Parameter so, daß V minimiert wird.

Das obige Prinzip erlaubt zahlreiche Modifikationen, je nach Wahl der Verlustfunktion,
des Minimierungsverfahrens und der Startwerte. Als ein Beispiel wird Gl.(26) verwendet
und mit Hilfe der stochastischen Approximation [35] minimiert. Dann ergibt sich

$$\underline{a}_{\kappa,m} = \underline{a}_{\kappa,m-1} + 2\beta_m (^m\underline{c} - \underline{a}_{\kappa,m-1}) \quad ,$$

$$\text{wenn } (\underline{{}^m c} - \underline{a}_{\kappa,m-1})^2 = \min_\lambda (\underline{{}^m c} - \underline{a}_{\lambda,m-1})^2 \tag{30}$$

$$\underline{a}_{\lambda,m} = \underline{a}_{\lambda,m-1} \quad \text{für } \lambda \neq \kappa \ .$$

Das obige Iterationsverfahren eignet sich vor allem dann, wenn Muster fortlaufend angeboten werden und das System in Echtzeit mitlernen soll. Wenn eine Stichprobe ω fest vorgegeben ist, empfiehlt es sich oft, Algorithmen vom ISODATA-Typ zu verwenden; darauf wird noch eingegangen. Eine wichtige Feststellung ist, daß der Lernprozeß gemäß Gl.(29) oder (30) entscheidungsüberwacht ist. Weiterhin ist festzustellen, daß die Vorgehensweise nach Gl.(30) natürlich nur angemessen ist, wenn Gl.(26) die Struktur der Daten genügend gut approximiert, d.h. wenn die Klassen angenähert kugelförmig sind. Sonst sind andere Abstandsmaße zweckmäßig [36].

Wenn eine Stichprobe gegeben ist, besteht eine naheliegende Modifikation des obigen Iterationsschemas darin, in jedem Iterationsschritt die ganze Stichprobe zu klassifizieren und dann die Parameter neu zu berechnen. Dieser Prozeß wird wiederholt bis die Parameter konstant bleiben. Zusätzlich können heuristische Maßnahmen zur Kontrolle der Zahl der Klassen getroffen werden. Dieses ist das Prinzip von ISODATA (Iterative Self-Organizing Data Analysis Technique A) [37] und anderen Algorithmen [38]; ein Vergleich von acht Algorithmen wurde in [39] durchgeführt. Die grundsätzliche Arbeitsweise dieser Algorithmen geht aus Bild 2 hervor. Das Grundschema erhält man, wenn man die Abfragen 1-3 fortläßt; das ist auch erforderlich, wenn eine vorgegebene Zahl k von Klassen zu bilden ist. Ist dagegen die Zahl der Klassen unbekannt, so sind die Abfragen 1-3 geeignet, Klassen mit bestimmten Eigenschaften zu bilden. Hinweise für die Gestaltung dieser Abfragen und die Wahl der Startparameter sind z.B. in [38] angegeben.

Auf zahlreiche andere Verfahren kann aus Platzgründen nicht näher eingegangen werden. Dazu gehören unter anderem Verfahren zur Bestimmung der Zahl der Klassen [40], Verfahren zur Bestimmung der relativen Extrema der Mischungsverteilungsdichte [41-45], graphentheoretische Verfahren [46-49] und stochastische Modelle [50]. Die Idee bei den Verfahren zur Bestimmung relativer Extrema besteht darin, daß bei einigermaßen gut separierten Klassen jede der bedingten Dichten mindestens ein Extremum in der Mischungsverteilungsdichte von Gl.(13) verursachen sollte. Die Extremwerte (Maxima oder Minima) von $w(\underline{c})$ geben also Aufschluß über die Struktur der Stichprobe. Die Anwendung der Graphentheorie ergibt sich dadurch, daß man die Elemente ${}^\rho\underline{c}\in\omega$ den Knoten eines Graphen zuordnet und die Verbindungen zwischen zwei Mustern ${}^j\underline{c}, {}^k\underline{c}$ den Kanten; das Gewicht s_{jk} einer Kante ist gleich dem Abstand zwischen den Mustern. Beispielsweise entfernt man bei der "single-linkage"-Methode alle Kanten mit einem Gewicht $s_{jk} > s$. Je nach Wahl von s zerfällt dadurch der Graph in einige nicht zusammenhängende Teilgraphen, die als Klassen aufgefaßt werden. Durch Veränderung von s ergibt sich der Übergang zu den hierarchischen Verfahren des nächsten Abschnitts.

4. Hierarchische Klassenbildung

Die Bildung nichtdisjunkter Klassen (mit $\Omega_\kappa \cap \Omega_\lambda \neq \emptyset$ für $\kappa \neq \lambda$) ist z.B. durch die Forderung möglich, daß eine Teilmenge ω_κ nur Muster enthält, die höchstens den Abstand s von irgendeinem der anderen Muster aus ω_κ haben, und daß kein Muster zu ω_κ hinzugefügt werden darf, ohne diese Forderung zu verletzen [51]. Die so erzeugten Klassen sind zwar homogen, aber oft von anderen nur schlecht getrennt. Durch entsprechende Ergänzungen ist die Kontrolle der Überschneidung von Klassen möglich [52]. Im folgenden werden jedoch nur solche Verfahren betrachtet, die hierarchische Zerlegungen liefern. Solche Zerlegungen sind beispielsweise dann nützlich, wenn der Anwender ein Gefühl für die Struktur der Stichprobe entwickeln möchte, um einen Kompromiß zwischen der Zahl der Klassen und der Homogenität der Klassen zu finden.

Unter einer Hierarchie H von Zerlegungen versteht man eine Folge von (m+1) Zerlegungen A^0, A^1,..., A^m der Stichprobe ω. Dabei ist

$$A^0 = \{\{{}^1\underline{c}\}, \{{}^2\underline{c}\}, \ldots, \{{}^N\underline{c}\}\} \tag{31}$$

$$A^m = \{\omega\}$$

und $A^{\nu-1}$ eine feinere Zerlegung als A^ν, $\nu = 1, \ldots, m$; damit ist gemeint, daß die Klassen von A^ν immer durch Vereinigung von zwei oder mehr Klassen von $A^{\nu-1}$ entstehen. Es wird vorausgesetzt, daß es ein für jede Teilmenge $\omega_\kappa \subset \omega$ definiertes Maß h mit den Eigenschaften

$$h(\omega_\kappa) \geqslant 0 \tag{32}$$

$$\omega_\kappa \subset \omega_\lambda \implies h(\omega_\kappa) < h(\omega_\lambda) \text{ für alle } \omega_\kappa, \omega_\lambda \in H$$

gibt. Wenn s_{jk} ein Abstandsmaß zwischen Mustern ${}^j\underline{c}$, ${}^k\underline{c} \in \omega$ ist, so genügen u.a.

$$h(\omega) = \max_{j,k} s_{jk}$$

$$h(\omega) = \sum_j ({}^j\underline{c} - \underline{\mu})^2 \tag{33}$$

den Bedingungen (32). Wie in Bild 3 gezeigt wird, erlaubt h die anschauliche Darstellung einer hierarchischen Zerlegung.

Zur Konstruktion einer Hierarchie H gibt es zwei Vorgehensweisen, die agglomerative und die divisive. Agglomerative Verfahren beginnen mit A^0 in Gl.(31), also der feinsten Zerlegung, in der jede der N Klassen genau ein Muster enthält. Schrittweise werden Muster zu Klassen und Klassen zu übergeordneten Klassen zusammengefaßt, bis das Verfahren bei A^m endet. Divisive Verfahren arbeiten genau umgekehrt; es wird also mit A^m begonnen, d.h. mit einer Klasse, die alle Muster enthält, und schrittweise verfeinert, bis das Verfahren bei A^0 endet. Die letzteren Verfahren sind i.a. mit mehr Rechenaufwand verbunden, so daß nur ein Beispiel aus der ersten Gruppe diskutiert wird.

Die agglomerativen Verfahren arbeiten nach folgendem Schema:
1. Man setze $A^0 = \{\omega_1, \ldots, \omega_N\}$ mit $\omega_j = \{{}^j\underline{c}\}$.

2. Im ν-ten Schritt bestimme man die zwei ähnlichsten Klassen $\omega_\kappa, \omega_\lambda \in A^{\nu-1}$ und fasse
   diese zu einer neuen Klasse $\omega_{\kappa\lambda} = \omega_\kappa \cup \omega_\lambda$ zusammen. Die Zerlegung A^ν enthält alle
   Klassen von $A^{\nu-1}$, außer ω_κ und ω_λ, zuzüglich $\omega_{\kappa\lambda}$.

3. Das Verfahren endet für $\nu = m$, wenn $A^m = \{\omega\}$ ist.

Konkrete Algorithmen ergeben sich, wenn man ein Maß $s_{\kappa\lambda}$ für die Ähnlichkeit oder Unähnlichkeit zweier Klassen $\omega_\kappa, \omega_\lambda$ definiert. Man setzt dann im ν-ten Schritt

$$h_\nu = h(\omega_{\kappa\lambda}) = s_{\kappa\lambda} \quad . \tag{34}$$

Damit läßt sich die Hierarchie in einem Dendrogramm gemäß Bild 3 anschaulich darstellen. Zu jedem Wert von h gehört eine Zerlegung und umgekehrt. Ein konkretes Beispiel
ist die schon erwähnte single-linkage-Methode [53]. Hierbei definiert man

$$s_{\kappa\lambda} = s(\omega_\kappa, \omega_\lambda) = \min_{{}^j\underline{c} \in \omega_\kappa, {}^k\underline{c} \in \omega_\lambda} s_{jk} = \min_{j,k} s({}^j\underline{c}_\kappa, {}^k\underline{c}_\lambda) \quad . \tag{35}$$

Dabei ist s_{jk} beispielsweise der Euklidische Abstand zwischen Mustern ${}^j\underline{c}, {}^k\underline{c}$. Es läßt
sich zeigen, daß dabei für die Maße h_ν in Gl.(34) die Ungleichungen

$$0 = h_0 < h_1 < \ldots < h_m \tag{36}$$

gelten. Bei der complete-linkage-Methode setzt man im Unterschied zu Gl.(35)

$$s_{\kappa\lambda} = \max_{{}^j\underline{c} \in \omega_\kappa, {}^k\underline{c} \in \omega_\lambda} s_{jk} \tag{37}$$

und bei der average-linkage-Methode

$$s_{\kappa\lambda} = \frac{1}{N_\kappa N_\lambda} \sum_{{}^j\underline{c} \in \omega_\kappa} \sum_{{}^k\underline{c} \in \omega_\lambda} s_{jk} \quad . \tag{38}$$

Ist s_{jk} in Gl.(35), (37), (38) ein Maß für den Abstand der Muster ${}^j\underline{c}, {}^k\underline{c}$, der also
klein ist, wenn die Muster ähnlich sind, so werden im ν-ten Schritt die Klassen ω_κ
und ω_λ mit dem kleinsten Wert von $s_{\kappa\lambda}$ zusammengefaßt. Es kann sein, daß es mehrere
Paare von Klassen mit diesem kleinsten Wert gibt. Um zu einer eindeutigen hierarchischen
Zerlegung zu gelangen, vereinigt man eine Klasse ω_κ mit allen k_ν Klassen $\omega_{\lambda i}, i=1,\ldots,k_\nu$,
die von ω_κ den Minimalabstand haben.

Durch die Möglichkeit, eine hierarchische Zerlegung graphisch als Dendrogramm darzustellen, ergibt sich, ähnlich wie in Abschnitt 2, eine interaktive Verarbeitung. Praktikabel dürfte diese allerdings nur für kleine Stichproben sein. Wegen der zwischen
hierarchischen Zerlegungen und Ultrametriken bestehenden Zusammenhänge wird auf die
Literatur [8,53] verwiesen. Weitere Verfahren sind in [54,55] angegeben.

5. Schlußbemerkung

Verfahren des unüberwachten Lernens sind grundsätzlich bei allen Aufgaben der Klassifikation von Mustern von Interesse, da die Erstellung einer klassifizierten Stichprobe

i.a. mit beträchtlichem Aufwand verbunden ist. Zudem ist bekannt, daß menschliche Beobachter in der Klassifikation nicht immer übereinstimmen [56]. Tatsächlich angewendet wurden solche Verfahren beispielsweise bei der Untersuchung soziologischer Daten [37], bei der Klassifikation von Zellen [57], der Auswertung von Luftbildern [58-60], der Diagnose [61], der Analyse von Marktdaten [62], und der Entwicklung stückweise linearer Klassifikatoren [63].

Der Begriff des unüberwachten Lernens ist bisher nur im Zusammenhang mit Systemen zur Klassifikation von Mustern gebräuchlich. Natürlich treten Probleme des Lernens im Sinne von Definition 1 in Abschnitt 1 auch im Zusammenhang mit Systemen zur Analyse von Mustern auf [64]. Die Aufgabe eines Klassifikationssystems ist die Zuordnung einer Klasse ω_κ zu einem Muster ${}^\rho\underline{f}(\underline{x})$; die Aufgabe eines Analysesystems ist die Zuordnung einer Beschreibung ${}^\rho B$ zu einem Muster ${}^\rho\underline{f}(\underline{x})$. Überwachtes Lernen in einem Klassifikationssystem ist möglich, wenn eine Stichprobe ω von Mustern gegeben ist und zusätzlich von jedem Muster ${}^\rho\underline{f}(\underline{x})\in\omega$ die richtige Klasse ω_κ bekannt ist. Analog wird als überwachtes Lernen in einem Analysesystem der Fall bezeichnet, daß zu jedem Muster ${}^\rho\underline{f}(\underline{x})\in\omega$ die Beschreibung ${}^\rho B$ gegeben ist. Wenn die Analyse mit Hilfe von Grammatiken durchgeführt wird, so gibt es für diesen Fall Ansätze zur automatischen Konstruktion der zugehörigen Grammatik [65]. Das dem unüberwachten Lernen in einem Klassifikationssystem (s.Def.2) analoge Problem bei der Musteranalyse liegt demnach dann vor, wenn die Beschreibung ${}^\rho B$ der Muster ${}^\rho\underline{f}(\underline{x})\in\omega$ nicht bekannt ist; zur Zeit liegen nur wenig Ansätze (wie z.B. in [66]) vor, dieses im Zusammenhang mit der Musteranalyse sicherlich wichtige und interessante Problem zu lösen.

Literatur

[1] R.O.Duda, P.E.Hart: Pattern classification and scene analysis. J.Wiley, New York, 1973

[2] H.Niemann: Methoden der Mustererkennung. Akademische Verlagsgesellschaft, Frankfurt, 1974

[3] G.Winkler: Stochastische Systeme - Analyse und Synthese. Akademische Verlagsgesellschaft, Wiesbaden, 1977

[4] J.Schürmann: Polynomklassifikatoren für die Zeichenerkennung. R.Oldenbourg, München, 1977

[5] R.C.Tryon, D.E.Bailey: Cluster Analysis. McGraw-Hill Book, New York, 1970

[6] M.R.Anderberg: Cluster analysis for applications. Academic Press, New York, 1973

[7] N.Jardine, R.Sibson: Mathematical taxonomy. J.Wiley, London, 1971

[8] H.H.Bock: Automatische Klassifikation. Vandenhoeck und Rupprecht, Göttingen, 1974

[9] H.Niemann: Mustererkennung mit orthonormalen Reihenentwicklungen. Nachrichtentechn.Zeitschrift 23, 308-313, 1970

[10] T.W.Calvert: Nonorthogonal projections for feature extraction in pattern recognition. IEEE Trans.on Computers C-19, 447-452, 1970

[11] R.N.Shepard: The analysis of proximities: Multidimensional scaling with an unknown distance function, I and II. Psychometrika 27, 125-140 and 219-246, 1962

[12] H.Niemann, J.Weiss: A fast converging algorithm for nonlinear mapping of high-dimensional data to a plane. IEEE Trans.on Computers, in Vorbereitung

[13] D.R.Olsen, K.Fukunaga: Representation of nonlinear data surfaces. IEEE Trans.on Computers C-22, 915-922, 1973

[14] J.W.Sammon: A nonlinear mapping for data structure analysis. IEEE Trans.on Computers C-18, 4o1-4o9, 1969

[15] C.L.Chang, R.C.T.Lee: A heuristic relaxation method for nonlinear mapping in cluster analysis. IEEE Trans.on Syst., Man and Cybern.SMC-3, 197-200, 1973

[16] D.G.Keehn: A note on learning for Gaussian properties. IEEE Trans.on Inf.Theory IT-11, 126-132, 1965

[17] J.Spragins: Learning without a teacher. IEEE Trans.on Inf.Theory IT-12, 223-230, 1966

[18] H.L.Van Trees: Detection, estimation, and modulation theory, Part I. J.Wiley, New York, 1968

[19] H.Teicher: Identifiability of finite mixtures. Ann.Math.Stat.34, 1265-1269, 1963

[20] S.J.Yakowitz, J.Spragins: On the identifiability of finite mixtures. Ann.Math. Stat.39, 2o9-214, 1968

[21] E.A.Patrick, J.C.Hancock: Nonsupervised sequential classification and recognition of patterns. IEEE Trans.on Inf.Theory IT-12, 362-372, 1966

[22] H.Teicher: Identifiability of mixtures of product measures. Ann.Math.Stat.38, 1300-1302, 1967

[23] S.J.Yakowitz: Unsupervised learning and the identification of finite mixtures. IEEE Trans.on Inf.Theory IT-16, 330-338, 1970

[24] D.B.Cooper, P.W.Cooper: Nonsupervised adaptive signal detection and pattern recognition. Information and Control 7, 416-444, 1964

[25] E.A.Patrick, J.P.Costello: On unsupervised estimation algorithms. IEEE Trans.on Inf.Theory IT-16, 556-569, 1970

[26] J.H.Wolfe: NORMIX, computational methods for estimating the parameters of multivariate normal mixtures of distributions. Res.Memorandum SRM 68-2, US Naval Personnel Research Activity, San Diego, Calif., 1967

[27] J.H.Wolfe: Pattern clustering by multivariate mixture analysis. Multivariate Behavioral Res.5, 329-350, 1970

[28] Z.J.Nikolic, K.S.Fu: An algorithm for learning without external supervision and its application to learning control systems. IEEE Trans.on Aut.Control AC-11, 414-422, 1966

[29] H.J.Scudder: Adaptive communication receivers. IEEE Trans.on Inf.Theory IT-11, 167-174, 1965

[30] W.D.Gregg, J.C.Hancock: An optimum decision-directed scheme for Gaussian mixtures. IEEE Trans.on Inf.Theory IT-14, 451-461, 1968

[31] A.K.Agrawala: Learning with a probabilistic teacher. IEEE Trans.on Inf.Theory IT-16, 373-379, 1970

[32] K.Shanmugam: A parametric procedure for learning with an imperfect teacher. IEEE Trans.on Inf.Theory IT-18, 300-303, 1972

[33] T.Imai, M.Shimura: Learning with probabilistic labeling. Pattern Recognition 8, 5-10, 1976

[34] Ya.Z.Tsypkin: Foundations of the theory of learning systems. Academic Press, New York, 1973

[35] M.T.Wasan: Stochastic Approximation. Cambridge University Press, 1969

[36] R.Maronna, P.M.Jacovkis: Multivariate clustering procedures with variable metrics. Biometrics 30, 499-505, 1974

[37] G.H.Ball, J.D.Hall: A clustering technique for summarizing multivariate data. Behavional Sci.12, 153-155, 1967

[38] F.R.Fromm, R.A.Northouse: CLASS; a nonparametric clustering algorithm. Pattern Recognition 8, 107-114, 1976

[39] R.Dubes, A.K.Jain: Clustering techniques; the user's dilemma. Pattern Recognition 8, 247-260, 1976

[40] A.A.Dorofeyuk: Teaching algorithms for a pattern recognition machine without a teacher, based on the method of potential functions. Automation and Remote Control 27, 1728-1737, 1966

[41] R.Mizoguchi, M.Shimura: Nonparametric learning without a teacher based on mode estimation. IEEE Trans.on Computers C-25, 1109-1117, 1976

[42] J.Kittler: A locally sensitive method for cluster analysis. Pattern Recognition 8, 23-33, 1976

[43] W.L.G.Koontz, K.Fukunaga: A nonparametric valley-seeking technique for cluster analysis. IEEE Trans.on Computers C-21, 171-178, 1972

[44] I.Gitman: An algorithm for nonsupervised pattern classification. IEEE Trans.on Syst., Man, and Cybern.SMC-3, 66-74, 1973

[45] D.J.Eigen, et.al.: Cluster analysis based on dimensional information with applications to feature selection and classification. IEEE Trans.on Syst., Man, and Cybern.SMC-4, 284-294, 1974

[46] J.G.Augustson, J.Minker: An Analysis of some graph theoretical cluster techniques. JACM 17, 571-588, 1970

[47] C.T.Zahn: Graph-theoretical methods for detecting and describing Gestalt clusters. IEEE Trans.on Computers C-20, 68-86, 1971

[48] L.J.Hubert: Somme applications of graph theory to clustering. Psychometrika 39, 283-309, 1974

[49] W.L.G.Koontz, et.al.: A graph-theoretic approach to nonparametric cluster analysis. IEEE Trans.on Computers C-25, 936-944, 1976

[50] R.F.Ling: A probability theory of cluster analysis. J.Am.Stat.Ass.68, 159-164, 1973

[51] F.Harary, I.C.Ross: A procedure for clique detection using the group matrix. Sociometry 20, 205-215, 1957

[52] R.T.Dattola: A fast algorithm for automatic classification. J.Library Aut.2, 31-48, 1969

[53] S.C.Johnson: Hierarchical clustering schemes. Psychometrika 32, 241-254, 1967

[54] F.J.Rohlf: Adaptive hierarchical clustering schemes. Systematic Zoology 19, 58-82, 1970

[55] G.N.Lance, W.T.Williams: A general theory of classificatory sorting strategies; 1. Hierarchical systems. Computer Journal 9, 373-380, 1967

[56] P.A.Gorman, et.al.: Observer variation in interpretation of the electrocardiogram. Med.Ann.District of Columbia 33, 97-99, March 1964

[57] P.H.Bartels, et.al.: Cell recognition by neighborhood grouping techniques in TICAS. Acta Cytologica 14, 313-324, 1970

[58] G.Nagy: Digital image processing activities in remote sensing for earth resources. Proc.IEEE 60, 1177-1200, 1972

[59] A.G.Wacker, D.A.Landgrebe: Boundaries in multispectral imagery by clustering. Proc.1970 IEEE Symp.on Adaptive Processes, Univ.of Texas, Austin, 1970, XI 4.1 - XI 4.8

[60] R.M.Ray, et.al.: Implementation of ILLIAC IV algorithms for multispectral image interpretation. CAC Doc.No.112, Center for Adv.Comp., Univ.of Illinois, Urbana, 1974

[61] A.K.C.Wong, T.S.Liu: A decision-directed clustering algorithm for discrete data.
      IEEE Trans.on Computers C-26, 75-82, 1977

[62] H.Späth: Fallstudien Cluster-Analyse. R.Oldenbourg, München-Wien, 1977

[63] K.Fukunaga, R.D.Short: Generalized clustering for problem localization. IEEE
      Trans.on Computers C-27, 176-181, 1978

[64] H.Niemann: Digital image analysis. In: P.Stucki (ed.): Recent Advances in Digi-
      tal Image Analysis, Plenum Press, in Vorbereitung

[65] K.S.Fu, T.L.Booth: Grammatical inference-introduction and survey. IEEE Trans.on
      Syst., Man, and Cybern.SMC-5, 95-111 and 409-423, 1975

[66] J.Toriwaki, T.Fukumura: Extraction of structural information from grey pictures.
      Comp.Graphics and Image Proc.7, 30-35, 1978

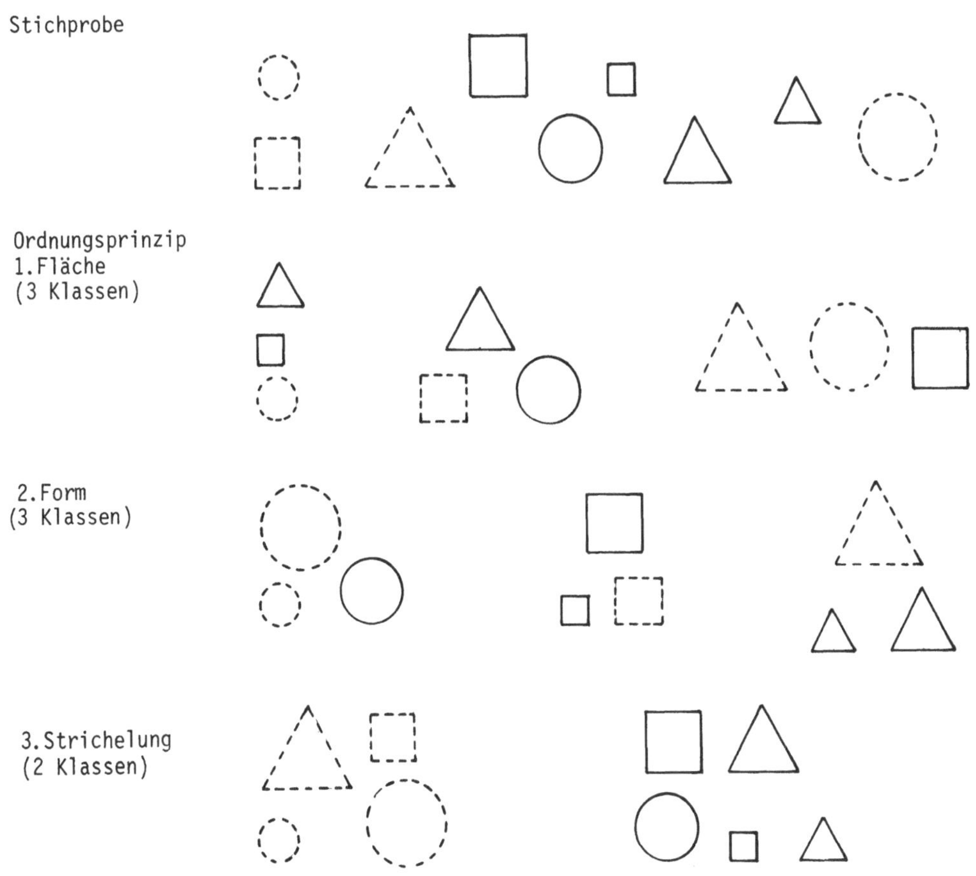

Bild 1 Möglichkeiten zur Klassenbildung

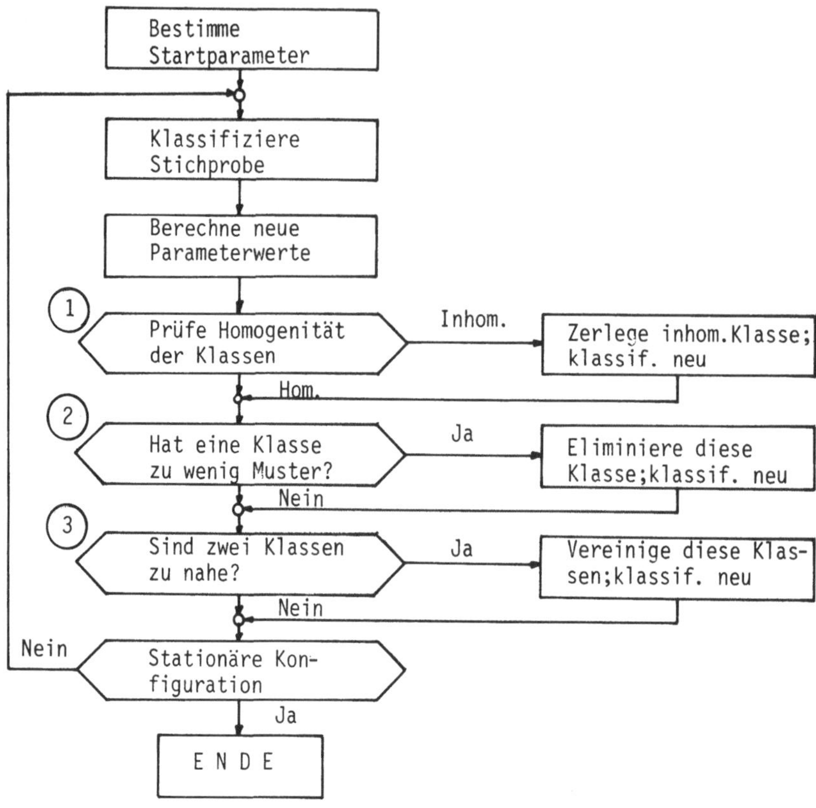

Bild 2 Iterative Zerlegung einer Stichprobe von Mustern

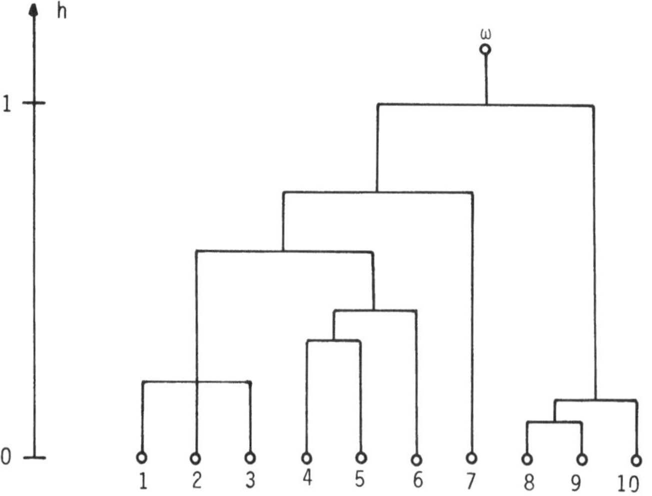

KLASSIFIKATION MEHRDIMENSIONALER DATEN BEI UNBEKANNTER

KLASSENANZAHL MIT EINEM GRADIENTENVERFAHREN

H. Wolff, TU Braunschweig
L. Schüler, TU Braunschweig

Zusammenfassung

Von einem zeichenerzeugenden Prozeß, generiert von k Zeichenklassen mit
den Auftrittswahrscheinlichkeiten $p_1,\ldots,p_k$ seien n Beobachtungen gegeben. Die Anzahl k der Klassen und die Wahrscheinlichkeiten p_i seien
nicht bekannt. Weiter werde jede Klasse durch eine ebenfalls nicht bekannte unimodale Wahrscheinlichkeitsdichte f_i representiert. Von der
Gesamtdichte $f = \Sigma p_i f_i$ wird im wesentlichen nur vorausgesetzt, daß
sie und ihre ersten partiellen Ableitungen durch Fourierreihen dargestellt werden können. Mit einer im "Mean Integrated Square Error"-Sinn
konsistenten Schätzung des Gradienten von f wird eine natürliche Klasseneinteilung der Beobachtungen vorgenommen.

1. Einleitung

Unter der Vielzahl automatischer Klassifikationsverfahren gibt es sicher kein Universalverfahren. So sind z.B. Verfahren, die bei disjunk-
ten Gruppierungen ausgezeichnet arbeiten, bei Überlappungen anderen
Verfahren klar unterlegen. Hier soll eine Methode behandelt werden, die
sich dann als besonders sinnvoll erwiesen hat, wenn vergleichsweise
große Überlappungen vorliegen. Ein weiterer Vorteil besteht darin, daß
keine Voraussetzungen über die Anzahl der Klassen gemacht werden.
Seien nun r disjunkte Zeichenklassen $\Pi_1,\ldots,\Pi_r$ an dem zeichenerzeugenden Prozeß beteiligt und der Merkmalsraum k-dimensional, so liegen der
weiteren Untersuchung also r k-dimensionale Zufallsvariable

$$Z_i : \Pi_i \to \mathbb{R}^k \quad , \quad i = 1,\ldots,r \quad ,$$

zugrunde. Wir nehmen an, daß den Zufallsvektoren Z_i unimodale Dichten
f_i zugeordnet sind. Sind die a-priori-Wahrscheinlichkeiten p_i, $\Sigma p_i = 1$,
dann ist

$$f(\psi) = \sum_{i=1}^{r} p_i f_i(\psi) \qquad (\psi \in \mathbb{R}^k)$$

die Dichte des Zufallsvektors $\quad Z : \Pi = \sum_{j=1}^{r} \Pi_j \to \mathbb{R}^k$.

Die Mischdichte f ist i.a. multimodal, d.h. sie besitzt an gewissen
Stellen $\xi_1,\ldots,\xi_q$ lokale Maxima. Unter der Voraussetzung, daß sich die
Gebiete, in denen die f_i echt positiv sind, nicht zu stark überlappen,
werden die Modalwerte der f_i näherungsweise mit den Modalwerten von f
übereinstimmen. Insbesondere wird r=q gelten. Ein sehr einfaches Beispiel zeigt für den Fall k=1, r=3, $p_1 = p_2 = p_3 = 1/3$ die Abbildung 1.

Vorgegeben sei nun eine einfache Stichprobe $z_1,\ldots,z_n$ der Zufallsvariablen Z. Gesucht ist ein Verfahren, das ohne Kenntnis der p_j, f_j und der Anzahl r der Klassen möglichst viele Stichprobenelemente z_i der richtigen Zeichenklasse Π_j zuordnet.

In Anlehnung an Fukunaga und Hostetler [1975] schlagen wir folgendes Vorgehen vor. In einem ersten Schritt werden sämtliche Stichprobenwerte z_i in Richtung des Gradienten von f um einen festen Betrag δ verschoben:

$$z_i^{(1)} = z_i + \delta \cdot \nabla f / |\nabla f| \quad , \quad i = 1,\ldots,n \quad .$$

Dieses Verfahren wird so oft wiederholt, bis nach dem s-ten Schritt die verschobenen Stichprobenwerte $z_i^{(s)}$ in der Nähe lokaler Maxima von f gruppiert sind und so eine "natürliche"Clustereinteilung erreicht ist.

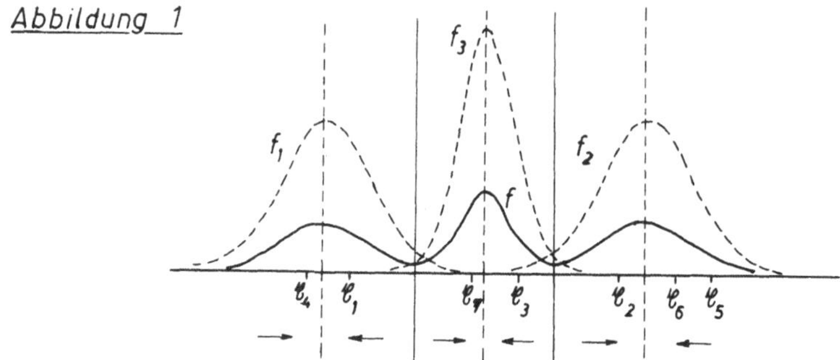

Da f nicht bekannt ist, wird ∇f durch eine aus der Stichprobe erzeugte Schätzung $\hat{\nabla} f$ ersetzt. Die Güte des Verfahrens wird natürlich wesentlich davon abhängen, ob die gewählte Schätzfunktion $\hat{\nabla} f$ geeignet ist. Außerdem wird das Ergebnis dieses Clusterverfahrens noch von der Größe des Verschiebungsparameters δ und in vergleichsweise unbedeutendem Maße auch von dem Abbruchkriterium bestimmt.

Fukunaga und Hostetler [1975] benutzten eine Gradientenschätzung, die auf der sog. Kern-Methode zur Schätzung von Dichten beruht. Ein Nachteil dieser Methode besteht nun darin, daß sie nur eine Punktschätzung des Gradienten der Dichte f liefert. Damit muß für jeden Stichprobenwert $z_i^{(j)}$, $i=1,\ldots,n$, $j=1,\ldots,s$, der Gradient an diesen Stellen geschätzt werden. Das bedingt natürlich vor allem bei großen Stichprobenumfängen einen hohen Rechenaufwand. Im folgenden wird deshalb vorgeschlagen, von einer Schätzung des Gradienten von f auszugehen, die auf einer globalen Schätzung von f beruht.

2. Dichteschätzungen und Schätzungen des Gradienten mit Orthonormalreihen

Bereits Čenčov [1962], Schwartz [1967] und Kronmal und Tarter [1968]
haben für den eindimensionalen Fall Dichteschätzungen auf der Basis einer Reihenentwicklung behandelt. Schüler [1974] hat diesen Ansatz auf
den mehrdimensionalen Fall erweitert und eingehend erörtert. Diese
Schätzungen haben die Form

$$(1) \qquad \hat{f}_m(\mathbf{x}) = \sum_{\Sigma d_r=0}^{m(n)} \hat{a}_d \, \phi_d(\mathbf{x}) \quad,$$

wobei $\Phi = \{\phi_d : d=(d_1,\ldots,d_k)^T, d_i \in \mathbf{N}_o\}$ ein System orthonormaler Funktionen $\phi_d : Q \to \mathbb{R}^1$, $Q \subseteq \mathbb{R}^k$, und der Orthonormalitätsbeziehung

$$(2) \qquad c_d \int_Q \phi_d(\mathbf{x}) \, \phi_e(\mathbf{x}) \, d\mathbf{x} = \delta_{de}$$

ist, wobei die c_d Konstante sind. Φ sei auf $L^2(Q)$ vollständig. Von der
zu schätzenden Dichte wird nun vorausgesetzt, daß sie auf Q quadratin-
tegrabel ist und durch ihre Fourierreihe dargestellt wird:

$$f(\mathbf{x}) = \sum_{\Sigma d_r=0}^{\infty} c_d \, a_d \, \phi_d(\mathbf{x}) \qquad (\mathbf{x} \in Q) \quad,$$

$$a_d = \int_Q \phi_d(\mathbf{x}) \, f(\mathbf{x}) \, d\mathbf{x} \quad.$$

Wählt man in (1)

$$\hat{a}_d = \frac{1}{n} \sum_{i=1}^{n} \phi_d(\mathbf{x}_i) \, I_Q(\mathbf{x}_i)$$

mit der Indikatorvariablen

$$I_Q(\mathbf{x}_i) = \begin{cases} 0 & \\ 1 & \end{cases} \text{für} \quad \begin{matrix} \mathbf{x}_i \notin Q \\ \mathbf{x}_i \in Q \end{matrix} \quad,$$

so sind die $\hat{a}_d$ erwartungstreue Schätzungen der a_d.
Als Fehlerfunktional wird wegen des globalen Charakters der Schätzfunktion nach Kronmal [1964] der "Mean Integrated Square Error" (MISE) betrachtet:

$$J(\hat{f}_m) = E \left\{ \int_Q [\hat{f}_m(\mathbf{x}) - f(\mathbf{x})]^2 \, d\mathbf{x} \right\} \quad.$$

Sätze über die durch (1) gegebene Dichteschätzung $\hat{f}_m$ der Art, wann
$\lim\limits_{n\to\infty} J(f_m) = 0$ gilt, findet man bei Schüler [1974]. Hier soll jedoch
die Schätzung des Gradienten von f im Vordergrund stehen. Um die gleichen Methoden wie bei der Dichteschätzung verwenden zu können, ist es
zweckmäßig, ein Funktionensystem zu benutzen, das durch Differentiation
in sich übergeht. Daher betrachten wir im folgenden nur das trigonome-
trische Produktfunktionensystem

$$\phi_d(\mathbf{x}) = \prod_{r=1}^{k} \varphi_{d_r}(x_r,r) \qquad \text{mit} \quad \mathbf{x} = (x_1,\ldots,x_k)^T \quad \text{und}$$

$$\varphi_{d_r}(x,r) = \begin{cases} \sqrt{\dfrac{2}{b_r-a_r}} \; \sin\left((d_r+1)\,\dfrac{\pi}{2}\,\dfrac{x-a_r}{b_r-a_r} \right) & \text{falls } d_r \text{ ungerade} \\[2em] \sqrt{\dfrac{2}{b_r-a_r}} \; \cos\left(d_r\,\dfrac{\pi}{2}\,\dfrac{x-a_r}{b_r-a_r} \right) & \text{sonst} \end{cases}$$

welches diese Eigenschaft besitzt.

Bekanntlich ist Φ auf $Q = \{ x : a_r \leq x_r \leq b_r \,,\; r=1,\ldots,k \}$ in $L^2(Q)$ vollständig, und es gilt die Orthonormalitätsbeziehung (2) mit

$$c_d = \prod_{r=1}^{k} c_{d_r} \quad \text{und} \quad c_{d_r} = \begin{cases} 1/2 & \text{für } d_r=0 \\ 1 & \text{sonst} \end{cases}.$$

Es läßt sich nun folgender Satz beweisen (vergl. Schüler, Wolff [1978]).

<u>Satz:</u>

Falls f und $\dfrac{\delta}{\delta x_j} f$, $j=1,\ldots,k$, auf Q durch ihre Fourierreihen darge- stellt werden, diese auf Q absolut gleichmäßig konvergieren und f auf dem Rand von Q verschwindet, gilt für die Schätzfunktion

$$G_{m(n)}(x) = (g_1(x),\ldots,g_k(x))^T \quad \text{mit}$$

$$g_j(x) = \sum_{\Sigma d_r=0}^{m(n)} c_d \, \hat{a}_d \, \frac{\delta}{\delta x_j} \phi_d(x) \qquad : $$

$$(d_j>0)$$

$$\lim_{n\to\infty} J(G_{m(n)}) = \lim_{n\to\infty} E\left\{ \int_Q [G_{m(n)}(x) - \nabla_x f(x)]^2 \, dx \right\} = 0,$$

falls $m(n) = o\left(\sqrt[k+2]{n} \right)$ mit $\lim_{n\to\infty} m(n) = \infty$ gewählt wird.

<u>Bemerkung:</u> Als einschränkend erscheint unter den genannten Vorausset- zungen zunächst, daß f auf dem Rand von Q verschwinden soll. Ist der Träger von f endlich, so wählt man Q so, daß es den Träger umfaßt. Ist der Träger jedoch unendlich, so läßt sich durch Wahl eines hinreichend großen Q diese Voraussetzung stets approximativ erfüllen.

<u>3. Ergebnisse</u>

Für die Anwendung des Verfahrens ist es wesentlich, daß es zu vorgege- benem Stichprobenumfang n in Abhängigkeit von f ein in Bezug auf den MISE optimales $m(n)$ gibt. Eine Übersicht über solche optimalen $m(n)$ findet man für verschiedene Dichten bei Schüler [1974].

Für den Fall der Mischung zweier 2-dim. Normalverteilungen mit identi- scher Kovarianzmatrix $0.25\,E$ und den Erwartungsvektoren $\mu_1=(0,1)^T$, $\mu_2=(1,0)^T$, $p_1=p_2=0.5$ und einem Stichprobenumfang $n=200$ ist das Klas- sifikationsverfahren simuliert worden und das Ergebnis in Abbildung 2 angegeben.

Die bei voller Information über die Struktur der Mischdichte $(r, p_1, p_2,$
f_1, f_2 bekannt) optimale Diskriminanzlinie ist gestrichelt eingezeichnet. Die von diesem Klassifikationsverfahren aufgefundenen Cluster I,
II und III unterscheiden sich nur unwesentlich von der optimalen Ein-
teilung. Ähnliche Ergebnisse wurden bei einer Vielzahl anderer Simula-
tionen - auch im Fall $r > 2$ - beobachtet.

Abbildung 2

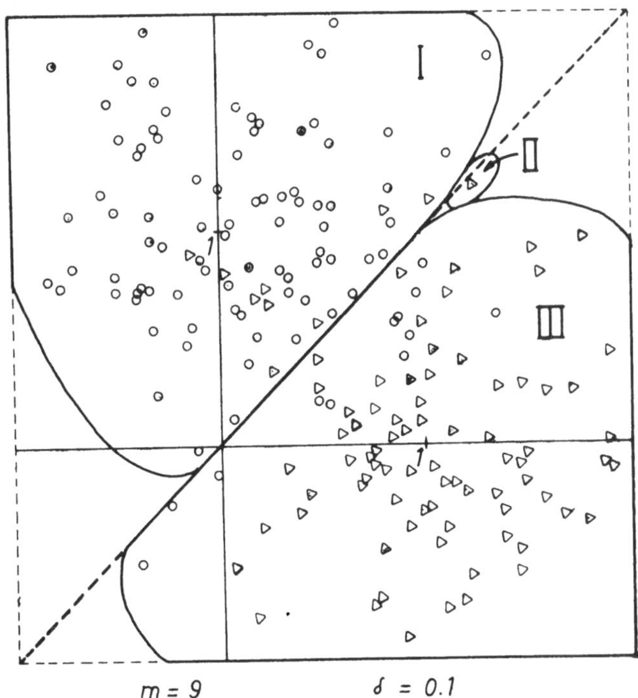

Literaturverzeichnis

Čenčov,N.N.(1962).Evaluation of an Unknown Distribution Density from
    Observations. Sov.Math.3,1559-1562.
Fukunaga,K. und L.D.Hostetler (1975). The Estimation of a Gradient of
    a Density with Applications in Pattern Recognition.IEEE IT-21,32-40.
Kronmal,R.(1964).The Estimation of Probability Densities. Doctoral
    Dissertation, Los Angeles.
Kronmal,R. und M.Tarter (1968). The Estimation of Probability Densities
    and Cumulatives by Fourier Series Method. J.Amer.Stat.Ass.63,925-952.
Schüler,L.(1974). Schätzungen von Dichten und Verteilungsfunktionen
    mehrdimensionaler Zufallsvariabler auf der Basis trigonometrischer
    Reihen. Dissertation, TU Braunschweig.
Schüler,L.,H.Wolff und I.Grotrian-Steinweg (1978). Dekomposition von
    Mischungen und Klassifikation mit Gradientenverfahren. Erscheint in
    der Reihe "Forschungsberichte aus der Wehrtechnik", BMVg.
Schwartz,S.C.(1967). Estimation of Probability Density by Orthogonal
    Series. Ann.Math.Statist.38,1261-1265.

<u>SCHNELLE KLASSIFIKATION UNTER VERWENDUNG EINES FESTWERTSPEICHERS</u>

H. Kelle, C.- E. Liedtke
Technische Universität Hannover

Zusammenfassung

Hier soll ein Verfahren vorgestellt werden, das für den Einsatz von
Klassifikationssystemen mit Mikroprozessoren gut geeignet erscheint.
Der Merkmalsraum wird durch ungleichförmige Quantisierung derart in
nicht überlappende Unterräume aufgeteilt, daß alle Muster, die einem
bestimmten Unterraum angehören, einer bestimmten Klasse zugewiesen
werden können. Die Entscheidungsschwellen (Unterraumgrenzen), sowie
die Klassenzugehörigkeiten werden in einen Festwertspeicher (ROM) eingeschrieben. Dadurch kann das Problem der Klassifizierung auf das Auslesen einiger weniger ROMs reduziert werden.

1. Klassifikationsbeispiel: Leukozyten

Das beschriebene Verfahren wurde im Zusammenhang mit einem Projekt entwickelt, das sich mit der Klassifikation von Leukozyten beschäftigt.
Über eine digitale Bildverarbeitung standardmäßiger Zellpräparate werden etwa 20 Merkmale aus dem Kern und Zytoplasma der Leukozyten gewonnen und sollen zu einer Klassifizierung in 5 - 7 verschiedene Klassen
verwendet werden. Die Klassifikation erfolgt zweckmäßigerweise in einer
Baumstruktur, wobei an den Verzweigungen mit den Methoden der statistischen Mustererkennung zwischen zwei oder mehreren Untergruppen unterschieden werden soll. Ein Teilproblem stellt dabei die Unterscheidung
von Monozyten, großen und kleinen Lymphozyten dar, das sich u.a. dadurch
auszeichnet, daß die zur Unterscheidung wichtigsten Merkmale eine stark
nichtlineare Verknüpfung aufweisen.

Bei der Wahl des Klassifikationsverfahrens sollte für eine praktische
Realisierung der heutige Stand der Technologie bei hochintegrierten
Halbleiterschaltungen, insbesondere die Verfügbarkeit großer Speicher
und von Mikroprozessoren berücksichtigt werden. Zur statistischen Entscheidung müssen Wahrscheinlichkeiten, Diskriminanzfunktionen oder Abstände zu Trennebenen, Prototypen bzw. ganzen Sätzen von Merkmalsvektoren berechnet werden, was eine Vielzahl von Additionen, Multiplika-
tionen und Vergleichsoperationen beinhaltet. Das erfordert insbesondere bei den heute verfügbaren standardmäßigen 8-bit- Mikroprozessoren
wie dem 8080, Z80 usw. einen unverhältnismäßig hohen Rechenaufwand. Das
Vorhandensein großer Halbleiterspeicher macht es dagegen denkbar, den

gesamten Klassifikator in einem ROM, d.h. einer Tabelle abzuspeichern.
Das hätte im vorliegenden Fall noch den Vorteil, daß sehr leicht jede
beliebig geformte Trennebene zwischen den Klassen im Merkmalsraum realisiert werden könnte. Die Größe der Tabelle hängt von der Anzahl der berücksichtigten Merkmale und der Zahl der Quantisierungsschritte für jedes Merkmal ab. Beide Größen müssen so gewählt werden, daß die Grenz-
fehlerwahrscheinlichkeit (GFW) nur unwesentlich vergrößert wird. Für
das oben genannte Beispiel aus der Klassifikation von Leukozyten wurde
die Fehlklassifikationsrate durch Reklassifikation mit dem Regressions-
verfahren nach Meyer- Brötz und Schürmann /1/ als Funktion der Zahl der
berücksichtigten Merkmale ermittelt. Wenn die Reklassifikation auch
keinen direkten Rückschluß auf die GFW zuläßt, so läßt sich aus den Werten nach Tabelle 1 doch vermuten, daß auch die GFW bei der Wahl von 5
oder weniger Merkmalen signifikant zunehmen wird. Unter Verwendung der

2^d	1	2	3	4	5	6	7	8	...	21
F(%)	33	15	11	11	11	6	7	6	...	7

Tabelle 1, Fehlklassifikationsrate F für eine verschiedene
Anzahl "bester" Merkmale

3 besten Merkmale wurde der Einfluß einer gleichmäßigen Quantisierung
aus der Fehlklassifikation abgeschätzt. Aus Tabelle 2 ist ersichtlich,
daß bei 16 Stufen der Einfluß der Quantisierung noch vernachlässigt

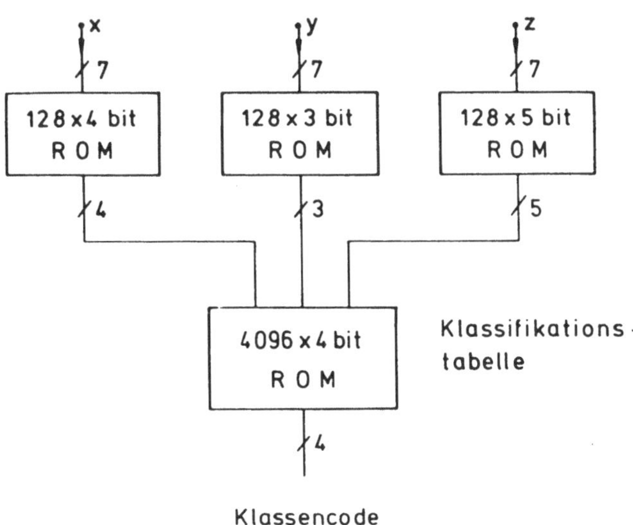

Abb. 1, Beispiel für die Realisierung eines schnellen Klassifikators

m	2	4	8	16	32	64	128
F(%)	56	28	26	18	16	17	16

Tabelle 2, Fehlklassifikationsrate F für verschiedene
Stufenzahl bei gleichmäßiger Quantisierung

werden kann. Daraus ergibt sich für das vorliegende Beispiel, daß bei Verwendung einer Klassifikationstabelle 16^5, d.h. etwa 1 Million mögliche Kombinationen unterschieden werden müßten. Da eine Untersuchung der Stichprobe eine ungleichmäßige Ausfüllung des Merkmalsraumes für jede Klasse ergab, kann man versuchen durch ungleichmäßige Quantisierung der Merkmale die Anzahl der Merkmalskombinationen so weit zu verringern, daß der Klassifikator in einem einzigen ROM abgespeichert werden kann. Im Prinzip wird dann eine schnelle Klassifikation wie in Abb. 1 realisierbar. Die Entwicklung des Klassifikators besteht darin, in einer systematischen Untersuchung festzustellen, welche der Eingangskombinationen zusammengefaßt den kleinsten Zuwachs der GFW ergeben.

2. Berechnung des Klassifikators

Zur Berechnung der GFW müssen die Verteilungen der Merkmale aus einer Stichprobe geschätzt werden. In Anlehnung an einen Vorschlag von Heydorn /2/ werden hierzu normalverteilte Potentialfunktionen mit den Standardabweichungen

$$\sigma_{Pot\ i,k} = \sigma_{Dat\ i,k} \cdot n_k^{-\frac{1}{3\,m}} \qquad \text{mit}$$

$\sigma_{Pot\ i,k}$ Standardabweichung der Potentialfunktion für Klasse k in Richtung des Merkmals i,

$\sigma_{Dat\ i,k}$ Standardabweichung der Stichprobe für Klasse k in Richtung des Merkmals i,

n_k Anzahl der Muster aus Klasse k,

m Anzahl der Merkmale

verwendet. Jedes Merkmal wird in 2^d Quantisierungsintervalle aufgeteilt. Bei m Merkmalen ergeben sich insgesamt 2^{dm} Quantisierungszellen, für die jeweils die Wahrscheinlichkeiten für das Auftreten von Mustern aus den einzelnen Klassen sowie ihr Beitrag zur GFW ermittelt werden müssen. Zur Vereinfachung der Notation wird im folgenden von zwei Merkmalen x und y ausgegangen. $P(x_i, y_j, k_1)$ sei die mit der o.a. Potentialfunktionsmethode geschätzte Wahrscheinlichkeit, daß ein Muster aus der Klasse k_1 stammt und innerhalb der Zelle x_i, y_j liegt. Der Beitrag dieser Zelle zur

GFW beträgt:

$$\pi(x_i, y_j) = \sum_{k_1} P(x_i, y_j, k_1) - \max_{k_1} \{P(x_i, y_j, k_1)\} \quad .$$

Die GFW ergibt sich aus der Summation zu

$$P_G = \sum_{x_i} \sum_{y_j} \pi(x_i, y_j) \quad .$$

Eine Verkleinerung der Klassifikationstabelle bedeutet eine Elimination
von Quantisierungsgrenzen. Jede Elimination führt i.a. zu einem Zuwachs
der GFW, der sich z. B. für die Grenze zwischen den Quantisierungsinter-
vallen y_j und y_{j+1} wie folgt berechnen läßt:

$$\Delta\Pi(y_j, y_{j+1}) = \Pi(y_j \& y_{j+1}) - \Pi(y_j) - \Pi(y_{j+1}) \qquad \text{mit}$$

$$\Pi(y_j) = \sum_{x_i} \pi(x_i, y_j) \quad ,$$

$$\Pi(y_j \& y_{j+1}) = \sum_{x_i} \Big[\sum_{k_1} \{P(x_i, y_j, k_1) + P(x_i, y_{j+1}, k_1)\}$$
$$- \max_{k_1} \{P(x_i, y_j, k_1) + P(x_i, y_{j+1}, k_1)\} \Big] \quad .$$

Bei optimaler ungleichförmiger Quantisierung würde zuerst die Grenze
mit dem niedrigsten Zuwachs der GFW fallengelassen. Daraufhin müßten
die GFW- Zunahmen der anderen Grenzen entsprechend korrigiert werden,
um dann aus der Menge der verbleibenden Grenzen diejenige mit der geringsten GFW- Zunahme zu eliminieren, usw. Dieses Verfahren ist jedoch
angesichts der großen Zahl von Quantisierungszellen selbst bei Implementierung auf einem Großrechner praktisch nicht durchführbar. Es wird
deshalb ein suboptimales, heuristisches Verfahren vorgeschlagen, welches
weniger rechenaufwendig ist.

Es wird zunächst die Summe der $\Delta\Pi(x_i, x_{i+1})$ für jedes Merkmal berechnet.
Dann werden die neuen Quantisierungsstufenzahlen proportional zu diesen
Summen berechnet und so auf Zweierpotenzen z_x, z_y gerundet, daß sich
durch Multiplikation der Stufenzahlen die gewünschte Größe der Klassifikationstabelle ergibt.

Für jedes Merkmal werden dann die Grenzen der neuen Quantisierungsintervalle berechnet. Dies sei am Beispiel des Merkmals x in Abb.2 erläutert.
Es wird eine Funktion   gebildet. Ausgehend

$$\Sigma\Pi_x(I) = \sum_{i=1}^{I} \Delta\Pi(x_i, x_{i+1})$$

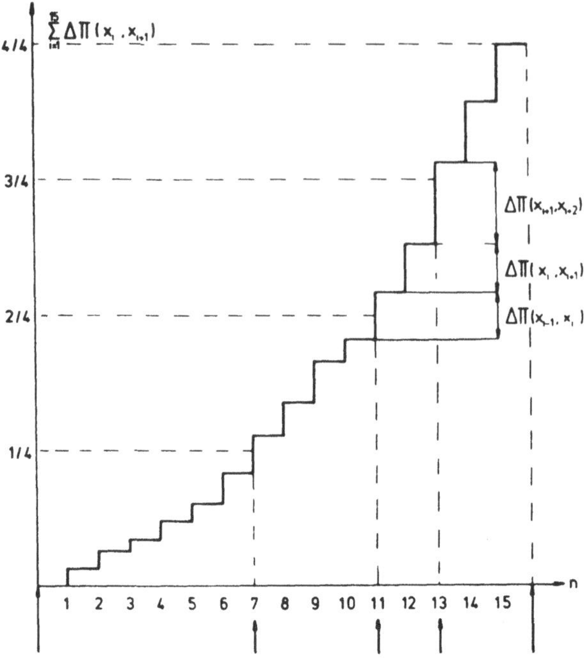

Abb.2, Beispiel für die Ermittlung von 4 ungleich-
mäßigen aus 16 gleichmäßigen Quantisierungs-
intervallen

von dem Gedanken, daß die GFW- Zunahme gleichmäßig über alle neu zu bil-
denden Quantisierungsintervalle zu verteilen ist, wird die $\Sigma\Pi_x$- Skala
in z_x Abschnitte unterteilt und die Abschnittsgrenzen werden über die
Funktion $\Sigma\Pi_x(I)$ auf die alten Quantisierungsgrenzen projiziert, so daß
z_x neue Quantisierungsintervalle entstehen.

Hierbei kann es vorkommen, daß mehrere Abschnittsgrenzen auf eine alte
Quantisierungsgrenze projiziert werden. Dieses wird durch ein Erhöhen
der Abschnittszahl mit u.U. Ausgleich zwischen den Merkmalen abgefangen.

Bei diesem Verfahren wird nur ein Programmdurchlauf zur Berechnung der
$\Delta\Pi(x_i, x_{i+1})$ benötigt. Außerdem kann der Algorithmus leicht so segmen-
iert werden, daß die Wahrscheinlichkeiten des gesamten Merkmalsraumes
nie gleichzeitig abgespeichert werden müssen und damit die Berechnung
alleine im Arbeitsspeicher durchgeführt werden kann.

3. Überprüfung des Verfahrens

Um von dem begrenzten Stichprobenumfang des Blutzelldatensatzes unabhängig zu werden, wurde das vorgeschlagene Berechnungsverfahren mit
künstlich erzeugten Daten überprüft. Die Testdaten wurden aus zwei zwei-

dimensionalen Normalverteilungen mit ungleichen Kovarianzmatrizen gewonnen, so wie es in Abb.3 dargestellt ist. Die Ungleichheit der Kovarianzmatrizen führt zu nichtplanen optimalen Trennebenen. Die GFW resul-
tierend aus den Überlappungen beider Klassen beträgt etwa 5%, einem Wert,
der sich an die geschätzte GFW der Blutzelldaten anlehnt.

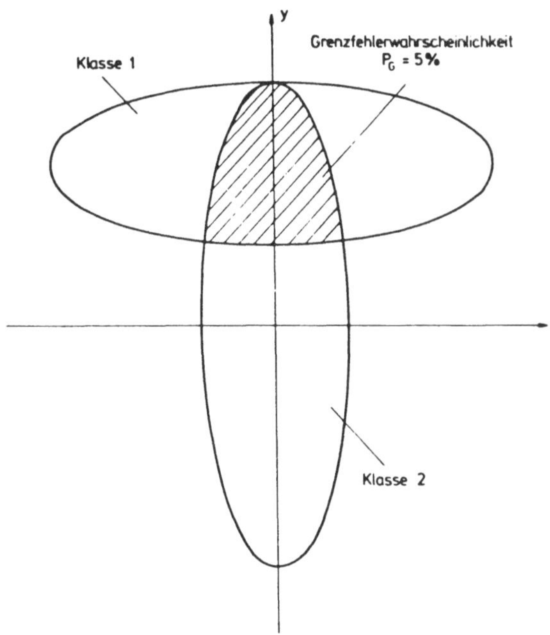

Abb.3, 3-σ-Grenze der Verteilungsdichtefunktion für
die Klassen 1 und 2 des Testsatzes

Die Resultate für eine Stichprobe aus 200 Merkmalsvektoren sind in Tabelle 3 dargestellt. Die Stichprobe wurde zunächst mit 128 Stufen pro
Merkmal gleichmäßig quantisiert, woraus eine GFW von $P_G = 4,94$ % ermittelt wurde.

Stufenzahl 2^d	gleichförmige Q.		ungleichförmige Q.	
	P_G (%)	ΔP_G (%)	P_G (%)	ΔP_G (%)
16	5,18	0,24	4,95	0,01
8	6,52	1,58	5,03	0,09
4	15,50	10,56	5,81	0,87

Tabelle 3, Zunahme der Grenzfehlerwahrscheinlichkeit
P_G bei gleichförmiger und ungleichförmiger
Quantisierung

Die Vorteile der ungleichförmigen Quantisierung werden, wie zu erwarten,
besonders bei grober Quantisierung deutlich.

Literatur

/1/ Meyer-Brötz, Schürmann
Methoden der automatischen Zeichenerkennung
Oldenbourg Verlag, München- Wien, 1970

/2/ R. P. Heydorn
An upper bound estimate on classification error
IEEE Trans. Information Theory (Correspondence), IT-14, S.783 - 784

ZEICHENERKENNUNG

AUTOMATISCHE ERKENNUNG VON SCHREIBERN

W. Kuckuck, B. Rieger, K. Steinke, Kriminaltechnisches Institut im
Bundeskriminalamt,Wiesbaden

Zusammenfassung

Ein vom Bundesminister für Forschung und Technologie gefördertes Forschungsprojekt in
der naturwissenschaftlich-kriminaltechnischen Forschungsgruppe des Bundeskriminalamtes
hat das Ziel, Personen aufgrund ihrer Handschriften automatisch zu erkennen. Dabei
sind die zu klassifizierenden Muster die Handschriftenbilder. Es wird der Aufbau eines prozeßrechnergesteuerten Bildverarbeitungssystems beschrieben. Mit diesem System
werden alle Teilbereiche des Projektes, Bilderfassung, Bildverarbeitung, Merkmalsgewinnung und Klassifikation bearbeitet. Ein erster Klassifizierungsversuch brachte bei
10 Schreibern eine Erkennungsrate von 96,66%.

1. Einleitung

Der Handschriftenvergleich ist eines derjenigen kriminaltechnischen Untersuchungsver-
fahren, die geeignet sind, direkte personengebundene Hinweise zu liefern. Diesem Um-
stand verdankt der Handschriftenvergleich seine aktuelle Bedeutung. Untersuchungen von
Handschriften bezüglich der Urheberschaft liegen im wesentlichen zwei Fragestellungen
zugrunde:

- Stammen zwei Schriftproben (z.B. Täter - Tatverdächtiger) vom gleichen Schreiber
  (Verifikation)? oder
- stammt eine Schriftprobe von einem bereits bekannten Schreiber (Identifikation)?

Für die Beantwortung der 2. Frage wurde im Bundeskriminalamt eine Sammlung sogenannter "schreibender Rechtsbrecher" (Scheckbetrüger, Drohbriefschreiber, Hoteleinmiete-
schwindler etc.) aufgebaut, in der zur Zeit ca. 80.000 Schriftproben registriert sind.
Ziel des hier beschriebenen Forschungsvorhabens ist es, in beiden Fragestellungen die
aufwendigen Untersuchungen zu vereinfachen, zu beschleunigen und die Ergebnisse statistisch besser abzusichern.

2. Systembeschreibung

Wie praktisch alle Mustererkennungsprobleme läßt auch die automatische Schreiberer-
kennung eine klare Gliederung in die Teilaufgaben Datenerfassung, Merkmalsgewinnung
und Klassifikation zu. Abb. 1 zeigt ein Blockschaltbild des Gerätesystems, das zur
Bearbeitung der angeführten Aufgaben aufgebaut wurde.

Bei der Datenerfassung mit dem Rechner H 316 über ein Videosystem werden Bildmatrizen
der Dimension 512 x 512 erzeugt, die auf Magnetplatte und -band gespeichert werden
können. Die Helligkeitsauflösung beträgt wahlweise 1 oder 4 bit. Der Abbildungsmaßstab
ist durch Variation der Optik in weiten Grenzen veränderlich. Die Wahl der Position
des Bildausschnittes läßt sich über einen rechnergesteuerten Scanning-Tisch automatisch festlegen. Zur Kontrolle und zur interaktiven Manipulation der Bilder dient das

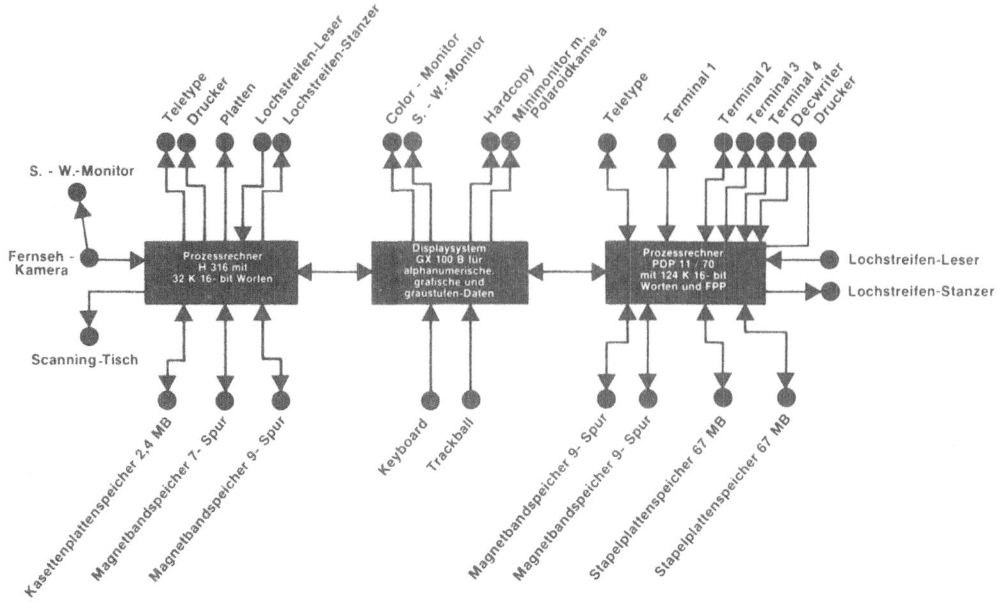

Abb. 1: Handschriftenerfassungs- und Auswertesystem

Graustufendisplaysystem GX 100 B mit Bildwiederholspeicher und Trackball-gesteuertem Cursor. Auf den angeschlossenen Monitoren können Graustufen- und Pseudocolorbilder erzeugt werden. Polaroidkamera und Hardcopyeinheit ermöglichen die rationelle Dokumentation der Bilddaten. Für die Merkmalsextraktion und Klassifikation ist der Rechner PDP 11/70 vorgesehen. Die Datenübergabe erfolgt auf Magnetband. Eine Rechnerkopplung über das Displaysystem GX 100 B ist projektiert.

3. Merkmalsextraktion

Die schreiberbezogenen Charakteristika der Handschrift werden in zwei Klassen, textsen-

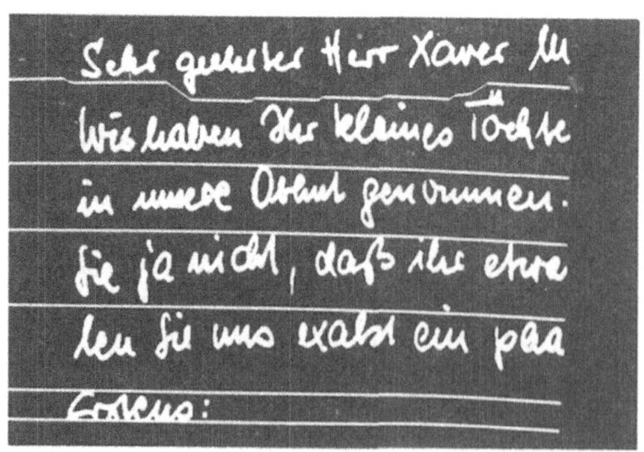

Abb. 2: Monitorbild einer Handschrift mit Zeilentrennungslinien.

sitive bzw. textinsensitive Merkmale, unterteilt. In der ersten Phase dieses Forschungsvorhabens werden nur solche Merkmale herangezogen, bei denen die Kenntnis des Textes
nicht vorausgesetzt werden muß. Dazu zählen z.B. die Häufigkeitsverteilungen über
Richtungen, Krümmungen und Längen verschiedener Art sowie Ortsfrequenzanalysen. Für
die Gewinnung einiger Parameter sind eigene Bildvorverarbeitungsalgorithmen entwickelt
worden. Hierzu zählen die automatische Abtrennung von Schriftzeilen (siehe Abb. 2),
die Erzeugung linienhafter Schriftbilder ("Skelettierung"; siehe Abb. 3), die Verfolgung der Schriftlinien und die Auftrennung der Schriftlinien in kurze, unverzweigte
Kurvenstücke. Die Kurvenstücke lassen sich durch Parameterkurven der Form

$$x(i) = \sum_{k=0}^{m} a_k \cdot i^k \; ; \; y(i) = \sum_{k=0}^{m} b_k \cdot i^k \qquad i = 1, \ldots, n$$

approximieren, deren mathematisch geschlossene Darstellung weitere Berechnungen (z.B.
Steigung und Krümmung) vereinfacht (x, y = Bildpunktkoordinaten, n = Punktzahl des
Kurvenstückes, die a_k und b_k werden nach der Methode der kleinsten Quadrate bestimmt).

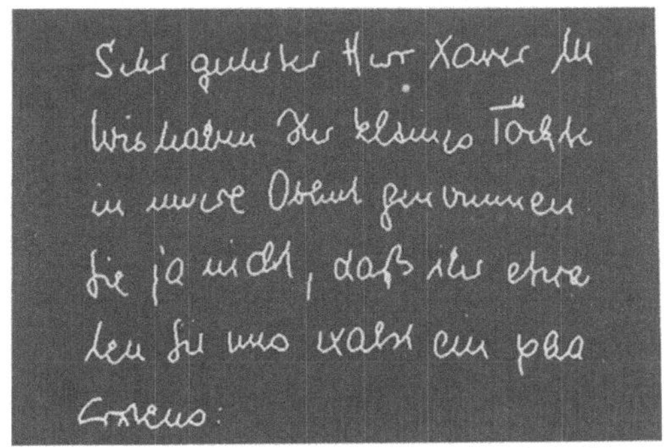

Abb. 3: Monitorbild eines "Skelettes"

Die interaktive Gewinnung textsensitiver Merkmale (z.B. Messungen an einzelnen Buchstaben) ist zu einem späteren Zeitpunkt geplant.

4. Klassifikation

Bisher wurden drei Klassifikatoren realisiert:

1. Die Entscheidung der Klassenzugehörigkeit eines Musters basiert auf dem Prinzip des
   "nearest mean", d.h. ein Testmuster wird zu derjenigen Klasse gezählt, deren Mittelwert den kleinsten euklidischen Abstand zum Testmuster hat. Normierung der Merkmalsvektoren auf L^p-Norm eins und Wichtung der Komponenten mit ihren Intra- bzw.
   Extraklassenvarianzen ist möglich.

2. Die Entscheidung der Klassenzugehörigkeit basiert auf einem Prinzip, das dem der

"k nearest neighbor" ähnelt. Die Abstände der m nächsten Nachbarn jeder Klasse zu dem Textmuster werden addiert, und das Muster wird zu der Klasse gezählt, für die die Summe der m Abstände minimal ist. Dabei ist der Abstand zweier Merkmalsvektoren $\underline{X}$ und $\underline{Y}$

$$[\underline{X} - \underline{Y}] = \left(\sum_{i=0}^{n} w_i \cdot |x_i - y_i|^r \right)^{\frac{1}{r}}$$

wobei n die Dimension der Merkmalsvektoren und w_i das Verhältnis von Extra- zu Intraklassenvarianz der i-ten Komponente darstellt. Für r wurden die Werte eins und zwei getestet. Auch hier können die Merkmalsvektoren zuvor normiert werden.

3. Die Entscheidung bassiert auf dem bekannten Kriterium von Bayes, wobei zur Vereinfachung zunächst zwei Annahmen gemacht werden:
a) Unkorreliertheit der Merkmalskomponenten
b) Normalverteilung
Nach einer Überprüfung der tatsächlichen Gegebenheiten müssen entsprechende Korrekturen vorgenommen werden.

5. Bisheriges Ergebnis

Es wurden je 24 Schriftproben von 10 Schreibern also insgesamt 240 Bildmatrizen ausgewertet. Dabei wurden als Merkmalsvektoren die Häufigkeitsverteilungen der Länge von Rasterpunktketten in der Schrift in fünf Richtungen gemäß Abb. 4 benutzt. Für jede

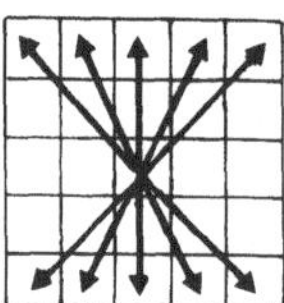

Abb. 4: Untersuchte Richtungen von Schriftpunktketten

Richtung wurden 50 Längenwerte zugelassen, so daß die Merkmalsvektoren aus 250 Komponenten bestehen. Die Klassifizierungsexperimente mit dem "leaving - one - out" Algorithmus und keiner Rückweisungsmöglichkeit lieferten als bisher beste Erkennungsrate 231 von 240 Schriftproben, das sind 96,66%. Sie wurde mit dem 2. Klassifikator bei m = 3 erzielt.

<u>ZUR SYNTHETISCHEN ERZEUGUNG VARIIERENDER</u>
<u>RASTERBILDER</u>

W. Doster, J. Schürmann
AEG-TELEFUNKEN, Forschungsinstitut, 7900 Ulm

<u>Zusammenfassung</u>:

Für die Adaption von Erkennungssystemen sind Lernstichproben erforderlich, deren Umfang mit steigenden Anforderungen an die Erkennungsleistung zunimmt. In der praktischen Arbeit stellt die Beschaffung und Zusammenstellung dieser Lernstichproben eine wichtige Aufgabe dar. Es wird über ein Programmsystem zur Erzeugung variierender Schriftzeichen-Rasterbilder berichtet, das die Sammlung von Life-Lernstichproben ergänzen und teilweise ersetzen kann.

1. Einleitung

Das Problem der synthetischen Erzeugung von Rasterbildern wurde in der Literatur schon mehrfach behandelt, zum Teil unter praktischen /1/, /2/, /3/ oder eher theoretischen Gesichtspunkten /4/. Dieser Beitrag beschäftigt sich mit der synthetischen Erzeugung von Schwarzweiß-Schriftzeichen-Rasterbildern, die im Rahmen der Klassifikatorentwicklung verwendet werden. Bei den vorliegenden Anwendungen werden vorzugsweise Polynomklassifikatoren /5/ realisiert.

Synthetisch erzeugte Schriftzeichen-Rasterbilder finden Verwendung
- bei der Grundadaption eines Erkennungssystems. Dieses Erkennungssystem wird später einer Klassifikator-Iteration mit Life-Material unterworfen und so dem aktuellen Anwendungsfall angepaßt.

- zur Ergänzung von Life-Stichproben im Hinblick auf unterrepräsentierte Zeichenvarianten bzw. Zeichenverstümmelungen, die jedoch bei der Adaption berücksichtigt werden sollen.

- als Testmaterial mit vorgegebenen Eigenschaften zur Leistungsmessung des Erkennungssystems in Grenzsituationen.

2. Mögliche Programmabläufe

Das Programmsystem ist konzipiert für die Nachbildung von Druckstörungen bei verschiedenartigen Druckgeräten. Es ist -abgesehen von einigen beschleunigenden Code-Prozeduren- in FORTRAN geschrieben und auf der Rechenanlage TR440 realisiert. Eingabedaten des Programms sind Schwarzweiß-Rasterbilder in beliebiger Form, Bild 1.

2.1 Steuerung der verschiedenen Operationen

Grundlegendes Element ist ein Pseudozufallszahlengenerator, der gleichverteilte Zufallszahlen im Intervall [0,1] erzeugt. Vorgegeben werden per Datenkarte zu jeder Gruppe von n zusammengehörenden Ereignissen die Wahrscheinlichkeiten, mit denen jedes dieser Ereignisse eintritt, wobei sich die Summe der n Wahrscheinlichkeiten zu 1 ergänzen muß. Die zu einer solchen Gruppe gehörenden Einzelwahrscheinlichkeiten werden auf das Intervall [0,1] abgebildet. Dabei zerfällt die Strecke der Länge 1 in n Teilintervalle, von denen jedes einem der n möglichen Ereignisse zugeordnet ist. Nach dem Aufruf des Zufallszahlengenerators wird festgestellt, in welches der n Teilintervalle die Zufallszahl gefallen ist und das entsprechende Ereignis ausgewählt. Im Beispiel von Bild 2 führt die Zufallszahl 0,63 auf das Ereignis "3".
Bei den Betriebsmodi Strichdickenvariation, Fleckenbildung und Anschneiden kann ein Wiederholungsparameter w gesetzt werden. Dadurch erreicht man, daß ein- und dasselbe Eingabebild w-mal bearbeitet wird. Wegen der Verwendung von Pseudozufallszahlen entsteht praktisch immer ein anderes Ausgabebild mit Ausnahme des trivialen Falls, daß in einer Gruppe von Ereignissen ein $p_i=1$ und alle anderen $p_j=0$ $(i \neq j)$ gesetzt sind.

2.2 Strichdickenvariation

Unter Strichdickenvariation wird hier eine Vergrößerung der Strichdicke verstanden, im unteren Grenzfall ein Gleichbleiben der Strichdicke. Aus jedem einzelnen schwarzen Bildelement des Eingabe-Rasterbildes wird im Ausgabe-Rasterbild ein Fleck variabler Größe erzeugt.

Zur Strichdickenvariation stehen 7 Strichdickenoperatorserien zur Verfügung. Damit wird ein für Maschinenschrifterzeugung ausreichendes Spektrum abgedeckt. Die 7 Serien gliedern sich in eine Serie mit Normalcharakteristik (isotrop) und 6 Serien, die den speziellen Eigenschaften von Schnelldruckern angepaßt sind, drei sind vertikal astigmatisch (Kettendruck) und drei horizontal astigmatisch (Walzendruck). Bild 3 zeigt als Beispiel die einzelnen Operatoren der Serie H3 (horizontal astigmatisch). Zu jedem Operator einer ausgewählten Serie ist die Auftretenswahrscheinlichkeit anzugeben, wobei die Summe der Wahrscheinlichkeiten einer Serie immer 1 sein muß.

Ein Rasterbild kann in eine bis 10 Zonen eingeteilt werden. Für jede Zone kann eine andere Strichdickenoperatorserie ausgewählt oder für

alle Zonen ein- und dieselbe Serie mit unterschiedlichen Operator-
wahrscheinlichkeiten verwendet werden.

Zur Demonstration der Strichdickenvariation sind in Bild 4 einige
Rasterbilder dargestellt. Die Ausgabe-Rasterbilder sind aus demselben
Eingabe-Rasterbild entstanden. Verwendet wird hier die Serie H3, die
Wahrscheinlichkeiten sind 0/ 0,3/ 0,3/ 0,2/ 0,05/ 0,05/ 0,05/ 0,02/
0,02/ 0,01 für p_1 bis p_{10}. Das gesamte Bildfeld wird als eine Zone
aufgefaßt.

Man kann die Operation Strichdickenvariation auch als die Anwendung
eines Übertragungssystems mit ortsabhängiger und statistisch schwankender Impulsantwort deuten.

2.3 Fleckenbildung

Mit Hilfe des Pseudozufallszahlengenerators werden für jedes Eingabe-
Rasterbild zunächst die Anzahl der Störstellen gewürfelt, danach für
jede Störstelle die Koordination im Rasterbild und die Art der Störung. Vorgegeben wird die Störstellenhäufigkeit in Form einer kumulativen Verteilung, siehe Bild 5. Durch Würfeln einer Zahl aus [0,1] erhält man über eine entsprechende Tabelle die zugehörige Anzahl an
Störstellen. Die Koordinaten einer Störstelle werden mit der Annahme
einer Gleichverteilung über dem Bildfeld bestimmt. Die Fleckenbildung
ist in zwei Gruppen aufgeteilt, abhängig davon, ob das betreffende
Bildelement im Eingabe-Rasterbild weiß oder schwarz ist. Jede der
zwei Gruppen enthält 4 mögliche Flecken. Bild 6 zeigt die möglichen
Übergänge. In Bild 7 sind einige Rasterbilder dargestellt, als Störstellenhäufigkeitsverteilung wird die Kurve aus Bild 5 verwendet, die
Wahrscheinlichkeiten der einzelnen Übergänge sind $p_{w1}{=}0,8/$ $p_{w2}{=}0,1/$
$p_{w3}{=}0,06/$ $p_{w4}{=}0,04$ und $p_{s1}{=}0,8/$ $p_{s2}{=}0,1/$ $p_{s3}{=}0,06/$ $p_{s4}{=}0,04$. Alle
Ausgabe-Rasterbilder stammen von demselben Eingabe-Rasterbild.

2.4 Anschneiden

Die Operation Anschneiden bildet eine Druckstörung nach, die vor allen
Dingen bei Schnelldruckern eine wichtige Rolle spielt: das seitliche
Verstümmeln des Schriftbildes durch schlecht justierten Anschlagzeit-
punkt.

Beim Modus Anschneiden findet eine Umwandlung von schwarzen in weiße
Bildelemente statt. Für jedes Eingabe-Rasterbild ist zunächst die Position der Anschnittkante zu bestimmen. Für die vier möglichen An-
schnittkanten (oben, links, unten, rechts) sind Wahrscheinlichkeiten

anzugeben, entschieden wird mit dem Pseudozufallszahlengenerator. Für jede Spalte/Zeile sind Auslöschwahrscheinlichkeiten vorzugeben und es wird für jedes schwarze Bildelement einer betrachteten Spalte/Zeile gewürfelt, ob dieses Bildelement in ein weißes gewandelt wird oder nicht. Die Löschung kann auch umgebungsabhängig ausgeführt werden. Realisiert ist die Bedingung, daß mindestens eines der 8 anstoßenden Bildelemente weiß sein muß. Beim Anschneiden besteht die Möglichkeit, das einmal diesem Prozeß unterworfene Bild direkt wieder als Eingabe-Rasterbild zu benutzen und es bei gleichbleibender Anschnittkante m-mal dieser Anschneideoperation zu unterziehen. Bild 8 zeigt ein Beispiel: Jedes Eingabebild wird wegen Setzens des Wiederholungsparameters mehrfach bearbeitet, es wird dem Anschneideprozeß nur einmal unterworfen, die Anschnittswahrscheinlichkeiten sind für die linke Kante $p_1=1,0$ und für die anderen Kanten auf 0 gesetzt, die Auslöschwahrscheinlichkeiten sind für die einzelnen Spalten von links nach rechts 0,90/ 0,70/ 0,50/ 0,30/ 0,10. Ein Bildelement wird nur dann gelöscht, wenn die erwähnte Umgebungsbedingung erfüllt ist.

2.5 Translation

Diese Betriebsart hat die Aufgabe, bei Arbeiten in einem verfeinerten Raster für Verschiebungen zwischen Konstruktionsraster und Abtastraster zu sorgen. Die Abbildung in das Abtastraster erfolgt dann mit einem Maßstabs-Transformationsprogramm, das in das gleiche Programmsystem gehört. Bei der Translation wird ein Zielpunkt angegeben und das Rasterbild wird in alle möglichen Positionen bis zu dem angegebenen Zielpunkt verschoben und in allen Zwischenpositionen ausgegeben.

Mit der Betriebsart Translation kann man auch eine seitliche Zeichenbeschneidung nachbilden, dadurch nämlich, daß beim Translatieren über den Bildfeldrand hinaustretende Zeichenteile verlorengehen.

3. Zusammenfassung

Mit diesem Programmsystem existiert ein vielfältig und variabel einsetzbares Handwerkszeug zur Stichprobenbeschaffung. Ausgehend von einigen wenigen Ausgangsbildern kann man relativ schnell und preiswert eine enorme Vielfalt an Rasterbildern mit vorgegebenen Eigenschaften erzeugen. Nicht übersehen darf man dabei aber die Tatsache, daß hier aus einer im allgemeinen geringen Anzahl von "Keim-Rasterbildern" eine möglicherweise umfangreiche Stichprobe von variierenden Rasterbildern erzeugt wird. Die Eigenschaften der "Keim-Rasterbilder" vererben sich auf ihre Abkömmlinge. Das Programm zur Erzeugung synthe-

tischer Rasterbilder ist besonders dann, wenn es mit großen Verviel-
fältigungsfaktoren betrieben wird, mit der notwendigen Sorgfalt zu
handhaben.

Mit diesem Programmsystem können auch andere Schwarzweiß-Rasterbilder
bearbeitet werden. Bild 9 zeigt als Beispiel den Ausschnitt einer
Maske zur Herstellung eines hochintegrierten Bausteins.

Das Programmsystem ist erweiterungsfähig, es können neue Strichdicken-
operatorenserien sowie mehr umgebungsabhängige Operatoren eingeführt
werden; denkbar ist auch eine Erweiterung auf Grautonbilder.

<u>Literatur</u>

/1/ B.G. BATCHELOR, Artificial Data for Pattern Recognition,
    Information Sciences 10 (1976), pp. 1-16.

/2/ R.P. HOOPER, A.KLINGER, Artificial Pattern Generation,
    Proc. of the Conf. on Computer Graphics, Pattern Recognition
    & Data Structure, May 14-16, 1975, pp. 38-46.

/3/ A. KLINGER, Artificial Patterns, IEEE Trans. on Software Eng.,
    Vol. SE-3, No. 4, July 1977, pp. 301-306.

/4/ U. GRENANDER, Pattern Synthesis, Lectures in Pattern Theory
    Volume 1, Springer-Verlag, New York, Heidelberg, Berlin, 1976.

/5/ J. SCHÜRMANN, Polynomklassifikatoren für die Zeichenerkennung,
    Oldenbourg-Verlag, München, Wien, 1977.

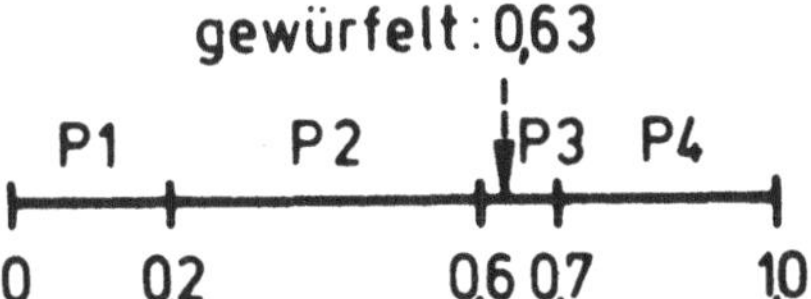

Bild 2: Abbildung der Einzel-
wahrscheinlichkeiten einer
Gruppe von Ereignissen auf das
Intervall [0,1].

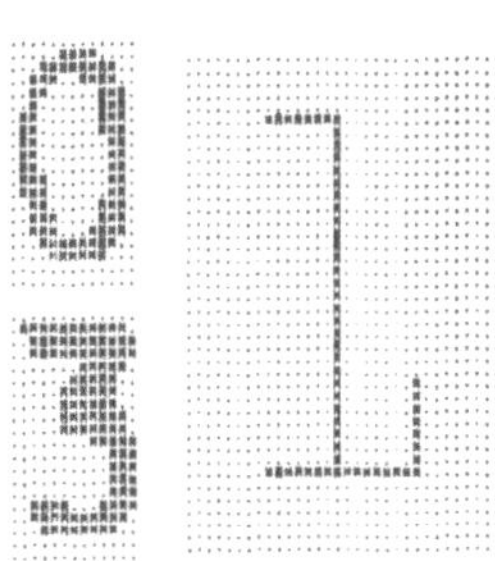

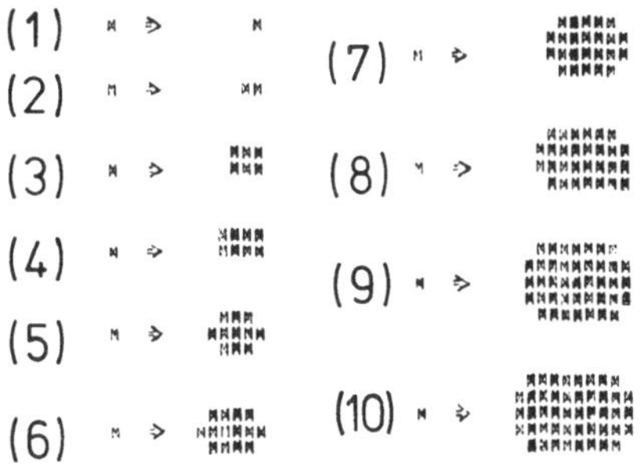

Bild 1: Beispiele für Eingabe-
Rasterbilder (▨ ≙ schwarzes
Bildelement, . ≙ weißes Bild-
element).

Bild 3: Operatoren der Strich-
dickenoperatorenserie H3.

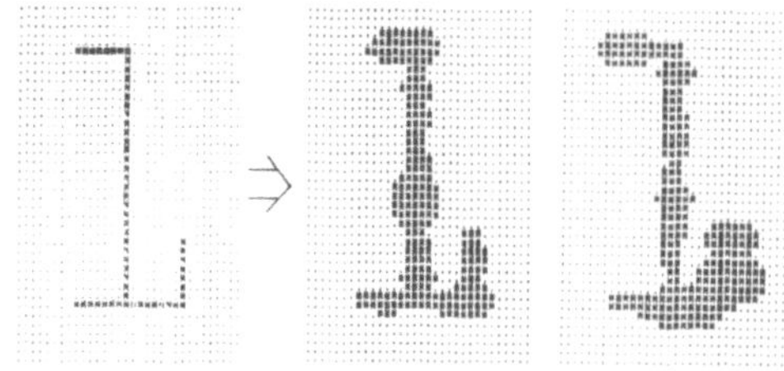

Bild 4: Demonstration der Operation Strichdickenvariation (Serie H3).

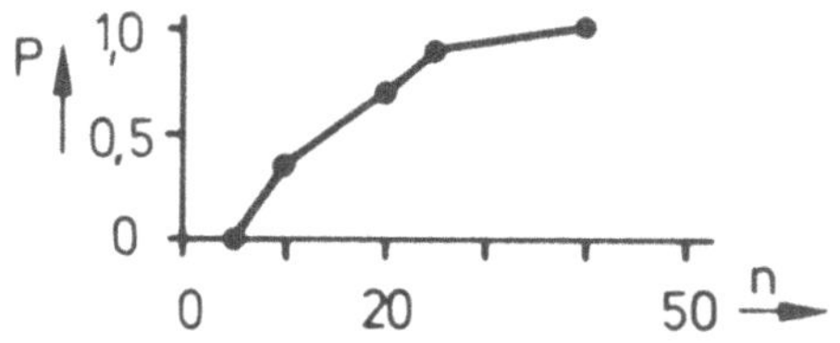

Bild 5: Beispiel einer kumulativen Störstellenhäufigkeitsverteilung.

(W1) · ▸ ▪ (S1) ▪ ▸ ·

(W2) · ▸ ▦ (S2) ▪ ▸ ⋮

(W3) · ▸ ▦ (S3) ▪ ▸ ⋮

(W4) · ▸ ▦ (S4) ▪ ▸ ⋮

Bild 6: Zusammenstellung der möglichen Fleckenoperatoren.

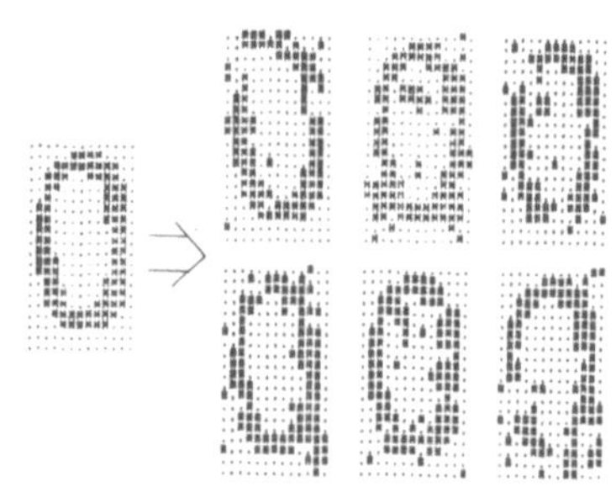

Bild 7: Demonstration der Operation Fleckenbildung.

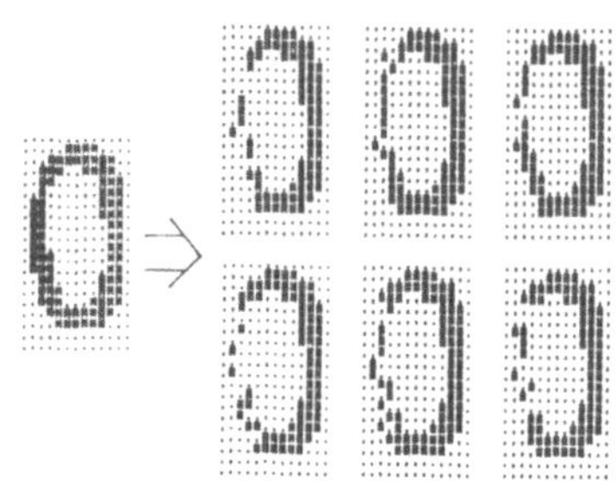

Bild 8: Demonstration der Operation Anschneiden.

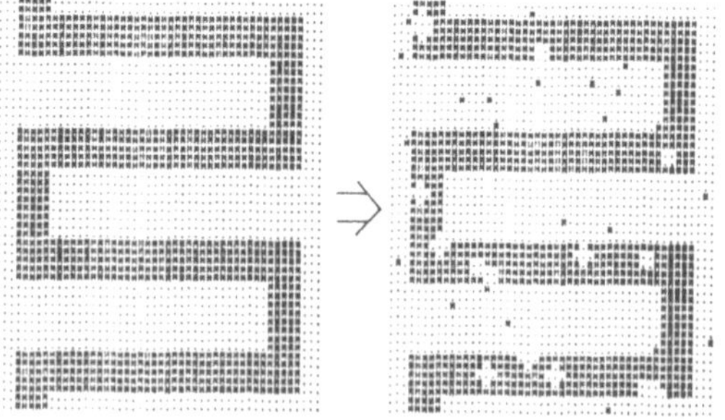

Bild 9: Ausschnitt einer Maske zur Herstellung eines hochintegrierten Bausteins vor und nach der Operation Fleckenbildung.

Optische Zeichenerkennung mit inkohärenter Principal Component
Filterung

R. Hauck, Physikalisches Institut Erlangen

Zusammenfassung

Oft werden Zeichen durch die Auswertung der Korrelationssignale mit
Referenzmustern erkannt. Besteht die Erkennungsaufgabe in der Identifizierung eines Zeichens aus einem festen Datensatz, so genügen bei
z.B. N=64 Zeichen nur K=ld N=6 Korrelationsmessungen mit binären Aus-
gangssignalen. Die Korrelationen führen wir optisch analog durch. Die
dazu notwendigen Referenzmasken, die Principal Component Filter, werden digital berechnet und unter digitaler Kontrolle hergestellt.
Optische Experimente mit einem Testdatensatz konnten die Theorie bestätigen.

1. Einleitung

Ein System zur automatischen Erkennung von Mustern zerfällt meist in
folgende Teile (Fig. 1): Aus derMustervorlage (z.B. 2-dim. optisch,
1-dim. elektronisch, akustisch usw.) generiert die Vorverarbeitungseinheit einen Merkmalvektor. Der Klassifikator analysiert den Merkmalvektor und trifft dann eine Entscheidung.

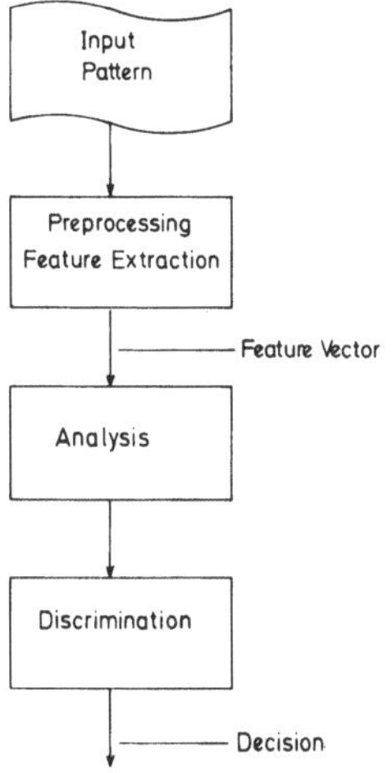

Fig. 1: Blockschema eines automatischen Erkennungssystems

Der Merkmalgenerator (Vorverarbeitung) kann sehr kompliziert aufgebaut
sein. So wird z.B. bei der syntaktischen Erkennung versucht das Muster
in logische Einheiten zu zerlegen (Vordergrund, Hintergrund, gerade
Linien, gekrümmte Linien usw.) /1/. Der Merkmalvektor beschreibt das
Muster dann baumartig mit Primitivmustern und deren Relationen.

Die Analyse des Merkmalvektors kann ebenfalls sehr kompliziert erfolgen,
bei der syntaktischen Erkennung z.B. wird versucht die Beschreibung
mit formalen Grammatiken durchzuführen /1/, /2/.

2. Optische Zeichenerkennung
2.1 Vorverarbeitung

Viele Muster liegen bildhaft als 2-dim. Intensitätsverteilung vor. Wegen der hohen Parallelkapazität der Optik (1000 x 1000 Auflösungspunkte)
sind diese einer analog optischen Verarbeitung angepaßt. Man beherrscht
gut parallele lineare Rechenoperationen: Addition, Multiplikation,
Integraloperationen (z.B. 2-dim. Fouriertransformation). Mit zwei aufeinanderfolgenden Fouriertransformationen mit dazwischen geschalteter
Multiplikation lassen sich Faltungen realisieren (Spatiale Filterung).
Ein einfaches Zeichenerkennungssystem läßt sich damit aufbauen.

Die Vorverarbeitungseinheit kann z.B. entfallen, der Merkmalvektor besteht dann aus der Intensitätsverteilung des Musters selbst. Man kann
jedoch die Vorlage auch kohärent fouriertransformieren und die Phasen
dynamisch zerstören. Der Merkmalvektor besteht jetzt aus dem Powerspektrum und ist gegenüber dem Eingangsmuster lageinvariant /3/.
Bei Verwendung von ortsvarianten Operationen (z.B. realisierbar mit
Fernsehelektronik) läßt sich auch Maßstabs- und Rotationsinvarianz erzielen /4/, /5/. Mit einer Fernsehübertragungskette als Vorverarbeitung
lassen sich elektronisch auch Punkt zu Punkt Nichtlinearitäten z.B.
Hardclipping leicht durchführen.

2.2 Klassifikation

Im folgenden bestehe, der Einfachheit halber, der Merkmalvektor $\underline{0}$
immer aus der mit J Punkten gesampelten Intensitätsverteilung $0(x)$ des
Musters selbst. Die j-te Komponente $0j$ ist gegeben durch:

$$0j = 0(x) \quad \delta(jx_o) \qquad \text{für } j=1...J \qquad (1)$$

wobei der Samplingabstand x_o dem Samplingtheorem genügen muß.

Mit Hilfe des Skalarprodukts läßt sich ein linearer Klassifikator realisieren. Der Merkmalvektor $\underline{O}$ wird mit einem Referenzvektor $\underline{F}$ verglichen. Als Ähnlichkeitsmaß dient der euklidische Abstand D:

$$D^2 = |\underline{O} - \underline{F}|^2 = |\underline{O}|^2 - 2\ \underline{O}\cdot\underline{F} + |\underline{F}|^2 \qquad (2)$$

Das Skalarprodukt $\underline{O}\cdot\underline{F}$ läßt sich analog optisch realisieren. Bei geeigneter Normierung von $\underline{O}$ und $\underline{F}$ wird D minimal falls $\underline{O}\cdot\underline{F}$ maximal wird /3/, /6/.

Eine mögliche optische Realisierung der Skalarproduktbildung ist in Fig. 2 gezeigt:
Die Intensitätsverteilung O(x) wird mit einer Linse auf die Filtertransparenz F(x) abgebildet. Das gesamte durch den Filter tretende Licht wird gemessen. Die Intensität I ergibt sich zu:

$$I = \int O(x)\ .\ F(x)\ dx \qquad (3a)$$

bzw. nach Anwendung des Samplingtheorems zu:

$$I = \underline{O}\ .\ \underline{F} \qquad (3b)$$

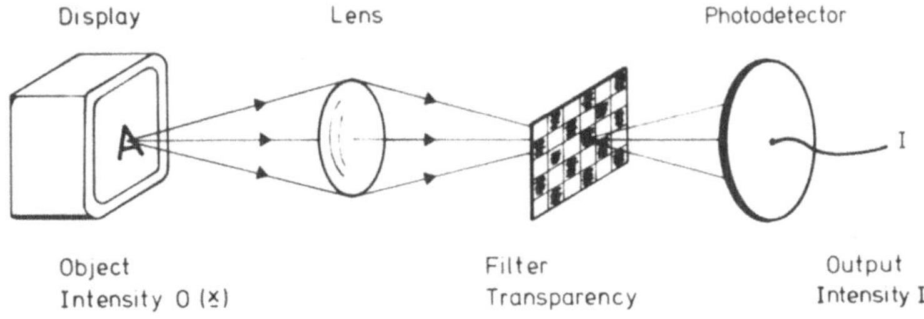

Fig. 2: Optische Skalarproduktbildung

Will man nun ein Zeichen $\underline{O}_n$, aus einem festen Datensatz stammend n = 1...N, identifizieren, so kann man als Referenzzeichen $\underline{F}_k$ die Zeichen selbst verwenden:

$$\underline{F}_k = \underline{0}_k \qquad (k = 1...N).\tag{4}$$

Diese Methode wurde bereits 1964 von Vander Lugt /7/ in die Optik als "Matched Filtering" eingeführt.

2.3 Principal Component Filterung

Bei der Principal Component Filterung wurde das Skalarproduktverfahren weiterentwickelt, mit dem Ziel, mit weniger Referenzzeichen als zu identifizierenden Zeichen auszukommen. Bei z.B. $N = 2^K$ möglichen Zeichen genügen zur Identifikation K Referenzzeichen, falls die Skalarprodukte I_{nk} binär werden /8/. Jedem Zeichen $\underline{0}_n$ ($n = 1...N$) wird nun eindeutig ein K-stelliges Codewort B_{nk} zugeordnet.
Gesucht sind nun die Filter $\underline{F}_k$, die diese vorgegebenen Skalarprodukte liefern:

$$B_{nk} = I_{nk} = \underline{0}_n \cdot \underline{F}_k\tag{5}$$

Die Filter müssen dem gesamten Zeichensatz angepaßt sein, wir setzen sie daher als Linearkombination in Erweiterung von Gleichung (4) an /9/, /10/:

$$\underline{F}_k = \sum_{m=1}^{N} a_{mk}\, \underline{0}_m\tag{6}$$

Setzt man diesen Ansatz in die Bedingungsgleichung (5) ein, so ergibt sich die Fundamentalmatrix 0_{nm} des Zeichensatzes:

$$B_{nk} = \underline{0}_n \cdot \sum_{m=1}^{N} a_{mk}\, \underline{0}_m = \sum_{m=1}^{N} a_{mk}\, 0_{nm}\tag{7}$$

mit $\quad 0_{nm} = \underline{0}_n \cdot \underline{0}_m \qquad (n,m = 1...N).$

Sind die Zeichen $\underline{0}_n$ linear unabhängig, so läßt sich die Fundamentalmatrix invertieren. Die Entwicklungskoeffizienten a_{mk} und die Filter F_k sind somit bestimmt.

Bei der optischen Realisation der Filter tritt i.a. ein weiteres Problem auf: Die Filter sind bipolar, sie sollen jedoch als nicht negative Transparenzverteilung dargestellt werden. Wir spalten deshalb die Filter in Positiv- und Negativanteil auf:

$$\underline{F}_k = \underline{F}_k^+ - \underline{F}_k^- \qquad\qquad (8)$$

$$\text{mit} \quad F_{kj}^+, F_{kj}^- \geq 0 \quad \text{für alle } j$$

$$\text{und} \quad \underline{F}_k^+ \cdot \underline{F}_k^- = 0$$

Die gewünschten Codeintensitäten ergeben sich dann als Differenz der Skalarprodukte der Zeichen mit dem Positiv- und Negativfilter:

$$B_{nk} = I_{nk}^+ - I_{nk}^- = \underline{0}_n \cdot \underline{F}_k^+ - \underline{0}_n \cdot \underline{F}_k^- = \qquad (9)$$

$$= \underline{0}_n \cdot \underbrace{(\underline{F}_k^+ - \underline{F}_k^-)}_{\underline{F}_k} \cdot$$

Codeoptimierung

Die Wahl der Codewerte von B_{nk} beeinflußt die Störempfindlichkeit des Systems bei nicht idealen Zeichen sowie Filter. Bei gegebenen statistischen Größen des Zeichen- bzw. des Filterrauschens läßt sich die Standardabweichung des Diskriminierungssignals aus dem Skalarprodukt berechnen. Wir führten einen Codebias C_k ein, der die einmal gewählten Codewerte von B_{nk}, z.B. 0 und 1, auf C_k und $1+C_k$ verschiebt. Der Codebias C_k läßt sich für jeden Filter getrennt derart bestimmen, daß die Standardabweichung der Skalarprodukte minimal wird.

2.4 Experimentelle Ergebnisse

Wir bestätigten das Principal Component Konzept mit einem weiterem Experiment (siehe auch /11/, /12/). Fig. 3 zeigt die gewählten N=16 Testzeichen. Sie wurden auf einem rechnergesteuerten Fernsehmonitor dargestellt. Die zugehörigen K=4 Filterpaare wurden digital berechnet und mit 2-dim. Pulsbreitenmodulation rechnergesteuert auf Film belichtet (Fig. 4).

Fig. 3: 16 Testzeichen der Principal Component Methode

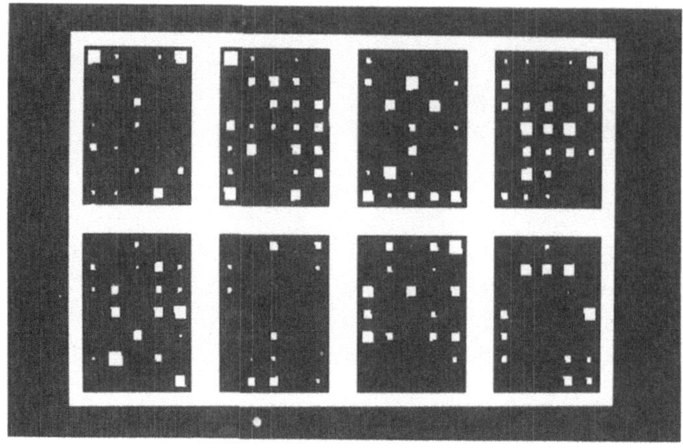

Fig. 4: 4 . 2 Principal Component Filter

In Fig. 5 sind die N . K = 64 Messungen der Skalarprodukte dargestellt.
Nach rechts sind jeweils die Differenzen der normierten Meßintensitäten
aufgetragen. Man sieht, daß die Meßwerte mit den gewählten Codewerten
sehr gut übereinstimmen. Die 16 Zeichen lassen sich also aus den jeweils
4 Skalarproduktmessungen eindeutig identifizieren.

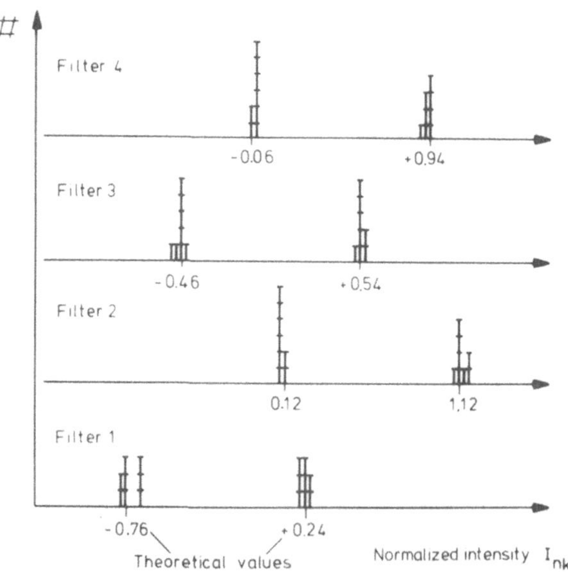

Fig. 5: Histogramm der Skalarproduktmessungen

3. Zusammenfassung

Mit optischen Methoden bei der Zeichenerkennung lassen sich neben verschiedenen den Problemen angepaßten Vorverarbeitungen lineare Klassifikatoren realisieren. Der Principal Component Algorithmus konnte die Zahl der Referenzzeichen und somit den Aufwand an Meß- und Auswertearbeit von N auf ld N reduzieren. Signal-zu-Rausch Betrachtungen liefern Kriterien für eine optimale Codierung. Die Theorie wurde durch Experimente mit Testdatensätzen gut bestätigt.

Literatur

/1/ K.S. Fu: Syntaktik Pattern Recognition, Springer Verlag Berlin, Heidelberg, New York 1977

/2/ G. Meyer-Brötz, J. Schürmann: Methoden der automatischen Zeichenerkennung, R. Oldenburg Verlag

/3/ J. D. Arimitage and A.W. Lohmann: Character Recognition by Incoherent Spatial Filtering
Appl. Opt. 4 (1965) 461.

/4/ D. Casasent and D. Psaltis: Optical Mellin Transforms Using Computer Generated Holograms
Opt. Comm. 19 (1976) 217

/5/ D. Casasent and D. Psaltis: Position, Rotation, and Scale Invariant Optical Correlation
Appl. Opt. 15 (1976) 1795

/6/ A. W. Lohmann: Matched Filtering with Self-Luminous Objects
Appl. Opt. 7 (1968) 561

/7/ A. Vander Lugt, IEEE Trans IT, 10 (1964) 139

/8/ B. Braunecker and A. W. Lohmann: Character Recognition by Digital Holography
Opt. Comm. 11 (1974) 141

/9/ H. J. Caulfield and W. T. Maloney: Improved Discrimination in Optical Character Recognition
Appl. Opt. 8 (1969) 2354

/10/ J. Fleuret and H. Maitre: Optimization of Binary Transcoding Single Filter Used for Character Recognition
Opt. Comm. 17 (1976) 64

/11/ B. Braunecker, R. Hauck and A. W. Lohmann: Hybrid Image Processing, Photogr. Science and Engineer. 21 (1977) 278

/12/ B. Braunecker, R. Hauck and K. Reuter: Pattern Recognition with Spatially Modulated X-Rays
Nuclear Instruments 150 (1978) 321

SPRACHE

<u>AUTOMATISCHE FORENSISCHE SPRECHERERKENNUNG</u>

E. Bunge, Kriminaltechnisches Institut im Bundeskriminalamt, Wiesbaden

<u>Zusammenfassung</u>
Unter BMFT-Förderung wird im Bundeskriminalamt ein modulares interaktives Sprechererkennungssystem aufgebaut. Es arbeitet fünfstufig, wobei in jeder Stufe eine Vielzahl von alternativen Algorithmen zur Verfügung steht. Mit dem System sollen die
Probleme der Stimmverstellung und der Beeinflussung des Sprachsignals durch Telefonübertragung untersucht werden, um Verfahren für die forensische Sprechererkennung
zu entwickeln.

1. Kommerzielle Sprechererkennung

In den letzten 10 Jahren wurden intensive Forschungsarbeiten auf dem Gebiet der
automatischen Sprechererkennung durchgeführt. Ziel der Arbeiten war es im wesentlichen, die Grundlagen für Stimmausweissysteme zu untersuchen. Funktionsfähige
Labormodelle für derartige Sprecherverifikationssysteme wurden bei Texas Instruments
(1), Bell Labs (2) und Philips (3) aufgebaut. Es konnte in allen drei Großprojekten
gezeigt werden, daß die Erkennung von kooperativen Sprechern, d.h. Sprechern, die erkannt werden wollen, mit hoher Sicherheit möglich ist. Aufbauend auf diese Arbeiten
wird nun sowohl in USA als auch in Deutschland an der Kommerzialisierung der in den
Forschungsprojekten entwickelten Verfahren gearbeitet. Die hohen Erkennungsraten
bei der kommerziellen Sprecherverifikation ließen sich jedoch nur unter einschränkenden Randbedingungen erzielen, die allerdings bei Stimmausweissystemen und "Stimm-
scheckkarten" dem Benutzer vorgegeben werden können:

a) Der Benutzer ist kooperativ.

b) Die Erkennung arbeitet codewortgebunden.

c) Das Sprachsignal liegt ungestört vor.

2. Forensische Sprechererkennung

Das Problem bei der forensischen Sprechererkennung liegt darin, daß keine der vorgenannten Funktionsvoraussetzungen eingehalten werden kann.
Statt dessen gilt:

a) <u>Die Sprecher sind nicht kooperativ.</u> Bei telefonischen Bombendrohungen und im Fall
   von Geiselnahme und Erpressung wird der Sprecher besonders bemüht sein, seine
   Stimme zu verstellen um nicht erkannt zu werden.

b) Bei Vergleichsaufnahmen werden sich die Sprecher in vielen Fällen weigern, vorgegebene Texte nachzusprechen. <u>Die Erkennung muß deshalb auch textunabhängig</u>
   <u>arbeiten können.</u>

c) <u>Die Sprachaufnahmen sind stark gestört.</u> Bei den Sprachaufnahmen handelt es sich
   ausschließlich um Telefongespräche, zumeist mit vielen Hintergrundgeräuschen. Zu-

sätzliche Verzerrungen kommen durch nichtsachgemäße Anbringung von Telefonaufnahmeadaptern an den Handgeräten hinzu.

Da bei jedem in der Praxis durchzuführenden Sprecheridentifikationsvorgang unterschiedliche Randbedingungen bezüglich der Textlänge, der Stimmverstellung, der Aufnahmequalität und der Störungen vorliegen, ist es nicht möglich, ein definiertes Verfahren für das forensische Sprechererkennungssystem anzugeben. Aus diesem Grund wird im Rahmen eines BMFT-geförderten Forschungsprojektes im Bundeskriminalamt ein interaktives programmierbares System erstellt, das an die wechselnden Anforderungen adaptierbar ist.

3. Systembeschreibung

Die Struktur des Systems ist aus Bild 1 ersichtlich.

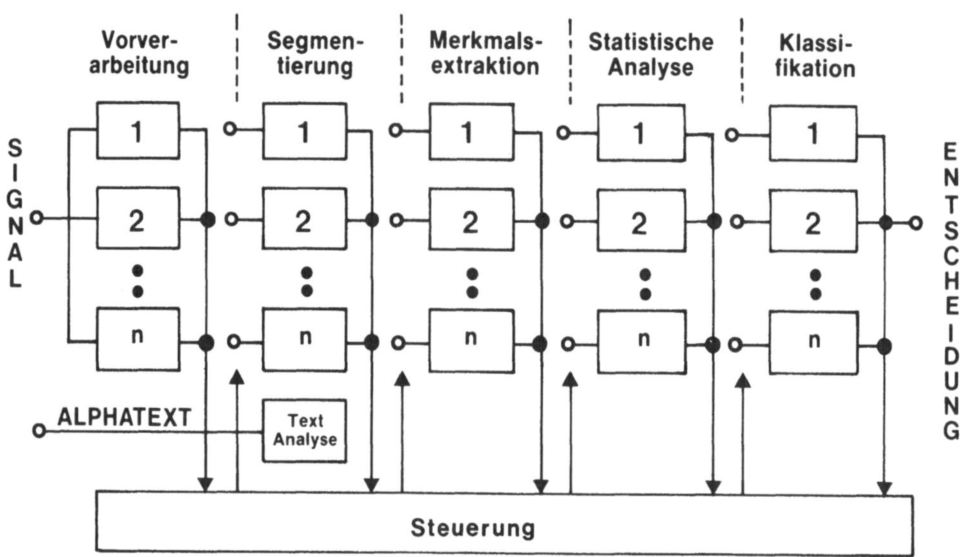

Bild 1: Struktur des forensischen Sprechererkennungssystems

Zur Realisierung dieser modularen Struktur stehen auf der Hardwareseite ein PDP 11-70 Rechner mit 128 K Worte Kernspeicher und ein Array-Processor, auf der Softwareseite umfangreiche Programmpakete zur Sprachsignalanalyse und zur Mustererkennung zur Verfügung. Die Erkennung arbeitet 5stufig; in jeder Stufe sind per Programm Alternativalgorithmen zu wählen, die den Randbedingungen am besten angepaßt sind.

4. Signalverarbeitung

Die zu untersuchenden Sprachproben liegen bei der forensischen Sprechererkennung nicht im Original vor, sondern sie sind entsprechend der Übertragungsfunktion der Strecke nach Bild 2 linear und nichtlinear verzerrt und mit zusätzlichen Störungen

(Grundrauschen, Nebensprechgeräusche, Schaltimpulse) behaftet.

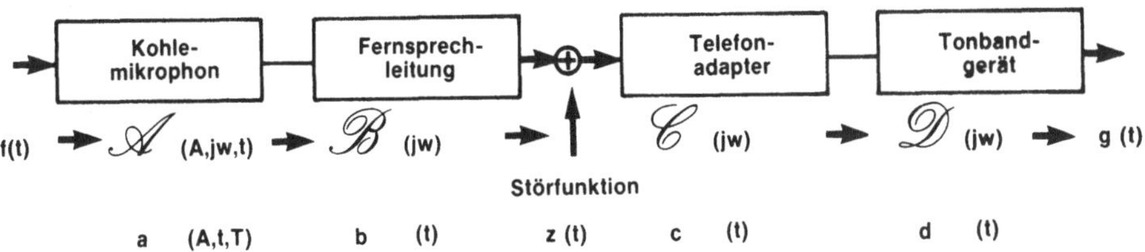

Bild 2: Modell der Übertragungsstrecke

Da beim Kohlemikrophon die Übertragungsfunktion lage- und erschütterungsabhängig ist und vorausgesetzt werden muß, daß der Sprecher während des Gesprächs den Hörer bewegt, ist die Übertragungsfunktion des Mikrophons nicht nur eine Funktion der Frequenz und der Amplitude (Nichtlinearität) sondern auch der Zeit.

Der Zusammenhang zwischen Quellsignal f_1 (t) und dem Empfangssignal g_1 (t) für den Streckenaufbau 1 ist:

$$g_1 (t) = ((f_1 (t) * a_1 (A, t, T) * b_1 (t)) + Z_1 (t))) * c (t) * d (t).$$

Eine geschlossene Lösung, um von g (t) auf f (t) zu schließen existiert nicht, da die Impulsantworten der einzelnen Streckenabschnitte unbekannt sind. In Einzelfällen kann nur c (t) und d (t) nachträglich festgestellt werden.

Wird eine Vergleichsaufnahme mit dem gleichen Sprecher aufgezeichnet, so gilt:

$$g_2 (t) = ((f_2 (t) * a_2 (A, t, T) * b_2 (t)) + Z_2)) * c (t) * d (t).$$

Wegen der Nichtreproduzierbarkeit des Sprechvorganges wird f_1 (t) ≠ f_2 (t) sein; die Verschiedenheit ist besonders stark ausgeprägt, wenn Stimmverstellung vorliegt, oder wenn gar ungleiche Texte gesprochen werden.

Da in den meisten Fällen von unterschiedlichen Telefonen aus angerufen wird, sind dementsprechend die Impulsantworten der Kohlemikrophone ungleich:

$$a_1 (A, t, T) \neq a_2 (A, t, T)$$

Selbst bei gleichen Anrufapparaten ist die jeweils durchgeschaltete Verbindung zwischen Sprecher und Empfänger entsprechend der jeweiligen freien Leitungen in den Ämtern eine Frage des Zufalls. Deshalb gilt auch hier Ungleichheit der Übertragungscharakteristika und der entsprechenden Störungen durch Nebensprechen und Schaltimpulse

$$b_1 (t) \neq b_2 (t)$$

$$z_1 (t) \neq z_2 (t)$$

Bei der kommerziellen Sprecherverifikation dagegen können durch Verwendung eines linear arbeitenden Mikrophons und einer festen Leitungsverbindung zum Analyseprozessor die unterschiedlichen Funktionen konstant gehalten und die Störfunktion $z(t)$ eliminiert werden.

In der Vorverarbeitungsphase werden bei der forensischen Sprechererkennung amplituden und freuquenzsensitive Störaustastverfahren eingesetzt. Lineare Verzerrungen der einzelnen Übertragungsstrecken dagegen können reduziert werden, unter der in den meisten Fällen zutreffenden Voraussetzung, daß sich die niedrigste übertragene Sprachfrequenz f_u zu der Änderungsfreuqunez der Übertragungseigenschaften f_g der Strecke f_u / f_g = 1000 verhalten. Dann kann eine Freuquneznormalisierung nach adaptiven Deconvolutionsverfahren durchgeführt werden. Diese Verfahren haben sich in Versuchen als sehr leistungsfähig erwiesen.

5. Segmentierung

Wenn die Sprachproben, die verglichen werden sollen, aus unterschiedlichen Texten bestehen oder zu kurz sind, um textunabhängige Merkmals-Extraktionsverfahren anzuwenden, ($t \geqslant 12\,s\ (4)$), so müssen Kurzzeit-Analyseverfahren - angewandt auf gleiche Phoneme bzw. Silben oder Worte - eingesetzt werden.

Im ersten Schritt wird die phonetische Transkription der vorliegenden Tonbandaufnahmen durch ein Textverarbeitungsprogramm analysiert und Phonem-Silben-Worthäufigkeiten festgestellt. Danach wird unter Berücksichtigung der Eignung für die Sprecherunterscheidbarkeit eine Gruppe von Phonemen ausgewählt, die möglichst häufig in allen Aufnahmen gleichzeitig vorkommt. Die Auswahl der Segmente und die Festlegung der Segmentgrenzen wird interaktiv am Display mit D - A Rückhörmöglichkeit vorgenommen. Eine automatische Segmentierung ist nicht sinnvoll, da die Kriterien zur Festlegung der Segmentgrenzen wegen der wechselnden Randbedingungen nicht angegeben werden können.

6. Merkmalsextraktion

Die Verfahren zur Bestimmung sprecherspezifischer Merkmale, die beim forensischen Sprechererkennungssystem angewandt werden, lassen sich in drei Gruppen unterteilen:

a) Segmentkurzzeitanalyse

   Aus Vokalen werden 20 mS Segmente isoliert und durch die Koeffizienten einer Transformation beschrieben. (z.B. Fourier, Walsh, Cosinus, Cepstrum, Parcor). Die Koeffizienten kennzeichnen im Prinzip statische Eigenschaften des Vokaltraktes. Die Segmentkurzzeitanalyse kann in begrenztem Maße (Kontextproblem) auch für textunabhängige Erkennung eingesetzt werden. Die Koeffizienten sind sehr empfindlich gegenüber Störsignalen und linearen und nichtlinearen Verzerrungen. Bild 3 zeigt als Beispiel die Cepstrum und Walsh Koeffizienten eines 20 mS Segments aus dem Vokal "A".

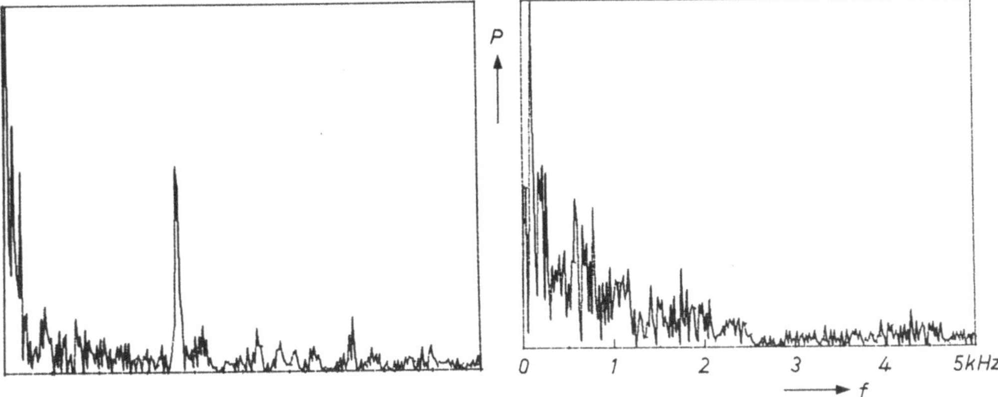

Bild 3: Cepstrum-Analyse   Walsh-Analyse

b) <u>Konturanalyse</u>

Hierbei wird das Sprachsignal äquidistant segmentiert, und pro Segment wird nur
eine Merkmalskomponente errechnet (z.B. Pitch, Energie oder ein Formant). Die
Aufeinanderfolge der Segmentkomponenten ergibt die Merkmalskontur. Bild 4 zeigt
als Beispiel eine Stimmbandgrundfrequenz Kontur.

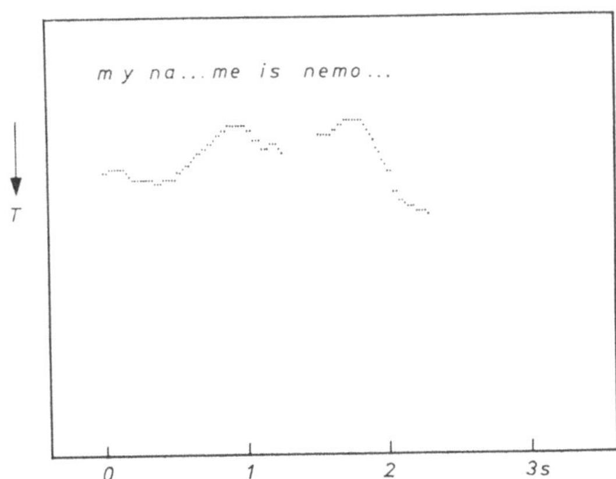

Bild 4: Konturanalyse: Stimmbandgrundfrequnez Kontur

Im Prinzip kann der zeitliche Verlauf einzelner Parameter beliebiger Transformationen für die Konturanalyse herangezogen werden. Dieses Analyseverfahren beschreibt den zeitlichen Ablauf des Sprechvorganges, Es arbeitet streng textab-
hängig, aber es ist sehr resistent gegenüber linearen Verzerrungen unterschiedlicher Telefonverbindungen.

c) <u>Statistische Merkmalsextraktion</u>

Das Sprachsignal wird aequidistant segmentiert. Pro Segment werden die Koeffizien-

ten von Transformationen errechnet. Die Gesamtheit der Einzeltransformierten wird
dann durch Verteilungsvektoren sowie Mittelwert und -Varianzvektoren beschrieben.
Bild 5 zeigt als Beispiel die Verteilung der Varianzen im Spektralbereich über
einen 12 sec. langen Text sowie den dazugehörigen Mittelwertvektor.
Die statistischen Merkmalsextraktionsverfahren können textunabhängig arbeiten,
wenn die Sprechdauer mindestens 12 sec. beträgt.

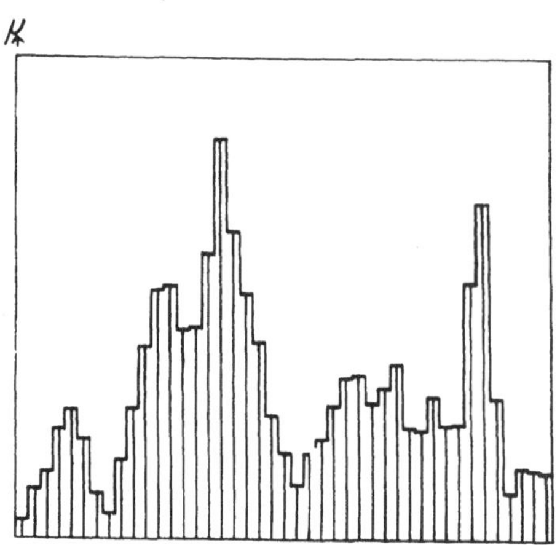
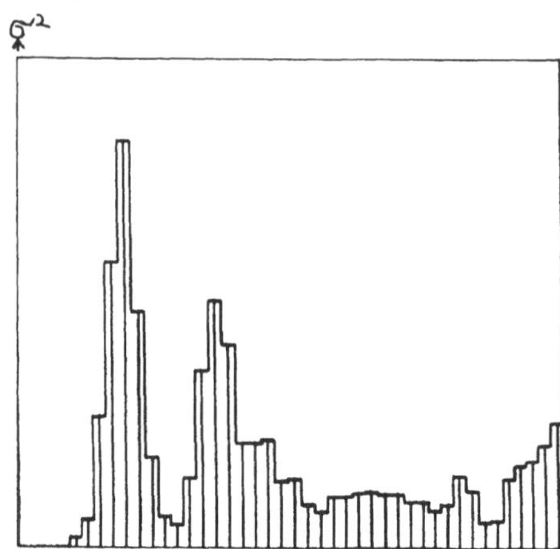

Bild 5: a) Mittelwertspektrum   b) Varianzprofil

7. Statistische Datenanalyse

Um das Verhalten der einzelnen Signalvorverarbeitungsalgorithmen in Zusammenhang mit
den Merkmalsextraktiosnverfahren bei Stimmverstellung und Telefonübertragung beurteilen zu können, werden Verfahren der multivariaten Varianzanalyse, Clusteranalyse,
Korrelationsanalyse und Feature Ranking Techniken eingesetzt. Diese Verfahren sollen
Bewertungskriterien in den Versuchsserien unter "real world" Bedingungen liefern.

8. Klassifikation

Für die Klassifikation sowohl in Identifikationsversuchen (n - Klassen-Problem) als
auch in Verifikationsversuchen (2-Klassen Problem) steht eine große Anzahl von Mustererkennungsverfahren des AUROS-Systems (3) zur Verfügung wie Minimum Distance Klassifikator, Nearest Neighbour Klassifikator, Bayes Klassifikator, Toleranzregionen
Klassifikator, linearer Regressionsklassifikator und Mahalanobis Klassifikator. Die
Grundverfahren können durch unterschiedliche Abstandsmaße, Normierungen und Wahr-
scheinlichkeitsdichteapproximationen an die Datenstrukturen angepaßt werden.

Innerhalb des Forschungsprojektes wird systematisch untersucht, wie sich die Module
des Sprechererkennungssystems bei Stimmverstellung und bei gestörter Signalübertra-
gung verhalten. Daraus werden Kriterien abgeleitet, welche Module miteinander zu
kombinieren sind, um im Spezialfall eine forensische Identifikation mit hoher Sicher-

heit bei gegebenen Randbedingungen vornehmen zu können.

<u>Literaturhinweise</u>

(1) G.R. Doddington - "Speaker Verification, Final Report"
     Rome Air Development Center, Griffiss, AFB, NY,
     Techn. Rep. RADC 74.1979 April 1974

(2) A. Rosenberg - "Automatic Speaker Verification. A Review"
     Proc. of the IEEE, Vol. 64 No. 4, 475-487, April 1976

(3) E. Bunge - "Automatic Speaker Recognition System AUROS for
     Security Systems and Forensic Voice Identification"
     Proc. 1977 Int. Conf. on Crime Countermeasures, Science and
     Engineering, Oxford 1977

(4) E. Bunge - "Vergleichende systematische Untersuchungen zur
     automatischen Identifikation und Verifikation kooperativer
     Sprecher, Dissertation, TH Darmstadt, 1977

QUANTISIERUNG VON SPEKTRALKOMPONENTEN
FÜR DIE KLASSIFIKATION VON SPRACHSIGNALEN

HERMANN NEY

PHILIPS GMBH FORSCHUNGSLABORATORIUM HAMBURG

Kurzfassung

Für die automatische Sprechererkennung hat sich das Langzeitspektrum als
sprecherspezifisches Merkmal erwiesen. Verschiedene Verfahren, mit denen
die Komponenten des Langzeitspektrums quantisiert und damit die zur Speicherung notwendigen Bitzahlen reduziert werden können, werden in ihrer
Leistungsfähigkeit hinsichtlich der Identifikation von Sprechern miteinander verglichen. Es zeigt sich eine deutliche Überlegenheit derjenigen
Quantisierungsverfahren, die die Amplitudenverteilung der Spektralkomponenten explizit berücksichtigen

1. Einführung

Das Problem der Reduzierung der Datenmenge in der Mustererkennung ist sowohl von theoretischer als auch praktischer Bedeutung. Theoretisch bedeutet die Reduzierung der unterscheidbaren Amplituden eines Signals durch
Quantisierung eine Irrelevanzreduktion, wenn diese Amplituden die Erkennungsrate einer Klassifikation nicht beeinflussen. Die praktische Bedeutung des Problems liegt in der Verminderung der Bitzahl, die für die
Speicherung eines Merkmalsvektors erforderlich ist, und in der damit gewonnenen Möglichkeit, bei gleichem Speicherplatz den Mustervektor um zusätzliche bisher nicht benutzte Merkmale zu erweitern.

2. Merkmalsextraktion und Klassifikatoren

Als Datenbasis wird eine Sammlung von insgesamt 2500 Sprachproben benutzt: 50 Sprecher mit je 50 Sprachproben; jede Sprachprobe dauert etwa
13 s. Das Sprachsignal wird durch eine 43-kanalige Filterbank analysiert,
deren Ausgänge zum Langzeitspektrum aufsummiert werden [1]. Eine Korrelationsanalyse aller 2500 Langzeitspektren wird mittels einer Karhunen-
Loève-Transformation durchgeführt; es zeigt sich, daß allein schon durch

Zusammenlegen von jeweils 3 benachbarten Frequenzkanälen eine weitgehende Dekorrelation der Daten möglich ist. An den Ausgangsdaten für die folgenden Untersuchungen wird daher diese Zusammenlegung der Frequenzkanäle vorgenommen. Um von der eventuell variierenden Lautstärke unabhängig zu werden, wird jeder Mustervektor (bestehend aus den 15 Komponenten des Langzeitspektrums) auf gleiche euklidische Länge (l_2-Norm) normiert; die Amplituden liegen zwischen 0 und 255.

Innerhalb des Sprechererkennungssystems AUROS [1] stehen mehrere Typen von Klassifikatoren zur Verfügung. In dieser Untersuchung werden folgende benutzt:

<u>Minimum Distance-Klassifikatoren</u>:   jeweils 20 Muster zum Lesen
und 30 Muster zum Testen.

Klassifikator A: Abstandsmaß: Euklid.- oder l_2-Norm
Klassifikator B: Abstandsmaß: gewichteter Euklid. Abstand [1]
Klassifikator C: Abstandsmaß: modifizierter gewichteter Kreuz-
korrelationsabstand [1]

<u>Nearest Neighbour-Klassifikatoren</u>: Abstandsmaß Euklid.

Klassifikator D: 20 Lernmuster, 30 Testmuster
Klassifikator E: 10 Lernmuster, 40 Testmuster.

3. Quantisierungsverfahren

Sieben verschiedene Methoden der Quantisierung werden untersucht.

<u>Verfahren 1</u>: Die Daten werden linear quantisiert; vgl. Bild 1 ("linear" in Bild 3).

<u>Verfahren 2</u>: Die Daten werden logarithmisch quantisiert; vgl. Bild 1 ("log." in Bild 3).

<u>Verfahren 3</u>: Im ersten Viertel des möglichen Amplitudenbereiches erfolgt eine lineare Quantisierung; daran schließt sich stetig eine logarithmische Quantisierung an [2], vgl. Bild 1 ("lin.-log." in Bild 3).

Die folgenden Verfahren 4-7 benutzen das Histogramm der Ausgangsdaten.

<u>Verfahren 4</u>: Es wird der Max'sche Quantisierer [3] zugrunde gelegt, der den mittleren quadratischen Quantisierungsfehler minimiert. Die Quantisierungsstufen werden für jeden Frequenzkanal einzeln in der Näherung von Panter und Dite [4] berechnet, d.h. die dritte Wurzel des Histogramms (= Amplitudenhäufigkeit) wird in Streifen gleicher Fläche unterteilt. ("Panter und Dite" in Bild 3).

<u>Verfahren 5</u>: Statt der dritten Wurzel wie bei Verfahren 4 wird das
Histogramm selbst in Streifen gleicher Fläche zerlegt, so
daß sich für die quantisierten Daten ein glattes Histogramm ergibt ("glattes Histogramm" in Bild 3).

<u>Verfahren 6</u>: Wie Verfahren 4, jedoch wird das Histogramm über alle Fre-
quenzkanäle zusammen erstellt, vgl. Bild 2.

<u>Verfahren 7</u>: Wie Verfahren 5, jedoch wird das Histogramm über alle Fre-
quenzkanäle zusammen erstellt, vgl. Bild 2.

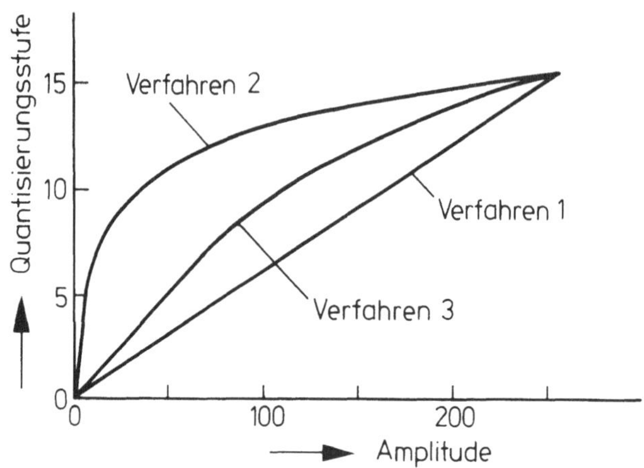

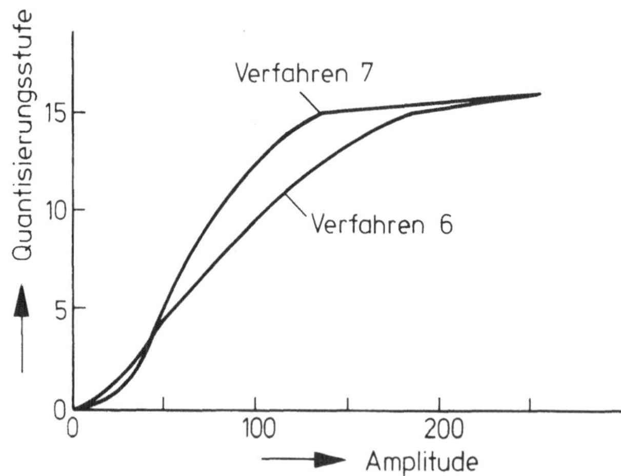

<u>Bild 1,2</u>: Quantisierungskennlinien bei 4 Bit für verschiedene Quantisie-
rungsverfahren

Für die Verfahren 2 und 3 sind die Quantisierungskennlinien in Bild 1
dargestellt. Für die Histogrammverfahren können die Kennlinien nachträglich ermittelt werden, Bild 2 zeigt die so erhaltenen Kennlinien
für Verfahren 6 und 7.

Die Histogramme der Ausgangsdaten und der mit dem Verfahren 1-5 quantisierten Daten sind in Bild 3 dargestellt. Die logarithmische Quantisierung zeigt eine deutlich ausgeprägte ungleichmäßige Verteilung der Amplituden, während die Verfahren 4 und 5 erwartungsgemäß ein im Vergleich zu
den Ausgangsdaten geglättetes Histogramm ergeben (die Histogramme 3e
und 3f sind der besseren Überschaubarkeit wegen für alle Frequenzkanäle
zusammen erstellt, während die zugehörigen Verfahren 4 und 5 die Frequenzkanäle getrennt voneinander quantisieren).

4. Ergebnisse und Diskussion

Die Ausgangsdaten werden mit 4 Bit und mit 2 Bit quantisiert; für die
quantisierten Daten werden mit den in Abschnitt 2 beschriebenen Klassifikatoren Identifikationen durchgeführt. Die Erkennungsraten sind in
Tabelle 1 dargestellt. Für die 4-Bit-Quantisierung zeigen sich noch
keine großen Unterschiede in den Quantisierungsverfahren; bei 2-Bit-
Quantisierung ergibt sich eine deutliche Überlegenheit der Histogrammverfahren 4 und 5, besonders in Verbindung mit Nearest Neighbour-Klassi-
fikatoren. Ähnliche Ergebnisse erhält man, wenn man statt des Euklidischen Abstandes die modifizierte Kreuzkorrelation [1] verwendet.

Um die statistische Zuverlässigkeit der Ergebnisse beurteilen zu können,
sollen die Konfidenzintervalle [5] angegeben werden. Mit den Klassifikatoren A-D werden insgesamt 1500 Entscheidungen (50 Klassen à 30 Testmuster) durchgeführt, für den Klassifikator E sind es 2000 Entscheidungen. Für 1500 Entscheidungen und eine statistische Sicherheit von 95%
erhält man über die Binominalverteilung [5] bei einer Erkennungsrate
$\hat{p}$ = 95% das Konfidenzintervall [93,8%, 96,0%], bei $\hat{p}$ = 99% [98,34%,
99,44%].

Es bleibt zu untersuchen, ob sich ähnlich gute Erkennungsraten auch im
Fall einer Sprecherverifikation erzielen lassen. Es ist geplant, mit
Hilfe dieser Quantisierungsverfahren die Speicherung von Spektrogrammen
längerer Zeitdauer für Zwecke der Mustererkennung durchzuführen.

Die diesem Bericht zugrunde liegenden Arbeiten wurden mit Mitteln des
Bundesministers für Forschung und Technologie (Förderkennzeichen
081 2014 A) gefördert. Die Verantwortung für den Inhalt liegt jedoch
allein beim Autor.

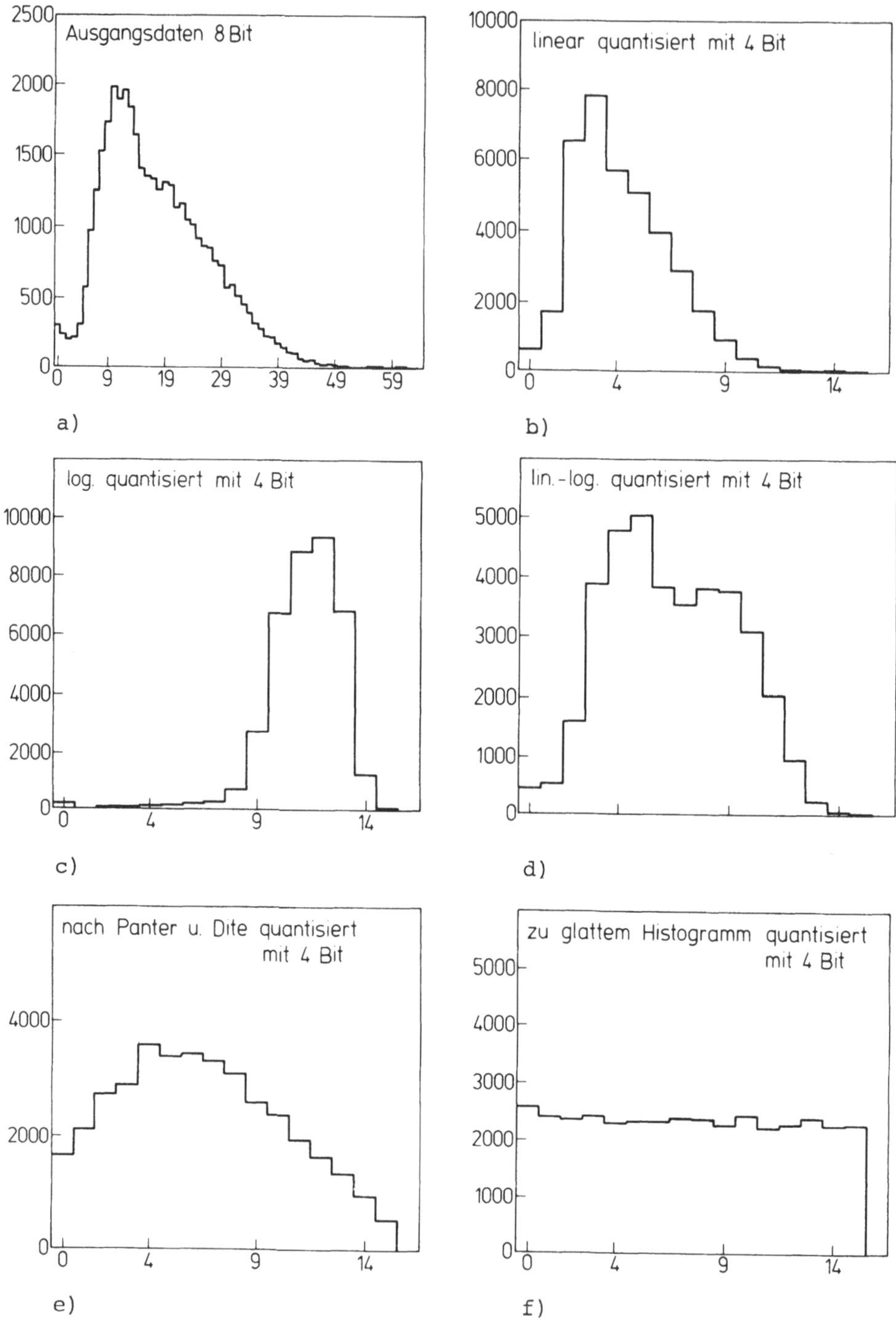

<u>Bild 3</u>: Histogramme für Ausgangsdaten (a) und für mit 4 Bit quantisierte Daten: b) nach Verfahren 1, c) nach Verfahren 2, d) nach Verfahren 3, e) nach Verfahren 4, f) nach Verfahren 5

Literatur

[1] Bunge, E., Höfker, U., Höhne, H.D., Jesorsky, P., Kriener, B., Wesseling, D.: Report about Speaker-Recognition Investigations with the AUROS System, Frequenz 31 (1977) 12, S. 382.

[2] Kuhn, M.H.: Access control by means of automatic speaker Verification, Science and Security Conference, Brighton Metropole, Sept. 12-14, 1978.

[3] Max, J.: Quantizing for minimum distortion, IRE Trans. Informat. Theory IT-6 (1960) 7-12.

[4] Elsner, R.: Nachrichtentheorie, Teil 2, Stuttgart, B.G. Teubner,1977.

[5] Fukunaga, K.: Introduction to statistical pattern recognition. New York, London: Academical Press, 1972.

Klassifikator		A	B	C	D	E
Ausgangsdaten		96,1	98,6	98,3	99,9	99,8
Verfahren 1		94,3	96,0	96,0	99,3	98,9
Verfahren 2		92,5	91,6	93,3	98,3	97,5
Verfahren 3	4	96,1	95,8	97,4	99,9	99,4
Verfahren 4	Bit	97,5	98,1	98,0	99,9	99,8
Verfahren 5		96,7	97,8	93,2	99,8	99,7
Verfahren 6		95,8	96,8	97,3	99,6	99,6
Verfahren 7		95,9	98,6	98,3	99,7	99,5
Verfahren 1		65,9	48,9	51,3	81,2	76,5
Verfahren 2		53,7	41,5	42,5	58,7	55,1
Verfahren 3	2	62,3	51,4	54,1	78,1	73,5
Verfahren 4	Bit	92,3	87,0	88,7	97,7	97,1
Verfahren 5		92,7	90,0	87,8	98,9	98,3
Verfahren 6		81,7	80,2	75,7	93,3	91,6
Verfahren 7		88,6	82,5	81,9	94,9	93,7

Tabelle 1: Erkennungsraten (in %) für die Ausgangsdaten und
die nach Verfahren 1-7 quantisierten Daten

EIN ABSTANDS-KLASSIFIKATOR MIT AUTOMATISCHER
LERNMUSTERAUSWAHL, ANGEWANDT AUF DIE VERIFIKATION
KOOPERATIVER SPRECHER

MICHAEL H. KUHN, HORST TOMASCHEWSKI
PHILIPS GMBH FORSCHUNGSLABORATORIUM HAMBURG

Zusammenfassung

Durch eine mehrstufige Klassifikation der im Rahmen des AUROS-Sprecher-
erkennungssystems aufgenommenen Sprachproben zunächst mit einem linearen, dann mit einem stückweise linearen Abstands-Klassifikator (Minimum Distance, Nearest Neighbour), konnte eine Verbesserung der Verifikationsergebnisse bei gleichzeitiger deutlicher Verringerung von Rechenzeit und Speicherplatzbedarf je Sprecher erzielt werden.

1. Einführung

In der Sprechererkennung ist neben der Anwendung im kriminalistischen
Bereich (Identifikation einer unbekannten Sprachprobe) die Anwendung in
den vielfältigen Formen einer Zugangskontrolle von Interesse. Hier hat
man nicht die schwierige Aufgabe, eine Sprachprobe eines nicht kooperativen Sprechers einem Sprecher aus einem Verdächtigenkreis zuzuordnen,
sondern mit der Sprachprobe liegt eine behauptete Identität vor, die es
zu bestätigen oder abzulehnen gilt. Über die Kooperativität des Benut-
zers hinaus hat ein Sprecherverifikationssystem also den Vorteil, daß
nicht auf eine ganze Datenbank mit den Referenzmustern sämtlicher Verdächtiger, sondern nur auf dasjenige Referenzmuster zugegriffen wird,
welches unter der vorgegebenen Identität (z.B. Benutzernummer) abgelegt
ist. Bei der Sicherheit eines solchen Systems interessiert vor allem die
Frage, wie groß die Wahrscheinlichkeit ist, daß ein Betrüger unter Vorgabe einer falschen Identität vom System akzeptiert wird, indem er die
Stimme des "richtigen" Sprechers hinreichend ähnlich nachahmt. Diese
Wahrscheinlichkeit ist bei gegebenem Datenmaterial durch den Schwellwert beeinflußbar, der sprecherindividuell als Mindest-Abstandsmaß (Un-
ähnlichkeitsmaß) für eine Zurückweisung festgesetzt wird. Ist der
Schwellwert zu groß, so gelingen relativ viele Täuschungsversuche (false

accept), ist er zu niedrig, so wird der richtige Sprecher zu häufig zurückgewiesen (false reject). Bei einer false accept-Rate von 1% gelingt also im Mittel jeder 100-ste Täuschungsversuch, vorausgesetzt, der Betrüger kann das System veranlassen, auf die Referenz der vorgegebenen Identität zuzugreifen. Wegen dieser Voraussetzung kann die Sicherheit des Systems erhöht werden, wenn jeder Benutzer seine Referenz in Form einer Magnetkarte (o.ä.) bei sich trägt, die der Betrüger erst in seinen Besitz bringen müßte. Wegen der geringen Speicherkapazität heute üblicher Magnetkarten (ca. 430 bit) wurde deshalb nach Wegen gesucht, um die Referenzdaten zu reduzieren. Eine Möglichkeit dazu besteht darin, mittels einer automatischen Lernmusterauswahl in der Trainingsphase die Zahl der zu speichernden Muster zu begrenzen. Zusätzlich kann der Speicherung der Referenzdaten eine mehr oder weniger grobe Quantisierung der Merkmale, Wichtungsfaktoren und Schwellwerte vorausgehen [1].

2. Das Klassifikationsverfahren

Den geringsten Aufwand zur Speicherung der Referenz verspricht ein einfacher linearer (Minimum Distance-)Klassifikator mit ungewichtetem Abstandsmaß. Für die Sprecherverifikation mit dem im 3. Abschnitt beschriebenen Analyseverfahren des Langzeitspektrums ist diese Methode nicht zuverlässig genug. Auch bei Verwendung eines gewichteten Abstandsmaßes muß davon ausgegangen werden, daß bei Berücksichtigung aller sprechertypischen Stimmzustände die dem Minimum Distance-Klassifikator zugrundeliegende Annahme einer Muster-Normalverteilung nicht gerechtfertigt ist. Deshalb wurde versucht, im Rahmen der zur Verfügung stehenden Speicherkapazität zusätzliche Muster auszuwählen, die in einer nachgeschalteten Nearest Neighbour-Klassifikation im Falle einer Rückweisung durch den linearen Klassifikator zu einer Korrektur oder Erhärtung der Entscheidung führen.

Der Algorithmus soll an der zweidimensionalen Musterverteilung in Bild 1 erläutert werden. Zunächst wird eine Entscheidungsschwelle s_1 für den linearen Klassifikator berechnet aus dem mittleren Schwerpunktabstand plus Standardabweichung. Zwei der Lernmuster liegen außerhalb dieser Schwelle und würden als Testmuster zurückgewiesen werden. Sie werden deshalb bevorzugt bei der Speicherung weiterer 4 Lernmuster berücksichtigt, die bei der hier verwendeten Quantisierung innerhalb von 430 bit Referenzspeicher noch vorgenommen werden kann. Aus der Verteilung der paarweisen Abstände zwischen allen Lernmustern innerhalb s_1 wird nun eine zweite Schwelle s_2 für die bei Testmustern außerhalb des Kreises anzuwendende Klassifikation nach dem Nearest Neighbour-Verfahren berechnet. Für eine zusätzliche Speicherung werden außer den beiden außen lie-

70

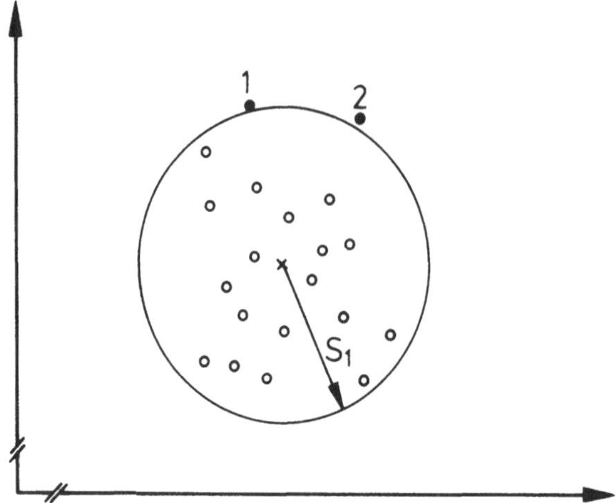

<u>Bild 1</u>: Qualitative Darstellung der Verteilung von 20 Lernmustern eines
Sprechers, projiziert auf 2 Dimensionen

x   Schwerpunkt aller 20 Muster

s_1 Schwellwert für linearen Klassifikator

genden Mustern nun nur solche Muster in Erwägung gezogen, die mit ihrer
Schwelle s_2 das durch s_1 um den Schwerpunkt aufgebaute Toleranzgebiet
erweitern, also die außerhalb des Kreises mit $r = s_1 - s_2$ liegenden Muster
(Bild 2). Um jedes dieser Muster wird nun ein Kreis (Hyperkugel im höher-
dimensionalen Merkmalsraum) geschlagen und die innerhalb des Kreises liegenden Muster werden gezählt. Die Anzahl der erfaßten Nachbar-Muster
gibt die Rangfolge für die Berücksichtigung der Muster.

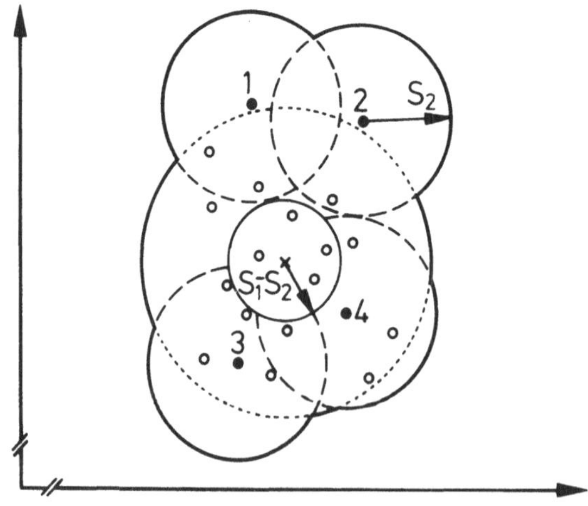

<u>Bild 2</u>: Muster, die zur Erweiterung des Toleranzgebietes führen und die
von ihrer Schwelle erfaßte Anzahl von Nachbar-Mustern

Muster 1 erfaßt 2 Nachbarn und Muster 2 einen, sie werden wegen ihrer höheren Priorität zuerst ausgewählt, danach Muster 3 mit 5 Nachbarn und Muster 4 mit 4 Nachbarn, so daß das ausgezogen umrandete Toleranzgebiet von den beiden Klassifikationsschritten erfaßt wird. Dieses Gebiet erscheint in der Tat der Lernmuster-Punktwolke besser angepaßt als der Kreis (Hyperkugel) in Bild 1.

3. Das Sprechererkennungs-System

Das verwendete Sprechererkennungs-System besteht aus einem Hardware-Analyseprozessor und einem Minicomputer. Eine 43-kanalige Filterbank (100 Hz bis 6,2 kHz) wird alle 20 ms abgetastet und die so gewonnenen Kurzzeitspektren werden über den gesamten Text gemittelt. Das Langzeitspektrum, welches damit als 43-komponentiger Vektor ansteht, wird softwaremäßig auf 15 Komponenten reduziert und auf konstante Energie normiert ($\sum_{i=1}^{15} x_i^2$ = konst). Die Lernmuster werden anschließend wie unter 2. beschrieben verarbeitet. Der Schwerpunkt wird dann mit m_{sp} bit je Komponente, die Wichtungsfaktoren als mittelwertbezogene Varianz mit m_w bit je Komponente, die Vektoren vom Schwerpunkt zu den zusätzlichen Mustern, bezogen auf die Standardabweichung, mit m_D bit je Komponente (einschl. Vorzeichenbit) und die Schwellen mit je 8 bit linear quantisiert. Die Anzahl der bei 430 bit zusätzlich speicherbaren und auszuwählenden Muster ergibt sich aus

$$n_{zus} = [430 - 15(m_{sp} + m_w) - 16]/(15 \cdot m_D) \ . \tag{1}$$

Aus der so gewonnenen Referenz werden dann (nach dem "Auslesen" der fiktiven Magnetkarte) die Muster im ursprünglichen Merkmalsraum rekonstruiert, um die Testmuster mit ihrer ursprünglichen Genauigkeit zu klassifizieren. Als Abstandsmaß dient der gewichtete Euklidische Abstand.

Die Datenbasis besteht aus je 50 Wiederholungen eines 12-Sekunden-Satzes von 50 Sprechern (2500 Muster) [2]. Davon werden je 20 zum Lernen, 30 zum Testen verwendet. Die Proben wurden in 10er-Gruppen in 5 zeitliche, mindestens 1 Woche auseinanderliegenden Sitzungen aufgenommen und anschließend so gemischt, daß in den 20 Lernproben je 4 aus einer Sitzung stammen.

4. Ergebnisse

Zunächst sind in Tabelle 1 die Ergebnisse dargestellt, die mit dem Minimum Distance-Verfahren oder dem Nearest Neighbour-Verfahren allein zu erreichen sind. Die mit dem Minimum Distance-Verfahren erreichbaren Fehlerraten (a,b,c) sind bereits akzeptabel, auch von der erforderlichen Anzahl der bits pro Sprecherreferenz (d) her. Das beste Ergebnis für 20 Nearest Neighbour-Lernmuster erfordert demgegenüber den zehnfachen Speicherplatz.

Tabelle 2 zeigt Fehlerraten und Speicherplatzbedarf für das vorgeschlagene Verfahren. Das beste Ergebnis liegt für $m_{sp} = 6$ und $m_w = 7$ mit einer Gesamtfehlerrate $c = 1,41\%$ vor; diese Rate liegt nur 10% über der besten Rate aus Tabelle 1 und ist demgegenüber in einer um den Faktor 50 reduzierten Rechnerzeit erstellt worden.

Literatur

[1] Zur Quantisierung der Merkmale siehe auch den Beitrag von H. Ney: "Quantisierung von Spektralkomponenten für die Klassifikation von Sprachsignalen". DAGM Symposium "Bildverarbeitung u. Mustererkennung", Oberpfaffenhofen, 11.-13.Okt., 1978.

[2] E. Bunge: "Vergleichende systematische Untersuchungen zur automatischen Identifikation und Verifikation kooperativer Sprecher." Dissertation TH Darmstadt D-17, 1977.

Die diesem Bericht zugrunde liegenden Arbeiten wurden mit Mitteln des Bundesministers für Forschung und Technologie (Förderkennzeichen 081 2014 A) gefördert. Die Verantwortung für den Inhalt liegt jedoch allein bei den Autoren.

Tabelle 1

Spektralwert-Quantisierung	Klassifikator $m_w = 8$											
	MD $n_L = 20$				NN $n_L = 10$				NN $n_L = 20$			
	a	b	c	d	a	b	c	d	a	b	c	d
linear 8 bit	1.13	0.7	1.83	248	1.0	0.83	1.83	1328	1.0	0.28	1.28	2528
optimal quantisiert nach [1], $m_{sp} = 4$	0.73	0.88	1.61	188	0.6	0.91	1.51	728	-	-	-	-

Tabelle 1: Verifikationsergebnisse mit Minimum Distance- (MD) und Nearest Neighbour- (NN) Klassifikator getrennt.

n_L = Anzahl der Lernmuster

a	c
b	d

a Fehlerrate für Falschrückweisung
b Fehlerrate für Falschakzeption
c Gesamtfehlerrate c = a+b
d Anzahl der bit für Sprecherreferenz

Tabelle 2

m_w / m_{sp}	8 bit				7 bit				6 bit				5 bit			
	a	b	c	d	a	b	c	d	a	b	c	d	a	b	c	d
8 bit	$n_{zus}=2$	0.76	1.76	376	0.93	0.8	1.73	421	0.67	0.81	1.48	406	0.8	0.73	1.53	391
7 bit	1.33	0.71	2.04	421	1.20	0.73	1.93	406	0.67	0.74	1.41	391	1.0	0.67	1.67	376
6 bit	-	-	-	-	-	-	-	-	1.33	0.59	1.92	376	$n_{zus}=4$ 1.2	0.57	1.77	421

Tabelle 2: Verifikationsergebnisse mit dem vorgeschlagenen zweistufigen Verfahren bei linearer Quantisierung von Mittelwert (m_{sp} bit je Komponente), Wichtungsfaktoren (m_w) und n_{zus} = 3 Nachbar-Differenzvektoren (m_D = 4 bit). a,b,c,d wie in Tabelle 1

<u>AUTOMATISCHE SPRECHERVERIFIZIERUNG IM SPEKTRALBEREICH</u>

U. Höfker, P. Jesorsky
Heinrich-Hertz-Institut, Berlin

1. Einleitung

Die Aufgabe der automatischen Sprechererkennung ist es, Personen anhand ihrer Stimmen
zu erkennen. Dabei kann man unterscheiden zwischen der Sprecheridentifizierung und
der Sprecherverifizierung. Während bei der Identifizierung das Problem vorliegt, eine
unbekannte Sprachprobe einem von K in Frage kommenden Sprechern zuzuordnen (K-Klassen-
problem), geht es bei der Verifizierung darum, die vorgegebene Identität eines Sprechers zu überprüfen, d.h. ihn entweder zu akzeptieren oder zurückzuweisen (2-Klassen-
problem); die Stimme wird dabei in ähnlicher Weise wie eine Unterschrift eingesetzt.

Ein wesentliches Merkmal der Sprecherverifizierung ist die Kooperationsbereitschaft
der zu überprüfenden Person. Ähnlich wie man bei einer Unterschrift einen möglichst
reproduzierbaren Schriftzug fordert, der bei weitem nicht die mögliche Variations-
vielfalt des Schreibers wiedergibt, kann man auch bei der Sprecherverifizierung die
Randbedingungen unter Einbeziehung des Sprechers derart gestalten, daß die Reprodu-
zierbarkeit der Sprachprobe erhöht wird.
Für ein System zur automatischen Sprecherverifizierung sind eine Reihe von Anwendungen
denkbar, es kann z. B. eingesetzt werden

- zur Abwicklung verbindlicher Aufträge über Telefon (Bestellungen, Konto-
  bewegungen)
- als Zugriffskontrolle zu vertraulichen Informationen (Datenbanksysteme)
- als Zugangskontrolle zu Sicherheitsbereichen (Rechenzentren).

2. Das On-line Sprecherverifizierungssystem SPREE

Im Heinrich-Hertz-Institut wird zur Zeit das On-line System zur Sprecherverifizierung
SPREE (<u>SPRE</u>cher<u>E</u>rkennung) entwickelt, das folgenden Anforderungen genügt:

- benutzerfreundliche Abwicklung einer Verifizierung über ein Telefon ohne zusätzliche Bedienelemente, Bedienführung durch akustische Ansagen
- kurze Reaktionszeit des Systems (< 2 s)
- Erkennung mithilfe von kurzen Sprachproben (< 2 s)
- Berücksichtigung von Langzeitveränderungen der Stimme.

Wegen der Forderung nach einer kurzen Reaktionszeit des Systems erfolgt die Vorverarbeitung des Sprachsignals in Echtzeit. Mithilfe einer analogen Filterbank (22 Kanäle
im Bereich 0.3 kHz - 5 kHz) wird eine Kurzzeitspektralanalyse der Sprachprobe durchgeführt und im Rechner abgespeichert.
Wegen der bereits erwähnten Kooperationsbereitschaft kann als Sprachprobe ein fester
Codesatz vereinbart werden. Fig. 1 zeigt als Beispiel die Spektralanalyse des Codesatzes "Sesam öffne dich" eines männlichen Sprechers, die nach Digitalisierung als
Zeit-Frequenz-Matrix zur Verfügung steht.

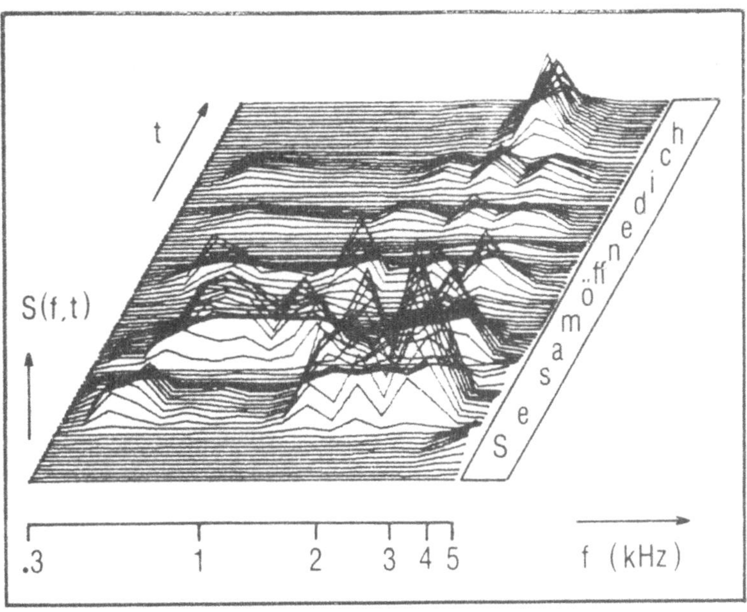

Fig. 1: Spektralanalyse des Codesatzes "Sesam öffne dich" eines
        männlichen Sprechers

Im nächsten Verarbeitungsschritt werden unterschiedliche Sprechgeschwindigkeiten, die
bei fest eingestellter Abtastfrequenz zu unterschiedlichem Format der Zeit-Frequenz-
Matrix führen, ausgeglichen; dazu ist eine nichtlineare Verzerrung der Zeitachse notwendig /1/.
Aus der normalisierten Zeit-Frequenz-Matrix werden dann verschiedene Merkmalssätze
gewonnen, die sowohl die individuelle Anatomie des Vokaltrakts als auch unterschiedliche Sprechgewohnheiten berücksichtigen; sie werden in den folgenden Abschnitten
ausführlicher erläutert.

Die endgültige Entscheidung wird aufgrund von Ähnlichkeitsmessungen (Abstands- oder Korrelationsmessungen) zwischen den aktuellen Merkmalssätzen und den entsprechenden abgespeicherten Referenzsätzen getroffen. Bei erfolgreicher Verifizierung werden die Referenzdaten des Sprechers durch die Daten der aktuellen Sprachprobe aufgefrischt, um den Einfluß von Langzeitveränderungen der Stimme zu berücksichtigen. Das Blockschaltbild des Systems ist in Fig. 2 dargestellt.

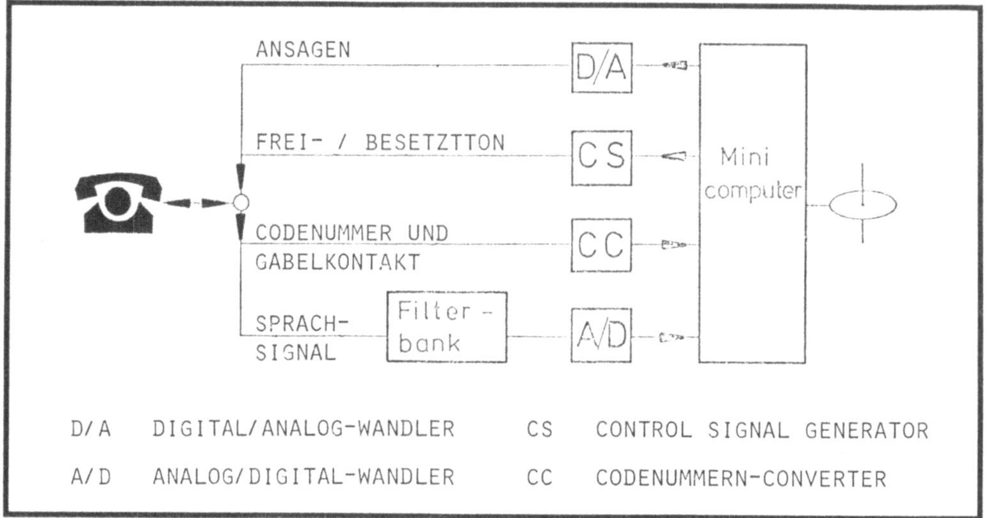

Fig. 2: Struktur des Sprecherverifizierungssystems SPREE

Der Benutzer gibt mit der Wählscheibe bzw. -tastatur eine ihm zugewiesene Codezahl (und damit sein Identitätsziel) an. Nach Prüfung dieser Codezahl meldet sich das System akustisch und fordert den Benutzer auf, einen vorgesprochenen Codesatz zu wiederholen (sämtliche Ansagen sind digital auf einem Hintergrundspeicher abgelegt). Der vom Benutzer nachgesprochene Codesatz wird von der Filterbank analysiert und dann im Rechner weiterverarbeitet. Das Ergebnis der Überprüfung wird dem Benutzer wiederum akustisch mitgeteilt.

3. Gewinnung von Merkmalen aus der Zeit-Frequenz-Matrix

Die Zeit-Frequenz-Matrix bildet nach Ausgleich unterschiedlicher Sprechgeschwindigkeiten die Basis für die weitere Merkmalsgewinnung.

Gemitteltes Spektrum: Durch Mittelung der Zeit-Frequenz-Matrix über die Zeit erhält man einen Merkmalssatz, der vorwiegend individuelle anatomische Gegebenheiten der an der Sprachproduktion beteiligten Komponenten wiederspiegelt, und zwar um so besser, je länger die Sprachprobe ist.

Normierte Kurzzeitspektren: Ein einzelnes Spektrum der Zeit-Frequenz-Matrix beschreibt einen bestimmten Sprachlaut innerhalb des Codesatzes. Wie bereits früher gezeigt

werden konnte /2/, sind verschiedene Sprachlaute in unterschiedlichem Maße zur Sprechererkennung geeignet, da sie die sprecherindividuelle Anatomie des Vokaltrakts in
unterschiedlicher Weise auf das Sprachsignal abbilden. Als weitere Merkmalssätze
werden deshalb Einzelspektren von besonders geeigneten Sprachlauten verwendet. Diese
können auf das gemittelte Spektrum normiert werden. Die auf diese Weise gebildeten
Merkmalssätze sind (im Gegensatz zum gemittelten Spektrum selbst) invariant gegenüber wechselnden linearen Übertragungsverzerrungen /3/, die z. B. bei der Übertragung von Codesätzen über gewählte Telefonverbindungen auftreten können.

Intensitätskontur: Durch Mittelung der Zeit-Frequenz-Matrix über alle Frequenzen
erhält man die Intensitätskontur. Sie gibt die sprecherindividuelle Sprachdynamik
wieder und beschreibt somit weniger anatomische Unterschiede als vielmehr unterschiedliche Sprechgewohnheiten verschiedener Sprecher.

Stationaritätskontur: Die Abweichung zwischen 2 aufeinanderfolgenden Spektren, die
sich z. B. durch den quadratischen Fehler kennzeichnen läßt, ist ein Maß für die
Veränderung der Vokaltraktsgeometrie im betrachteten Zeitraum. Wird dieses Maß über
die gesamte Zeit-Frequenz-Matrix berechnet, dann erhält man die sog. Stationaritätskontur, die vorwiegend individuelle Sprechgewohnheiten wiederspiegelt.

4. Vergleich verschiedener Merkmalssätze

Um die Güte verschiedener Merkmalssätze zu beurteilen, wurden Erkennungsexperimente
durchgeführt. Dazu wurde aus einer größeren Stichprobe von über 200 Sprechern eine
Stichprobe von 5 "wahren Sprechern" und 4 "Täuschern" nach dem Kriterium ausgewählt,
daß ihre Stimmen (nach subjektiver Beurteilung) eine möglichst große Ähnlichkeit
aufweisen sollten. Den Täuschern wurde ihre Aufgabe so weit wie möglich erleichtert,
sie konnten Tonbandaufzeichnungen und Originalsprachproben der wahren Sprecher ab-
hören, außerdem wurden sie unmittelbar über den Erfolg des jeweiligen Täuschungs-
versuchs , d.h. über die Ähnlichkeit ihrer Sprachprobe quantitativ informiert, so
daß sie gezielt Variationen in ihrer Sprechweise vornehmen konnten.

In Fig. 3 sind die Ergebnisse der Erkennungsexperimente für die einzelnen Merkmals-
sätze dargestellt. Aufgetragen sind die Fehlerraten ε_{FA} (Falschakzeptanz) und ε_{FR}
(falsche Rückweisung) als Funktion der Rückweisungsschwelle. Daraus läßt sich als
Kenngröße der Kreuzungspunkt ε_{EQ} (equal error) ableiten, bei dem beide Fehlerraten,
bezogen auf die Gesamtzahl der jeweiligen Versuche, die gleiche Größe haben.

Es zeigt sich, daß das gemittelte Spektrum (3a) recht günstige Eigenschaften aufweist, wie auch das Spektrum des /e/ (3b). Am schlechtesten schneidet die Stationaritätskontur (3f) ab.
Bei der Beurteilung der Merkmalssätze sollte man jedoch berücksichtigen, daß ihre
Rangfolge stark von den vorliegenden Randbedingungen abhängt. Bei einer Verifizierung

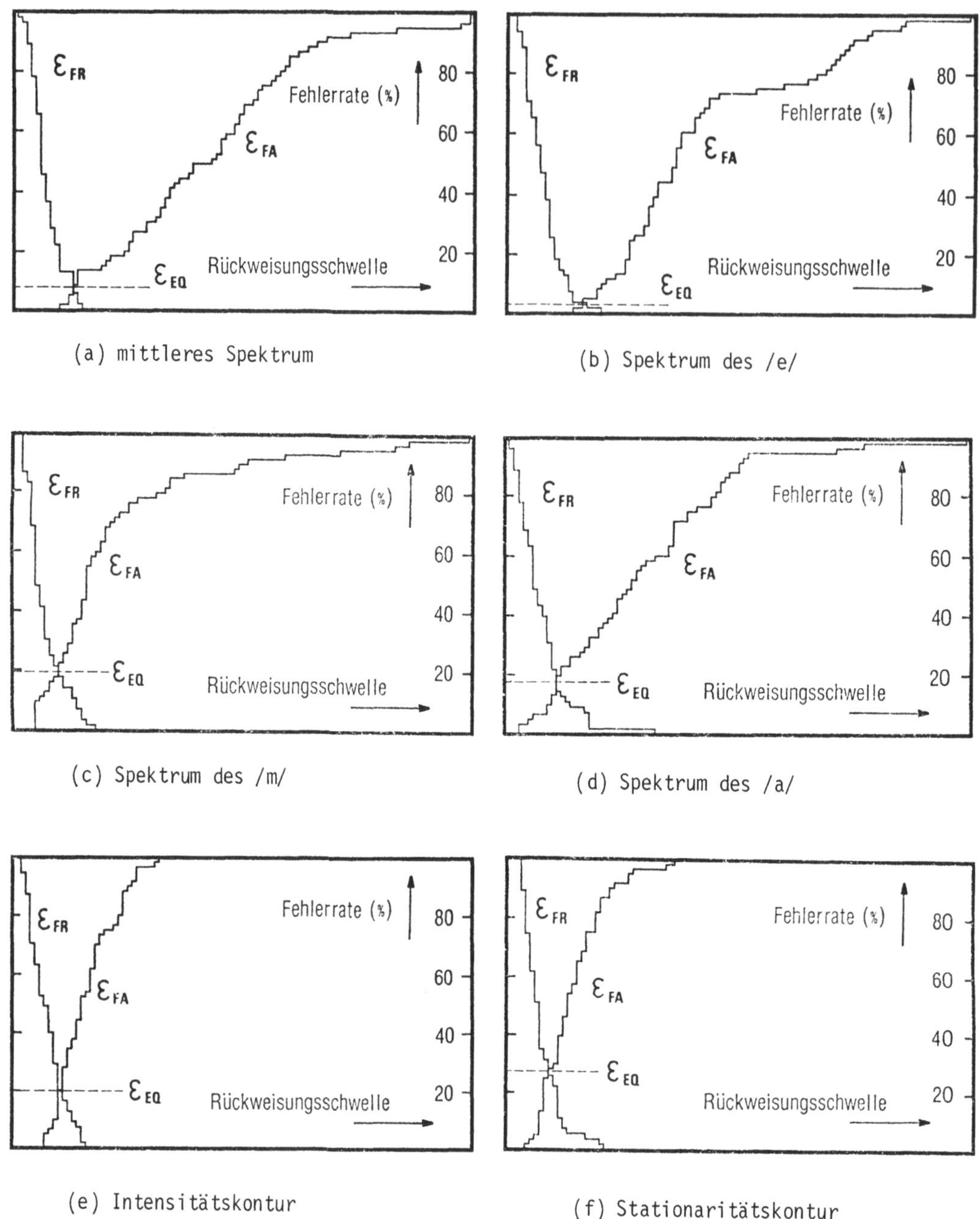

<u>Fig. 3:</u> Fehlerraten als Funktion der Rückweisungsschwelle für verschiedene Merkmalssätze

über Telefonleitungen sind die einzelnen Merkmalssätze z. B. unterschiedlich empfindlich gegenüber den durch die Übertragung hervorgerufenen Verzerrungen des Signals.

5. Kombination der Merkmalssätze

Die Einzelabstände, die sich für die jeweiligen Merkmalssätze beim Vergleich mit den Referenzdaten ergeben, werden im SPREE-System entsprechend ihrer Zuverlässigkeit gewichtet und zu einem Gesamtabstand aufsummiert, bevor die endgültige Entscheidung getroffen wird. Fig. 4 zeigt das Ergebnis für die erläuterte Stichprobe.

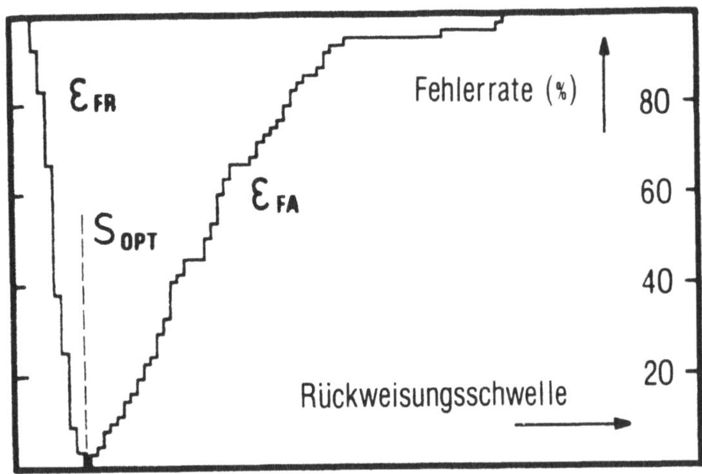

Fig. 4: Fehlerraten als Funktion der Rückweisungsschwelle bei Kombination der Merkmalssätze

Es zeigt sich, daß durch Kombination der Merkmalssätze bei richtiger Einstellung der Rückweisungsschwelle eine fehlerfreie Klassifizierung möglich ist.

In einem Feldexperiment wurden während des letzten Jahres ca. 46 000 Sprachproben von über 200 Sprechern gesammelt. Mit diesen Daten werden zur Zeit Erkennungsexperimente durchgeführt, um die bisherigen Aussagen statistisch abzusichern und den Einfluß wechselnder Randbedingungen (z. B. Telefonübertragung) gezielt zu untersuchen.

Dank: Wir danken dem Bundesminister für Forschung und Technologie für die gewährte finanzielle Unterstützung und dem Forschungslaboratorium Hamburg für die vertrauensvolle Zusammenarbeit.

Literatur: (1) P. Jesorsky: "Principles of Automatic Speaker Recognition", in "Speech Communication with Computers", Ed.: L. Bolc, Macmillan, 1978

(2) U. Höfker: "Die Eignung verschiedener Sprachlaute für die automatische Sprechererkennung", Proceedings, 5. IITB Koll. Mustererkennung, Karlsruhe, Febr. 1976

(3) B.S. Atal: "Effectiveness of linear prediction characteristics of the speech waves for automatic speaker identification and verification", JASA, vol. 55, 1974

BILDVERARBEITUNGSSYSTEME

DAS BILDVERARBEITENDE MEHRPROZESSORSYSTEM "FLIP"

K. Lütjen, FIM, Karlsruhe

Zusammenfassung

Mit dem FLIP-System (Flexible Image Processor) wurde ein Spezialrechner für die homogene Bildverarbeitung realisiert, der mehr als 50 Millionen Instruktionen je Sekunde ausführen kann und der Bilder mit mehreren Tausend Bytes je Zeile bei unbegrenzter Zeilenanzahl verarbeitet. In der derzeit aufgebauten Version des Systems können 16 Prozessoren entsprechend den Forderungen des zu implementierenden Algorithmus zusammengeschaltet werden. Die Konfiguration der Anordnung wird dabei durch Adreßspezifikationen in den Befehlen des auszuführenden Programms festgelegt.

1. Überblick über das Gesamtsystem

Das FLIP-System ist in das FIM-Bildverarbeitungssystem integriert. Überwacht und gesteuert wird es von einem DEC-Prozeßrechner, PDP 11/45, der über zwei Plattenlaufwerke zu einer PDP 11/70 und zu Bild-Ein/Ausgabegeräten zugreifen kann.

Zum FLIP gehören drei Untersysteme:

- der Datenverwaltungsrechner PEP (Programmable Data Exchange Processor)
- die FLIP-Verarbeitungsprozessoren
- ein sequentiell adressierbarer Massenspeicher

Die Prozessoren des Datenverwaltungsrechners PEP und die FLIP-Verarbeitungsprozessoren sind frei programmierbar, wobei die Programme in einer symbolischen Assemblersprache formuliert werden. Diese Programme steuern die Prozessoren und legen die Datenpfade zwischen den Prozessoren fest.

Zur übersichtlichen Darstellung der Arbeitsweise des FLIP-Systems wird im Flußdiagramm eines zu implementierenden Algorithmus zwischen Kontroll-, Lade- und Verarbeitungsbefehlen unterschieden:

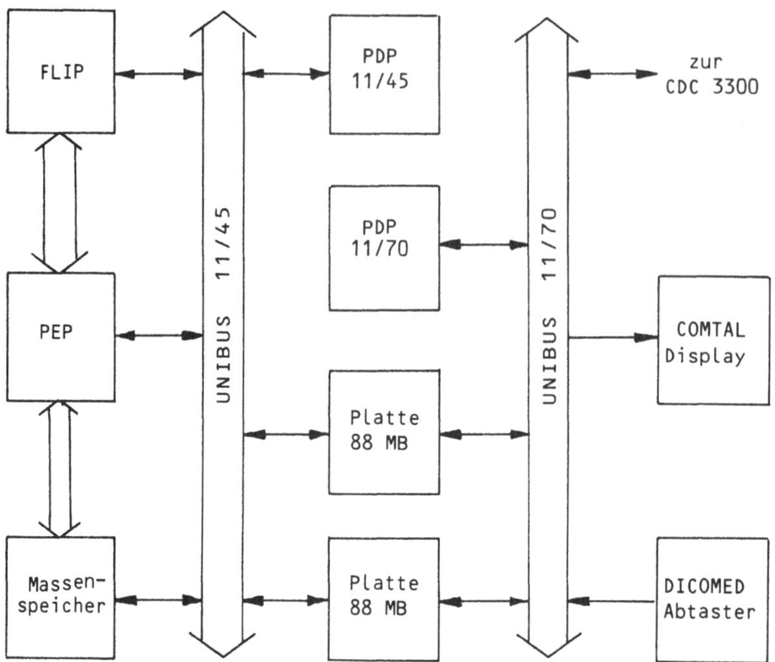

Bild 1: Das FIM-Bildverarbeitungssystem (unvollständig)

- Die Kontrollbefehle werden zur Ablaufsteuerung eingesetzt. Zu diesem Befehlstyp gehören z.B. Sprungbefehle, Befehle, um Zähler zu manipulieren und Befehle zur Adreß-
  rechnung. Da diese Befehle in der Regel in allen Prozessoren benötigt werden, müssen sie für jeden Prozessor dupliziert werden.

- Mit Ladebefehlen werden die zu verarbeitenden Daten aus dem Arbeitsspeicher ausgelesen und über einen Bus zu einem Verarbeitungsprozessor übertragen. Diese Befehle
  werden in den PEP-Prozessoren des Datenverwaltungsrechners ausgeführt und müssen
  auf diese Prozessoren aufgeteilt werden.

- Die Verarbeitungsbefehle schließlich werden auf die FLIP-Verarbeitungsprozessoren
  aufgeteilt und in diesen ausgeführt.

- Ergebnisdaten werden, ohne daß spezielle Rückschreibebefehle ausgeführt werden,
  sequentiell in einem Datenspeicher abgelegt.

2. Der Datenverwaltungsrechner PEP

Der Datenverwaltungsrechner versorgt die Verarbeitungsprozessoren mit Eingabedaten
und übernimmt die berechneten Ergebnisdaten. Er kann über den Ein/Ausgabeprozessor
Daten mit externen Geräten austauschen, und in einem Datenspeicher werden die zu

verarbeitenden Daten zwischengespeichert. Die Daten werden mit drei PEP-Prozessoren zur Sicherstellung einer hohen Datenrate aus dem Datenspeicher ausgelesen und zu den Verarbeitungsprozessoren übertragen.

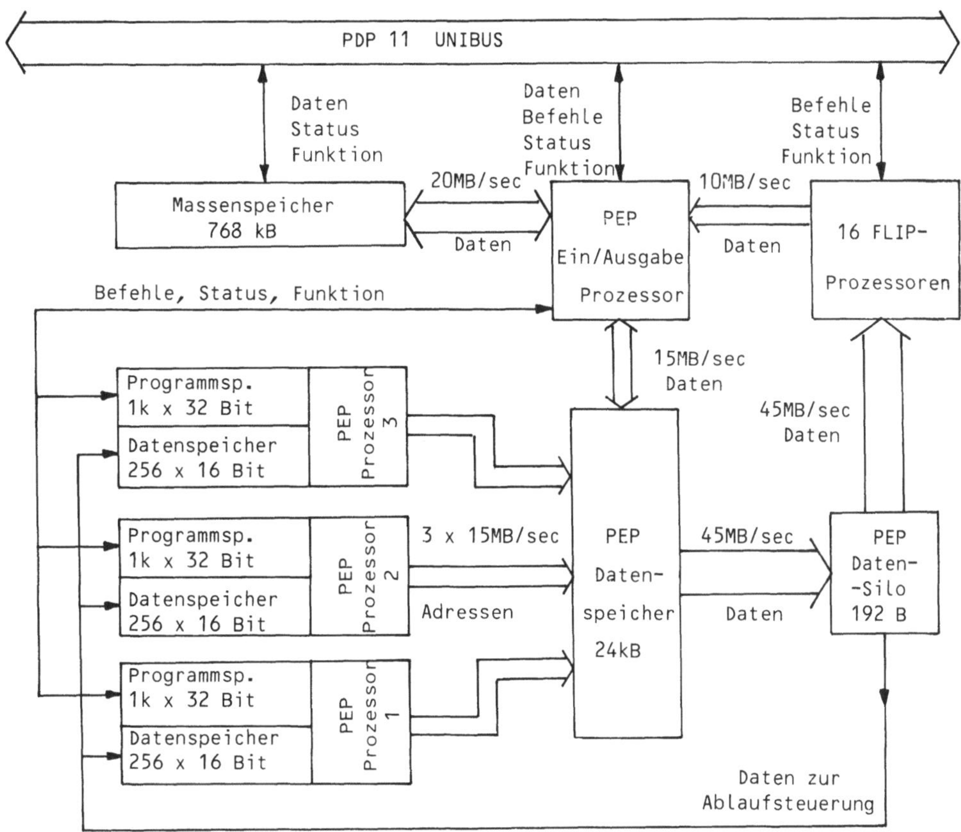

Bild 2: Der Datenverwaltungsrechner PEP

3. Die Arbeitsspeicheradressierung bei homogenen Verarbeitungsalgorithmen

In die PEP-Prozessoren sind Adreßrechenwerke integriert, mit denen man große Matrizen "homogen" /2/ verarbeiten kann. "Homogen verarbeiten" bedeutet dabei für den Datenverwaltungsrechner, daß man während der Verarbeitung nicht wahlfrei in der Matrix adressiert, sondern nur zu einer Untermatrix zugreift, die systematisch Zeile für Zeile über die Gesamtmatrix geschoben wird.

Bei der homogenen Matrixverarbeitung werden unabhängig von der Zeilenanzahl der Gesamtmatrix immer nur die Zeilen der momentan zu verarbeitenden Untermatrix adressiert. Bei einer typischen Bildgröße von 512 Zeilen mit je 512 Bytes und einer Untermatrixgröße von 5 x 5 Bytes wird also immer nur 1/100 der Gesamtmatrix gleichzeitig im Arbeitsspeicher benötigt. Es liegt daher nahe, den Adreßraum der Gesamtmatrix durch ein modulo-N arbeitendes Adreßrechenwerk auf den physikalisch vorhandenen Arbeitsspeicher abzubilden. N ist dabei die Größe des Adreßbereichs im Arbeitsspeicher, der zum Abspeichern der Zeilen der Gesamtmatrix verwendet werden soll. Der restliche Arbeitsspeicher kann wie in einem konventionellen Rechner wahlfrei adressiert werden. Eine Zeile der zu verarbeitenden Gesamtmatrix darf bei dem 24K Bytes großen Arbeitsspeicher und einer Untermatrix, die fünf Zeilen überdeckt, also maximal 4800 Bytes lang sein. Die Anzahl der Zeilen der Gesamtmatrix ist unbegrenzt, da Eingabe, Verarbeitung und Ausgabe der Matrixdaten gleichzeitig ablaufen, wobei die Ein/Ausgabeverwaltung durch Hardwarekomponenten erfolgt.

4. Die FLIP-Verarbeitungsprozessoren

Die Verarbeitung der Matrixdaten wird im FLIP-System von den FLIP-Verarbeitungsprozessoren durchgeführt. Die Prozessoren können Eingabebusse adressieren und so Daten in die Prozessoren laden; sie können drei interne Registersätze zur Zwischenspeicherung der Daten verwenden, und über einen Ausgabebus werden die Ergebnisdaten zu anderen Verarbeitungsprozessoren oder zum Datenverwaltungsrechner übertragen /1/.

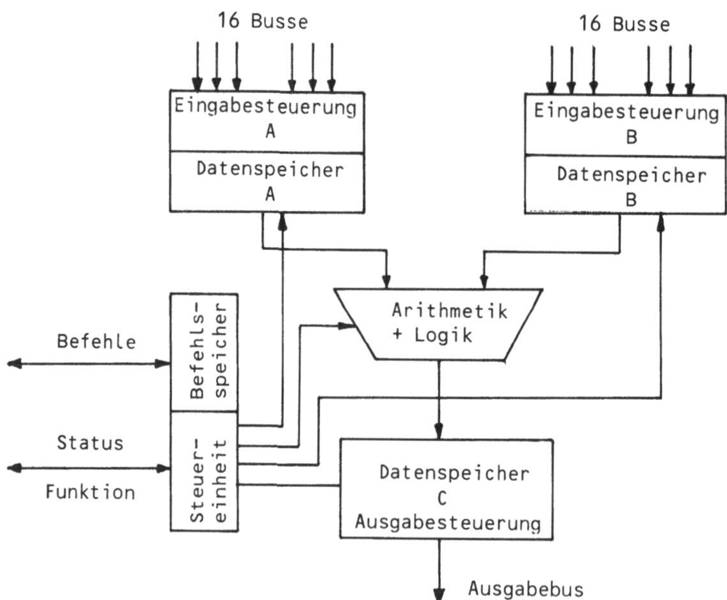

Bild 3: Der FLIP-Einzelprozessor

Die wesentlichen technischen Daten dieser Prozessoren sind:

- Im Befehlsspeicher können 265 Befehle abgespeichert werden.

- Jeder Befehl ist 32 Bit lang und enthält neben dem Operationscode zwei
  Eingabe- und einen Ausgabeoperanden.

- Der Prozessor verarbeitet acht Bit lange Wörter, wobei die Zykluszeit
  250 nsec beträgt. Zum Befehlsrepertoire gehören auch die Multiplikation
  und Befehle, die mehrfachgenaue Arithmetik erlauben.

- Die zwei Eingabeoperanden können bis zu 64 Eingabebusse, zweimal 16
  Datenregister und zwei Arbeitsregister adressieren.

- Der Ergebnisoperand kann 16 Datenregister und den Ausgabebus adressieren.

5. Das Bussystem - Strukturierung und Synchronisation des FLIP -

Die Verarbeitungsprozessoren sind untereinander und mit dem Datenverwaltungsrechner
über ein Bussystem verbunden:

- 16 PEP-Busse, A1 bis A8 und B1 bis B8, übertragen die Eingabedaten
  vom Datenverwaltungsrechner zu den Verarbeitungsprozessoren.

- 16 FLIP-Busse, F1 bis F16, ermöglichen den Datenaustausch zwischen den
  Verarbeitungsprozessoren.

- Die Ausgabedaten werden über die drei FLIP-Busse F1, F2 und F3 zum Datenverwaltungsrechner übertragen.

Die PEP-Busse selektieren über ein Adreßbit jeweils einen der beiden physikalisch
angeschlossenen FLIP-Verarbeitungsprozessoren. Der Datenverwaltungsrechner überträgt
die Daten also gezielt zu einem bestimmten Prozessor.

Bei den FLIP-Bussen baut der Empfänger die Datenverbindung durch Selektion auf. Das
zu übertragende Datum wird von einem FLIP-Prozessor auf seinem Ausgabebus bereitge-
stellt, und der Verarbeitungsprozessor, der dieses Datum weiterverarbeiten soll, muß
es übernehmen. Dazu muß nur die Ausgabebus-Adresse in dem Befehl, der das Datum verarbeitet, eingetragen werden, wobei man in der Regel mit jedem der beiden Eingabeoperanden jeweils immer den gleichen Bus anspricht. Während eines Verarbeitungsab-
laufs wird so jeder Prozessorausgang einem bestimmten Prozessoreingang zugeordnet.
Die Struktur des Systems ist also programmgesteuert und kann den Verarbeitungsalgo-
rithmen angepaßt werden.

Die Synchronisation des Ablaufes geschieht durch den Datenverkehr, denn adressiert
ein Prozessor einen Bus, auf dem kein Datum ansteht, dann wartet der Prozessor, bis
von dem adressierten Verarbeitungsprozessor auf seinem Ausgabebus ein Datum bereit-
gestellt wird. Auf der anderen Seite wartet ein Prozessor, der ein Datum über seinen
Ausgabebus übertragen will, so lange mit der Ausgabe, bis das zuvor übertragene Datum abgenommen wurde. Der Datenfluß steuert so die Programmausführung und synchroni-
siert das ganze System /1/.

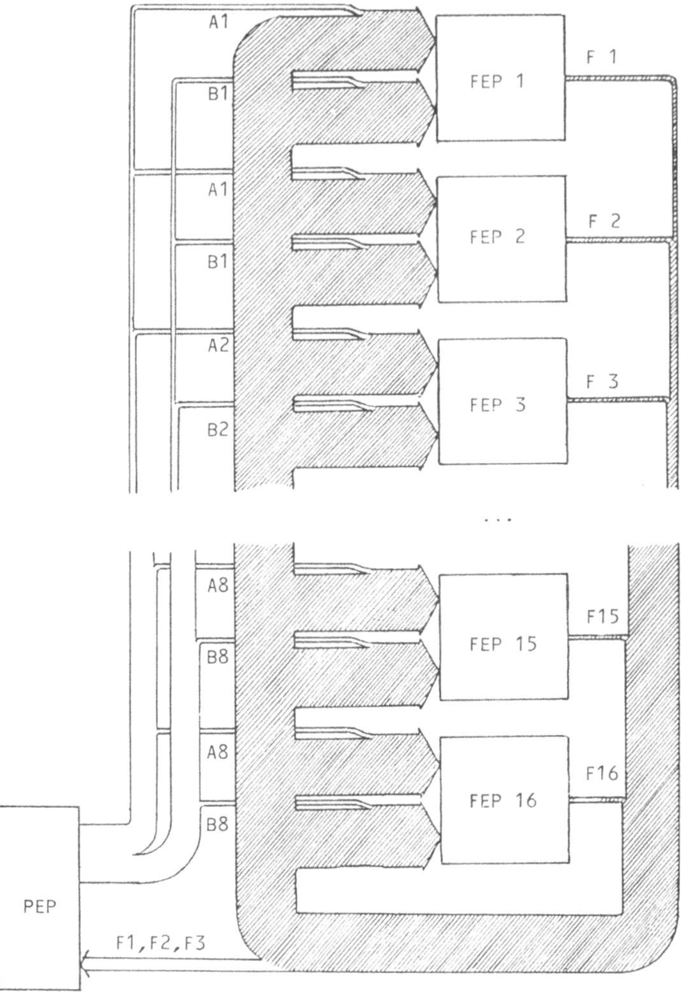

Bild 4: Das FLIP-Bussystem

Zwei mit diesem System realisierbare Strukturen sind in Bild 5 dargestellt /1/. Die
einfachste Struktur ist die Pipeline, der Regelfall ist bei Anwendungen in der Bildverarbeitung die Kaskade.

6. Anwendungsbereiche und Leistungswerte des FLIP

Das System wurde für die homogene Bildverarbeitung entwickelt. Bei dieser Art der Verarbeitung wird ein "Single Data Inputstream" - die Punkte des zu verarbeitenden Bildes - zu einem "Multible Data Stream" - den Punkten der Untermatrix - expandiert,
aus dem dann ein "Single Data Outputstream" generiert wird /1/.

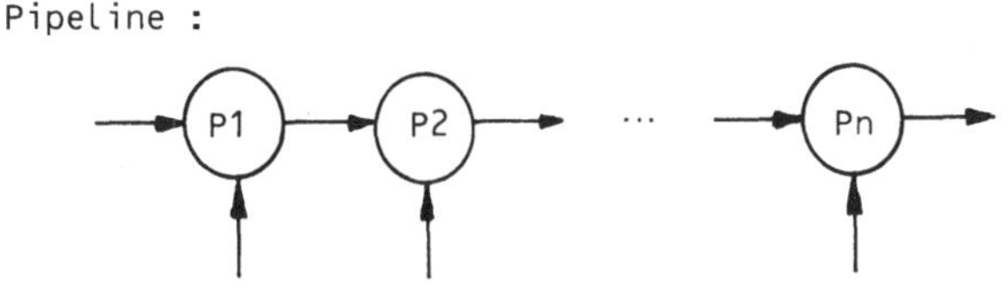

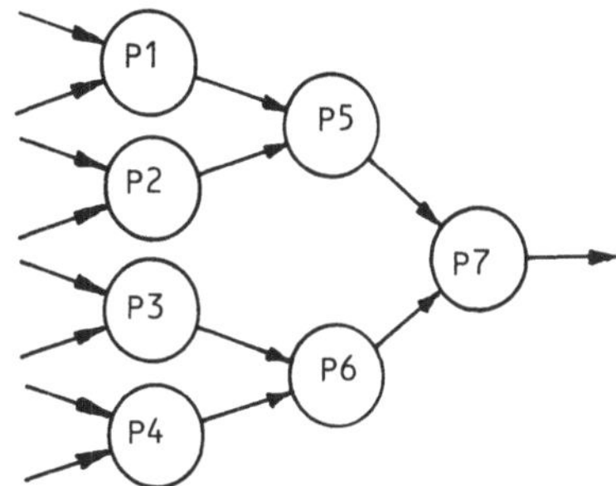

<u>Bild 5:</u> FLIP-Strukturen

Die Daten- und Instruktionsraten sind in Bild 6 angegeben; Tabelle 1 gibt für einige typische Anwendungsfälle die maximal zu verarbeitende Zeilenlänge der Gesamtmatrix an. Die Anzahl der Zeilen ist unbegrenzt.

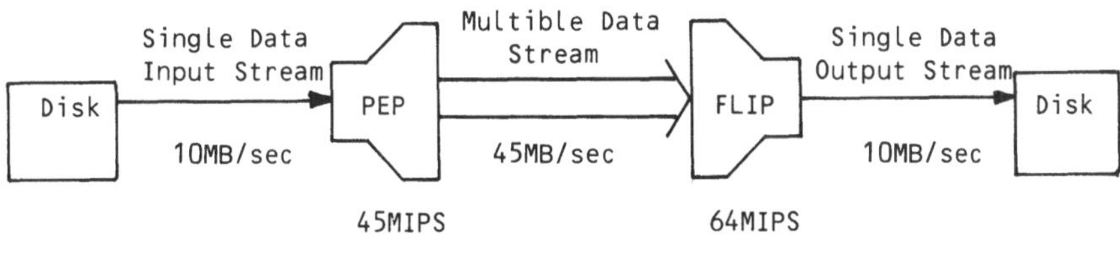

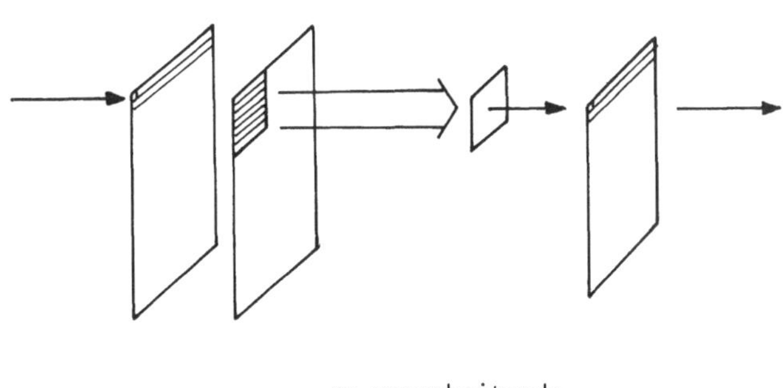

<u>Bild 6:</u> Der Datenfluß im FLIP-System

Verfahren	maximale Zeilenlänge
homogene Bildverarbeitung	
3 x 3 Untermatrix	8000 Byte
11 x 11 Untermatrix	2000 Byte
Korrelation	
40 x 40 Referenzbild	500 Byte
100 x 100 Referenzbild	140 Byte

<u>Tabelle 1:</u> Maximale Zeilenlängen bei der homogenen Matrixverarbeitung

Außer zur homogenen Bildverarbeitung kann das FLIP-System unter anderem zur Korrelation und zur linearen sowie nichtlinearen Bildtransformation dank seiner programmierbaren Struktur und dem flexiblen Datenverkehr PEP-FLIP eingesetzt werden. Ein für diese Anwendungsfälle geeignetes Programmsystem wird implementiert.

7. Literaturverzeichnis

/1/ VORGRIMLER, K. Zur Leistungssteigerung von Mehrprozessorsystemen für die Verarbeitung digitaler Bildinformation, Dissertation, Universität Karlsruhe, 1976

/2/ HOLDERMANN, F. Processing of Gray-Scale-Pictures, Computer
    KAZMIERCZAK, H. Graphics and Image Processing, Vol. 1, No.1, 1972

H.-E. Reinfelder

Optische Prozessoren mit Schnittstellen für Hybridverarbeitung

Bis heute ist die Bildverarbeitung auf relativ einfache Operationen beschränkt. Der Grund dafür liegt in der Beschränkung des Speicherplatzes bzw. der Rechenleistung heutiger Bildverarbeitungssysteme. Der Ausweg aus dieser Situation sind spezielle Prozessorsysteme, die bestimmte Verarbeitungsschritte sehr viel schneller und effektiver durchführen können, als es ein herkömmlicher Universalrechner vermag. Solche Spezialprozessoren, die meist als externes Zusatzgerät zu einem Digitalrechner betrieben werden, können sowohl analog-elektronisch, digital-elektronisch als auch akustisch oder optisch Verarbeitungsschritte durchführen. Ich möchte mich auf optische Prozessoren für die Hybridverarbeitung beschränken.

Einen einfachen Fall stellt ein optischer Eingabe-Prozessor (Fig. 1) dar, der statt der üblichen Bildabtastung im Ortsraum das lokale Powerspektrum eines Datenbildes in abgetasteter Form an einen Digitalrechner überträgt.

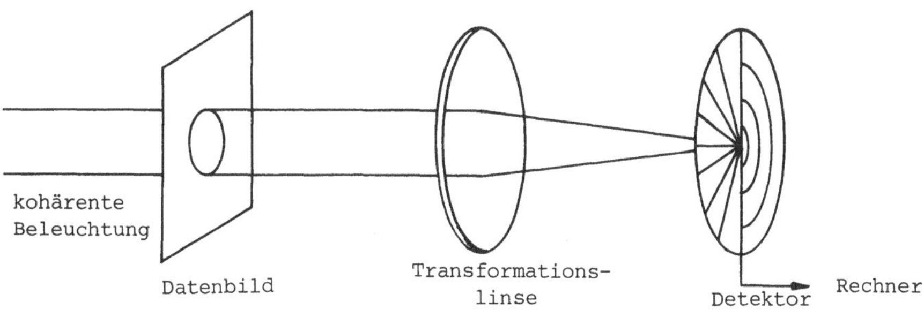

Fig. 1

Eine typische Anwendung dafür ist die Textur-Untersuchung. Dabei interessiert nur die statistische Verteilung der Grauwerte in einem vorgegebenen Bildausschnitt, um bestimmte Merkmale abzuleiten. Da die notwendigen statistischen Größen weitgehend äquivalent aus dem Powerspektrum abgelesen werden können, wird der Digitalrechner von rechenintensiven Operationen entlastet. Bei neueren Versionen dieses Eingabeprozessors geschieht die kohärente Ausleuchtung des Datenbildes mit einem Laserablenker, so daß die erreichbare Datenrate nur durch

die verfügbare Detektorelektronik bzw. den Digitalrechner bestimmt
wird.

Als Schnittstellenelemente treten hier in der Eingangsebene das Daten-
bild und in der Ausgangsebene der Detektor auf. Als Datenträger für
das Eingangsbild verwendet man heute meistens Filmmaterial. Die Probleme sind dabei häufig das Kornrauschen und die Phasenfehler der
photographischen Emulsion. Um außerdem den notwendigen mechanischen
Transport der Filme zu umgehen, wäre hier ein optischer Zwischen-
speicher wünschenswert, der unabhängig vom verwendeten Filmmaterial
die Verarbeitung ermöglicht. Auch die Rückwandlung von seriellen
Scanner-Daten in ein optisches Bild ist mit solchen, heute noch in Entwicklung befindlichen Komponenten möglich.

Ein anderer optischer Prozessor soll am Beispiel der astronomischen
Speckle Interferomatic veranschaulicht werden.

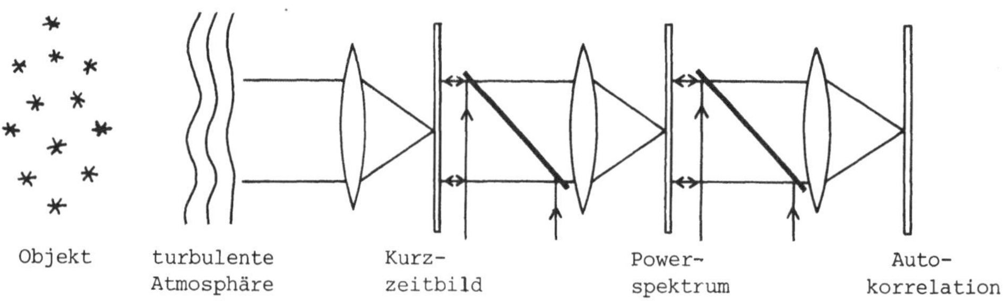

<u>Fig. 2</u>

Das Prinzip der astronomischen Speckle Interferomatic besteht darin,
die Autokorrelation an Stelle des direkten Bildes zu beobachten. Man
kann zeigen, daß auf diese Weise die meisten der störenden Einflüsse
wie Turbulenzen der Atmosphäre oder das Vibrieren des Teleskops praktisch vollkommen eliminierbar sind. Die notwendigen Verarbeitungsschritte dabei sind:

1) Transformation der augenblicklichen Teleskopbilder in die augenblicklichen Powerspektren
2) Summation der Powerspektren über den gesamten Beobachtungszeitraum
3) Rücktransformation des Summen-Powerspektrums in das Autokorrelationsbild

4) Interpretation des Autokorrelationsbildes wird gegebenenfalls Rekonstruktion des Bildes

Als Speichermedien für die Kurzzeitbilder, das aufsummierte Powerspektrum sowie für das Autokorrelationsbild werden heute photogra-
phische Materialien benutzt. Mit neuen optischen Wandlerelementen (die
zum Teil im nächsten Vortrag erläutert werden) müßten zumindest die
ersten drei Verarbeitungsschritte in Echtzeit durchführbar sein. Die
Anforderung an die beiden Zwischenspeicherkomponenten sind dabei recht
unterschiedlich. Das Wandlerelement für die Kurzzeitbilder muß das inkohärente Bild in eine kohärent auslesbare Information wandeln. Die
Speicherzeit darf dabei 1/30 Sekunde nicht überschreiten, um nicht
schon eine Mittelung über die unterschiedlichen Kurzzeitbilder durchzuführen. Dagegen muß die Speicherzelle für die Powerspektren eine lange
Zeitkonstante besitzen, die es erlaubt, möglichst viele Kurzzeitpower-
spektren aufzuintegrieren.

Ein optischer Hybridprozessor für eine wesentlich komplexere Bildver-
arbeitungsoperation wurde bei uns in Karlsruhe aufgebaut (Fig. 3).

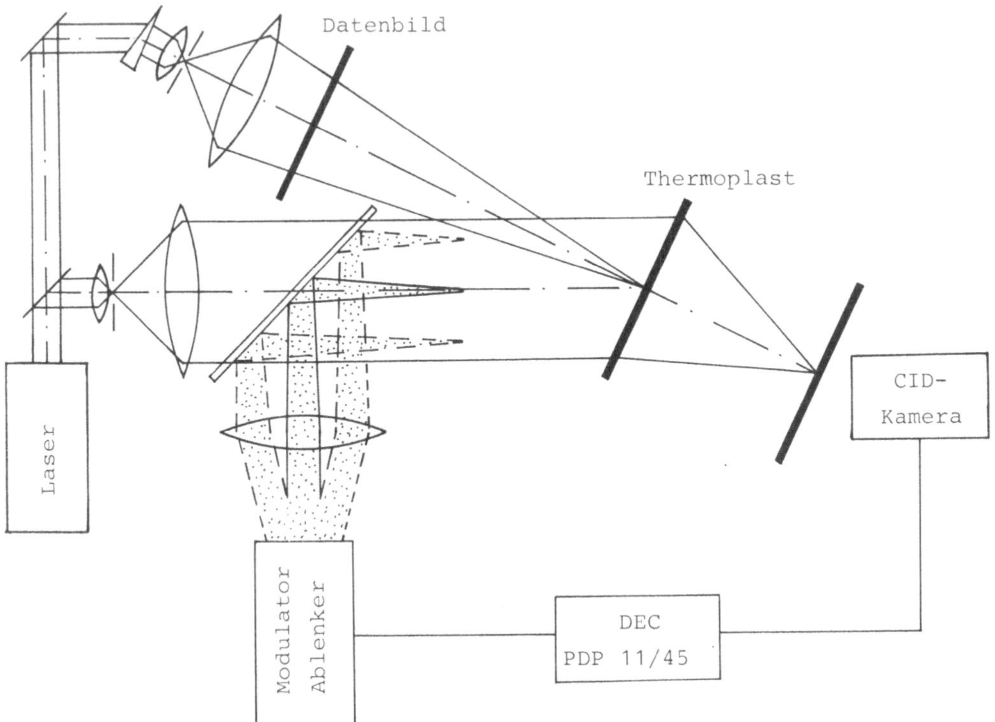

Die Aufgabe des optischen Teiles ist es, ein als Transparenz vorlie-
gendes Bild mit einer Vielzahl von einem Digitalrechner generierten
Vergleichsmuster zu korrelieren. Als einzelne Verarbeitungsschritte
sind dabei zu nennen:

1) Einschreiben des Datenbildes in einen holographischen Zwischen-
   speicher
2) Ausgabe der vom Rechner generierten Vergleichsmuster
3) Einlesen des Korrelationsergebnisses

Dabei wird der erste Schritt nur einmal, die eigentliche Korrelation
jedoch mehrere hundert- oder tausendmal durchgeführt. Als Schnitt-
stellen- bzw. Speicherelemente treten hier photographischer Film in
der Eingangsebene und photothermoplastisches Material in der Holo-
grammebene auf. Die Abtastung in der Ausgangsebene erfolgt zweckmäßig
durch eine Halbleiterkamera, um geometrische Verzerrungen beim Auslesen auszuschließen. Probleme ergeben sich hier hauptsächlich durch
zu geringe Auflösung und den eingeschränkten dynamischen Bereich. Das
eigentliche Korrelationsmuster wird bei diesem Prozessor nur als Luftbild durch einen Laserablenker erzeugt. Für eine Weiterentwicklung
wäre es wünschenswert, ein kleineres und ein zuverlässigeres Gerät zu
haben, das sich schneller elektronisch adressieren läßt.

Die Leistungsfähigkeit optischer Hybridprozessoren wird heute in den
meisten Fällen durch die Schnittstellenkomponenten bestimmt. Deshalb
könnte die Entwicklung von hochauflösenden CCD-Kameras oder die Kombination von CCD- und Flüssigkristalltechnologie für die hybrid-optische
Bildverarbeitung von entscheidender Bedeutung sein.

EIN SCHNITTSTELLENELEMENT ZUR INKOHÄRENT ZU KOHÄRENT OPTISCHEN WANDLUNG AUF FLÜSSIGKRISTALLBASIS

A.Kießling, FIM, Karlsruhe

Die Eigenschaften optischer bzw. hybrid-optischer Prozessoren wird wesentlich von den Eigenschaften seiner Schnittstellenkomponenten mitbestimmt. Schnittstellen bestehen zwischen der inkohärenten Außenwelt und dem kohärent arbeitenden Prozessor sowie zwischen einem elektronisch arbeitenden Prozessor und dem kohärent optischen Prozessor. Es kann deshalb zwischen opto-optischen, opto-elektrischen und elektro-optischen Schnittstellenkomponenten unterschieden werden. Die Schnittstellenkomponenten haben die Aufgabe, ein kohärentes Lichtbündel entsprechend einer inkohärent bzw. elektronisch vorliegenden Bild- oder Filterinformation zu modulieren oder die kohärent optische Bildinformation in elektrische Signale umzuwandeln.

Als Bildmodulatoren haben insbesondere photografische Filme, Thermoplastmodulatoren, Pockelsmodulatoren und Flüssigkristallbildmodulatoren Bedeutung erlangt. Die Wirkung von photografischen Filmen sowie von Thermoplastmodulatoren dürfte hinreichend bekannt sein. Pockels- und Flüssigkristallmodulatoren beruhen auf der elektrisch steuerbaren Doppelbrechung von festen bzw. flüssigen Kristallen. Die Wirkung beider Modulationseffekte sei anhand der Abbildungen 1 und 2 kurz erläutert: Feste Kristalle, die den longitudinalen Pockelseffekt zeigen, und flüssige Kristalle werden optisch am einfachsten durch ein rotationssymmetrisches Brechungsindexellipsoid beschrieben. Bei Anlegen eines elektrischen Feldes wird das Indexellipsoid der Pockelskristalle deformiert, während das einer Flüssigkristallschicht räumlich gedreht wird. Durch die Brechungsindexvariation in Richtung des einfallenden Lichtes kann mit beiden Effekten eine direkte Phasenmodulation erzielt werden. Durch die in der Abbildung 1 gezeigte gekreuzte Polarisations-Analysatoranordnung kann die Phasenmodulation in eine Amplitudenmodulation überführt werden, wobei mit Pockelsmodulatoren reine Amplitudenmodulation erzielt wird, während beim Flüssigkristallmodulator ein störender, signalabhängiger Phasenfaktor vorhanden ist.

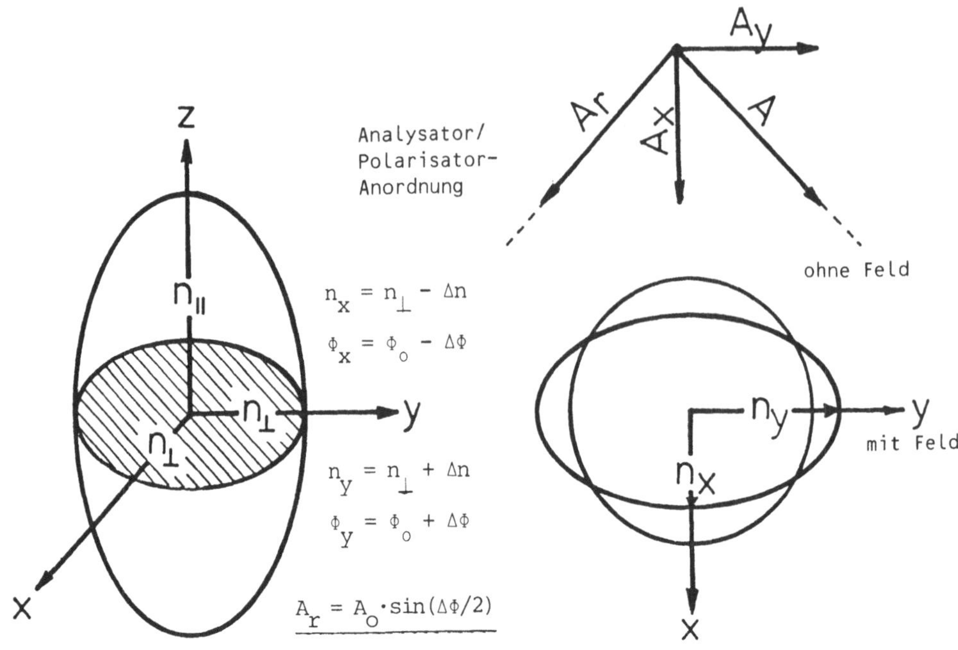

Bild 1: Indexellipsoidverformung und Amplitudenmodulationsgleichung für einen Pockelskristall

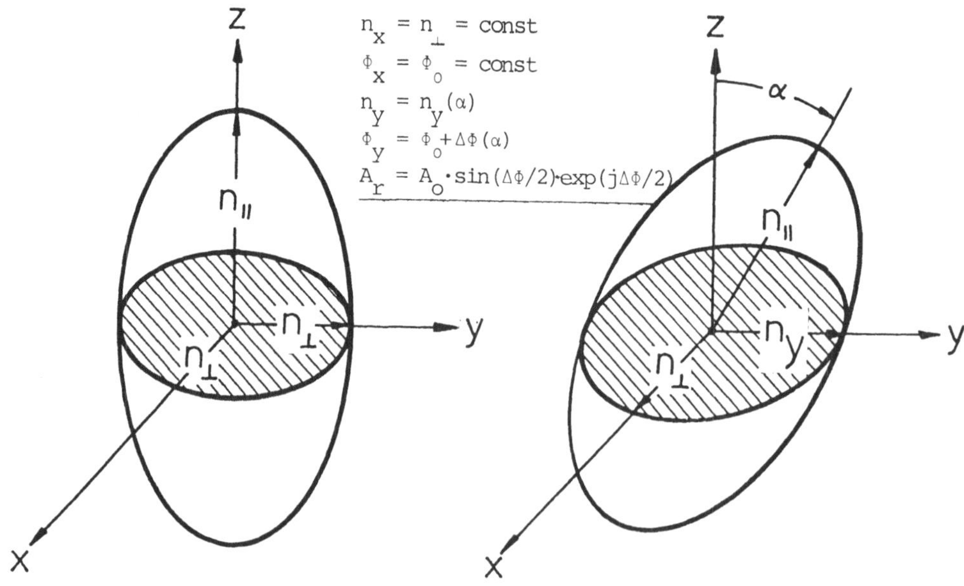

Bild 2: Indexellipsoiddrehung und Amplitudenmodulationsgleichung für einen Flüssigkristall

Die Ansteuerung von Pockelsmodulatoren erfolgt entweder direkt elektrisch oder optisch über eine Photoleitschicht, welche als opto-elektrischer Wandler fungiert. Ein direkt über Elektronenstrahl angesteuerter Pockelsmodulator stellt die bekannte TITUS-Röhre dar. Optisch angesteuerte Pockelsmodulatoren sind unter dem Namen PHOTO-TITUS sowie PROM (Pockels Read Out Optical Modulator) bekannt. Das im PROM der Firma Itek verwendete Kristall zeigt neben dem Pockelseffekt auch noch einen Photoleiteffekt, so daß auf eine separate Photoleitschicht verzeichtet werden kann.

Als Flüssigkristallbildmodulator ist die 'Light valve' der Firma Hughes bekannt geworden. Sie besitzt wie der PHOTOTITUS-Modulator eine Photoleitschicht, welche die opto-elektrische Wandlung der Eingangsbildinformation durchführt und elektrisch die modulierende Flüssigkristallschicht steuert.

Die Nachteile der Pockelsmodulatoren liegen in den hohen Betriebsspannungen (ca. 4000 V) begründet. Die hohen Spannungen bedingen relativ dicke Kristalle, so daß die räumlichen Auflösungen auf ca. 30 Linien/mm begrenzt sind.

Flüssigkristallschichten können mit relativ geringen Spannungen (ca. 1 - 10 V) betrieben werden, bei Schichtdicken von minimal 2 um. Am FIM wurde im Rahmen eines ESTEC-Auftrages ein Flüssigkristallbildwandler-Bauelement entwickelt, das beachtliche Auflösungen (ca. 150 Linien/mm) erreicht und mit verhältnismäßig geringem Aufwand hergestellt werden kann. Den Aufbau des Bauelementes zeigt die Abbildung 3. Die hohen Auflösungen konnten erst durch die Verwendung eines hochempfindlichen Photoleiterschichtensystems geringer Schichtdicke (ca. 3 um) auf Cadmiumselenidbasis erzielt werden. Ein dielektrischer Spiegel sorgt für die Trennung von Auslese- und Einschreibelicht. Die abschließende Tabelle faßt die bisher erzielten Wandlereigenschaften zusammen.

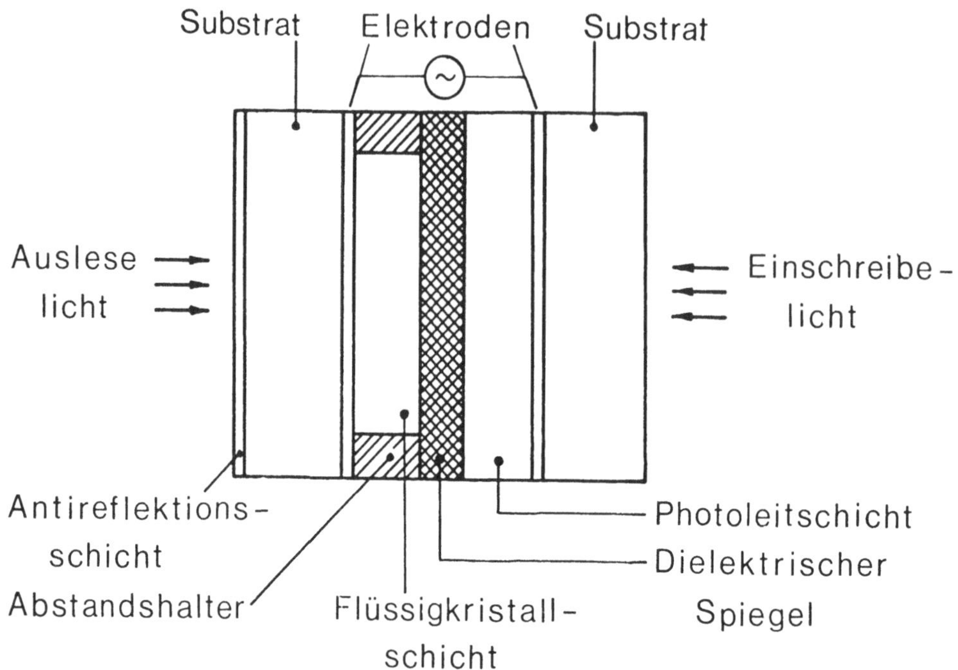

<u>Substrate:</u>

Einschreibeseite   Quarzglas 10 mm dick, Planität $\lambda/10$

Ausleseseite   Temperaturbeständiges Glas, 10 mm dick, Planität $\lambda/10$

<u>Transparente Elektroden:</u>

Einschreibeseite   Aufgesprühte SnO_2-In_2O_3-Leitschicht

Ausleseseite   Gesputterte SnO_2-In_2O_3-Leitschicht

<u>Photoleitschicht:</u>   CdSe (2 /um), CdO-SeO_2 (ca. 0,1 /um), As_2Se_3 (1 /um), As_2S_3 (0,2 /um)

<u>Dielektrischer Spiegel:</u>   15 $\lambda/4$ Wechselschichten aus ZnS/MgF_2

<u>Flüssigkristallschicht:</u>   verdrillt nematische Schicht mit 45° Verdrillung

Flüssigkristall ZLI 684 dotiert mit 1 % Kryptofix 121

<u>Antireflektionsschicht:</u> MgF_2

<u>Bild 3:</u> Aufbau des Flüssigkristallbildmodulators

<u>Eigenschaften des entwickelten Bildwandlerbauelementes</u>

Ausnutzbare Bildfläche	$16 \times 16 \text{ mm}^2$
Betriebsspannung	$20 - 40 \text{ V}_{eff}$
Opt. Betriebsfrequenz	60 - 100 Hz Sinus
Betriebstemperatur	$-8° - 60°\text{C}$
Räumliches Auflösungsvermögen	130 - 180 Linien/mm
Grenzempfindlichkeit für $\lambda/2$-Aussteuerung	$1 \cdot 10^{-4} \text{W/cm}^2$
Wellenlänge des Ausleselichtes	632,8 nm
Spektralbereich des Einleselichtes	350 - 900 nm
Schaltgeschwindigkeit	ca. 30 ms

ASPEKTE ZUR MIKROSKOPBILDDIGITALISIERUNG

P. Gais, K. Rechenmacher, W. Köditz, GSF Neuherberg

1. Einleitung

Im Rahmen des Projektes TUDAB (Tumordiagnose durch automatische Bildanalyse) werden
in der GSF München mikroskopische Zellbilder von Ausstrichpräparaten digitalisiert
und ausgewertet. Zur Bilddigitalisierung werden zwei Verfahren benützt, die sich bezüglich der Abtastgeschwindigkeit und der Grauwertauflösung unterscheiden. Das Verfahren mit der höheren Grauauflösung stützt sich auf einen hochauflösenden Scanningtisch und einen empfindlichen Photomultiplier mit anschließendem Analog-Digitalwandler. Das wesentlich schneller arbeitende TV-Verfahren verwendet die Graubilderfassung
mit einer TV-Kamera und einem schnellen Analog-Digitalwandler. Beide Verfahren werden
bezüglich ihrer Leistungsfähigkeit untersucht.

2. Digitalisierung mit dem Scanningmikroskopphotometer

Die Digitalisierung der mikroskopischen Zellbilder mit den Scanningmikroskopphotometer
erfolgt computergesteuert in einem Raster von 0.25 µm bei einer Meßblende von 0.5 µm
und einer Grauwertquantisierung in 256 Graustufen. In Abb. 1 ist das Prinzip der SMP-
Erfassung dargestellt.

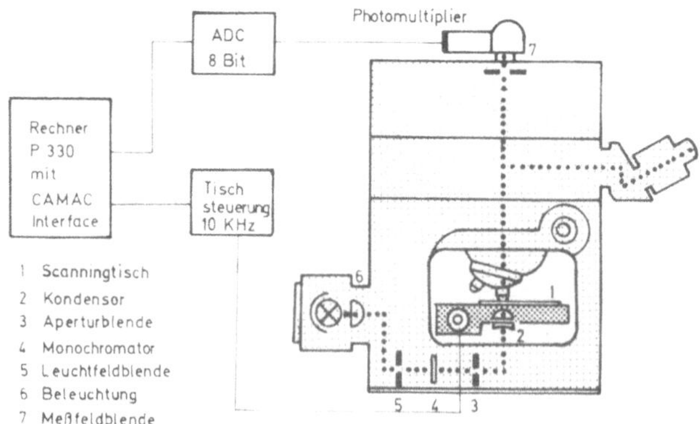

Abb. 1: SMP-Digitalisierungssystem.

Die Qualität der Abtastung und Digitalisierung hängt von folgenden Einflußgrößen ab, die es zu optimieren gilt.

- Homogene und konstante Beleuchtung mit wenig Streulicht
- Großes Signal-/Rauschverhältnis für gute Grauwertquantisierung.
- Gute Ortsgenauigkeit des Scanningtisches, der das Abtastraster bestimmt.
- Erfüllung des Abtasttheoremes.

Beleuchtung

Eine homogene Beleuchtung wird durch die sogenannte "Köhler'sche Beleuchtung" erreicht. Die Konstanz der Beleuchtung wird durch Verwendung einer Halogenlampe erzielt, die mit einer Stromstabilisierung von 0.1 % betrieben wird. Das Streulicht am Meßpunkt in der Objektebene wird durch Begrenzung des Lichtbündels mittels einer Leuchtfeldblende klein gehalten, deren Durchmesser etwa der dreifache Meßblendendurchmesser ist. /1/.

Signal-/Rauschverhältnis

Das Signal-/Rauschverhältnis der Photomultiplierspannung hängt von der zur Verfügung stehenden Lichtintensität, d.h. bei konstanter Beleuchtung von der Größe der Meßblende ab. In Abb. 2 ist die Abhängigkeit des prozentualen Rauschens von der Abtastgeschwindigkeit für drei verschiedene Meßblendengrößen dargestellt.

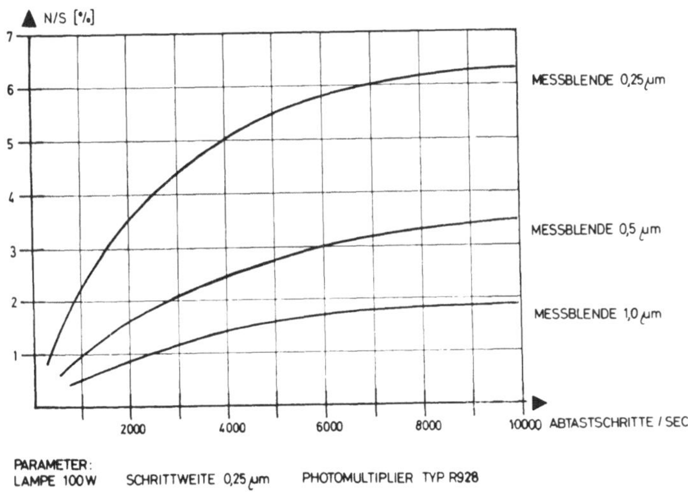

Abb. 2: Prozentuales Rauschen in Abhängigkeit von der Abtastgeschwindigkeit.

Bei einer gewünschten Quantisierung der Grauwerte in 100 Graustufen ist damit bei der üblicherweise verwendeten Meßblende von 0.5 µm eine Abtast- und Digitalisierungsrate von 1000 Pixels pro Sekunde möglich. Man sieht hier deutlich, wie durch Bandbegrenzung des Photomultipliersystems auf Kosten der Abtastgeschwindigkeit die Grauauflösung verbessert werden kann. Ein besseres Signal-/Rauschverhältnis kann durch höhere Lichtintensität gewonnen werden, da das Rauschen nur mit der Wurzel des Photomultiplierstromes ansteigt.

Ortsgenauigkeit des Scanningtisches

Fehler in der Ortsgeometrie hängen aufgrund der zentrischen punktweisen SMP-Bilddigi-
talisierung nur von der Güte des verwendeten Scanningtisches ab. Der hier verwendete
10 kHz Scanningtisch /2/ wird kontinuierlich angetrieben. Die Messung der Grauwerte
erfolgt "on the fly". Die dazu notwendige Steuerung des Analog-Digitalwandlers erfolgt
über Ortsimpulsgeber, die auf den Spindelachsen des Tisches sitzen und 1/8 µm Schritte
digital auflösen. Geometrische Fehler, hervorgerufen durch den Scanningtisch, sind daher zu vernachlässigen. Selbst Fehler durch mechanischen Schlupf oder Hysterese konnten
nicht gemessen werden.

Abtasttheorem

Um ein Bild ohne Informationsverlust digitalisieren zu können, darf die Schrittweite
der Abtastpunkte höchstens halb so groß sein, wie das kleinste Element, das aufgelöst
werden soll. Das Ortsfrequenzspektrum des Bildes muß dabei bandbegrenzt sein. Diese
Bandbegrenzung ist eindimensional elektronisch durch Tiefpaßfilter möglich, zweidimensional durch die Übertragungsfunktion des optischen Systems nach folgender Beziehung:

$$\delta = 0{,}61\lambda/A \tag{1}$$

δ = kleinster, noch aufzulösender Abstand

λ = Wellenlänge der Objektbeleuchtung

A = numerische Apertur des Systems

Die numerische Apertur A ist dabei so zu wählen, daß weiter gilt:

$$\delta \geq 2\, x_T, \text{ mit } x_T = \text{Abtastschrittweite} \tag{2}$$

Bei dem hier beschriebenen Scanningsystem ist außerdem eine zweidimensionale Bandbegrenzung /3/ durch ein überlappendes Abtastelement zu erreichen, d.h. der Meßblendendurchmesser ist größer als die Abtastweite. In dem hier gezeigten SMP-System wird aufgrund der gegebenen Abtastschrittweite von 0.25 µm eine Meßblende mit dem Durchmesser
0.5 µm verwendet. Dieser größere Durchmesser bringt neben der Bandbegrenzung noch den
Vorteil der höheren Lichtintensität und damit eines besseren Signal-/Rauschabstandes.
Die Methode der Digitalisierung mikroskopischer Bilder mit dem Scanningphotometersystem
ist die genaueste Methode und wird daher zum Aufbau unserer Zelldatenbank verwendet.

3. Bilddigitalisierung mit dem TV-System

Das kommerzielle Fernsehabtastsystem ist wegen seiner hohen Abtastgeschwindigkeit für
die Digitalisierung vieler Bilder, wie es z.B. für ein Prescreeninggerät in der Krebs-
vorsorge notwendig ist, weit besser geeignet. Mit dem kommerziellen TV-System sind bis
zu 64 Graustufen auflösbar, wobei ausgesuchte Plumbiconkameras und ein Shading corrector
zur Komepnsation von Ausleuchtungsfehlern des Gesamtsystems verwendet werden müssen.
In Abb. 3 ist das Blockschaltbild des verwendeten TV-Systems dargestellt.

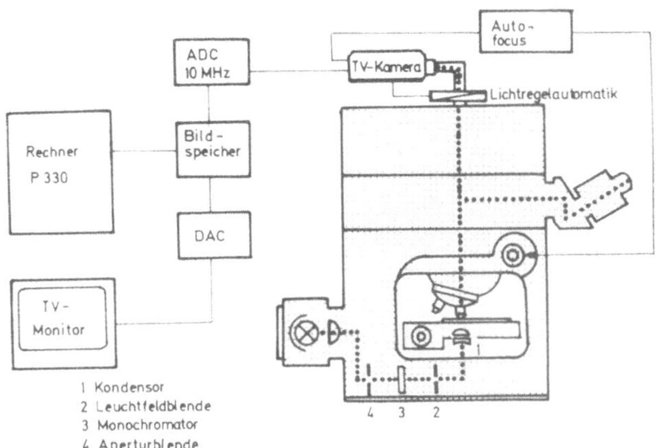

Abb. 3: TV-Mikroskopbilddigitalisierungssystem.

Die Fernsehbilderfassung und -Digitalisierung erfolgt in Echtzeit, d.h. das analoge Videosignal mit 5 MHz Bandbreite wird mit einer Frequenz von 10 MHz digitalisiert und die Grauwerte mit 8 Bit binär codiert. Da die üblichen Kleinrechner diese schnelle Datenrate von 10 Megabyte nicht verarbeiten können,wird das digitalisierte TV-Bild in einem digitalen Bildspeicher +) zwischengespeichert, der wiederum in einem langsameren Mode mit dem Rechner korrespondieren kann. Die Shadingkorrektur wird zur Zeit software-mäßig durchgeführt.

4. Vergleich der beiden Digitalisierungssysteme

Ein Vergleich beider Systeme wurde über die Korrelation der Merkmale von TV- und SMP-abgetasteten Zellen durchgeführt. Es wurden 50 Zellen im gleichen Mikroskop mit den beiden Verfahren digitalisiert und die Merkmale mit dem gleichen Programm extrahiert. Dabei hat sich gezeigt, daß die Korrelation der morphologischen Merkmale sehr gut ist. (Korrelationskoeffizient für Formfaktor 0,97.) Die Korrelation bei photometrischen Merkmalen ist erwartungsgemäß nicht so hoch (Korrelationskoeffizient für Extinktions-mittelwert im Kern = 0,86), während Texturmerkmale, wie z.B. der Extinktionsmittelwert im Kern laplacegefiltert, abhängig von der Größe des Laplace-Filters /4/, Korrelations-koeffizienten zwischen 0,68 und 0,84 ergaben. Die Koeffizienten stiegen vom feinen zum groben Filter.

In Tab. 1 ist ein Vergleich der beiden Digitalisierungssysteme tabellarisch aufgeführt.

+) Das TV-Bildspeichersystem wurde im Institut für Physikalische Elektronik in Stuttgart (Leitung Prof. Bloss) entwickelt.

	TV-System	SMP-System
Grauauflösung in Graustufen	64	>100
Ortsauflösung	<0.5 µm	0.5 µm
Digitalisierungsfrequenz	10 MHz	10 kHz
Shading-corrector nötig?	ja	nein
Abbildungsfehler	elektronisch optisch	mechanisch
Streulicht	ja	reduziert durch Leuchtfeld-blende
Autofocus	nötig	nötig
Max. Bildgröße	512 x 512	durch Tisch beschränkt
Flexibilität	keine	variabel, Ortsauflösung mit Grauauflösung vertauschbar

Tab. 1: Vergleich TV- und SMP-Bilddigitalisierungssystem

Neben bereits durchgeführten qualitativ optischen Vergleichen der beiden Systeme, in denen die Fernsehtechnik durchaus zufriedenstellend abschneidet, wird für das Problem der Zellklassifikation ein Korrelationsversuch der Zellklassifikationsergebnisse abhängig von den beiden Digitalisierungssystemen durchgeführt.

Literatur

/1/ H.G. Zimmer, Mikrophotometrie Carl Zeiss, Oberkochen, 1973

/2/ Schneller Scanningtisch Carl Zeiss, Oberkochen, Technischer Bericht 1978

/3/ TUDAB Abschlußbericht Phase II, Teil IPE, Projektbericht der GSF, 1976

/4/ W. Abmayr, G. Burger, H.J. Soost, Progress report of the TUDAB Project for Automated Cancer Cell (in Vorbereitung)

STRUKTURELLE VERFAHREN

BILDBESCHREIBUNGSSPRACHEN - WAS SIE SIND UND WAS SIE LEISTEN

G. Winkler, IITB, Karlsruhe

Zusammenfassung

Es wird über die wichtigsten Bestrebungen berichtet, die eindimensionale
Methodik der Linguistik auf zwei Dimensionen auszudehnen, um dadurch linguistische Verfahren auch zur Beschreibung und Erkennung komplexer zweidimensionaler Muster (Bilder) einsetzen zu können. Von den dabei entwickelten Bildbeschreibungssprachen werden die PDL von Shaw, die Geflecht-
Sprache von Feder, die Gewebe-Sprache von Pfaltz und Rosenfeld, die Gra-
phen-Sprache von Pavlidis und die Baum-Sprache von Brainerd und Fu vorgestellt. Die verschiedenen Spracharten werden formal definiert, anhand
von Beispielen erläutert und in ihren gegenseitigen Beziehungen diskutiert.

1. Einleitung

Um die Konstruktion automatischer Bildverarbeitungssysteme zu vereinfachen und ihre Genauigkeit und Effektivität zu verbessern, werden seit 20
Jahren linguistische Verfahren angewandt. Sie ermöglichen eine Bildbeschreibung, indem sie Konzeptionen und Methoden der Linguistik eindimensionaler Sprachen, deren Sätze Symbolketten sind, auf zweidimensionale
Sprachen ausdehnen, deren Sätze durch Verknüpfung zweidimensionaler Komponenten entstehen. Solche Sprachen heißen Bildbeschreibungssprachen.

In der Bildverarbeitung [1] wird ein Grauwertbild b als eindeutige reelle
Funktion $f(x,y)$ zweier Ortsvariablen x und y aufgefaßt. Die Definitions-
menge von $f(x,y)$ ist ein zweidimensionaler Bereich, ihr Wertevorrat ist
die Menge der Grauwerte des Bildes; $f(x,y)$ nimmt keine negativen Werte an
und ist beschränkt, d. h. $0 \leqq f(x,y) \leqq M$. Durch Digitalisierung des Bildes gelangt man zu einer dem Rechner angepaßten Darstellung. Dabei wird
die Bildfunktion $f(x,y)$ in eine Bildmatrix $\underline{F} = (f_{ij})$ umgewandelt. Ist der
Definitionsbereich von $f(x,y)$ ein Rechteck, so erhält man durch zweidimensionales Abtasten an den m x n Gitterpunkten (i,j) die Funktionswerte
$f(x_i,y_j)$. Durch Quantisieren des Intervalls $[0,M]$ entstehen 2^k Intervall-
werte; mit den jeweils nächstgelegenen approximiert man die Funktions-

werte $f(x_i, y_j)$. Die dadurch entstehenden Zahlenwerte f_{ij} bilden die Elemente der Bildmatrix $\underline{F}$. Wählt man m, n und k genügend groß, dann ist $\underline{F}$ eine "getreue" Darstellung des Bildes b in dem Sinne, daß man b aus $\underline{F}$ mit beliebig kleinem Fehler zurückgewinnen kann.

Oft möchte man aber gar keine "getreue" (ikonische) Bildbeschreibung, die den gesamten Informationsgehalt eines Bildes von m x n x k bits wiedergibt, sondern eine symbolische, die nur die "wesentliche" Bildinformation ausdrückt. Aus einem Bild abgeleitete Sätze wie: "STOP", "Ein negatives und ein positives Teilchen sind durch den Zerfall eines neutralen Teilchens entstanden" oder "Eine Straße verläuft in nordöstlicher Richtung durch den Wald" beschreiben den Bildinhalt häufig geeigneter als die Matrizen $\underline{F}$. Deshalb ist es offensichtlich, daß in gewissen Situationen linguistische Bildaussagen
• angemessenere Bildbeschreibungen darstellen,
• die Bildinformation in einer schneller verwertbaren Form liefern und
• wirtschaftlicher bezüglich Speicherplatz und Übertragungsbandbreite sind als die digitalisierten Bilder.

Bestrebungen, diese Ideen zu formalisieren, führten zu den Bildbeschreibungssprachen. Über die wichtigsten Entwicklungen auf diesem Gebiet der Bildverarbeitung wird nachfolgend zusammenfassend berichtet.

2. Ansätze für Bildbeschreibungssprachen

Eine Bildbeschreibung kann (s. o.) aus einer Folge von Buchstaben, einer Aufzählung von Teilchen oder einer Angabe von Geländemerkmalen bestehen. Dabei wird ein Bild mit Hilfe von Bildkomponenten, ihren Eigenschaften und den Relationen zwischen ihnen analysiert. Mit den Komponenten verfährt man ebenso: Zerlegung in einfachere Komponenten, Angabe von Eigenschaften und Relationen. Das Verfahren wird fortgesetzt, bis man bei Komponenten angelangt ist, die als nicht weiter zerlegbare Einheiten betrachtet werden. Sie sind die Primitiven, aus denen das Gesamtbild aufgebaut ist. –
Eine solche hierarchische Bildkomposition ist weitgehend analog dem hierarchischen Aufbau eines Satzes einer Satzgliederungssprache (phrase structure language), der mit Hilfe einer Grammatik erzeugt wird [2, 3]. Dabei entsprechen die Zwischensymbole (non-terminals) dieser Grammatik den zerlegbaren Bildkomponenten (Teilbildern), ihre Grundsymbole (terminals) den Primitiven (Bildelementen), ihre Produktionsregeln den Gesetzen für das Anordnen der zerlegbaren Komponenten und Primitiven und ihre Anfangssymbole den zugelassenen Bildtypen. Aber anders als bei den konventionellen Satzgliederungssprachen, die eine Kettenstruktur mit der einzigen Verknüp-

fungsrelation "gefolgt von" besitzen, müssen in einer Bildbeschreibungssprache räumliche Beziehungen in Form von Netzstrukturen mit vielfältigen Verknüpfungsmöglichkeiten zum Ausdruck kommen.

Die Arbeiten von Grimsdale et al. [4], Minsky [5] und Eden [6] gehören zu den ersten Veröffentlichungen, in denen nicht nur die Struktur von Mustern zu ihrer Erkennung genutzt wurde, sondern in denen erstmals wesentliche Teile der linguistischen Methode (alphabet-orientierte Kettendarstellung, rekursiver Beschreibungsformalismus, generatives Identifikationsverfahren) zur Beschreibung und Erkennung der Muster Anwendung fanden. Aber auch wenn man auf Semantik und Pragmantik verzichtet und nur die Syntax zur Beschreibung heranzieht, bleibt festzustellen, daß in keinem der genannten Beiträge versucht wird, eine komplette Sprache für eine syntaktische Bildbeschreibung zu konstruieren und die in dieser Sprache beschriebenen Bilder weiterzuverarbeiten. Erst Kirsch [7], Narasimhan [8] und Evans [9] haben - auf [1 - 3] aufbauend - die mit Hilfe der Syntax mögliche formale Bildbeschreibung konkret verwirklicht und dabei erste Versuche zur Konstruktion von Bildbeschreibungssprachen unternommen. Von besonderem Interesse sind dabei die unterschiedlichen Vorschläge, die diese Autoren machen, um die ursprünglich eindimensionale Syntax ins Zweidimensionale zu verallgemeinern, Vorschläge, die später zu ebenso unterschiedlichen, ausgereiften Bildbeschreibungssprachen führten.

2.1 Der Ansatz von Kirsch [7]

Analysiert werden Bilder mit wissenschaftlich-technischem Inhalt sowie Texte, die diesen Inhalt in natürlicher Sprache beschreiben. Kirsch erkennt, daß Bild und Text eine syntaktische Struktur haben, die einem Computer mitgeteilt und zur Bildinterpretation benutzt werden kann. Die Verallgemeinerung der eindimensionalen Verkettung gelingt dem Autor durch eine zweidimensionale kontextsensitive Grammatik, deren Produktionsregeln Ersetzungsvorschriften für Felder (arrays) aus 3 x 3 Zellen des digitalisierten Bildes sind. Die Regeln haben die Form

$$
\begin{array}{ccc} x_1 & x_2 & x_3 \\ x_4 & x_5 & x_6 \\ x_7 & x_8 & x_9 \end{array} \quad \rightarrow \quad \begin{array}{ccc} x_1' & x_2' & x_3' \\ x_4' & x_5' & x_6' \\ x_7' & x_8' & x_9' \end{array} \quad , \tag{2.1}
$$

wobei x_i und x_i' den Zellen zugeordnete Markierungen mit spezieller geometrischer Bedeutung bezeichnen. - Für die Beschreibung der in [7] als Beispiel gewählten gleichschenkligen rechtwinkligen Dreiecke ist $x_i, x_i' \in \{R, V, W, H, L, B, I, b\}$; dabei stehen die Symbole der Reihe nach für "right angle", die beiden anderen "vertices", "hypothenuse", "leg", "base", "interior cell" und "blank". Mit zehn Produktionsregeln von der Art (2.1) lassen sich Dreiecke wie z. B.

```
b b b b W
b b b H L
b b H I L
b H I I L
V B B B R
```

erzeugen. - Der Ansatz von Kirsch wurde in der Folgezeit von Dacey [10, 11], Milgram und Rosenfeld [12, 13] sowie Siromoney et al. [14] zur Feld-Grammatik (array grammar), von Ota [15] zur Mosaik-Grammatik (mosaic grammar) und von Siromoney et al. [16] zur Matrizen-Grammatik (matrix grammar) weiterentwickelt. Über diese Grammatiken und die von ihnen erzeugten Sprachen liegen z. Zt. vorwiegend theoretische Untersuchungen vor.

2.2 Der Ansatz von Narasimhan [8]

Zur Untersuchung gelangen Bilder, die aus linienartigen Bestandteilen aufgebaut sind. Dabei werden die Komponenten an Stellen markiert, an denen Verbindungen zu anderen Komponenten zugelassen sind. Jede Produktionsregel enthält außer der Ersetzungsvorschrift noch Angaben darüber, welche Punkte der Komponenten miteinander zu verbinden sind und welche Punkte zu den Anknüpfungspunkten der neuen Komponenten werden. Eine Regel in der Form

$$S(n_S) \rightarrow S_1 \cdot S_2 (n_{S_1 S_2}; \; n_{S_1 S}; \; n_{S_2 S}) \tag{2.2}$$

besagt, daß S aus S_1 und S_2 entsteht, wobei $n_{S_1 S_2}$ die Liste der Verbindungspunkte von S_1 und S_2 und $n_{S_1 S}$ bzw. $n_{S_2 S}$ die Listen der Punkte von S_1 bzw. S_2, bezeichnen, die in der Liste n_S der Anknüpfungspunkte von S eingehen. - So entsteht z. B. der Buchstabe P aus den Primitiven

Vertikale: v(1, 2, 3), und kleiner Bogen: b(1, 2, 3),

durch die Regel

$$P(1, 2, 3) \rightarrow v \cdot b(11, 23; \; 2, 3; \; 2),$$

so daß

resultiert. Die Anknüpfungspunkte von P dienen dazu, um durch Ansetzen eines zweiten Bogens an 1 und 2 bzw. eines neuen Primitivums "Schrägstrich" an 3 ein B oder R zu erzeugen. - Auf die Vorstellungen von Narasimhan gründete Feder [17] seine Geflecht-Grammatik (plex grammar).

2.3 Der Ansatz von Evans [9]

Die Bildklasse wird bei diesem Ansatz nicht eingeschränkt. Die Produktionsregeln sind in LISP-Notation geschrieben und haben die Form

$$(ABC(XYZ)((FX)(GY)(HXY)(JYZ))...) \tag{2.3}$$

In (2.3) stehen vier Elemente: der Name ABC des Bildteils, eine Liste von

"virtuellen" Variablen (XYZ) für seine Bestandteile, eine Liste ihrer
Eigenschaften F und G sowie ihrer Beziehungen H und J zueinander
((FX)(GY)(HXY)(JYZ)) und schließlich eine Liste mit Informationen, die
dem Bildteil ABC zugeordnet werden (mit ... angedeutet). - Für die Auf-
listung aller Dreiecke, die in einer Menge miteinander verbundener Punkte
gefunden werden können, lautet die Produktionsregel (2.3) z. B.

    (TRIANGLE(XYZ)((VERTEX X)(VERTEX Y)(VERTEX Z)(ELS XY)

    (ELS YZ)(ELS XY)(NONCOLL XYZ))((VERTICES(LIST XYZ)))).

In ihr steht TRIANGLE für den Namen des gesuchten Bildes, VERTEX für die
Eigenschaft Eckpunkt, ELS für die Relation "zwischen zwei Punkten existiert ein Liniensegment" und NONCOLL für die Relation "drei Punkte sind
nicht kollinear"; einem gefundenen Dreieck wird schließlich noch die Liste der Punkte, aus denen es besteht, als Information für weiterführende
Verarbeitungen hinzugefügt. - Evans' Ideen bilden einen Ausgangspunkt für
die von Shapiro [18] entwickelte ESP^3 (extended SNOBOL picture pattern
processor)-Sprache zur Beschreibung von Zeichnungen und Mustern.

3. Beispiele für Bildbeschreibungssprachen

Die Bildbeschreibungssprachen, die sich aus den Ansätzen in Abschn. 2
entwickelt haben, lassen sich ähnlich wie die Satzgliederungssprachen
formalisieren [2, 3]. Eine __Bildgrammatik__ G_B, die einer __Bildbeschreibungs-__
__sprache__ L_B (G_B) zugrunde liegt, ist (mindestens) ein Quadrupel:

$$G_B = (V_N, V_T, P, S); \qquad\qquad (3.1)$$

darin bedeuten:

   V_N: das Alphabet der nicht-terminalen Komponenten (Komplexe),

   V_T: das Alphabet der terminalen Komponenten (Primitiven),

   P :   die Menge der Produktionsregeln und

   S :   die Anfangskomponente oder die Menge aller Anfangskomponenten.

Die Produktionsregeln von P erzeugen aber (i. a.) keine Ketten, sondern
zweidimensionale Gebilde, die wir __Netze__ nennen. Denn durch die zweidimensionalen Verknüpfungsmöglichkeiten für die Primitiven entstehen zweidimensionale Komplexe, die miteinander verknüpft wieder zu zweidimensionalen Einheiten führen. Werden die Komponenten eines aus S abgeleiteten
Netzes nur von Primitiven gebildet, dann ist ein Satz x_b der zur Bildgrammatik G_B gehörenden Bildbeschreibungssprache L_B (G_B) entstanden. Sie
selbst besteht aus der Menge aller mit Hilfe von G_B aus S ableitbaren
Netze x_b, die nur aus Primitiven zusammengesetzt sind:

$$L_B (G_B) = \{x_b \mid S \underset{G_B}{\overset{*}{\Rightarrow}} x_b \wedge x_b \in V_T^*\}; \qquad\qquad (3.2)$$

dabei bezeichnet V_T^* die Iteration von V_T.
Jedem Bild $b \in B$ einer Bildklasse B ist auf diese Weise ein Netz x_b zugeordnet, das zur Beschreibung des Bildes b dient. Häufig wird dabei

mehreren (ähnlichen) Bildern dasselbe Netz zugewiesen. Bezeichnet $B(x_b)$
die Menge der Bilder, die von x_b beschrieben werden, dann ist

$$B_G = \bigcup_{x_b \in L_B (G_B)} B(x_b) \tag{3.3}$$

die Menge der Bilder, die von G_B beschrieben werden.

Die strukturelle Bildbeschreibung ist die Basis für die Bildanalyse. Bei
der grammatikalischen Analyse (parsing) eines unbekannten Bildes b muß
festgestellt werden, ob es in ein Netz u_b transformiert werden kann, das
zur Sprache L_B (G_B) gehört. Das kann dadurch geschehen, daß man die zum
Bild b gehörende strukturelle Beschreibung u_B mit den Anfangssymbolen beginnend aufzubauen oder auf ein Anfangssymbol zurückzuführen versucht
("von oben nach unten" (top down)-Technik bzw. "von unten nach oben"
(bottom up)-Technik). Zur Durchführung dieser Aufgabe braucht man eine
Grammatik G_B und Erkennungsalgorithmen für die Primitiven.

Die in der Literatur behandelten Bildbeschreibungssprachen unterscheiden
sich in der Wahl der Primitiven und in den zugrundegelegten Produktionsregeln. Die oben mit Netz bezeichneten zweidimensionalen Gebilde nehmen
bei speziellen Realisierungen sehr verschiedenes Aussehen an. Sie werden
zu Ketten (mit mehreren Ansetzungsmöglichkeiten) zu Geflechten, zu Geweben, zu Graphen oder auch zu Bäumen, um nur fünf der bekannteren Möglichkeiten aufzuführen. Im folgenden wird keine Vollständigkeit in der Be-
sprechung konkreter Bildbeschreibungssprachen angestrebt. Leitmotiv für
die getroffene Auswahl sind realisierte oder wenigstens realisierbar erscheinende Anwendungsmöglichkeiten.

3.1 Die PDL (picture description language) von Shaw [19 - 22]

Diese Sprache steht zwischen der Ketten- und der Netzsprache. - Durch
Beschränkung auf Komponenten mit nur zwei Anschlußpunkten, Anfang (tail)
und Ende (head), wird ihre Beschreibung einfach; es genügen der Name, die
Koordinaten von Anfangs- und Endpunkt und, falls nötig, eine Reihe von
Attributen (Abb. 1a). Symbolisiert wird eine Komponente n durch ein ge-
richtetes Kurvenstück, das mit dem ihr zugeordneten Symbol S_n markiert
ist. Die Verknüpfung der Komponenten untereinander darf nur an den An-
fangs- und Endpunkten erfolgen. Dadurch gelangt man zwar nicht über die
Bildung von Symbolketten hinaus. Die Beschreibung zweidimensionaler Muster wird jedoch durch Definition von vier Verknüpfungs- und zwei Modi-
fizierungsoperationen möglich. Die auf zwei Symbole S_1 und S_2 wirkenden
Verknüpfungsoperationen $\{+, \times, -, *\}$ (Abb. 1b) liefern verschiedenartig
zusammengesetzte neue Symbole. Ihr Anfangs- bzw. Endpunkt ist der Anfangs-

punkt von S_1 bzw. der Endpunkt von S_2. Dabei führt nur die Verknüpfung +
auf die üblichen Ketten; in Verbindung mit den Verknüpfungen x, - und *
können auch Netze beschrieben werden. Von den <u>auf ein Symbol S wirkenden</u>
<u>Modifizierungsoperationen</u> $\{\sim, /\}$ bewirkt die erste eine Vertauschung von
Anfangs- und Endpunkt und die zweite erlaubt in Verbindung mit einem Mar-
kierungsindex das mehrfache Auftreten eines Symbols (an gleicher Stelle).
Die Beschreibung eines Würfels (Abb. 2) verdeutlicht einen Teil der Operationen.

Formalisieren läßt sich die PDL wie folgt: Die ihr zugrunde liegende kontextfreie <u>PDL-Grammatik</u> G_S ist gegeben durch das Quadrupel der Gl. (3.1)

$$G_S = (V_N, V_T, P, S) \tag{3.4}$$

mit

$$
\begin{aligned}
V_N &= \{S, SL\}, \\
V_T &= \{p\} \cup \{+, x, -, *\} \cup \{1\}, \\
P : S &\rightarrow p \mid S \Phi S \mid (\sim S) \mid SL \quad, \\
SL &\rightarrow S^1 \mid SL \Phi SL \mid (\sim SL) \mid (/SL) \quad, \\
\Phi &\rightarrow + \mid x \mid - \mid * \quad,
\end{aligned}
\tag{3.5}
$$

$$p\text{: beliebiges Primitivum, } 1\text{: Markierungsindex.}$$

Die zugehörige <u>PDL-Sprache</u> L_S (G_S) besteht aus der Menge aller Ketten,
die aus S durch P ableitbar sind. Diese bilden aber nach Shaw nur ein
Teilstück der durch die Linguistik möglichen Bildbeschreibung. Die vollständige formale Beschreibung B(b) eines Bildes b besteht aus zwei Teilen: einem terminalen und einem hierarchischen,

$$B(b) = [T(b), H(b)] . \tag{3.6}$$

Die terminale Beschreibung (Grundbeschreibung) T(b) umfaßt die beteiligten Primitiven, die hierarchische Beschreibung (Strukturbeschreibung)
H(b) die auftretenden Komplexe. Beide Beschreibungen haben ihrerseits
zwei Bestandteile, einen strukturellen und einen semantischen:

$$T(b) = [T_{str}(b), T_{sem}(b)], \quad H(b) = [H_{str}(b), H_{sem}(b)] \tag{3.7}$$

Dabei bedeuten:

$T_{str}(b)$: die dem Bild b zugeordnete Primitivenkette $x_b \in L_S$ (G_S),
$T_{sem}(b)$: eine Liste der Beschreibungen aller Primitiven von $T_{str}(b)$,
$H_{str}(b)$: den grammatikalischen Satzzusammenhang von $T_{str}(b)$,
$H_{sem}(b)$: eine Liste der Beschreibungen aller Komplexe von $H_{str}(b)$.

Dadurch ist eine formale Bildbeschreibung gelungen, die sich für die weitere automatische Verarbeitung besser eignet als das digitale Bild.

Bedingt durch den vorausgesetzten Dipolcharakter der Komponenten kann PDL
nur auf "linienartige" Bilder wie z. B. Schriftzeichen, Schaltpläne oder
Blasenkammeraufnahmen angewandt werden. Aus diesem Bereich ist auch das
folgende Anwendungsbeispiel: In Abb. 3a ist schematisch die Reaktion

eines negativen Teilchens dargestellt, das von links in eine Kammer eintritt, die positive Teilchen enthält und unter der Einwirkung eines Ma-
gnetfeldes steht. Bei der Reaktion entstehen ein positives und ein zwei-
tes negatives Teilchen, das in gleicher Weise wie das erste reagieren
kann. Abb. 3b gibt die Produktionsregeln der Grammatik wieder, deren
Sätze symbolische Darstellungen für die Bilder nach Art der Abb. 3a sind;
kleine Buchstaben bezeichnen Primitive, große Buchstaben Komplexe. - Die
Bildanalyse orientiert sich an der grammatikalischen Analyse von Ketten.
Eine solche liege in der Form

$$(start + (neg + ((pos \times neg) + (pos \times neg))))$$

vor. Bei PDL werden die Ketten "von oben nach unten" analysiert. Es wird
mit dem Anfangssymbol auf der linken Seite der ersten Produktionsregel begonnen und versucht, die vorgegebene Kette durch fortgesetzte Anwendung
der Produktionsregeln von links nach rechts aufzubauen. Abb. 3c zeigt das
positive Ergebnis. - Die Analyse eines Bildes nach Abb. 3a vollzieht sich
ähnlich. An die Stelle der Symbole der Kette treten dabei die Primitiven
des Bildes, und die zum Bild gehörende Kette wird schrittweise - von den
Produktionsregeln gesteuert - aufgebaut. Letztere werden für den Bildana-
lysator zunächst in Boolesche Prozeduren, die zu Wahrheitsfunktionen führen, umgeschrieben und lauten:

Boolesche Prozedur P(t,h);
P: = Lfp('start', t, hs) $\wedge$ TRACK (hs, h);
Boolesche Prozedur TRACK(t,h);
TRACK: = Lfp('beam', t, h) $\vee$ (Lfp('neg', t, hn) $\wedge$ PRS(hn, h);
Boolesche Prozedur PRS(t,h);
PRS: = (PAIR(t, hp) $\wedge$ PRS(hp, h)) $\vee$ PAIR(t,h);
Boolesche Prozedur PAIR(t,h);
PAIR: = Lfp('pos', t, h_1) $\wedge$ Lfp('neg', t, h);

Lfp (Name, t, h)(look for primitive Prozedur) ruft ein Erkennungsprogramm
für das nominierte Primitivum mit dem Anfangspunkt bei t auf und setzt bei
Erfolg den Endpunkt an die Stelle von h. Die Verknüpfungsoperationen in
Verbindung mit den vorab detektierten Primitiven sagen dem System dann, wo
es nach dem nächsten Primitivum zu suchen hat. So entsteht aus dem Bild
die beschreibende Symbolkette. Das Verfahren wurde zur Analyse wirklicher
Blasenkammeraufnahmen eingesetzt [22].

3.2 Die Geflecht-Sprache (plex language) von Feder [17]

Feder erweitert die Kettensprache zur Geflecht-Sprache, indem er Symbole
mit zwei Anknüpfungspunkten durch Einheiten mit mehreren Anknüpfungspunkten ersetzt. Dieses Gebilde heißt bei ihm NAPE (n attaching-point enti-
ty); wir nennen es Geflecht-Komponente; sie wird durch ein Zeichen S_n und

eine Liste Δs_n von Anknüpfungspunkten symbolisiert. Aus Geflecht-Komponenten werden die zur Bildbeschreibung benutzten <u>Geflechte</u> aufgebaut. - Die <u>Geflecht-Grammatik</u> G_f besteht formal aus einem Sechstupel:

$$G_f = (V_N, V_T, P, S, Q, q_0);\qquad (3.8)$$

darin haben die ersten vier Elemente die schon aus Gl. (3.1) bekannte Bedeutung, wenn der dort benutzte Begriff Komponente hier zur Geflecht-Komponente präzisiert wird. Zusätzlich bezeichnen

Q : die Menge der Marken für die Anknüpfungspunkte und

q_0: eine Nullmarke für nicht erscheinende Geflecht-Komponenten.

Alle vier Chomsky-Typen können für Geflecht-Grammatiken definiert werden. Wir beschränken uns auf die kontextfreie Grammatik mit den Produktionsregeln

$$P: \qquad A\Delta_A \to X\ \Gamma_X\ \Delta_{XA};\qquad (3.9)$$

in ihnen bezeichnen:

A : eine nicht-terminale Geflecht-Komponente,

X : die Kette aus terminalen und/oder nicht-terminalen Geflecht-Komponenten, die A aufbauen,

Γ_X: die Liste der Verbindungen zwischen den Bestandteilen von X,

Δ_{XA}: die Liste der Anknüpfungspunkte der Bestandteile von X, die zu Anknüpfungspunkten für A werden und

Δ_A: die Liste der Anknüpfungspunkte von A.

Die von der Geflecht-Grammatik G_f erzeugte <u>Geflecht-Sprache</u> L_f (G_f) besteht aus der Menge aller Geflechte, die aus S ableitbar sind und nur aus terminalen Geflecht-Komponenten aufgebaut sind. Besitzen terminale und nicht-terminale Geflecht-Komponenten nur zwei Anknüpfungspunkte, so geht die kontextfreie Geflecht-Sprache in die PDL über.

Anwendungsbeispiel: Moleküle des Naturkautschuks:

$$\ldots - CH_2 - \overset{\overset{\textstyle CH_3}{|}}{C} = CH - CH_2 - CH_2 - \overset{\overset{\textstyle CH_3}{|}}{C} = CH - CH_2 - \ldots$$

Mit Hilfe der Primitiven (terminale Geflecht-Komponenten)

$$\overset{\overset{\textstyle 2}{|}}{\underset{\underset{\textstyle 4}{|}}{1 - C - 3}} \qquad\text{und}\qquad 1 - H$$

sowie der Produktionsregeln

⟨KETTE⟩ (1, 2) → ⟨ABSCHNITT⟩⟨KETTE⟩ (21) (10, 02),

⟨ABSCHNITT⟩ (1, 2) → ⟨CH$_2$⟩⟨C⟩⟨CH$_3$⟩⟨CH⟩⟨CH$_2$⟩ (21000, 02100, 03020, 04010, 00031) (10000, 00002),

⟨CH$_3$⟩ (1) → ⟨CH$_2$⟩⟨H⟩ (21) (10), ⟨CH⟩$_2$ (1,2)→⟨CH⟩⟨H⟩ (21) (10, 30),

⟨CH⟩(1,2,3)→⟨C⟩⟨H⟩ (41) (10, 20, 30),

läßt sich die chemische Beschreibung in eine linguistische umwandeln.

3.3 Die Gewebe-Sprache (web language) von Pfaltz und Rosenfeld [23 - 25]

Setzt man bei PDL die Primitiven gemäß den Verknüpfungsoperationen zusammen, so entsteht ein gerichteter Graph, dessen Kanten mit den Symbolen der Primitiven markiert sind. Durch einen solchen <u>kantenorientierten Graphen</u> lassen sich auch die Sätze der Geflecht-Sprache symbolisieren, wenn ihre terminalen Geflecht-Komponenten nur zwei Anknüpfungspunkte haben. Die Anzahl der Anknüpfungspunkte der nicht-terminalen Geflecht-Komponenten braucht dabei nicht auf zwei beschränkt sein. - Auch die Sätze der von Pfaltz und Rosenfeld vorgeschlagenen Gewebe-Sprache sind gerichtete Graphen, bei denen allerdings die Knoten mit Symbolen markiert sind. Diese <u>knotenorientierten Graphen</u> heißen <u>Gewebe</u>. (Neuerdings nennt man auch kantenorientierte Graphen Gewebe.) Bezeichnet

$$G = (P_G, E_G)$$

mit

P_G: (endliche) Punktmenge = Menge der Knoten von G und

$E_G = \{(p,q)|p,q \in P_G\}$: Menge geordneter Punktepaare

= Menge der gerichteten Kanten von G

einen gerichteten Graphen,

$$V = V_N \cup V_T$$

mit $\quad V_N$: Menge der Zwischensymbole und

$\quad V_T$: Menge der Grundsymbole

ein Vokabular sowie

$$\lambda: P_G \to V$$

eine Funktion, die P_G in V abbildet, dann heißt

$$W = (G, \lambda)$$

ein <u>Gewebe</u>. Es ist ein gerichteter Graph, dessen Knoten mit den Symbolen eines Vokabulars markiert sind. - Eine <u>Gewebe-Grammatik</u> G_w wird formal durch das Quadrupel

$$G_w = (V_N, V_T, P, S) \tag{3.10}$$

definiert. Dabei sind die Elemente von V_N und V_T (s. o.) keine Gewebe, sondern nur nicht-terminale bzw. terminale Knotenmarkierungen, also einfache Symbole. Die Produktionsregeln der Menge P haben die Form

$$\alpha \to \beta, E \tag{3.11}$$

und besagen, daß das Teilgewebe α unter Berücksichtigung der Einbettung E durch das Teilgewebe β ersetzt wird. Die Einbettungsvorschrift E legt die Kanten fest, die aus der Umgebung von α, dem sog. Wirtsgewebe (host web), zu den Knoten von β gehen. Schließlich bezeichnet noch S die Menge der Anfangsgewebe. Unter der <u>Gewebe-Sprache</u> L_w (G_w) wird die Menge aller Gewebe verstanden, die aus den Anfangsgeweben von S durch wiederholte Anwendung der Produktionsregeln gewonnen werden kann, und deren Knoten nur mit Grundsymbolen markiert sind. Der Vorteil der sehr allgemeinen

und flexiblen Gewebe-Sprache besteht in der hochentwickelten Graphentheorie, die sich dieser Sprachtyp zunutze machen kann. Schwierigkeiten,
die sich durch die Einbettungsregel bei der Konstruktion
spezieller gewünschter Graphen ergaben, wurden von Montanari [26] durch
Einschränkung der Produktionsregeln mit Hilfe einer Anwendbarkeitsbe-
dingung überwunden.

Anwendungsbeispiel: Netzwerke aus seriell und parallel geschalteten Zwei-
polen. Folgende <u>kontextsensitive</u> Gewebe-Grammatik erzeugt sie:

$V_N = \{A\}$, A: beliebiges Zwischensymbol,

$V_T = \{a\}$, a: beliebiges Grundsymbol,

$P = \{p_1, p_2, p_3\}$,

p_1: (Regel für die Reihenschaltung)

$E = \{(p, A_1) \mid (p, A) \text{ Kante des Wirtsgewebes}\}$
$\cup \{(A_2, p) \mid (A, p) \text{ Kante des Wirtsgewebes}\}$;

die Regel E besagt, daß jede Kante vom Wirtsgewebe zu A auch vom
Wirtsgewebe zu A_1 geht und daß jede Kante von A zum Wirtsgewebe
auch von A_2 zum Wirtsgewebe geht;

p_2: (Regel für die Parallelschaltung)

vorausgesetzt, es existieren nur ein p und ein q,
so daß (p, A) und (A, q) Kanten vom Wirtsgewebe
zu A und von A zum Wirtsgewebe sind; Kontext!

$E = \{(p, A) \mid (p, A) \text{ Kante des Wirtsgewebes}\}$
$\cup \{(A, q) \mid (A, q) \text{ Kante des Wirtsgewebes}\}$;

p_3: $\bullet \to \bullet$ E wie in p_2

$S = \{ \ldots \}$.

Während das Problem der grammatikalischen Analyse für Gewebe-Sprachen von
Milgram [27] mit den Gewebe-Automaten als Akzeptoren für Sätze in Form
von Geweben allgemein behandelt wurde, lassen sich Sätze, aus Netzwerken,
wesentlich einfacher überprüfen [25]. Für die Analyse wird eine "von unten nach oben"-Technik benutzt. Dazu schreibt man die Produktionsregeln P
in umgekehrter Richtung, macht also Reduktionsregeln aus ihnen. Zuerst
bestimmt man die kleinsten bzw. größten Knoten (von denen man zu allen
anderen bzw. zu denen man von allen anderen Knoten gelangen kann) und ordnet danach mit p_3 allen Knoten nicht-terminale Symbole zu. Als nächstes
bestimmt man alle Knoten, die durch p_1 entstehen können und ordnet ihnen
einen gemeinsamen Knoten zu; in diesem Graphen bestimmt man sodann alle
Knoten, die durch p_2 entstehen können und ordnet auch ihnen einen gemeinsamen Knoten zu. Den dadurch entstehenden reduzierten Graphen unterwirft
man derselben Prozedur und fährt damit solange fort, bis keine weiteren

Reduktionen mehr möglich sind und man entweder zu einem Anfangsgewebe
gelangt ist oder nicht. - Gewebesprachen wurden inzwischen auch auf die
Analyse realer Bilder angewandt, z. B. auf Nervennetze [25] und auf
Luftbilder [28].

3.4 Die Graphen-Sprache (graph language) von Pavlidis [29, 30]

Ähnlich wie Feder verallgemeinert Pavlidis die Kettensprache dadurch,
daß er Einheiten mit mehr als zwei Anknüpfungspunkten einführt. Es sind
die sog. Strukturen m-ter Ordnung, die mit m Knoten eines Graphen verbunden sind; $m = 1$ ist eine Knotenstruktur (N), $m = 2$ eine Kantenstruktur (B). Aber im Gegensatz zu Feder können bei Pavlidis Strukturen mit
$m > 2$ keine terminalen, sondern nur nicht-terminale Komponenten sein.
Außerdem beschränkt sich Pavlidis auf kontextfreie Sprachen. - Eine
kontextfreie <u>Graphen-Grammatik</u> G_g (m-ter Ordnung) ist ein Quadrupel

$$G_g = (V_N, V_T, P, S) , \qquad (3.12)$$

wobei

V_N: die Menge der nicht-terminalen Strukturen bis zur m-ten Ordnung
(Punkte, Kanten, ..., Polygone),

V_T: die Menge der terminalen Strukturen (Punkte, Kanten)

P : die Menge der Produktionsregeln von der Form

$$A \to \alpha \qquad (3.13)$$

A: beliebige nicht-terminale Struktur,

α: ein Graph aus terminalen und/oder nicht-terminalen Strukturen,
mit dem Wirtsgraphen durch dieselben Knoten verbunden wie A,

S : die Menge der Anfangsgraphen

bezeichnet. Werden zwei Graphen A und B durch ein Knotenpaar miteinander
verbunden, so schreibt man dafür A * B; treffen mehrere Graphen A, B und
C im Knoten N aufeinander, so wird das mit N(A + B + C) abgekürzt;
schließlich drückt A N B aus, daß die Kantenstruktur A (mit den Knoten X
und Y) mit der Knotenstruktur N durch Y und die Kantenstruktur B (mit
den Knoten Y und Z) mit N durch Y verbunden ist, wobei die Struktur A N B
über X und Z mit dem restlichen Graphen zusammenhängt. Die Graphen-Grammatik G_g erzeugt die <u>Graphen-Sprache</u> L_g (G_g); sie besteht aus der Menge
aller Graphen, die mit den Produktionsregeln aus den Anfangsgraphen abgeleitet werden können und nur aus Punkt- und Kantenstrukturen aufgebaut
sind.

Anwendungsbeispiel: die Netzwerke des Abschn. 3.3. Man überzeugt sich
leicht, daß ihre Erzeugung durch folgende Graphen-Grammatik gelingt:

$V_N = \{S, B\}$, B: beliebige Struktur zweiter Ordnung,

$V_T = \{\frac{}{b}, \overset{\cdot}{n}\}$, b: beliebige Kante, n: beliebiger Knoten

$$P = \{p_1, p_2, p_3\} ,$$
$$p_1: \quad B \to B \text{ n } B \quad ,$$
$$p_2: \quad B \to B * B \quad ,$$
$$p_3: \quad B \to b \quad ,$$
$$S = \{ \text{ n } B \text{ n } \} .$$

3.5 Die Baum-Sprache (tree language) von Brainerd und Fu [31 - 33]

Eine besondere Form der Graphen stellen die Bäume dar. Sie sind die ein-
fachste Verallgemeinerung der Ketten. Es gibt zahlreiche Möglichkeiten,
Bilder in Baumform darzustellen [34], und für die Analyse von Sätzen in
Form von Bäumen stehen Baum-Automaten zur Verfügung. Dennoch ist die
Definition der Baumgrammatik und der zugehörigen Baum-Sprache recht lang-
wierig. Dies liegt daran, daß von den markierten Bäumen nur ein ganz be-

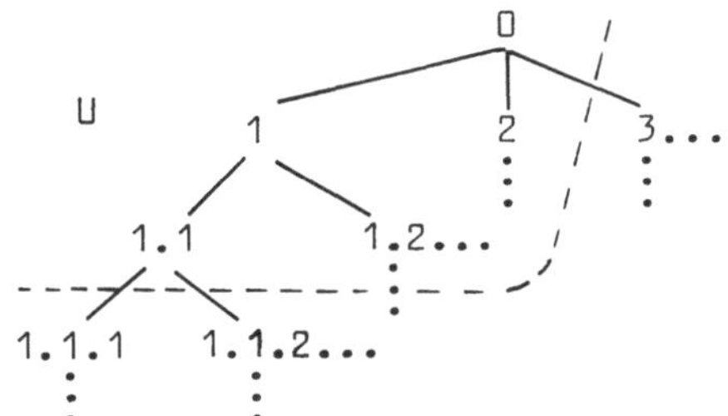

stimmter Typ betrachtet wird. - Dem
mathematischen Formalismus liegt der -
links dargestellte - sog. universale
Baumbereich U zugrunde. Er besteht aus
der geordneten Menge der Ketten nicht-
negativer, durch "." getrennter ganzer
Zahlen. Ein Baumbereich D ist eine

endliche Teilmenge von U, die 0 enthält und auf jeder Stufe nur Knoten
zusammen mit den links davon liegenden Knoten hat (gestrichelte Linie
trennt D von U ab). Ein Alphabet mit Rangordnung (ranked alphabet) $\langle A, r \rangle$
ist ein Alphabet A mit einer Funktion r, die die Elemente von A in die
Menge der nichtnegativen ganzen Zahlen abbildet. Ein (markierter) Baum
über $\langle A, r \rangle$ ist eine Abbildung α eines Baumbereiches D in ein Alphabet
mit Rangordnung $\langle A, r \rangle$, so daß für $a \in D$
$$r[\alpha(a)] = \max \{i \mid a.i \in D\}$$
gilt. Durch die Kombination von r und α wird einem Element von A eine
Position im Baum zugewiesen. Der Rang einer Knotenmarke ist gleich der
Anzahl der vom Knoten abzweigenden Kanten. - Eine (reguläre) Baum-Grammatik G_t über $\langle V_T, r \rangle$ ist ein Quadrupel
$$G_t = (V, r', P, S); \tag{3.14}$$
dabei bezeichnen

$\langle V, r' \rangle$: ein endliches Alphabet mit Rangordnung, in dem $V = V_T \cup V_N$
die Vereinigung von terminalem und nicht-terminalem Alpha-
bet und r' eine Erweiterung von r auf V mit $r'/V_T = r$ ist,

P   : die Menge der Produktionsregeln in der Form
$$\Phi \to \psi , \tag{3.15}$$
wobei Φ und ψ Bäume über $\langle V, r' \rangle$ sind und

S   : die Menge der Anfangsbäume.

Die **Baum-Sprache** L_t (G_t) besteht aus der Menge aller Bäume, die mit den Produktionsregeln aus den Anfangsbäumen abgeleitet werden können und nur terminale Knotenmarken haben.

Anwendungsbeispiel: die Moleküle des Naturkautschuks von Abschn. 3.2. Sie lassen sich durch folgende Baum-Grammatik erzeugen:

$$V = \{S_c, A, B, C, D, E, C, C_2, H\},$$
$$V_T = \{S_c, C, C_2, H\},$$
$$r(S_c) = 1, \quad r(C) = \{2, 3\}, \quad r(C_2) = 2, \quad r(H) = 0$$

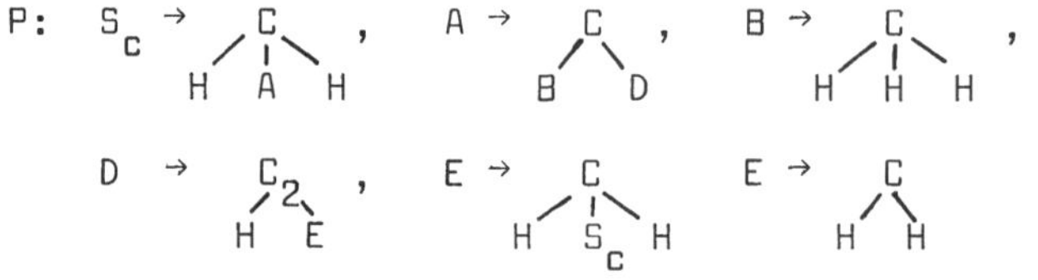

P: $S_c \rightarrow$ (Baum: C mit H, A, H) , $A \rightarrow$ (Baum: C mit B, D) , $B \rightarrow$ (Baum: C mit H, H, H) ,

$D \rightarrow$ (Baum: C_2 mit H, E) , $E \rightarrow$ (Baum: C mit H, S_c, H) $E \rightarrow$ (Baum: C mit H, H)

S_c bezeichnet den Start der nächsten Kette und C_2 die doppelte Bindung eines C-Atoms zu seinem Vorläufer. - Die Baumsprachen wurden außer auf solch einfache Beispiele auch auf reale Bilder, wie z. B. die Klassifikation von Fingerabdrücken angewandt [35].

4. Vor- und Nachteile von Bildbeschreibungssprachen

Die Untersuchungen zur Theorie und die Bemühungen um praktische Anwendungen der Bildbeschreibungssprachen sind derzeit noch im vollen Gange. Deshalb kann ein Urteil über die Nützlichkeit dieser Bildverarbeitungsmethode nur vorläufigen Charakter haben. Dennoch kann beim derzeitigen Stand der Entwicklung folgendes über das Für und Wider gesagt werden:

Vorteile:

- Bilder sind komplexe Muster, für die die Beschreibung mit Merkmalsvektoren (n Zahlenwerte) aus Aufwandsgründen versagt. Die Bildbeschreibungssprachen bieten eine Möglichkeit zur formalen Beschreibung unter Berücksichtigung der Struktur der Muster.
- Dabei werden komplexe Muster in einfache Primitive zerlegt (Analyse) bzw. aus ihnen aufgebaut (Synthese). Analyse und Synthese können schrittweise erfolgen. Das Bild wird nicht nur als Ganzes einer Klasse zugeordnet, wie bei der numerischen Methode.
- Die rekursive Form der Produktionsregeln einer Bildgrammatik drückt die strukturellen Wesensmerkmale von vielen Bildrealisationen in sehr kompakter Schreibweise aus und erfaßt nicht nur - wie der auch strukturorientierte Schablonenvergleich- nur eine Realisation.
- Die symbolische Erfassung der Bilder als Sätze einer Bildbeschreibungssprache eignet sich gut für eine rechnerinterne Darstellung. Durch die Übertragung des Begriffes grammatikalische Analyse auf nichtsprachliche Objekte gelingt es, die Bilderkennung zu automatisieren.

Bildbeschreibungssprachen wurden schon für mehrere konkrete praktische Aufgaben mit Erfolg eingesetzt. Dies und die Tatsache, daß eine Reihe künstlicher Sprachen aufgrund des linguistischen Konzeptes erfolgreich analysiert werden konnten, läßt auch im Bereich der Bildverarbeitung auf weitere Anwendungsbeispiele hoffen.

Nachteile:

- Nur bei wenigen Klassen realer Bilder ist der Aufbau aus Komponenten strengen restriktiven Regeln unterworfen, wie es die linguistische Methode fordert [36]. Wo sie anwendbar ist, sind die größten Erfolge mit kontextsensitiven Sprachen zu erwarten. Für praktische Aufgaben sind aber gerade diese zu kompliziert.

- Die linguistische Methode ist anfällig gegen Bildstörungen und Abweichungen von der strukturellen Normalform. Den dadurch bedingten Mehrdeutigkeiten kann im Prinzip durch stochastische Sprachen, ESP^3 und fehlerkorrigierende grammatikalische Analyse begegnet werden.

- Wie bei der numerischen Methode das Merkmalproblem so ist beim linguistischen Verfahren die Auswahl und Bestimmung der Primitiven die zentrale Aufgabe; und wie für das Merkmalproblem so gibt es auch für das Primitivenproblem keine allgemeine Lösung, sondern nur aufgabenspezifische, intuitive ad hoc Lösungsansätze.

- Auch für die Auswahl geeigneter nicht-terminaler Komponenten und die Bestimmung der Produktionsregeln, beides als "grammatical inference" bekannt, gibt es keine systematischen Vorschriften. Diese Aufgabe kann nur in Verbindung mit dem Primitivenproblem sinnvoll gelöst werden.

- Bei praktischen Bildverarbeitungsaufgaben müssen mehrere vorgegebene Bildgrammatiken (für jede Bildklasse eine) implementiert werden; dies ist mit großem Rechneraufwand verbunden. Außerdem erfordert die Analyse eines unbekannten Bildes relativ viel Zeit. Dadurch wird die Anwendbarkeit des linguistischen Verfahrens stark eingeschränkt.

So halten sich Vor- und Nachteile etwa die Waage; erst weitere Anwendungsversuche entscheiden über den Wert der Bildbeschreibungssprachen.

5. Literatur

[1] Rosenfeld,A.;Kak,A.C.:Digital Picture Processing.Acad.Press,N.Y.,1976.
[2] Fu,K.S.:Syntactic Methods in Pattern Recognition.Acad. Press, N.Y.,1974.
[3] ————(Ed.): Syntactic Pattern Recognition Applications. Springer-Verlag, Berlin, 1977.
[4] Grimsdale,R.L.; et al.: A System for the Automatic Recognition of Patterns. Proc. IEE (London), 106 B, 1959, 210-221.
[5] Minsky,M.:Steps Toward Artificial Intelligence.Proc.IRE,49,1961,8-30.
[6] Eden,M.:Handwriting and Pattern Recognition.IRE Trans.Inf.Theory,IT-8, 1962, 160-166.
[7] Kirsch,R.A.: Computer Interpretation of English Text and Picture Patterns. IEEE Trans. El. Comp. EC-13, 1964, 363-376.

[8] Narasimhan,R.: Syntax-Directed Interpretation of Classes of Pictures. Comm. ACM 9, 1966, 166-173.

[9] Evans,Th.G.:A Grammar-Controlled Pattern Analyzer.In:Proc.IFIP Congress 1968,Morell,A.J.H.(Ed.),Vol.2,N.-Holl.,Amst.,1969,1592-1598.

[10] Dacey, M.F.: The Syntax of a Triangle and some other Figures. Pattern Recognition 2, 1970, 11 - 31.

[11] ———: Poly: A Two Dimensional Language for a Class of Polygons. Patterns Recognition 3, 1971, 197 - 208.

[12] Milgram,D.L.;Rosenfeld,A.:Array Automata and Array Grammars. Techn. Rpt.70-141, Computer Science Center,Univ. of Maryland, 1970.

[13] Rosenfeld,A.: Isotonic Grammars, Parallel Grammars and Picture Grammars. In: Meltzer, B.; Michie, D. (Eds.) Machine Intelligence 6, American Elsevier, N.Y., 1971, 281 - 294.

[14] Siromoney, G.; et al.: Picture Languages with Array Rewriting Rules. Inform. and Control 22, 1973, 447 - 470.

[15] Ota,P.A.: Mosaic Grammars. Pattern Recognition 7, 1975, 61 - 65.

[16] Siromoney,G.;et al.:Abstract Families of Matrices and Picture Languages. Computer graphics and Image Processing 1, 1972, 284 - 307.

[17] Feder,J.: Plex Languages. Inform. Sciences 3, 1971, 225-241.

[18] Shapiro,L.G.: ESP^3: A High-Level Graphics Language. Computer Graphics, 9, 1975, 70 - 77.

[19] Shaw,A.C.: A Formal Picture Description Sheme as a Basis for Picture Processing Systems. Information and Control 14, 1969, 9-52.

[20] ———: Parsing of Graph-Representable Pictures. Journal ACM 17, 1970, 453- 481.

[21] Miller,W.F.;Shaw,A.C.:Linguistic Methods in Picture Processing - A Survey.Proc.AFIPS Fall J.Comp.Conf.,San Franc.,CA,1968,279-290.

[22] Shaw,A.C.:Picture Grammars and Parsing.In:Dalenoort,G.J.(Ed.):Process Models for Psychology, Rotterdam Univ. Press, 1973, 310 - 371.

[23] Pfaltz,J.L.;Rosenfeld,A.:Web Grammars. In: Walker, D.E.; Norton L.M.(Eds.): Proceedings First Intern. Joint Conference on Artificial Intelligence, Washington, DC, 1969, 609 - 619.

[24] Pfaltz,J.L.: Web Grammars and Picture Description. Techn.Rpt. 70-138, Computer Science Center, Univ. of Maryland, 1970.

[25] Pfaltz,J.L.: Web Grammars and Picture Description. Computer Graphics and Image Processing 1, 1972, 193 - 220.

[26] Montanari,U.G.: Separable Graphs, Planar Graphs and Web Grammars. Information and Control 16, 1970, 243 - 267.

[27] Milgram,D.L.: Web Automata. Techn.Rpt. TR-271, Computer Science Center, Univ. of Maryland, 1973.

[28] Brayer, J.M.; Fu, K.S.: Application of a Web Grammar Model to an Earth Resources Satellite Picture. Proc. 3rd. Intern. Joint Conf. Pattern Recognition, Coronado, CA, 1976, 405 - 410.

[29] Pavlidis, T.: Linear and Context-Free Graph Grammars. Journ. ACM, 19, 1972, 11 - 22.

[30] ———: Grammatical and Graph Theoretic Analysis of Pictures. In: Nake, F.; Rosenfeld, A.(Eds.): Graphic Languages. North-Holland Publ., Amsterdam, 1972, 210 - 224.

[31] Brainerd, W.S.: Tree Generating Regular Systems. Information and Control 14, 1969, 217 - 231.

[32] Fu, K.S.; Bhargava, B.T.: Tree Systems for Syntactic Pattern Recognition. IEEE Trans. on Comp.,C-22, 1973, 1087 - 1099.

[33] Fu, K.S.: Tree Languages and Syntactic Pattern Recognition. In: Chen, C.H. (Ed.): Pattern Recognition and Artificial Intelligence. Academic Press, New York, 1976, 257 - 291.

[34] Pavlidis, T.: Structural Pattern Recognition. Springer-Verlag, Berlin, 1977, 230 - 236.

[35] Moayer, B.; Fu, K.S.: Fingerprint Classification. In: [3],179-214.

[36] Watanaba, S.: Ungrammatical Grammar in Pattern Recognition. Pattern Recognition 3, 1971, 385 - 408.

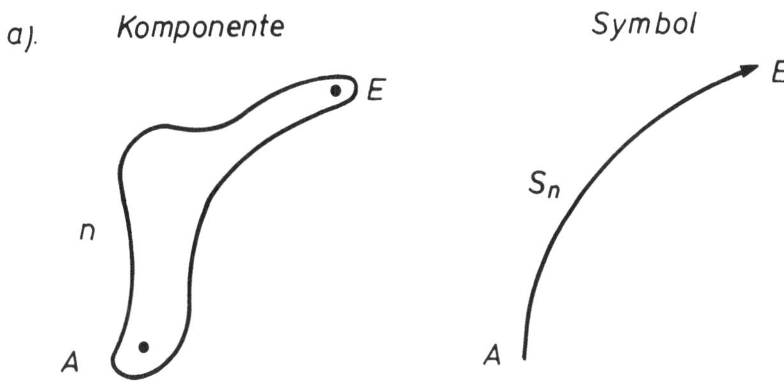

n : Name der Komponente

A : Anfangspunkt

E : Endpunkt

Beschreibung: Name n, Koordinaten von A, Koordinaten von E, Attribute $a_1 \cdots , a_m$.

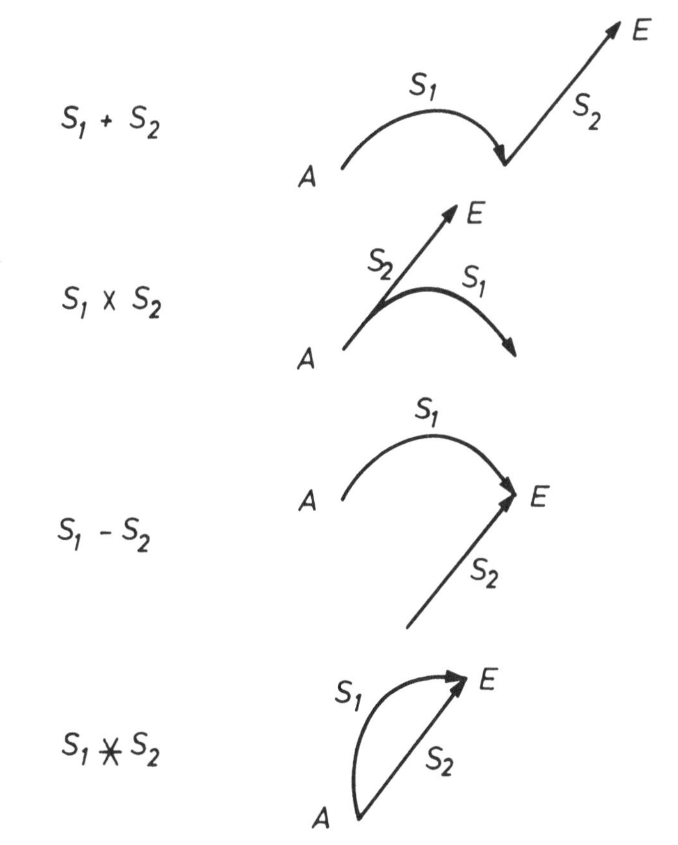

Abb. 1: a) Komponente und Symbol bei PDL

b) Verknüpfungsoperationen von PDL

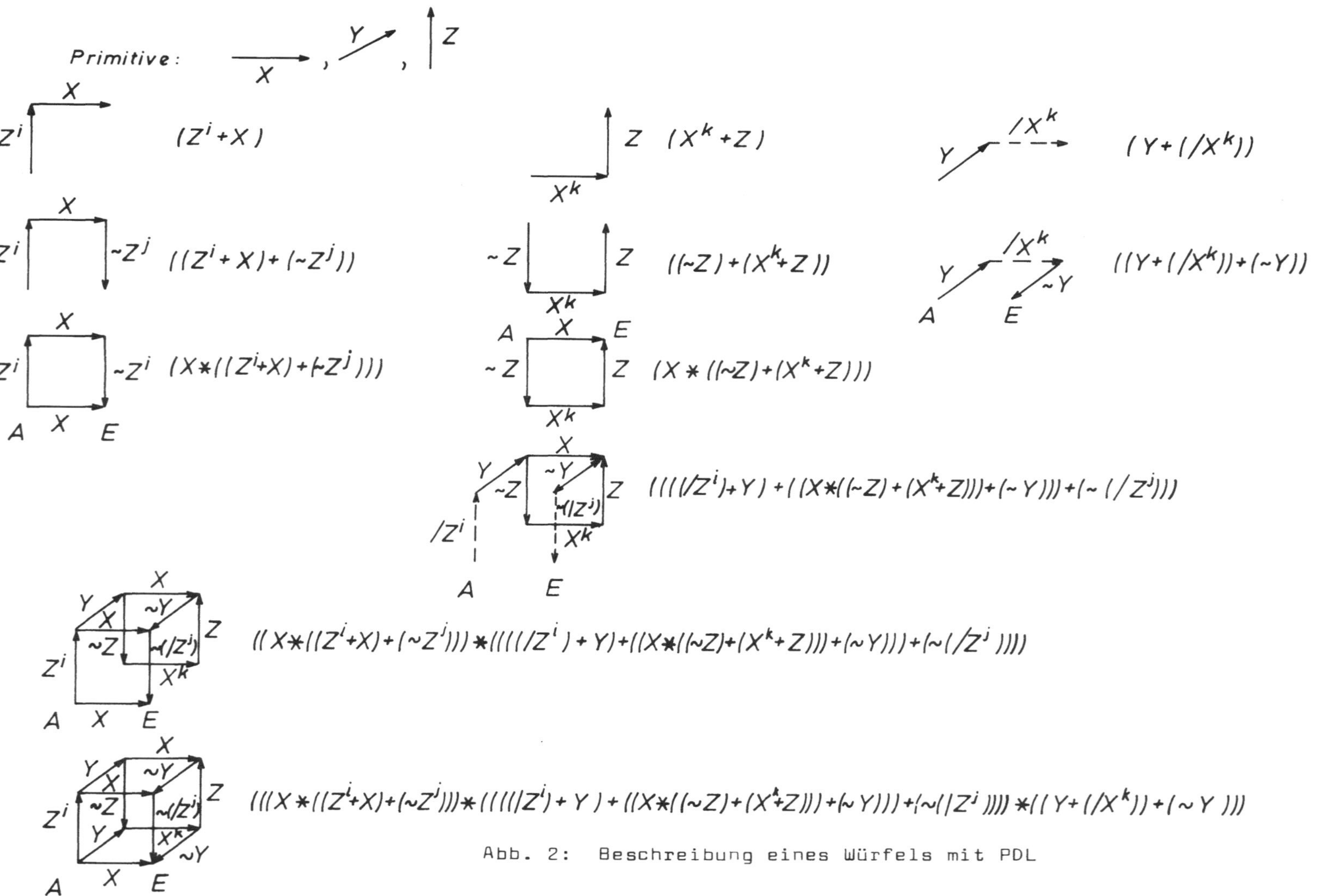

Abb. 2: Beschreibung eines Würfels mit PDL

a).

b).

$$P \longrightarrow (start + TRACK)$$

$$TRACK \longrightarrow beam \mid (neg + PRS)$$

$$PRS \longrightarrow (PAIR + PRS) \mid PAIR$$

$$PAIR \longrightarrow (pos \times neg)$$

c).

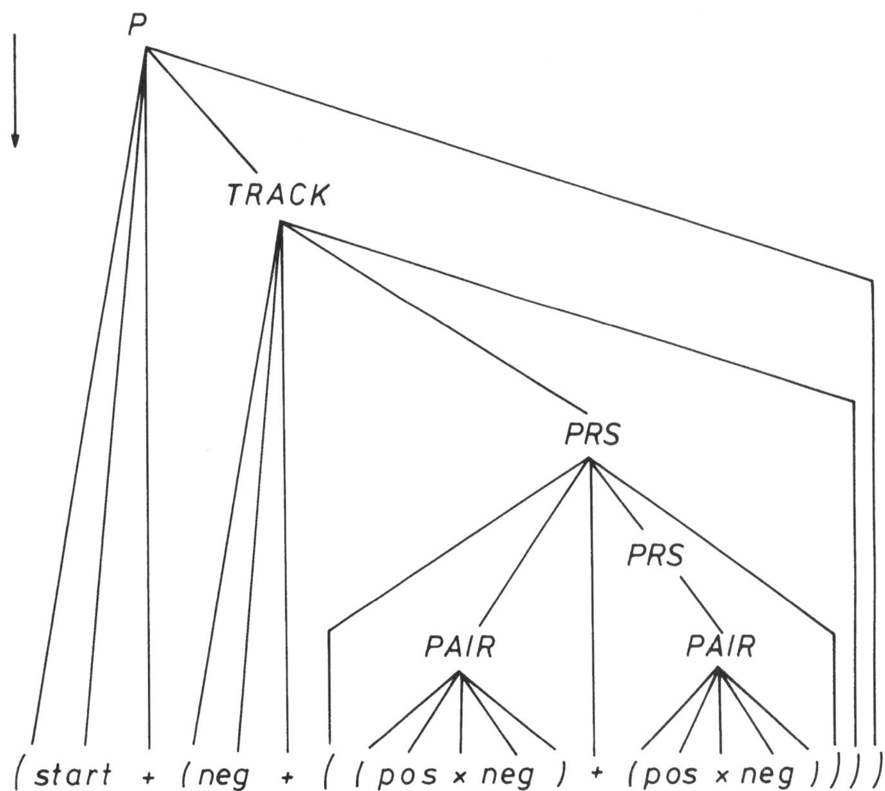

Abb. 3a) Teilchenspuren (schematisch),

b) Produktionsregeln (aus dem physikalischen Vorgang abgeleitet),

c) "top-down"-Analyse eines Satzes der PDL

ANALYSE ELEKTRISCHER SCHALTPLÄNE MIT EINFACHEN SCHALTSYMBOLEN

H.Bunke
Universität Erlangen-Nürnberg

Zusammenfassung

Es wird ein Verfahren zur automatischen Analyse elektrischer Schaltpläne vorgestellt.
Ziel dabei ist das Erkennen der "logischen" Struktur eines vorgegebenen Schaltplanes.
Der Vorrat an zulässigen Schaltsymbolen wurde auf einige einfache Typen beschränkt.

1. Einleitung

Die vorliegende Arbeit befaßt sich mit der Analyse elektrischer Schaltpläne. Die betrachteten Schaltpläne sind charakterisiert durch Schaltsymbole und Verbindungen zwischen diesen. Der Vorrat an zulässigen Schaltsymbolen wurde eingeschränkt auf die vier
verschiedenen, in Bild 1 vorhandenen Typen Widerstand, Diode, Kondensator und Transistor.
Mögliche Formen von Verbindungen sind in Bild 3 dargestellt. Jedes Schaltsymbol besitzt
eine genau definierte Menge von Anschlußpunkten, an denen die Verknüpfung mit einer Verbindung möglich ist. Wie aus Bild 1 ersichtlich, besitzt ein Transistor drei, die übrigen Schaltsymbole je zwei Anschlußpunkte.

Ziel der Analyse ist das Erkennen der "logischen" Struktur eines Schaltplanes, d.h.
konkret, zu einem vorgegebenen Schaltplan sind die folgenden sechs Listen zu erarbeiten:
- WID: Liste der auftretenden Widerstände
- DIO: Liste der auftretenden Dioden
- KON: Liste der auftretenden Kondensatoren
- TRA: Liste der auftretenden Transistoren
- NIL: Liste der Punkte, an denen eine Verbindung frei endet
- VER: Liste der auftretenden Verbindungen

Bild 2 zeigt die zum Schaltplan von Bild 1 gehörigen Ergebnislisten. Die Zusammenhänge
zwischen Schaltplan und den Ergebnislisten werden im folgenden genauer erläutert. Wir
bezeichnen dabei die Listen WID, DIO, KON und TRA pauschal als Symbollisten. Ein Schaltsymbol wird in der zugehörigen Symbolliste repräsentiert durch die Koordinaten seiner
Anschlußpunkte. So stellt z.B. die erste Zeile der Liste WID den Widerstand im Schaltplan dar, dessen Anschlußpunkte die Koordinaten (11,10) und (14,10) besitzt. Analog
sind die Listen DIO, KON und TRA zu interpretieren. Eine Zeile in der Liste NIL bezeichnet einen Punkt im Schaltplan, wo eine Verbindung frei endet. Die sechs Einzel-
komponenten $(S_1, Z_1, A_1, S_2, Z_2, A_2)$ einer Zeile in der Verbindungsliste VER repräsentieren eine elektrische Verbindung zwischen zwei verschiedenen Anschlußpunkten von
Schaltsymbolen. Dabei verweist A_i auf das A_i-te Koordinatenpaar der Zeile Z_i in der
Symbolliste $S_i (i = 1,2)$. So gibt uns z.B. die vierte Zeile der Liste VER die Verbindung

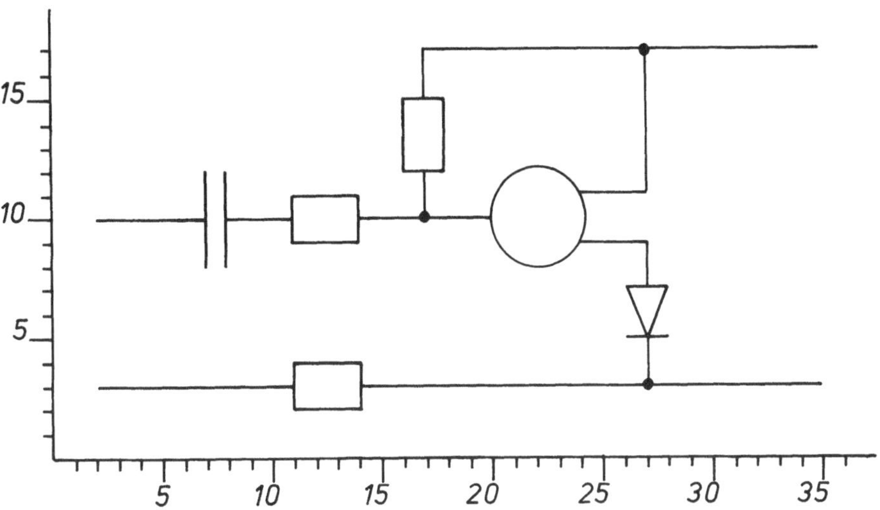

Bild 1: Beispiel für einen Schaltplan

WID: 1.(11,10);(14,10)   TRA: 1.(20,10);(24,11);(24, 9)   7.(WID,3,2,NIL,3,1)
     2.(11, 3);(14, 3)   KON: 1.(7,10);(8,10)   8.(TRA,1,2,NIL,3,1)
     3.(17,12);(17,15)   VER: 1.(NIL,1,1,KON,1,1)   9.(TRA,1,3,DIO,1,2)
DIO: 1.(27, 5);(27, 7)   2.(KON,1,2,WID,1,1)   10.(DIO,1,1,NIL,4,1)
NIL: 1.(2,10)   3.(WID,1,2,WID,3,1)   11.(DIO,1,1,WID,2,2)
     2.(2, 3)   4.(WID,1,2,TRA,1,1)   12.(WID,2,2,NIL,4,1)
     3.(35,17)   5.(WID,3,1,TRA,1,1)   13.(WID,2,1,NIL,2,1)
     4.(35, 3)   6.(WID,3,2,TRA,1,2)

Bild 2: Ergebnis der Analyse des Schaltplanes von Bild 1

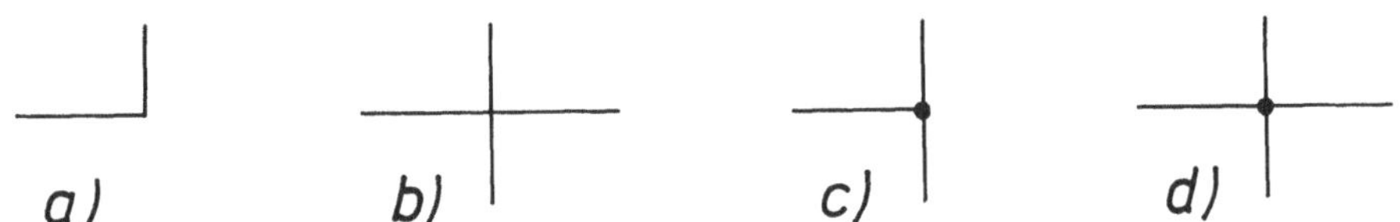

Bild 3: a) Abknicken einer Verbindung b) Kreuzung zweier Verbindungen ohne elektrische
         Leitung c,d) Zusammentreffen von Verbindungen mit elektrischer Leitung

an zwischen dem Anschlußpunkt 2 mit den Koordinaten (14,10) des ersten Widerstandes
und dem Anschlußpunkt 1 mit den Koordinaten (20,10) des ersten Transistors.

2. Grundlagen

Das in den Abschnitten 3 und 4 angegebene Analyseverfahren geht von der vollständigen
Liste der im Schaltplan enthaltenen Grundelemente aus. Es wurden die folgenden fünf

Klassen von Grundelementen gewählt:
- horizontale Liniensegmente (hl)
- vertikale Liniensegmente (vl)
- schräge Liniensegmente (sl)
- gekrümmte Liniensegmente (gl)
- Verbindungspunkte (vp).

Ein <u>Liniensegment</u> ist dadurch definiert, daß es höchstens an seinen Enden mit anderen Grundelementen gemeinsame Punkte besitzt. Horizontale und vertikale Liniensegmente treten auf bei Verbindungen und allen Schaltsymbolen außer Transistoren, schräge Liniensegmente finden wir bei Dioden, gekrümmte Liniensegmente bei Transistoren und Verbindungspunkte bei Verbindungen wie in Bild 3c, 3d.

Wir gehen im folgenden davon aus, daß ein zu analysierender Schaltplan komplett als Liste von Grundelementen vorliegt, wobei ein einzelnes Grundelement repräsentiert wird durch die Angabe seines Klassennamens und der relevanten Koordinaten, dies sind bei Verbindungspunkten die Koordinaten des Zentrums und bei Liniensegmenten die Koordinaten der Endpunkte. Die im Schaltplan von Bild 1 enthaltene Diode mit den Anschlußpunkten (27,5) und (27,7) setzt sich zusammen aus den folgenden sechs Grundelementen: (hl, (26,5), (27,5)), (hl,(27,5), (28,5)), (sl,(26,7), (27,5)), (sl,(28,7), (27,5)), (hl, (26,7), (27,7)), (hl,(27,7), (28,7)).

Auf die Erarbeitung der Liste der Grundelemente, d.h. deren Extraktion, wird im Rahmen dieses Berichtes nicht weiter eingegangen. Es sei hier exemplarisch auf zwei Übersichtsartikel verwiesen, die diesen Problemkreis berühren: [1], [3].

3. Erarbeitung von Symbollisten WID, DIO, KON, TRA

Das Analyseverfahren besteht aus zwei Stufen. Ziel der ersten Stufe ist die Erarbeitung der Symbollisten WID, DIO, KON, TRA, sowie die Erarbeitung einer Liste FRAG zum Speichern von Zwischeninformation, auf die in der zweiten Stufe zugegriffen wird. Wie in Abschnitt 1 dargestellt, bilden die Symbollisten bereits einen Teil des endgültigen Ergebnisses. Die Liste FRAG enthält alle im Schaltplan auftretenden <u>Fragmente</u> von Verbindungen.

Ein Fragment ist dabei definiert als Teil einer Verbindung v, der begrenzt wird von Schaltsymbolen, Verbindungspunkten oder freien Enden der Verbindung v. Wir repräsentieren Fragmente in FRAG durch die Koordinaten ihrer beiden Begrenzungspunkte. Beispiele für Fragmente in Bild 1, die nur aus einem Liniensegment bestehen, sind gegeben durch ((8,10);(11,10)) oder ((27,3);(35,3)), Beispiele für Fragmente, die sich aus zwei Liniensegmenten zusammensetzen, sind ((24,9);(27,7)) oder ((24,11);(27,17)).

Das Analyseverfahren beruht darauf, miteinander verknüpfte Grundelemente schrittweise zu komplexeren Einheiten zusammenzufassen und identifizierte Symbole und Fragmente von Verbindungen in die zugehörigen Listen abzulegen.

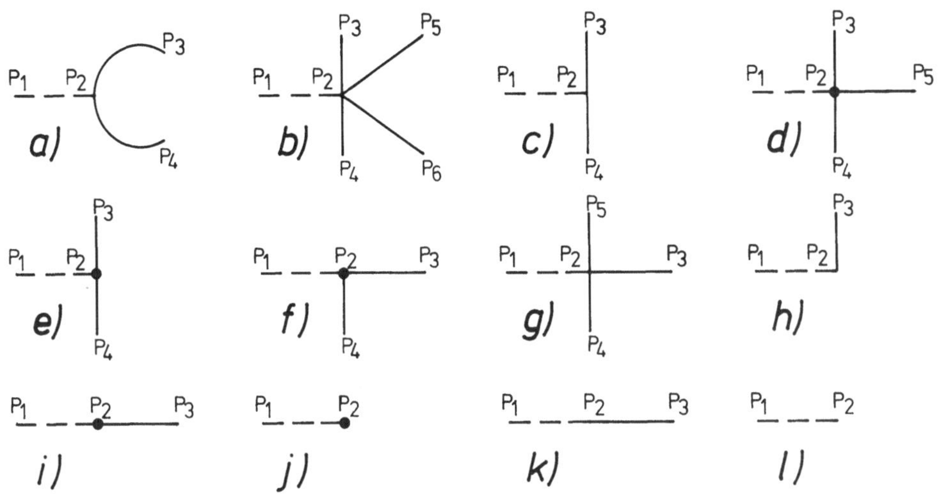

<u>Bild 4a - 1</u>: Grundelemente am Punkt p_2

Begonnen wird dabei mit einem horizontalen oder vertikalen Liniensegment $(1,p_1,p_2)$,
das Teil einer Verbindung ist, die in p_1 oder p_2 frei endet ($1\in\{hl,vl\}$). Bei der Analyse
des Schaltplanes von Bild 1 ist ein möglicher Startkandidat gegeben durch (hl,(2,3),
(11,3)). Sei p_1 der Punkt, in dem die Verbindung frei endet. Wir setzen eine Hilfsgröße
fragment gleich (p_1,p_2), entfernen $(1,p_1,p_2)$ aus der <u>L</u>iste der <u>Grunde</u>lemente (im folgenden abgekürzt durch LGE) und suchen nach verbliebenen Grundelementen am Punkt p_2.
Die dabei möglichen Fälle für $1 = hl$ sind in Bild 4a - 41 dargestellt, wobei das Liniensegment $(1,p_1,p_2)$ jeweils gestrichelt gezeichnet ist. Es folgt die Diskussion der einzelnen Fälle:

<u>4a:</u> Hier wurde ein Transistor mit den Anschlußpunkten p_2,p_3,p_4 gefunden. Wir übernehmen
die Hilfsgröße *fragment* in die Liste FRAG, tragen die Anschlußpunkte p_2,p_3,p_4 in
TRA ein und löschen in LGE die Liniensegmente $(g1,p_2,p_3)$, $(g1,p_2,p_4)$, sowie
$(g1,p_3,p_4)$. $(g1,p_3,p_4)$ tritt in Bild 4a nicht auf, ist aber wegen der syntaktischen
Korrektheit, die wir bei den zu analysierenden Schaltplänen voraussetzen, in der
Liste der Grundelemente enthalten. Anschließend setzen wir eine Hilfsgröße *fort-*
setzung auf p_3 und nehmen den Punkt p_4 in eine <u>L</u>iste der <u>o</u>ffenen <u>A</u>nschlüsse (im
folgenden abgekürzt durch LOA) auf, vgl. dazu die Fälle 4j und 41.

<u>4b:</u> Es wurde eine Diode gefunden. Wir übernehmen analog zum Fall 4a die Hilfsgröße
fragment nach FRAG und löschen in LGE die gefundenen Grundelemente $(v1,p_2,p_3)$,
$(v1,p_2,p_4)$, $(s1,p_2,p_5)$, $(s1,p_2,p_6)$, sowie die beiden in Bild 4b nicht eingetragenen
Liniensegmente $(v1,p_5,p_7)$ und $(v1,p_7,p_6)$. Anschließend werden p_2 und p_7 als Anschlußpunkte der gefundenen Diode in DIO eingetragen und *fortsetzung* auf p_7 gesetzt.

<u>4c:</u> Der Punkt p_2 kann Anschlußpunkt eines Widerstandes, eines Kondensators oder einer

Diode, die um 180^0 gegenüber Bild 4b gedreht ist, sein. Welcher Fall vorliegt, wird entschieden durch Inspektion des Punktes p_3 nach dem Entfernen von (vl,p_2,p_3) und (vl,p_2,p_4) aus LGE. Finden wir ein Grundelement (hl,p_3,p_5), so handelt es sich um einen Widerstand, ein Grundelement (sl,p_3,p_5) zeigt uns das Vorhandensein einer Diode an, endet das Liniensegment (vl,p_2,p_3) in p_3 frei, so ist p_2 Anschlußpunkt eines Kondensators. In allen drei Fällen sind die restlichen, zum Schaltsymbol gehörigen Liniensegmente aus LGE zu löschen, die beiden Anschlußpunkte in die Liste WID bzw. DIO bzw. KON einzutragen, es ist *fortsetzung* auf den p_2 gegenüberliegenden Anschlußpunkt zu setzen und *fragment* und FRAG zu übernehmen.

<u>4d,e,f,i,j:</u> Der Verbindungspunkt bildet das Ende des aktuell betrachteten Verbindungsfragmentes. Wir übernehmen *fragment* nach FRAG und setzen in den Fällen 4d,e,f,i *fortsetzung* gleich p_2. Im Fall 4j ist *fortsetzung* gleich einem Punkt p aus LOA zu setzen, der anschließend aus LOA gestrichen wird. Sollte LOA leer sein, so ist Stufe 1 des Analysealgorithmus hier beendet. Im Fall 4d tragen wir p_2 zweimal und in den Fällen 4e,f einmal in LOA ein. Im Fall 4i streichen wir p_2 zweimal, im Fall 4j einmal aus LOA. Die Fälle 4i,j treten nicht im ursprünglich vorgegebenen Schaltplan auf, sondern entstehen erst im Lauf der Verarbeitung aus den Fällen 4d,e,f durch Löschung von Liniensegmenten.

<u>4g,h,k:</u> Das aktuell betrachtete Verbindungsfragment setzt sich im Punkt p_2 fort und ist deshalb zu verlängern. Wir löschen dazu das Liniensegment mit den Endpunkten p_2 und p_3 aus LGE und weisen der zweiten Komponente von *fragment* den Wert p_3 zu. Fall 4k entsteht aus Fall 4g durch Löschung zweier Liniensegmente.

<u>4l:</u> In p_2 endet eine Verbindungslinie frei, somit endet dort auch das aktuelle Verbindungsfragment. Wir übernehmen *fragment* nach FRAG und prüfen, ob LOA einen Punkt p enthält. Falls ja, setzen wir *fortsetzung* gleich p und löschen p aus LOA, andernfalls ist die Stufe 1 des Analysealgorithmus hier beendet.

Sind die zu einem der Fälle 4a - 4l gehörigen Operationen ausgeführt, so suchen wir anschließend nach einem horizontalen oder vertikalen Liniensegment mit den beiden Endpunkten *fortsetzung* und q, hierbei ist q beliebig. Diese beiden Punkte übernehmen nun die Rolle der Punkte p_1 und p_2 und wir treffen erneut die angegebene Unterscheidung der Fälle 4a - 4l. Die Stufe 1 des Analysealgorithmus ist beendet, wenn Fall 4j oder 4l vorliegt und LOA leer ist.

In den Fällen 4a - 4l werden nur horizontale Liniensegmente zwischen p_1 und p_2 betrachtet. Die Fallunterscheidungen für vertikale Liniensegmente zwischen p_1 und p_2 ergeben sich aus 4a - 4l durch Drehung um 180^0.

4. Erarbeitung der Listen NIL und VER

Wir benötigen dazu die in Stufe 1 des Analysealgorithmus erarbeiteten Symbollisten WID, DIO, KON, TRA, sowie FRAG, die Liste der Verbindungsfragmente, und die in LGE übriggebliebenen Verbindungspunkte. WID, DIO, KON, TRA, sowie die Verbindungspunkte werden nur gelesen, während FRAG schrittweise abgebaut wird.

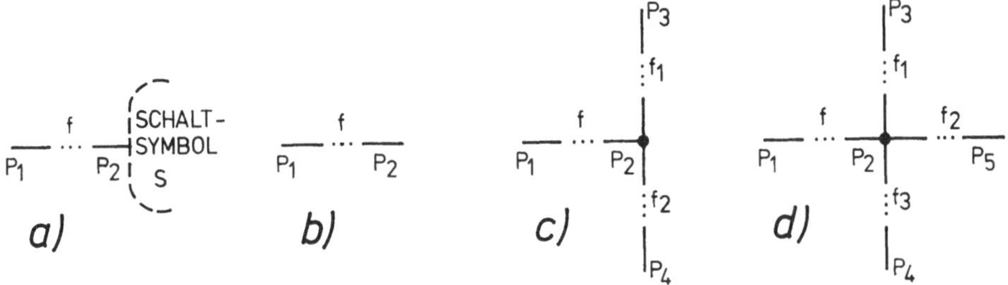

<u>Bild 5a-d</u>: Prüfung des Endpunktes p_2 eines Fragmentes f

Zunächst wird nach einem Element f in FRAG gesucht. f möge die Endpunkte p_1 und p_2 besitzen. Wir löschen f in FRAG und prüfen hintereinander für die beiden Endpunkte, welcher der in Bild 5a - 5d angegebenen Fälle vorliegt. Bild 5a - 5d zeigt die Prüfung für den Punkt p_2. f_1,f_2,f_3 in Bild 5c,d bezeichnen andere Verbindungsfragmente aus FRAG.

<u>5a</u>: Wir tragen einen Verweis in eine <u>V</u>erbindungs<u>h</u>ilfs<u>l</u>iste LVH ein auf den Anschluß-punkt p_2 in der Symbolliste des Schaltsymboles S.

<u>5b</u>: Es ist p_2 in die Liste NIL einzutragen und LVH um einen Verweis auf diesen Ein-trag zu erweitern.

<u>5c</u>: Wir löschen f_1 und f_2 aus FRAG und spalten das Fragment f auf in zwei <u>erweiterte Fragmente</u> mit den Endpunkten p_1 und p_3 bzw. p_1 und p_4. Anschließend prüfen wir in den Punkten p_3 und p_4, welcher der Fälle 5a - 5d vorliegt.

<u>5d</u>: Dieser Fall unterscheidet sich von Fall 5c nur dadurch, daß f anstatt in zwei in drei erweiterte Fragmente gespalten wird.

Das angegebene Verfahren wird unterbrochen, wenn sich an allen Endpunkten der erweiterten Fragmente, die gemäß Fall 5c und 5d aus f entstanden sind, Schaltsymbole oder freie Enden von Verbindungen befinden (Fall 5a und 5b). Zu diesem Zeitpunkt enthält die Verbindungshilfsliste LVH für jeden dieser Endpunkte einen Verweis v_i auf das zugehörige Koordinatenpaar in den Listen WID, DIO, KON, TRA und NIL. Ist LVH gegeben durch $(v_1,...,v_n)$, so bilden wir nun die Paare (v_1,v_2), (v_1,v_3), ..., (v_1,v_n), (v_2,v_3), ..., (v_{n-1},v_n) und übernehmen diese in die Verbindungsliste VER (vgl.Bild 2). Anschließend wird LVH gelöscht und das angegebene Verfahren mit einem neuen Element f aus FRAG gestartet. Ist FRAG leer, so enthält VER alle im Schaltplan vorhandenen Verbindungen, und wir können die Stufe 2 des Analysealgorithmus abbrechen.

5. Schlußbemerkungen

Der in dieser Arbeit betrachtete Symbolvorrat ist i.a. für praktische Aufgabenstellungen zu speziell, vgl.z.B. [2], es ist jedoch offensichtlich, daß das Verfahren auf andere Schaltsymbole übertragen werden kann. Der angegebene Algorithmus wurde für Schaltpläne mit dem in Bild 1 auftretenden Symbolvorrat implementiert [4]. Bei Bild 1 handelt es sich um ein einfaches Exemplar aus einer Serie von Schaltplänen, die zu Testzwecken analysiert wurden, Bild 2 enthält das Ergebnis der Analyse.

Literatur

[1] DAVIS L.S.
     A Survey on Edge Techniques
     Computer Graphics and Im.Proc._4_, 1975, S.248-270

[2] DIN Taschenbuch 7
     Normen über Schaltzeichen und Schaltungsunterlagen für die Elektrotechnik
     Beuth-Verlag, Berlin/Köln, 1976

[3] RISEMAN E.M./ARBIB M.A.
     Computational Techniques in the Visual Segmentation of Static Scenes
     Comp.Graphics and Im.Proc._6_, 1977, S.221-276

[4] BREDNOW K.M.
     Berechnung der Verbindungslinien in teilweise analysierten elektrischen
     Schaltplänen
     Studienarbeit am Lehrstuhl für Informatik 5 (Mustererkennung), Universität-
     Erlangen-Nürnberg
     erscheint 1978

<u>EIN SPEZIELLES VERFAHREN ZUR ANALYSE UND SYNTHESE VON LINIENBILDERN</u>

H. Amiri
Institut für Nachrichtentechnik
Technische Universität Braunschweig

<u>Zusammenfassung</u>

Linienbilder können vorteilhaft in Form von geordneten Koordinatenlisten
codiert werden. Das Linienbild wird zuerst auf das Skelett reduziert.
Im skelettierten Bild werden die markanten Linienpunkte besonders gekennzeichnet. Diese markierten Punkte werden dann durch Linienverfolgung in
geordnete Koordinatenlisten aufgenommen. Bei der Bildsynthese werden sie
der Reihe nach verbunden. Durch ein Näherungsverfahren können die Koordinatenlisten stufenweise reduziert werden.

1. Vorteile einer formorientierten Codierung

Mit einer formorientierten Codierung ist hier eine Codierung gemeint, die
nicht auf statistischen sondern auf visuellen Merkmalen beruht. Das hier
beschriebene Verfahren ist ein Beispiel dafür.
Eine formorientierte Codierung kann viele Vorteile haben.Dies ist besonders dort der Fall, wo Linienformen oder damit zusammenhängende Weiterverarbeitung interessieren. Auch dort, wo Speicherung, Wiedergabe und
Übertragung von Daten mit reduziertem Speicherbedarf und kurzen Wieder-
gabe- bzw. Übertragungszeiten angestrebt werden, hat diese Codierung Vorteile.

2. Erläuterung des Verfahrens

Das Verfahren besteht aus Vorverarbeitung des Bildes, Bildanalyse, Aufbereitung der Koordinatenliste und Bildsynthese.

2.1. Vorverarbeitung

Ein Linienbild enthält normalerweise Linien deren Breite mehrere Bildpunkte beträgt (<u>Bild1</u>). Eine Skelettierung des Bildes ergibt Linien,
die ein Bildpunkt breit sind. Sie darf   nur Irrelevanzreduktion bewirken . Das ist hier der Fall, da die Linienbreite für den semantischen
Bildinhalt unwichtig ist. Die Verfahren /1 - 2 - 3/ genügen alle dieser
Forderung. Für unsere Zwecke war das Verfahren /1/ nach leichter Modifi-
zierung am besten geeignet.
Es gibt auch Fälle, wo die Linien zackenreich sind und/oder Löcher enthalten. Hier kann eine der Skelettierung vorausgehende Glättung, z.B.
/4/,vorteilhaft sein. Diese wirkt sich auf Bildqualität und Länge der Koordinatenliste positiv aus.

2.2. Bildanalyse

Nach der Skelettierung werden die Linienpunkte Relevanzklassen zugeordnet. Darauf folgt die Aufnahme der wichtigsten Linienpunkte in die Koordinatenliste.

2.2.1. Markierung der Linienpunkte

Da nur die Koordinaten der für den Linienverlauf wichtigen Punkte in die Listen aufzunehmen sind, werden diese Punkte zuerst im Skelettbild besonders markiert. Zu diesem Zweck wurde eine Klassifizierung der 512 möglichen 3x3-Umgebungen vorgenommen. Es wurden zwei Punktgruppen definiert:

a) Irrelevante Bildpunkte

Alle Bildpunkte zwischen den Enden eines Geradenzuges sind für die spätere Bildsynthese irrelevant.

b) relevante Bildpunkte

Jeder Bildpunkt, der den Anfang oder das Ende eines oder mehrerer Geradenzüge bildet , ist wichtig. Dieser Klasse gehören Kreuz- End- und Eckpunkte an. Diese Reihenfolge gibt auch die Prioritäten unter den Punkten dieser Klasse nach ihrer Wichtigkeit an, wenn zwei davon benachbart sind. Es werden insgesamt 4 Marken vergeben:

        3 : irrelevanter Bildpunkt
        7 : Kreuzpunkt (höchste Priorität)
        6 : Endpunkt (zweite   "   )   (siehe Bild 1a)
        5 : Eckpunkt (dritte   "   )

Diese Klassifizierung wurde nach visuellen Merkmalen gemacht.

2.2.2. Linienverfolgung

Aus dem nun skelettierten und Markierten Linienbild müssen die Koordinaten der wichtigsten Punkte gewonnen und in eine Liste eingetragen werden. Dazu wird das Linienbild zeilenweise abgetastet bis man auf eine Linie trifft. Diese Linie wird bis zum Ende punktweise verfolgt und untersucht. Weist ein relevanter Bildpunkt die höchste Priorität in seiner 3x3- Umgebung auf, so werden seine Koordinaten in die Liste eingetragen. Um den Umfang der Liste klein zu halten, wird von zwei aufeinanderfolgenden Punkten gleicher Relevanz nur der erste in die Liste aufgenommen.
Die Information über die Wichtigkeit eines jeden Punktes ist nur in der ihm zugewiesenen Marke enthalten.Somit kann jeder Bildpunkt gleich nach seiner Untersuchung gelöscht werden. Das bringt Vorteile. Ein Punkt kann nicht zweimal gefunden werden. Die Linienverfolgung kann nicht in Schleifen stecken bleiben. Auch Punktklumpen werden ohne Schwierigkeit bewältigt. Man braucht also keine hohen Forderungen bei der Skelettierung zu stellen (siehe Bild 3a)

2.3. Bildsynthese

Die Bildsynthese geht von der bei der Bildanalyse gewonnenen Koordinatenliste aus. Dazu werden die einzelnen Listenpunkte der Reihe nach durch
Geradenzüge Verbunden. Die Bilder 2u.2b zeigen einen Text, die Bilder 3a
u.3b eine Wetterkarte vor und nach der Verarbeitung. (s.auch Bild 1b)

2.4. Manipulation der Koordinatenlisten

Mit den gewonnenen Koordinatenlisten kann ein Bild rekonstruiert werden,
das sich vom Skelettbild kaum unterscheidet.(vgl.die Bilder 2a u. 2b)
Diese formorientierte Codierung ermöglicht aber einige Manipulationen
der Listen, um diese zu reduzieren oder um eine schnelle Wiedergabe zu
bewirken. Das im folgenden erläuterte Approximationsverfahren stellt eine
solche Manipulation dar. Aus Bild 4 kann man folgendes ersehen:

$$\tan\alpha_1 - \tan\alpha_i = (y_1/x_1) - (y_i/x_i) = (y_1 x_i - y_i x_1)/x_i x_1 \qquad (1)$$

multipliziert man auf beiden Seiten mit $x_1 x_i$, so erhält man

$$x_1 x_i (\tan\alpha_1 - \tan\alpha_i) = y_1 x_i - y_i x_1 \qquad (1a).$$

Hierin sind:

x_i, y_i : Koordinaten des Punktes P_i ,

$\quad \alpha_i$: Winkel zwischen $P_o P_i$ und der x-Achse.

Für eine vorgegebene Schwelle D soll nun folgendes gelten:

$$y_1 x_i - y_i x_1 \leqq D \qquad (1b).$$

Gilt Gl.1b für $i=2,3,\ldots,1$, so wird der Linienzug $P_o P_1 P_2 \ldots P_l$ durch
den Geradenzug $P_o P_l$ angenähert. Sodann verfährt man analog mit den restlichen Punkten weiter bis man an einem Punkt P_k kommt, wo Gl.1b nicht mehr
gilt.Die Strecke $P_o P_1 \ldots P_{k-1}$ wird durch den Geradenzug $P_o P_{k-1}$ genähert.Die
Punkte P_o und P_{k-1} werden in die neue Liste aufgenommen. P_{k-1} ist dann
der Anfang eines neuen Linienzuges, den es zu nähern gilt.
Für n verschiedene Werte von D erhält man n verschiedene reduzierte Listen, die verschiedenen Kompressionsfaktoren entsprechen.
Zur Aufbewahrung der Listen in einem Speichermedium wäre es aufwendig,
alle n Listen zu speichern,da sie sehr viel Platz nehmen würden. Man ver-
sieht vielmehr jede Koordinate in der vollständigen Liste mit ldn zusätzlichen Kennbits, die angeben, in welchen reduzierten Listen diese Koordinate vorkommt. Man speichert dann nur die mit Kennbits versehene Liste.
Aus dieser Liste kann man dann eine selektive Bildwiedergabe vornehmen,
indem man nur die Koordinaten abruft, die der gewünschten Näherung entsprechen.

3. Rechneraufwand zur Realisierung des Verfahrens

Zur Simulation des vorgestellten Verfahrens stand folgendes zur Verfügung:
Ein PDP-15 Rechner mit 24 k-Kernspeicher, ein Fernkopiergerät zur Bild-
aufnahme und -wiedergabe mit einer Auflösung von 4 Zeilen/mm , ein graphisches Sichtgerät Tektronix4006/1. Die Verarbeitung der Wetterkarte in
Bild 3 dauerte 3 1/2 mn (ohne Skelettierung). Bild 3 enthält 400x720 Bildpunkte.

4. Ergebnisse

Tabelle 1 zeigt die Kompressionsfaktoren, definiert als

$$KF = \frac{\text{erforderliche Datenmenge bei 1 bit/ Bildpunkt}}{\text{erforderliche Datenmenge beim codierten Bild}} \qquad (2)$$

für eine einfache RL-Codierung und für das hier vorgestellte Verfahren.
Die RLC hat niedrigere Kompressionsfaktoren.Sie weist zudem auf Grund der
Fehlerverschleppung eine hohe Störanfälligkeit auf. Beim letztgenannten
Verfahren kann sich dagegen eine Störung nur auf einen Linienteil auswirken. Zudem hat man die schon erwähnten Vorteile einer formorientierten
Bildcodierung. (siehe Abs. 2.4).
Tabelle 2 enthält die ergebnisse des im Abs.2.4 erläuterten Approxima-
tionsverfahrens.Im Bereich $0 \leq D \leq 7$ bleibt die Bildqualität gut (siehe
die Bilder 3b u.3c). Die Kompressionsfaktoren nehemen aber in diesem Bereich beträchtlich zu. Für $15 \leq d \leq 63$ wird die Bildqualität schlechter,
(siehe Bild 3d) . Die Wiedergabezeit nimmt mit wachsendem D ab. Hier ist
also eine Möglichkeit gegeben, eine Optimierung zwischen Bildqualität,
Kompressionsfaktor und Wiedergabezeit zu treffen.

Das hier vorgestellte Verfahren ermöglicht nicht nur ein Winkel- sondern
auch andere Approximationsverfahren. Es sind weiter einige Listenmanipula-
tionen möglich.Eine Listenmanipulation zwecks Zusammenfügung von Linien-
ästen,die bei der Linienverfolgung getrennt wurden, wurde erfolgreich durchgeführt. Eine Liniennumerierung zwecks Klassifizierung wird im Augenblick
erprobt.

Literatur

/1/ Saraga P., " Thinning Operators ", Mullard Research Laboratories
    Technical Note N. 1294, febr. 1974.
/2/ Stefanelli R.,Rosenfeld A., " Some Parallel Thinning Algorithms For
    Digital Pictures",Jour.of ACM, Vol.18,N.2,Apr.1971,S.255-264.
/3/ Deutsch E.S.,"Thinning Algorithms On Rectaungular,Hexagonal And Trian-
    gular Arrays",Com.of ACM Vol.15,Nr.9,Sept.1972,S.827-837.

/4/ Serra J., "Theoretische Grundlagen des Leitz-Textur-Analyse-Systems",
    Leitz Mitteil.f.Wiss.und TEch.,Suppl.1,Nr.4,Juni1973,S.125-136.

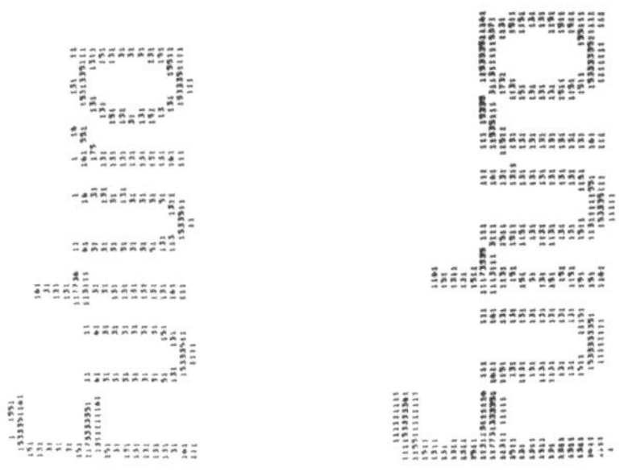

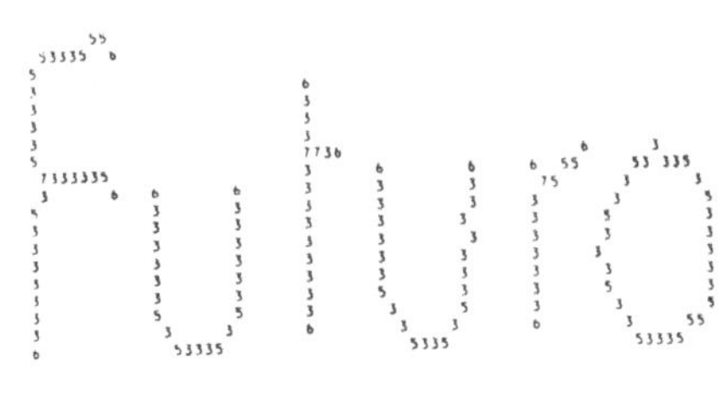

Bild1: Ausschnitt eines Originallinienbildes (Zeilendruckerausgabe).Die Ziffern stellen schwarze Bildpunkte dar.

Bild 1a: Markiertes Skelettbild.(rechte Helfte von Bild1). Markierung: siehe Abschnitt 2.2.

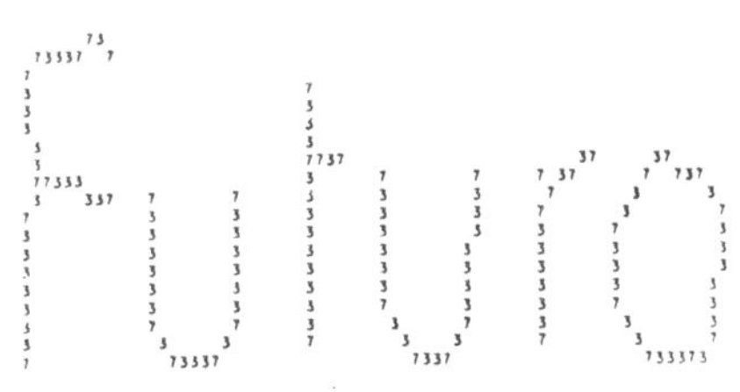

Bild 1b: rekonstruiertes Bild. Verbindung der Listenpunkte (7) durch Geradenzüge (3). Ausschnitt wie in Bild 1a.

Bild 2 : Originalbild.Text mit breiten Linien (vor der Verarbeitung).

Bild 2a : Text (von Bild2) nach der Skelettierung.

Bild 2b : Rekonstruktion anhand der Koordinatenliste. Bild2 nach Verarbeitung mit dem im Text beschriebenen Verfahren.

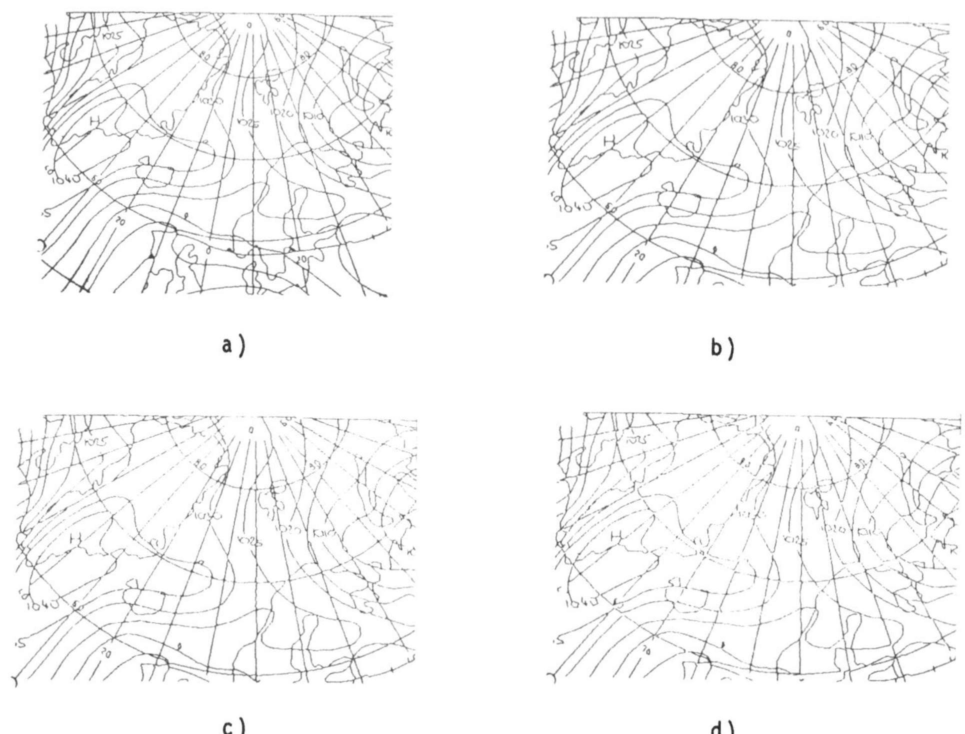

a)　　　　　　　　　　b)

c)　　　　　　　　　　d)

Bild 3: Wetterkarte. a) Skelettbild nach /2/. b)rekonstr.Bild mit D=0.
c)rekonstr.Bild, D=7. d)rekonstr.Bild, D=31.

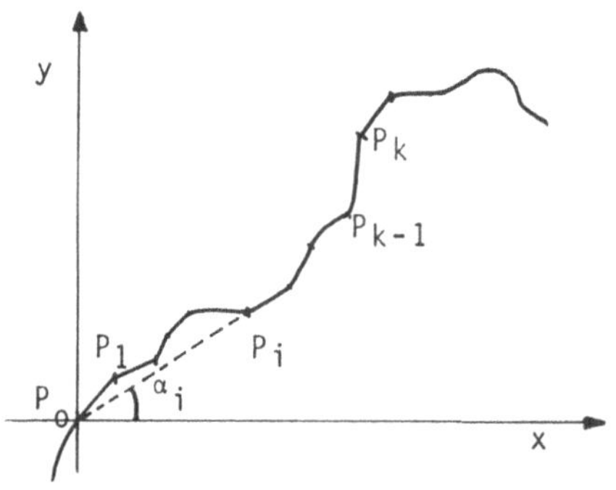

Bild 4: Zum im Absch.2.4
erläut.Approximationsverfahren.

	RLC	Linienverfolgung
Text(Bild2)	6,5	11,7
Wetterkarte (Bild 3)	2,3	2,7

Tabelle 1: Kompressionsfaktoren (Gl.2)
z.Vergleich zw.RLC und Codierung mit
Koordinatenlisten.(Vollst.Listen).

D	Text (Bild 2)	Wetterk.(Bild 3)
0	12,5	3,4
1	12,6	3,6
3	13,5	4,2
7	14,7	4,8
15	17,6	6,1
31	20,7	7,9
63	24,0	9,7

Tabelle 2: Kompressionsfaktoren (Gl.2)
für verschiedene Bildvorlagen und verschiedene Werte von D.

DARSTELLUNG GRAFISCHER BILDER DURCH QUADRATISCHE STEREOTYPEN

V.Märgner
Institut für Nachrichtentechnik
Technische Universität Braunschweig

1. Einleitung

Im Zusammenhang mit früheren Arbeiten am Institut für Nachrichtentechnik,
die sich mit der Problematik der Codierung von zweipegeligen Bildern
beschäftigten, wurden in letzter Zeit insbesondere Methoden zur Quellencodierung mit Hilfe der Irrelevanzreduktion entwickelt /1/.
Als ein spezieller Ansatz zur Codierung von binären Bildern wird zur
Zeit eine Darstellung durch quadratische Stereotypen erprobt. Dazu wird
das zu codierende Bild in einer lückenlosen Segmentierung in quadratische
Abschnitte unterteilt. Für die Wiedergabe dieser Abschnitte wird aber
nur eine begrenzte Anzahl von Stereotypen bereitgehalten, so daß bei der
Codierung für jeden Abschnitt angegeben werden muß, welcher ähnlichste
Stereotyp für den jeweiligen Abschnitt einzusetzen ist.

Es stellen sich im wesentlichen zwei Aufgaben:
1. Es ist ein geeigneter Satz von Stereotypen festzulegen, der eine
   weitgehend verzerrungsfreie Bilddarstellung ermöglicht.
2. Es muß ein Kriterium gefunden werden, mit dessen Hilfe jedem im zu
   codierenden Bild auftretenden quadratischen Abschnitt ein Stereotyp
   zugeordnet werden kann.
Die Lösung dieser beiden Aufgaben kann nicht isoliert betrachtet werden,
da eine Wechselwirkung zwischen dem Satz von Stereotypen und der Art der
Zuweisung besteht.
Im folgenden werden anhand einiger einfacher Beispiele die bisher entwickelten Ansätze erläutert. Anschließend werden einige Verfahren vorgestellt, die sich noch in der Erprobung befinden.

2. Codierung durch Stereotypen mit 3X3 Bildpunkten

Der prinzipielle Ablauf für die Codierung von zweipegeligen Bildern nach
dem hier beschriebenen Verfahren ist in Bild 1 dargestellt. Jeder Abschnitt mit nXn Bildpunkten wird dabei durch den ähnlichsten Stereotyp
ersetzt. Die Entscheidung, welcher Stereotyp eingesetzt werden soll, muß
aufgrund einer Analyse des Abschnittes und seiner nächsten Umgebung getroffen werden.

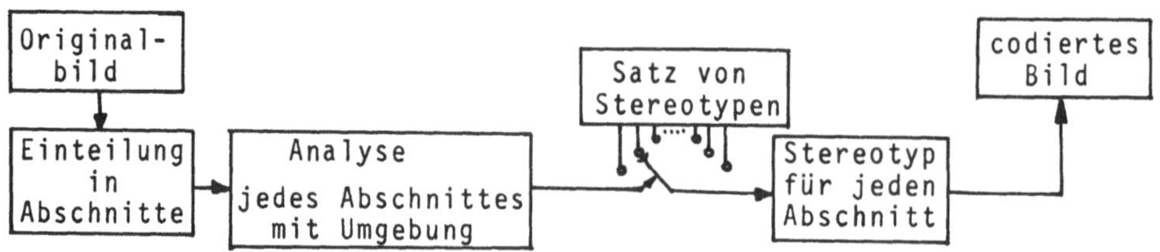

<u>Bild 1</u>: Prinzipieller Ablauf der Codierung mit quadratischen Stereotypen

In einem ersten Ansatz wurde die Größe der Abschnitte auf 3X3 Bildpunkte
(3X3 Abschnitt) festgelegt. Bei dieser Größe können in jedem Abschnitt
2^9=512 verschiedene Muster auftreten. Für die Codierung wurde zuerst
die Festlegung eines Satzes von Stereotypen durchgeführt. Da bisher weder
analytische Verfahren, noch experimentell ermittelte Kriterien existieren,
um ein Maß der visuellen Ähnlichkeit zwischen Mustern der Größe 3X3 Bildpunkte zu bestimmen, wurde hier eine empirische Methode gewählt, um den
in einem Bild auftretenden Mustersatz zu reduzieren. Es werden nacheinander lokale Operationen auf die 3X3 Abschnitte in einem Bild angewendet.
Nach jedem Schritt wird die Auswirkung auf das Bild beobachtet, so daß
nur Operationen durchgeführt werden, die das Bild nicht wesentlich ver-
ändern. Dadurch wird erreicht, daß nicht die Ähnlichkeit der Muster
sondern die Ähnlichkeit der Bilder beurteilt werden muß. Das hat den
Vorteil, daß so die globale Auswirkung der lokalen Operationen auf den
Bildkontext beobachtet werden kann. Ein Beispiel für eine durchgeführte
Operation ist die Änderung aller 8-Nachbarschaften in 4-Nachbarschaften
zwischen Punkten gleichen Pegels innerhalb des 3X3 Abschnittes. Alle
durchgeführten Operationen sind in /2/ aufgelistet. Der sich ergebende
Satz von 32 Stereotypen ist in <u>Bild 2</u> dargestellt.

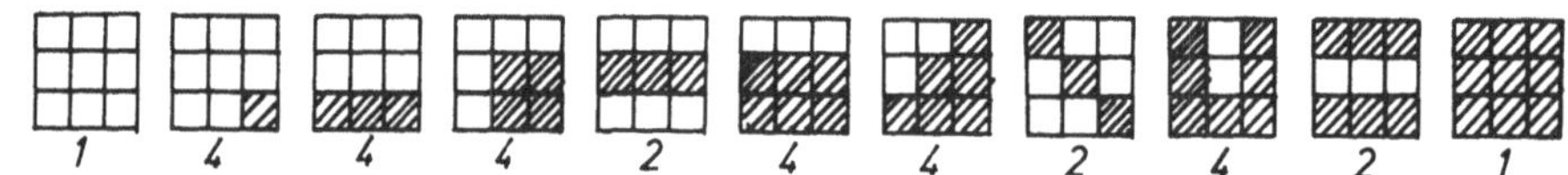

<u>Bild 2</u>: Darstellung der 32 Stereotypen mit 3X3 Bildpunkten. Die Zahlen
unter den Mustern geben die Zahl der Rotationen des Musters an.

Für die Zuweisung hat sich ein Kriterium als günstig erwiesen, nach
dem im wesentlichen der Erhalt der geometrischen Zusammenhänge im Muster
und in seiner nächsten Umgebung überprüft wird (<u>Bild 3</u>). Die Prüfung
des Zusammenhanges erfolgt über die Messung der Zahl der weißen(Merkmal1)
und der schwarzen (Merkmal2) zusammenhängenden Flächen /3/ in einem erweiterten 5X5 Abschnitt. Bleiben diese Zahlen nach dem Ersetzen des 3X3
Musters durch ein Stereotyp konstant, so ist die Bedingung für die Ähn-

lichkeit erfüllt. Von allen
Stereotypen des Mustersatzes,
die diese Bedingung erfüllen,
wird dasjenige mit der geringsten Hammingdistanz zum Originalmuster als Ähnlichstes
erklärt und an die Stelle
dieses Musters gesetzt.
Ein Ablaufdiagramm des gesamten Zuweisungsverfahrens
ist in Bild 4 schematisch dargestellt.

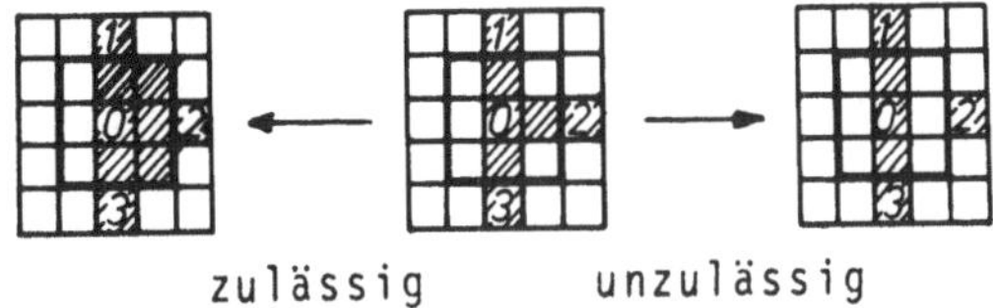

Bild 3: Beispiel für das Zuweisungskri-
terium. Die Zuweisung nach rechts ist
unzulässig, da die Verbindung zwischen
Bildpunkt 0 und 2 unterbrochen wird.
In der Zuweisung nach links bleiben alle
Verbindungen erhalten.

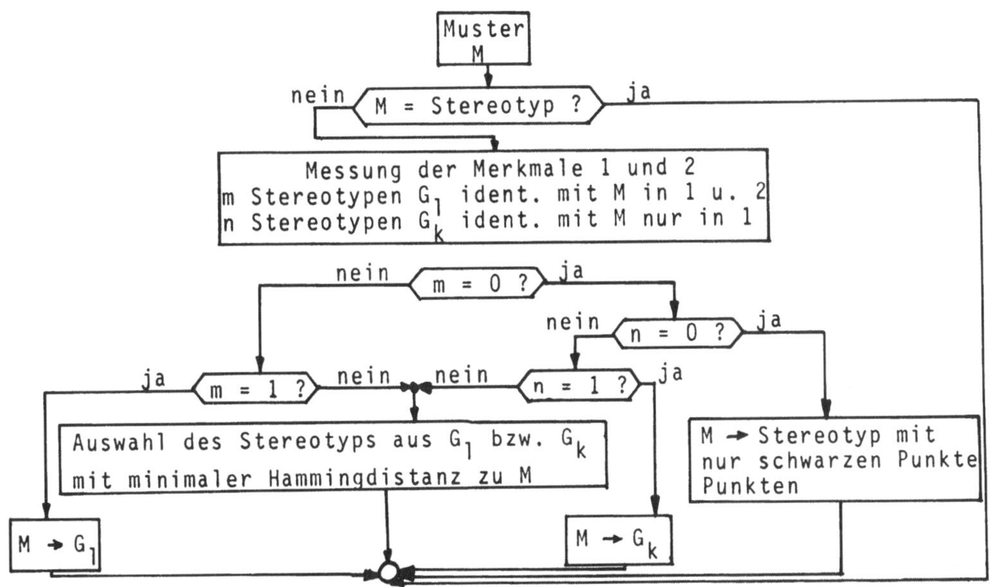

Bild 4: Ablaufdiagramm des verwendeten Zuweisungsverfahrens. Mit G_l
bzw. G_k werden Mengen von m bzw. n Stereotypen bezeichnet, von
denen jedes mit dem Originalmuster M in bestimmten Merkmalen
übereinstimmt.

Die Messung der Zahlen der Flächen und deren Überprüfung auf Konstanz
ist zwar ein notwendiges, aber kein hinreichendes Kriterium dafür, daß
die Zusammenhänge im Bild nicht gestört werden. Das läßt sich anhand
eines Beispiels leicht zeigen, siehe Bild 5.Daran erkennt man die Notwendigkeit, das Kriterium zusätzlich um weitere Bedingungen zu ergänzen.
Hier wurde als weitere Bedingung die Hammingdistanz gewählt.

 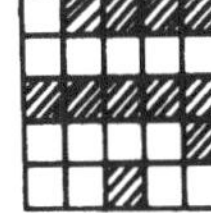

Bild 5: Beispiel dafür, das die Messung der
Zahl der Flächen kein hinreichendes Kriterium
für die Erhaltung der Zusammenhänge im Muster
ist.Beide Muster haben 3 schwarze und 2 weiße Flächen.

3. Vergrößerung der Abschnitte auf 5X5 Bildpunkte

Nachdem sich für 3X3 Bildpunkte der beschriebene Satz von Stereotypen
und das Zuweisungsverfahren als gut erwiesen haben (Siehe Ergebnisse in
Abschnitt 4.), wurde der Versuch unternommen, das Verfahren auch auf
5X5 Bildpunkte umfassende Abschnitte anzuwenden. Für eine Erweiterung
der Abschnitte spricht eine zu erwartende höhere Datenreduktion, denn
Messungen haben ergeben, daß nur ein kleiner Teil aller möglichen 2^{25}
Muster tatsächlich auftreten. Allerdings ist auch eine größere Abhängigkeit vom Bildinhalt zu erwarten.

Für die Abschnitte mit 5X5 Bildpunkten wird folgendermaßen verfahren.
Das oben beschriebene Zuweisungsverfahren wird beibehalten, da es sich
als gut erwiesen hat und leicht auch auf größere Abschnitte anwendbar
ist. Die Methode zur Festlegung des Satzes von Stereotypen mit 3X3 Bildpunkten kann nicht einfach übernommen werden, da sich die wesentlich
größere Zahl von 5X5 Mustern nicht mehr für eine visuelle interaktive
Bearbeitung eignet. Es muß also als erste Aufgabe ein Satz von Stereotypen bestimmt werden.
Von den bisher erprobten Ansätzen zur Bestimmung eines Satzes von 5X5
Stereotypen sollen im folgenden drei Verfahren vorgestellt werden. Die
Güte der jeweils gefundenen Stereotypen wird an der Qualität des Bildes
beurteilt, das mit diesen Stereotypen nach dem oben beschriebenen Zuweisungsverfahren codiert wurde. Bildbeispiele dazu sind in Abschnitt 4.
dargestellt.
<u>Verfahren 1:</u> Als Stereotypen werden die häufigsten Muster eines oder
mehrerer Bilder verwendet.
<u>Verfahren 2:</u> Das Zuweisungsverfahren enthält eine Vorschrift für die
Beurteilung der Ähnlichkeit zwischen Mustern. Dieses Kriterium wird hier
zur Gruppierung der in einem Bild auftretenden Muster verwendet. Eine
Gruppe wird dabei von Mustern gebildet, die die gleiche Anzahl von weißen
und von schwarzen Flächen haben und deren Hammingdistanz zum häufigsten
Muster dieser Gruppe einen maximalen Wert nicht überschreitet. Als Stereotyp wird dieses häufigste Muster der Gruppe gewählt.
<u>Verfahren 3:</u> Um eine gezielte Auswahl der Stereotypen zu erreichen, wird
in diesem Verfahren von einem synthetischen Bild ausgegangen. Dieses Bild
wird nach festgelegten Regeln, z.B. Linienmuster mit einigen repräsentativen Strichstärken und Orientierungen, aufgebaut. Alle in diesem Bild
auftretenden Muster bilden den Satz von Stereotypen.

4. Ergebnisse

Als Abschluß sollen einige Ergebnisse aufgezeigt werden. Es werden dabei
jeweils die Originalbildausschnitte den codierten Bildern gegenüberge-

stellt. So kann einEindruck der entstehenden Bildveränderungen vermittelt
werden. Alle Ergebnisse sind durch Rechnersimulation am Prozeßrechner
(PDP 15/20) entstanden. Als Aufnahmegerät stand ein einfaches Bürofak-
similegerät zur Verfügung, mit dessen Hilfe Bildvorlagen mit 4 Punkten/mm
abgetastet, in den Rechner übernommen und auch wieder ausgegeben werden
können. Die hier gezeigten Bilder stellen Ausschnitte mit ca. 12000 Bildpunkten aus DIN-A4 Vorlagen dar.

Bild 6: Original-Bild 7: codiert   Bild 8:codiert   Bild 9: codiert
        auschnitt   mit 3X3 Stereot. mit 5X5 Stereot.   mit 5X5 Stereot.
                                      Verfahren 1   Verfahren 2

Bild 6 zeigt einen Auschnitt aus dem abgetasteten Originalbild. Bild 7
zeigt den gleichen Auschnitt nach der Codierung mit 32 Stereotypen mit
3X3 Bildpunkten. Man sieht, daß die Zusammenhänge im Bild erhalten bleiben. Eine geringe Veränderung der Kontur hat keinen Einfluß auf die Les-
barkeit der Schrift. Bild 8 zeigt den gleichen Auschnitt, jetzt mit den
2000 häufigsten Mustern der Größe 5X5 Bildpunkte des gleichen Bildes
codiert. Die Bildqualität ist erstaunlich gut, so daß die häufigsten
Muster gut als Ausgangsmenge für die Stereotypen verwendet werden können.
Allerdings haben Messungen ergeben, daß von den häufigsten Mustern verschiedener Bilder nur wenige gleich sind. Es müssen also die häufigsten
Muster aus verschiedenen Bildern verwendet werden, wenn man einen uni-
versellen Satz von Stereotypen erhalten will. Bild 9 zeigt den nach Verfahren 2 codierten Auschnitt. Die Codierung erfolgte hier mit 1020 Stereotypen, die aus den 2000 häufigsten Mustern des gleichen Bildes mit einer
maximalen Hammingdistanz von 1 gewonnen wurden. Mit diesem Ansatz erreicht
man eine weitere Reduzierung der Zahl der Stereotypen, ohne die Bildqualität wesentlich zu verschlechtern.
Im Bild 10 ist das synthetische Bild dargestellt, aus dem alle 1445 auftretenden Muster als Stereotypen verwendet wurden (Verfahren 3). Dieses

Bild enthält einfache Linienmuster mit einer Strichstärke
von 1 und 3 Bildpunkten und
ausgesuchte Richtungen.
<u>Bild 11</u> zeigt das Original,
<u>Bild 12</u> das mit diesen Ste-
reotypen codierte Bild.
Dieser Ansatz zur Bestimmung
der Stereotypen hat den Vorteil, daß mit dem synthetischen Bild die globale Auswirkung des Satzes von Stereotypen festgelegt werden
kann. Damit wird auch die
Wirkung auf ein zu codieren-
des Bild abschätzbar.

Abschließend kann gesagt werden, daß das Problem der
Festlegung eines Satzes von
5X5 Stereotypen noch nicht
zufriedenstellend gelöst
werden konnte. Zwar zeigt

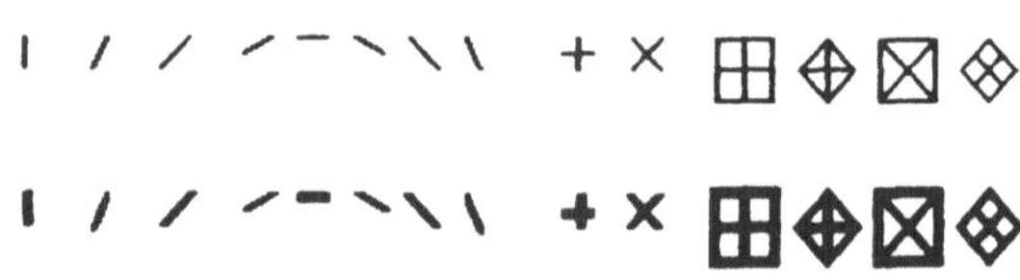

Bild 10: Synthetisches Bild

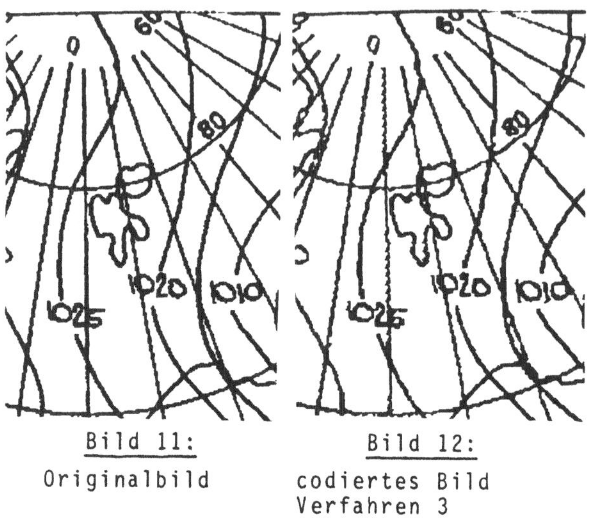

Bild 11:   Bild 12:
Originalbild   codiertes Bild
                  Verfahren 3

sich schon jetzt, daß eine stärkere Reduktion als bei 3X3 Mustern möglich
ist, doch müssen noch allgemein befriedigende Kriterien entwickelt werden,
mit deren Hilfe subjektive Aussagen wie Ähnlichkeit und Unähnlichkeit
zwischen Mustern quantitativ erfaßt werden können. Erst das würde eine
gezielte Gruppierung von Mustern ermöglichen. Das bedeutet aber, daß
diese Untersuchungen einige Fortschritte im Hinblick auf ein besseres
Verständnis der Relevanz und der Irrelevanz von lokalen Strukturen
voraussetzen.

<u>Literaturverzeichnis:</u>

/1/ V.Märgner,P.Zamperoni:"Übertragung von Zweipegelbildern mit konstanter Bitrate durch Quellencodierung mit Hilfe eines morphologischen
Irrelevanzkriteriums". Frequenz,1977,Heft7,S.221-227

/2/ V.Märgner,P.Zamperoni:"Darstellung von Zweipegelbildern durch reduzierten Mustervorrat". Nachrichtenelektronik,1976,Heft5,S.109-111,
und Heft 8,S.200

/3/ A.Rosenfeld,J.L.Pfltz:"Sequential operations in digital picture
processing". Journal of ACM,1966,Vol.13,No.4,pp.471-494

<u>BILDDARSTELLUNG DURCH KONVEXE ELEMENTARMUSTER</u>

P. Zamperoni
Technische Universität Braunschweig

1. Einleitung

Die Zerlegung von Zweipegelbildern in einfache Elementarmuster tritt
als Bildverarbeitungsproblem in Zusammenhang mit einer Reihe von Aufgaben auf, wie z.B.:

--Datenreduzierte Speicherung oder Übertragungvon Bilddaten;
--Bilddarstellung mit einem Datenformat, das die geometrische Struktur
  wiederspiegelt;
--Selektiver Abruf von Teilbildern nach Merkmalen und mit vorgegebenem
  Näherungsgrad;
--Formanalyse.

In dieser Arbeit werden einige Methoden zur Bildzerlegung in einfache
Elementarmuster auf einer diskreten Ebene mit quadratischem Raster und
8-Nachbarn-Metrik vorgestellt. Jedes Elementarmuster ist durch seine
Lage im Bildfeld (ein Koordinatenpaar) und durch wenige Parameter voll-
ständig beschrieben.
Als erstes wird ein Bildanalyseverfahren vorgestellt, das auf Elementarmustern mit 2 Parametern (Rechtecke) aufgebaut ist. Anschließend werden
konvexe Objekte ganz allgemein als Elementarmuster betrachtet.
Konvexe Objekte bieten als Elementarmustersatz den Vorteil, durch einen
einfachen Code eine große Vielfalt an Formen darstellen zu können.
Ein wichtiges Ziel der hier vorgestellten Analyseverfahren ist, durch
Einschränkung der wiedergegebenen Bilddatenmenge eine frei wählbare Abstufung der Rekonstruktionsgenauigkeit zu ermöglichen.

2. Bildzerlegung in Rechtecke

Quadrate und Rechtecke sind ein Sonderfall von konvexen Elementarmustern.
In einer früheren Arbeit /1/ wurde gezeigt, daß die Mittelachsen-Transformation dazu benutzt werden kann, um eine Bildzerlegung in Quadrate
(einfachste Elementarmuster mit der Seitenlänge als einzigem Parameter)
durchzuführen. Geht man auf konvexe Elementarmuster mit 2 Parametern

über, so bietet sich das Rechteck als die einfachste geometrische Figur
an. Das _Bild 1_ zeigt an Hand eines willkürlich gewählten Objektes das
Prinzip der Zerlegung in Rechtecke. Das Analyseverfahren bildet zuerst
alle die einschreibbaren Rechtecke (A,B,C), deren obere linke Ecke im
ersten Punkt P der obersten Zeile liegt. Die codierten Daten des Recht-
ecks mit der größten Fläche (in diesem Fall C) werden zu den Analyseer-
gebnissen hinzugefügt, das Rechteck wird aus dem Bild gelöscht, und der
Analysevorgang wird an den übriggebliebenen Objekten oder Objektteilen
fortgesetzt.

Die Suche nach einem möglichst großen einschreibbaren Rechteck führt zu
einem besseren Ergebnis, wenn der oben erläuterte erste Suchvorgang dadurch erweitert wird, daß die Suche ausgehend von mehreren Konturpunkten
(im Bild 1 mit "•" markiert) wiederholt wird. Mit einem so erweiterten
Suchvorgang verringert sich meistens nicht die Anzahl der Rechtecke, die
für die genaue Rekonstruktion eines Objektes notwendig sind. Ein Vorteil
ist jedoch, daß das daraus resultierende codierte Bild für eine Datenreduktion durch Unterdrückung der kleinsten Rechtecke besser geeignet ist.
Wie die _Bilder 2 und 3_ zeigen, erhält man mit dem erweiterten Suchvorgang entweder eine stärkere Datenreduktion bei etwa gleicher Bildqualität, oder bessere Bildqualität bei etwa gleicher Datenmenge.

3. Bildzerlegung in konvexe Objekte

Nicht nur Quadrate und Rechtecke, sondern auch konvexe Objekte ganz allgemein können als Elementarmuster benutzt werden. Ein konvexes Objekt im
quadratischen Raster mit 8-Nachbarn-Metrik ist dadurch gekennzeichnet,
daß jeder Pfad minimaler Länge zwischen zwei Punkten des Objektes vollständig innerhalb des Objektes liegt. Eine besonders kompakte Darstellung von konvexen Objekten ist mit Hilfe der Konturcodierung /2/ möglich.
Wie das _Bild 4_ verdeutlicht, ist der Kontur-Code eines konvexen Objektes
besonders einfach. Es genügt die Angabe der Anzahl $n_0....n_7$ der Konturschritte in jeder der 8 Richtungen O...7 der Ebene. Nimmt man konvexe
Objekte als Elementarmuster, so ist also jedes Elementarmuster von 8
Parametern gekennzeichnet.
In den folgenden Abschnitten werden einige Verfahren zur Bildzerlegung
in konvexe Objektteile vorgestellt.

4. Bildung von konvexen Objektteilen mit vorgegebenem Aufrundungsfehler

Ein Verfahren zur Bildzerlegung in konvexe Objektteile, das experimentell erprobt wurde, ist in _Bild 5_ erläutert. Dort werden Objekte im Bild
zeilenweise und von oben nach unten analysiert. Der erste konvexe Teil
eines Objektes ist auf jeden Fall das erste zusammenhängende Segment,

das in der obersten Zeile des Objektes liegt. Weitere Segmente der nachfolgenden Zeilen, die im Objekt liegen, werden dem ersten Segment Zeile
nach Zeile so lange hinzugefügt, bis der sich in dieser Weise von oben
nach unten aufbauende Objektteil nicht mehr konvex ist. Wenn dieser Zu-
stand erreicht wird, wird das Wachstum des Objektteils abgebrochen, der
entstandene Objektteil wird konturcodiert, abgespeichert und aus dem Bil-
de gelöscht.
Nach der Hinzufügung eines neuen Zeilenabschnitts im Laufe des Wachstums-
vorgangs, wie z.B. des Segmets F zum Objektteil C im Bild 5, wird geprüft,
ob das resultierende Objektteil (C+F) die Konvexitätsbedingung erfüllt.
Ist das nicht der Fall, so wird der Objektteil C+F mit zusätzlichen Bildpunkten (mit X markiert) bis zum Erreichen der Konvexität aufgefüllt.
Der so erhaltene Objektteil C+F+X wird nur dann angenommen, wenn das
Verhältnis:

$$R = \frac{\text{Fläche des aufgefüllten Objektteils C+F+X}}{\text{Fläche der hinzugefügten Bildpunkte X}} \qquad (1)$$

eine vorgegebene Schwelle überschreitet.   Sonst wird das Objekts-
wachstum vor der Hinzufügung des letzten Segments F abgebrochen.
Im __Bild 6__ sind einige rekonstruierte Bilder gezeigt, die mit dem oben
beschriebenen Verfahren und mit unterschiedlichen Werten der Schwelle R
analysiert worden sind. In diesem Verfahren findet das anfangs formulierte Prinzip Anwendung, nach dem im Analysevorgang nur die Bilddatenmenge
erzeugt wird, die den erwünschten Näherungsgrad des Originalbildes gewährleistet.

5. Bildzerlegung in einschreibbare konvexe Objektteile

Da jedes konvexe Elementarmuster durch einen gleich langen Code dargestellt wird, ist ein Analyseverfahren desto wirksamer, je größer die
Objektteile sind, die es entstehen läßt. Es ist einleuchtend, daß es in
diesem Sinn vorteilhaft ist, wenn der Wachstumsprozeß nicht vom Objekt-
rand, wie im vorigen Verfahren, sondern möglichst im Objektinnere star-
tet. Das Verfahren, das im folgenden vorgestellt wird, arbeitet nach diesem Ansatz und wird im __Bild 7__ schematisch erläutert. Zur Bestimmung eines
günstigen Kernpunkts K für das Wachstum eines konvexen Objektes eignet
sich die Mittelachsen-Transformation /1/. K wird unter den Skelettpunk-
ten mit maximalem Abstand gewählt. Um K werden schichtweise so viele
Bildelemente hinzugefügt, wie es möglich ist, ohne daß der anwachsende
Objektteil die Konvexitätsbedingung verletzt. Um eine optimale Zerlegung
zu bewirken, müsste die Wachstumsstrategie an jedes Objekt individuell
angepaßt werden. Da dieser Weg zu umständlich wäre, wurde an seiner
Stelle ein symmetrischer Wachstumsprozeß um den Kernpunkt K gewählt.
Das Bild 7a-b-c verdeutlicht an einem Beispiel das Wachstum der Schicht

3 in mehreren Durchläufen mit Parallelverarbeitung. Während der Verarbeitung der Schicht 3 werden die Bildpunkte X der bereits konsolidierten Schichten 1 und 2 als Objektpunte, die Bildpunkte der äußeren Schichten 4..u.s.w. dagegen als Hintergrund betrachtet. In jedem Durchlauf werden die Bildpunkte der Schicht 3, die lokal mit der Konvexitätsforderung kollidieren, mit N, die übrigen Bildpunkte mit J markiert. Dann werden die Bildpunkte N aus dem Bild gelöscht und der oben beschriebene Prozeß an die Schicht 3 iterativ so lange wiederholt, bis kein Bildpunkt mehr gelöscht werden muß. Der Endzustand der Schicht 3 entspricht dem Bild 7c ohne die Bildpunkte N. Das Bild 7d zeigt den ersten entstehenden konvexen Objektteil zum Zeitpunkt, in dem ein weiteres Wachstum nicht mehr möglich ist.

Das geschilderte Verfahren führt in seiner bisher realisierten Version zur exakten Rekonstruktion des Originalbildes, obwohl es im Prinzip leicht so modifizierbar wäre, daß die Analyse -so wie im Verfahren vom Abschnitt 4- mit einem voreinstellbaren Näherungsgrad vorgehen kann. Es ist allerdings auch hier möglich, so wie bei der Zerlegung in Rechtecke, durch eine selektive Bildwiedergabe die Rekonstruktionsgenauigkeit, und somit die erforderliche Datenmenge, abzustufen. Dazu wurde, im Gegensatz zur Zerlegung in Rechtecke, eine Schwelle der Konturlänge statt der Fläche gesetzt. Im <u>Bild 8</u> sind einige Experimentalergebnisse zur angenäherten Bildsynthese mit unterschiedlichen Schwellen der Konturlänge gezeigt.

6. Einige Experimente mit einem hierarchischen Bildanalyseverfahre mit Hilfe von minimalen konvexen Hüllen

Die minimale konvexe Hülle /3/ eines beliebigen Objektes ist die kleinste konvexe Fläche, die dieses enthält. Sie kann somit als eine erste Näherung dieses Objektes betrachtet werden. Das <u>Bild 9a</u> zeigt ein beliebiges Objekt B zusammen mit seiner minimalen konvexen Hülle (MKH) H_O. Wenn H_O als Näherung von B nicht ausreicht, müssen die Fehlerflächen $D_O = H_O - B$ berücksichtigt werden. Da jedoch mit dem zugrundegelgten Elementarmustersatz nur konvexe Objekte dargestellt werden können, kann man, um eine bessere Näherung zu erzielen, lediglich die MKH H_1 der Fehlerflächen D_O (s. Bild 9b) von H_O abziehen. Damit wechselt das Vorzeichen des Rekonstruktionsfehlers, der nun die Summe aller Flächen $D_1 = H_1 - D_O$ ist. In weiteren Näherungsschritten, die im Bild 9c-d angedeutet sind, werden MKH von Fehlerflächen abwechselnd addiert und subtrahiert. Alle diese MKH werden als konvexe Elementarmuster codiert und der Ergebnisdatei hinzugefügt.
Bemerkenswert ist, daß die Elementarmuster der Ergebnisdatei in ihrer Reihenfolge hierarchisch angeordnet sind, wobei das wichtigste Elemen-

tarmuster H_0 als erstes kommt, und die weiteren MKH H_1, H_2... nach absteigender Größe auftreten. Die Bilder 10a bis e zeigen das rekonstruierte Objekt von Bild 9, wenn der Analysevorgang nach dem ersten bzw. nach einem der nachfolgenden Näherungsschritte abgebrochen wird. Im gezeigten Beispiel konvergiert der Analysevorgang zu $D_i = 0$ für i=3. Erste Experimentalergebnisse mit diesem Verfahren sind in Bild 11 dokumentiert. Die Ursache der starken Verzerrungen einiger rekonstruierten Buchstaben liegt in den Analysefehlern, die bei Überlappungen zwischen konvexen Hüllen auftreten. Diese Verzerrungen wären im Prinzip durch gesteigertem Bildspeicheraufwand vermeidbar. Dort wo diese Einschränkung nicht gegeben ist, hängt die Rekonstruktionsgenauigkeit nur von der Zahl der Näherungsschritte ab. Das Bild 11b ist das Rekonstruktionsergebnis aus 8, Bild 11c aus 3 Näherungsschritten. Weitere Experimentalergebnisse zeigen, daß zum Konvergieren des Analysevorgangs 8 Näherungsschritte meistens nicht ausreichen, daß jedoch fast die gesamte Information über die Objektform in den ersten 3 Schritten beinhaltet ist.

7. Schlußbemerkungen

Betrachtet man die geschilderten Analyseverfahren unter dem Aspekt der Datenreduktion, so ergeben sich für die hier gezeigte Testvorlage die folgenden Datenreduktionsfaktoren:

Zerlegung in Rechtecke						Konvexe Elementarmuster								Minimale konvexe Hüllen	
Einfacher Suchvorgang			Erweiterter Suchvorgang			Zeilenweise mit Aufrundung				Einschreibbare konv. Objekte				Zahl der Näherungsschritte	
Minimale Fläche (pels)						R (aus Gl.1)=				min.Konturlänge					
1	5	15	1	5	15	3	4	6	8	0	4	8	16	8	3
2,3	3,4	9,0	2,2	6,0	10,8	4,9	4,0	3,3	2,8	1,3	2,4	3,6	6,4	1,5	2,0

wobei die Koordinaten, die Seitenlängen der Rechtecke und die der Konvexen Elementarmuster mit je 9 bit codiert wurden.

Eine umfassende Beurteilung der in dieser Arbeit vorgestellten Bildanalyseverfahren, die alle anfangs gestellten Forderungen berücksichtigt, ist beim jetzigen Stand der Untersuchungen noch nicht möglich. An Hand der vorläufigen Ergebnisse können lediglich einige qualitative Aussagen formuliert werden.

Das Bildanalyseverfahren nach konvexen Hüllen hat gegenüber den anderen Verfahren den Vorteil, hierarchisch angeordnete Bilddaten zu erzeugen. Dadurch kann der bei der Bildrekonstruktion erwünschte Näherungsgrad einfach durch Abbruch der Wiedergabe gesteuert werden. Ein weiterer Vorteil ist, daß einige strukturelle Merkmale eines Objektes, wie z.B.

der Konkavitätsbaum, aus den codierten Bilddaten verhältnismäßig einfach abgeleitet werden können. Mit den anderen Verfahren hat man, um eine selektive Unterdrückung von kleinen Elementarmustern zu bewirken, nur globale Merkmale zur Verfügung, die nicht formbezogen sind, wie z.B. Fläche oder Konturlänge. Außerdem ist dazu ein Suchvorgang durch den ganzen Datensatz erforderlich. Andererseits liefert das Verfahren mit konvexen Hüllen die niedrigsten Datenreduktionsfaktoren und bereitet dort Schwierigkeiten, wo konvexe Hüllen sich überlappen. Die Wirksamkeit der ersten drei Verfahren im hinblick auf Datenreduktion kann nur im Zusammenhang mit angenähert rekonstruierten Bildern beurteilt werden. Für eine exakte Rekonstruktion sind entweder viele verhältnismäßig einfache Elementarmuster (Rechtecke: 2 Parameter + 2 Koordinaten pro Muster) oder wenige komplizierte Elementarmuster (konvexe Objekte: 8 Parameter + 2 Koordinaten pro Muster) erforderlich. Bei einer Näherung ist es dagegen wünschenswert, daß die visuell markantesten Teile eines Objektes möglichst früh, in der Reihenfolge der Analyse, als Elementarmuster erkannt und codiert werden. Unter diesem Aspekt arbeiten die Analyseverfahren nach Rechtecken und mit konvexen Hüllen am besten, die Zeilenweise Zerlegung in konvexe Objektteile am schlechtesten. Aus allen Verfahren scheint jedoch die Zerlegung in einschreibbare konvexe Objektteile am meisten verbesserungsfähig zu sein, und wird demnächst intensiver untersucht, mit dem Ziel, auch die Vorteile der übrigen Verfahren in sich zu vereinigen.

Literaturverzeichnis:

/1/ V. Märgner, P. Zamperoni: "Einige Experimente zur datenreduzierten Darstellung von digitisierten Mustern durch die Mittelachsen-Transformation". In: Informatik-Fachberichte 8, Digital Image Processing (H.H. Nagel editor). Springer Verlag, Berlin 1977, S. 212-222.

/2/ H. Freeman: "Techniques for the digital computer analysis of chain--encoded arbitrary plane curves".
Proc. of Natl. Electr. Conf. 1961, S. 421-432.

/3/ L. Hodes: "Discrete approximation of continuous convex blobs".
SIAM Journ. Appl. Math. Vol.19, N.2, Sept. 1970, S. 477-485.

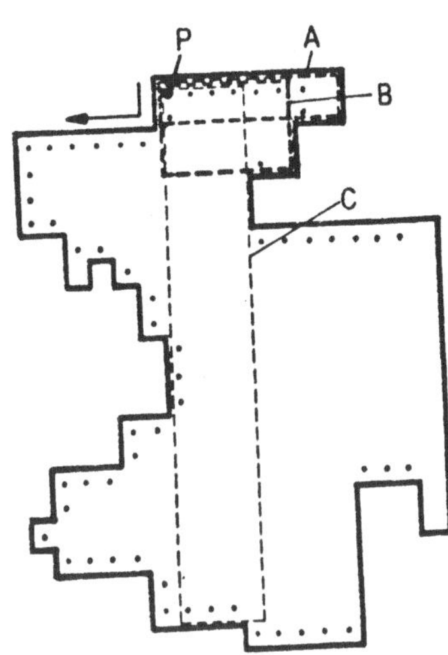

<u>Bild 1</u>

Zerlegung eines Objektes in Rechtecke

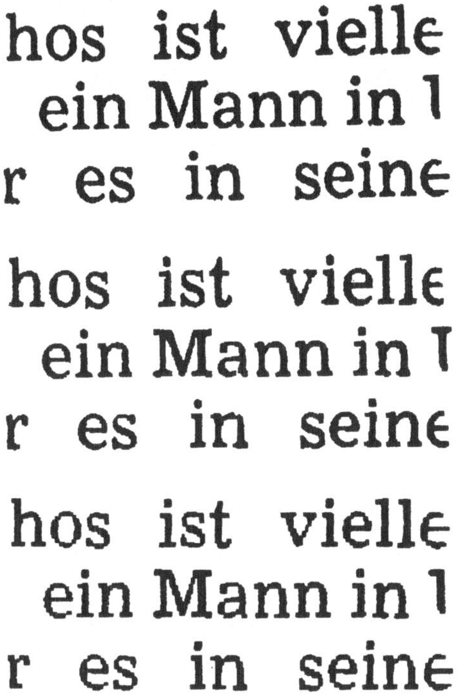

hos ist vielle
ein Mann in 1
r es in seine

hos ist vielle
ein Mann in 1
r es in seine

hos ist vielle
ein Mann in 1
r es in seine

hos ist vielle
ein Mann in 1
r es in seine

hos ist vielle
ein Mann in 1
r es in seine

hos ist vielle
ein Mann in 1
r es in seine

<u>Bild 2:</u> Bildzerlegung in Rechtecke.
Das rekonstruierte Bild enthält
nur Rechtecke ≥ 5 Bildpunkte.
a) Originalbild.
b) Einfacher Suchvorgang (69% der Rechtecke)
c) Erweiterter Suchvorgang (36% der Rechtecke)

<u>Bild 3:</u> Bildzerlegung in Rechtecke.
Das rekonstruierte Bild enthält
nur Recktecke ≥ 15 Bildpunkte.
a) Originalbild.
b) Einfacher Suchvorgang (26% der Rechtecke)
c) Erweiterter Suchvorgang (20% der Rechtecke)

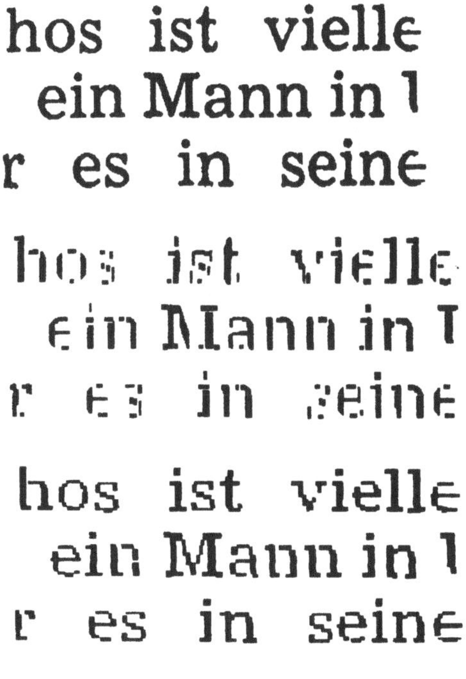

3 2 1   Richtungen
4   0   der
5 6 7   Konturschritte

<u>Bild 4</u>

Konturcodierung von
konvexen Objekten.

$n_0 \ldots n_7 = 5,4,3,5,2,4,6,2$

00000776666665555544333332221111

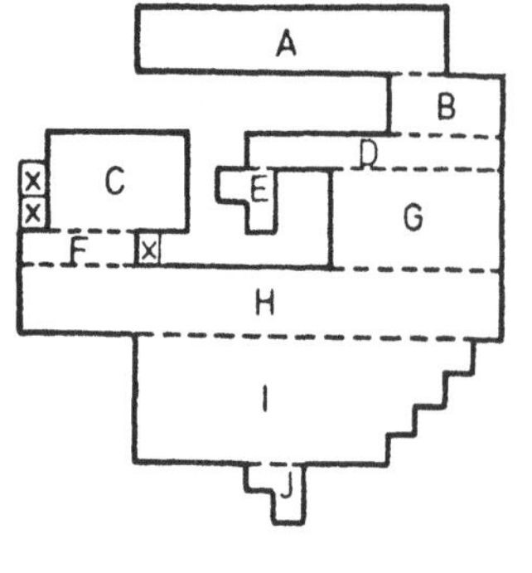

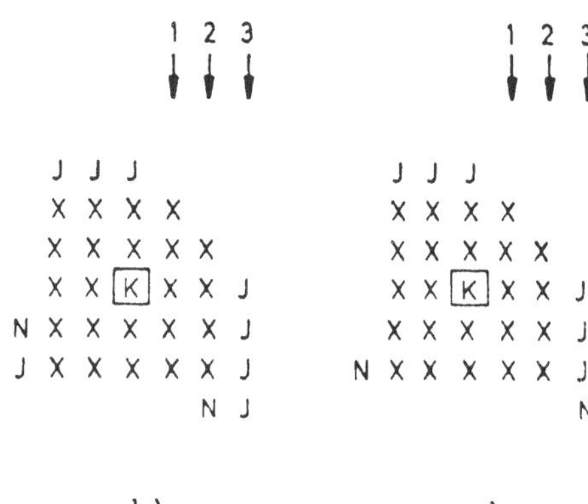

Bild 5 Zeilenweise Bildung von konvexen Objektteilen mit vorgegebenem Aufrundungsfehler.

Bild 6
Bildrekonstruktion nach dem Analyseverfahren mit zeilenweiser Bildung von konvexen Objektteilen:
a) Originalbild
b) Aufrundungsfehler-Schwelle R = 4
c)   "   "   R = 8
          (R: s.Gl. 1)

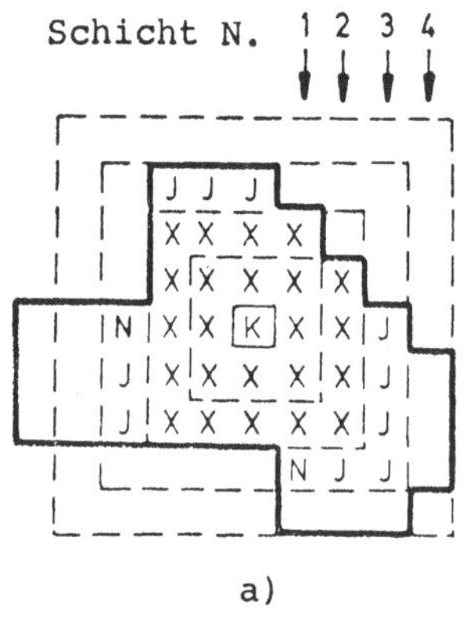

a)   b)   c)

a-b-c) Wachstum der Schicht 3 in 4 Durchläufen
d) Erster entstehender konvexer Objektteil
K = Kernpunkt
X = Bildpunkte der Schichten 1 und 2, die dem entstehenden Objektteil bereits angehören
J = Bildpunkte der Schicht 3, die dem entstehenden konvexen Objektteil vorläufig hinzugefügt werden, unter der Annahme, daß alle J- und N-Punkte erhalten bleiben
N = Bildpunkte der Schicht 3, die, um die Konvexität zu erhalten, gelöscht werden müssen

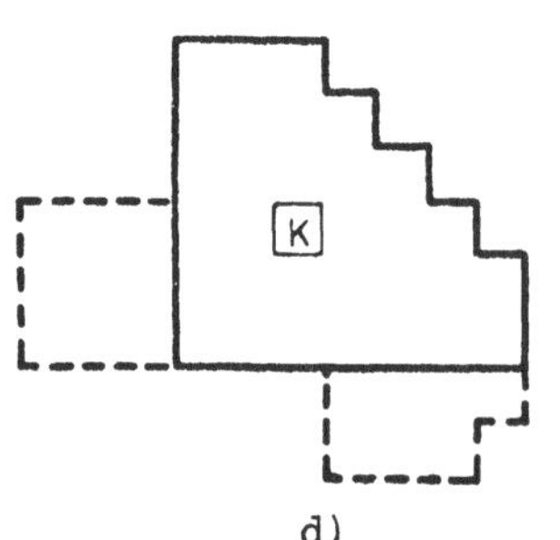

d)

Bild 7 Bildzerlegung in einschreibbare konvexe Objekte.

Bild 8 Bildzerlegung in einschreibbare konvexe Objektteile.

Abstufung der Rekonstruktionsgenauigkeit durch Unterdrückung der Elementarmuster mit Konturlänge unter einer vorgegebenen Schwelle.

a) Originalbild = genaue Rekonstruktion

b) Unterdrückung der Elementarmuster mit Konturlänge $\leqslant 4$ Bildpunkte

c) Unterdrückung der Elementarmuster mit Konturlänge $\leqslant 8$ Bildpunkte

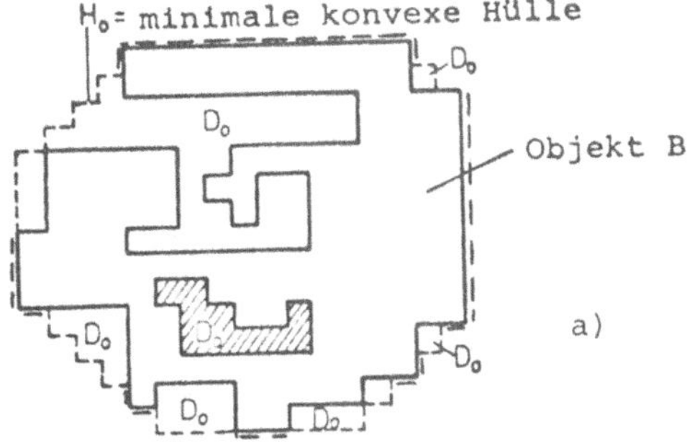

Bild 9

Hierarchisches Analyseverfahren mit minimalen konvexen Hüllen.

H_0, $H_1 \ldots$ = minimale konvexe Hüllen

D_0, $D_1 \ldots$ = Fehlerflächen

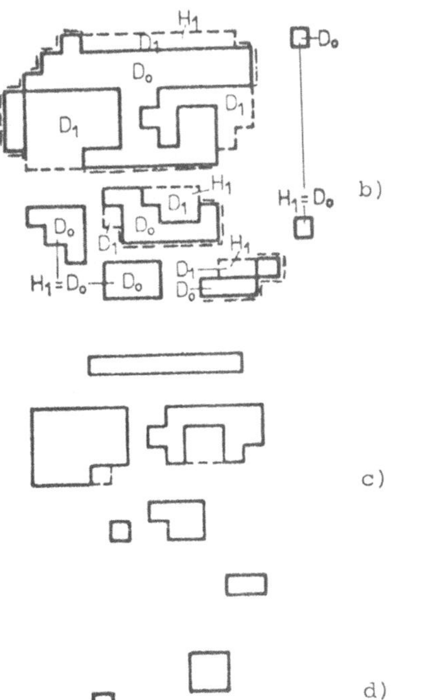

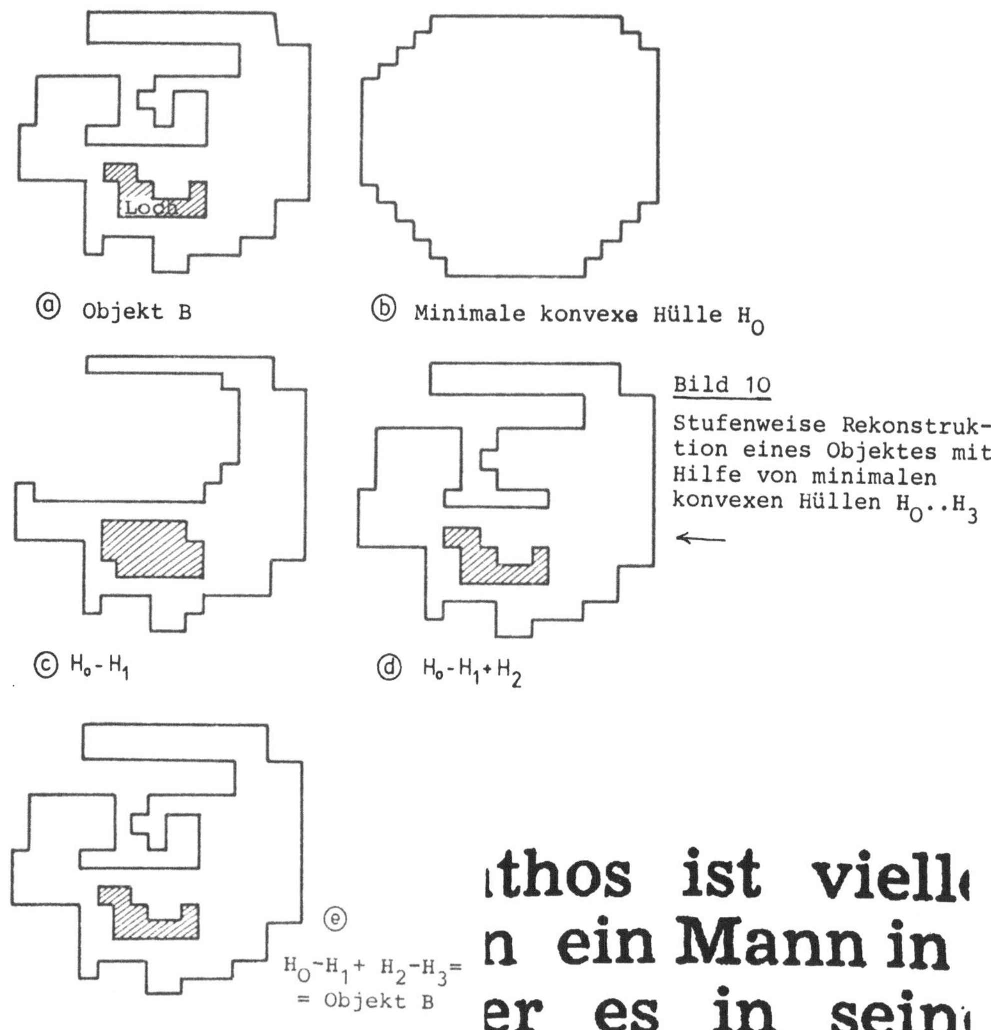

Bild 10
Stufenweise Rekonstruk-
tion eines Objektes mit
Hilfe von minimalen
konvexen Hüllen $H_0 .. H_3$

Bild 11 Analyse und Synthese eines
        Testbildes mit Hilfe von
minimalen konvexen Hüllen.
a) Originalbild
b) Rekonstruktion mit 8 Näherungsschritten
c) Rekonstruktion mit 3 Näherungsschritten

PARAMETRISIERTE BEREICHSFINDUNG IN DIGITISIERTEN FERNSEHBILDERN ALS GRUNDLAGE FÜR DIE BESCHREIBUNG BEWEGTER OBJEKTE

Bernd Radig

Universität Hamburg

Zusammenfassung

Eine Fernsehkamera nimmt Vorgänge in der natürlichen Umwelt auf. Die Bildfolgen werden digitisiert einer Datenverarbeitungsanlage eingegeben. Aus jedem Bild werden Bereiche extrahiert; die Bereiche aus zeitlich benachbarten Bildern werden miteinander verglichen, um solche Bereichsfolgen zu ermitteln, die Gegenstände in der Bildfolge beschreiben. Um Ähnlichkeitswerte zwischen Bereichen zuverlässig bestimmen zu können, muß das Extraktionsverfahren unempfindlich gegen die zu erwartenden Störungen sein. Gleichzeitig muß das Verfahren so variabel sein, daß es an die in natürlichen Szenen komplexe Verteilung der Lichtintensität auf Gegenstandsoberflächen angepaßt werden kann.
Der hierfür vorgestellte Algorithmus transformiert eine Grauwertmatrix in ein Vektorfeld, wobei die Vektorkomponenten kleine, lokal an das Grauwertgebirge angepaßte Ebenen beschreiben. Ein dreistufiges Filterverfahren benutzt parametrisierte Bedingungen, um Bereiche aus diesem Feld zu extrahieren. Die Bereichsmerkmale stützen sich auf Grauwert, Neigung und Richtung der angepaßten Ebenen und können damit die bereichsinterne Grauwertstruktur beschreiben. Dadurch wird nicht nur die Zuverlässigkeit bei der Objektverfolgung erhöht, sondern auch eine detailliertere Objektbeschreibung möglich.

Einleitung

Geht man von der Interpretation einzelner Bilder über zur Analyse von Bildfolgen, so sind zwei verschiedene Strategien wählbar. Einerseits lassen sich Grauwerte oder Grauwertverteilungen aus je zwei Bildern vergleichen, um stationäre von nichtstationären Bildkomponenten zu trennen. Ist man primär an der Beschreibung bewegter Objekte interessiert, können die nichtstationären Bereiche weiter analysiert werden. Andererseits können aus jedem Bild gewonnene symbolische Beschreibungen miteinander in Beziehung gesetzt werden, wobei die zu einem Gegenstand gehörenden Symbole gruppiert und weiter ausgewertet werden.

Der ersten Strategie folgen die Ansätze [1,2,3]. Fennema und Thompson [1] benutzten Grauwertübergänge, deren Änderung in Betrag und Richtung Rückschlüsse auf die Geschwindigkeit von Gegenständen zulassen. Potter [2] korrelierte von Bild zu Bild kreuzförmige Masken, deren Ausdehnung durch Grauwert-Diskontinuitäten bestimmt war. Jain und Nagel [3] verwendeten ein Likelihood-Kriterium, daß von Yakimovsky [4] herangezogen wurde um festzustellen, ob Grauwerte aus räumlich benachbarten Bildausschnitten derselben Verteilung entstammen, als Maß dafür, ob Grauwerte aus örtlich übereinstimmenden, aber zeitlich benachbarten Feldern ein bewegtes Objekt enthalten. Die Auswertung der systematischen örtlichen Änderung im Auftreten von Nicht-Übereinstimmungen führte zu einer Trennung von stationären und nichtstationären Bildkomponenten.

Beispiele für die zweite Strategie sind die Arbeiten [5,6,7,8]. Aggarwal und Duda [5] benutzten polygonal begrenzte, ebene (schablonenartige) Objekte, um insbesondere das Problem der gegenseitigen Verdeckung zu studieren. Chow und Aggarwal ließen beliebige Formen zu [6], die Objekte mußten aber in den ersten Bildern einer Folge vollständig sichtbar sein, um ein Vorhersage-Modell aufbauen zu können. Diese Einschränkung konnten Martin und Aggarwal fallen lassen [7]. Sie setzten Kontursegmente miteinander in Beziehung: zeitlich, um Bewegungseigenschaften zu berechnen, und räumlich, um Objektbeschreibungen zu entwickeln. Bertelsmeier und Radig schlugen vor [8], jedes Bild einer Folge zu interpretieren, wobei Prototypen für Gegenstände als hierarchische Strukturen aus Prototypen für Teil-Gegenstände gebildet werden konnten. Die Konfiguration von Gegenständen und ihr zeitliches Verhalten wurde in einem Szenenmodell notiert. Ausgehend von der Annahme, daß sich der Inhalt einer beobachteten Szene nur langsam ändert, konnte der Interpretationsaufwand (außer für das erste Bild) dadurch vermindert werden, daß das Szenenmodell als Leitfaden für eine "top-down"-Analyse der Bilder diente.

Der von mir vorgestellte Ansatz wurde konzipiert, um die Bewegung von realen Gegenständen in einer natürlichen, dreidimensionalen Umwelt zu ermitteln. Er folgt der zweiten Strategie, nämlich symbolische Beschreibungen der Bilder zu vergleichen, geht dabei aber von schablonenhaften auf natürliche Objekte über. Er vergleicht die Bilder schon auf einem niedrigen Abstraktionsgrad der Beschreibung, denn einerseits gelingt die vollständige Interpretation beliebiger natürlicher Szenen nur unter sehr einschränkenden Bedingungen, andererseits kann die Korrespondenz von Symbolen in einer Bildfolge wertvolle Interpretationshinweise geben.

Als Symbole wurden Bereiche gewählt, die aus einem Vektorfeld extrahiert werden. Das Vektorfeld entsteht aus einem Grauwertbild durch Approximation der zweidimensionalen Grauwertfunktion mit Hilfe von kleinen Ebenen. (Holdermann und Kazmierczak [9] benutzten ebenfalls Ebenenapproximation beim Finden von Konturen.) Die Bereichsextraktion und die Zuordnung korrespondierender Bereiche muß bei der Verarbeitung von Bildern natürlicher Szenen unempfindlich gegen die zu erwartenden Störungen sein.
Das Videosignal wird durch Rauschen und Instabilitäten der Abtastgeomtrie verfälscht. Während des Beobachtungszeitraumes ändert sich die Beleuchtung der Szene, Gegenstände werden beschattet, Spiegelreflektionen treten bei Teilen der Gegenstandsoberfläche auf, die Projektion einer sich im Raum bewegenden Oberfläche ändert sich auf Grund der perspektivischen Abbildung, Gegenstände werden teilweise oder vollständig für einen bestimmten Zeitraum verdeckt, usw. Gerade letztere Störungen würden eine Zuordnung von Bereichen über die Ähnlichkeit ihrer Außenform schwierig machen. Die hier als Bereichsbeschreibung vorgeschlagenen Merkmale reagieren jedes für sich unterschiedlich auf die eine oder die andere Störung, ermöglichen aber in ihrem Zusammenwirken doch eine recht sichere Zuordnung korrespondierender, d.h. von derselben Gegenstandsoberfläche in verschiedenen Bildern erzeugter Bereiche.

Vorverarbeitung

Das Videosignal wird mit 8 bit Genauigkeit digitisiert, es entstehen 573 Zeilen zu
je 512 Spalten, also etwa 300000 Punkte pro Bild. Hieraus wird ein Vektorfeld errechnet, indem nichtüberlappende, 3 Zeilen und 2 Spalten große Ausschnitte durch Ebenen
ersetzt werden, die durch Approximation an überlappende 5 Zeilen und 4 Spalten große
Ausschnitte nach der Methode der kleinsten Fehlerquadrate berechnet werden. Die Grauwerte werden am Rand der Ausschnitte mit geringerem Gewicht zur Näherung herangezogen als im Zentrum. Da das Seitenverhältnis des Fernsehbildes 3 zu 4 ist, repräsentiert jede Ebene einen quadratischen Ausschnitt des projizierten Bildes (573/512*2/3
=3/4-0.004). Der Normalenvektor einer Ebene ist kodiert durch

- G, den mittleren Grauwert (8 bit);
- N, den Neigungswinkel gegen die Grauwertachse (3 bit), da schwarz mit 255 und
    weiß mit 0 kodiert sind, sind die Vektoren von dunklen nach hellen Bildteilen
    gerichtet;
- R, die Richtung gegen die positive x-Achse (5 bit), die mit der Abtastrichtung
    übereinstimmt.

Damit reduziert sich das Datenvolumen von 573*512 auf 191*256*2 Bytes um den Faktor
drei. Der Zeitbedarf für die Approximation beträgt 2msek pro Ebene auf einem DEC-
KI10 Prozessor. Da es sich hierbei um eine lokale Operation handelt, die unabhängig
auf jedem Ausschnitt von 20 Bildpunkten arbeitet, könnte die Gesamtzeit von 100sek
pro Bild durch den Einsatz von parallel arbeitenden Mehrprozessorsystemen verringert
werden.

Die Abb. 1 ist die Reproduktion der Grauwertkomponente eines Vektorfeldes, das aus
der digitisierten Aufnahme eines Fahrzeugs berechnet wurde. Die Neigungskomponente
ist in Abb. 2 dargestellt, die Schwärzung ist umso größer, je stärker die Ebene
aus der horizontalen geneigt ist, je steiler also der Grauwertübergang im zugrunde-
liegenden Bildausschnitt ist. Es heben sich die Konturen des Fahrzeugs und der Fahr-
bahnmarkierung ab. In Abb.3 wurde versucht, alle Vektorkomponenten darzustellen. Der
Ausschnitt umfaßt den rechten, hinteren Teil des Fahrzeugs. Jeder Vektor entspricht
einem kleinen Quadrat, das mit dem Grauwert ausgelegt ist. Das Quadrat wird von einem
Streifen zerschnitten, der die Richtung repräsentiert. Er entspricht der Vektorrich-
tung $\pm$ 90°. Die Schwärzung des Streifens spiegelt die Stärke der Neigung wieder.
Man sieht, daß sich die Vektoren entlang von Konturen aufreihen (Rand der Stoßstange
oder des Kotflügels), während sie in homogenen Gebieten eher ungeordnet sind (im
Inneren des Rades, auf der Straßenoberfläche). Es liegt nahe, die Ordnung der Vektoren, wie sie sich in Abb. 3 darbietet, auszunutzen, um Bereiche verschiedener Grau-
wertcharakteristik (homogen, Grauwertübergang) automatisch herauszulösen.

Bereichsextraktion

Das Vektorbild wird in einen Graphen überführt, dessen Knoten durch die Vektoren gebildet werden und dessen Kanten die Nachbarschaftsbeziehungen eines Vektors wieder-
spiegeln.

$$\text{KNOTEN} = \{\ V = (Y,\ X,\ G,\ N,\ R\ )\ \}$$
$$\text{KANTEN} = \{\ (V_1,\ V_2)\ |\ 0 < (Y_1 - Y_2)^2 + (X_1 - X_2)^2 < 3\}$$

Jeder Vektor hat 5 Komponenten und anfangs 8 Nachbarn. In einem ersten Durchlauf
durch einen Filteralgorithmus werden solche Vektoren mitsamt den zu ihnen führenden
Kanten aus dem Graphen entfernt, die durch eine Entscheidungsfunktion

$$f(V) = f(Y,X,G,N,R)$$

zu schlecht bewertet werden.

$$\text{KNOTEN} = \{\ V\ |\ f(V) > 0\ \}$$

Einfach und schnell zu berechnen ist eine Funktion, die dann einen von Null verschiedenen Wert ergibt, wenn für alle 5 Vektorkomponenten der Wert innerhalb vorgegebener
Intervalle liegt. Die Abb. 4 zeigt einen Graphen, bei dem die Y- und X-Werte so eingeschränkt wurden, daß sich derselbe Ausschnitt wie in Abb. 3 ergibt und der außerdem
nur noch solche Vektoren enthält, deren Neigung zwischen 45^0 und 90^0 liegt. Es bleiben solche Vektoren übrig, die in Abb. 3 durch einen dunklen Streifen gekennzeichnet
sind.

In einem Durchlauf durch die zweite Stufe des Filters werden solche Kanten im Graphen
gelöscht, die Vektoren mit einer unerwünschten Kombination von Komponentenwerten verbinden.

$$\text{KANTEN} = \{\ (V_1, V_2)\ |\ f(V_1, V_2) > 0\ \}$$

Leicht zu berechnen sind Differenzen der G-, N- und R-Komponenten. Außerdem kann die
gegenseitige Lage von Vektoren berücksichtigt werden, so daß man unterscheiden kann,
ob zwei Vektoren gleicher Richtung parallel sind oder hintereinander liegen. So entsteht der Graph in Abb. 5 aus dem von Abb. 4 dadurch, daß die Kanten gelöscht werden,
die Vektoren mit zu großer Richtungsdifferenz und Vektoren, die hintereinander liegen,
verbinden. Die Kanten des Graphen stehen in etwa senkrecht zum Grauwertgradienten
(und folgen damit den Streifen aus Abb. 3). Abb. 6 zeigt einen Graphen, bei dem nun
Verbindungen zwischen parallel stehenden Vektoren verboten und solche zwischen hin-
tereinanderliegenden Vektoren erlaubt sind; die Kanten folgen dem Gradienten. Es

werden nur Flächen erfaßt, die durch einen genügend breiten und steilen Grauwertübergang charakterisiert sind.

In der dritten Filterstufe werden erst einmal die Merkmale von Bereichen ermittelt.
Alle Vektoren gehören zu einem Bereich, die in einem zusammenhängenden Teilgraphen
liegen, wie z.B. das Rad in Abb. 5. Zu den Merkmalen, die aus den Vektorkomponenten
berechnet werden, gehören
- die Fläche als Zahl der Vektoren,
- die Zahl der Kanten im Graphen zur Berechnung der Kantendichte,
- die Summe der Koordinaten zur Berechnung des Schwerpunktes,
- die Grauwertsumme und -Quadratsumme zur Berechnung des mittleren Grauwertes und
  der Streuung,
- Summe und Quadratsumme der Neigungswinkel zur Berechnung der mittleren Neigung
  und Streuung,
- die Häufigkeitsverteilung der Richtungswinkel (Auflösung 11.25°)
- und die Häufigkeitsverteilung der Grauwerte in 32 Klassen.

Auf Grund der Bereichsmerkmale werden Bereiche gelöscht (z.B. zu große oder zu
kleine) oder modifiziert, um z.B. die Richtungsverteilung einer vorgegebenen Form
anzupassen. So sind in den Abbildungen 4, 5 und 6 schon Bereiche unterdrückt, die
weniger als 6 Vektoren enthalten.

Objektverfolgung

Die gegenseitige Zuordnung von korrespondierenden Bereichen wird am Beispiel einer
Straßenszene demonstriert, die in einer Sequenz von 66 Bildern (2.6sek) aufgenommen
wurde. Die Filterparameter wurden so vorgegeben, daß in jedem Bild 10 bis 15 Bereiche
extrahiert wurden; die Parameter wurden während der ganzen Bildfolge nicht geändert.
Es wurden zwei Parametersätze verwendet, damit Bereiche herausgelöst werden konnten,
die einerseits Flächen mit annähernd konstantem Grauwert, andererseits Flächen mit
einem starken Grauwertgradienten beschreiben.

Ein Ähnlichkeitsmaß zwischen allen Bereichen aus benachbarten Bildern wird ermittelt,
indem die normierte Ähnlichkeit zwischen den einzelnen Bereichsmerkmalen berechnet
wird. Das Minimum darüber legt die Bereichsähnlichkeit fest. Bereichsfolgen werden
gebildet, in denen jeder Bereich der ähnlichste Partner sowohl seines Vorgängers als
auch seines Nachfolgers ist. In einigen Bildern tritt der Fall auf, daß eine Gegenstandsoberfläche, die normalerweise durch einen Bereich beschrieben wird, in zwei oder
mehr Bereiche zerlegt wird. Die Situation wird dadurch entdeckt, daß ein Bereich der
beste Partner von mehreren Bereichen aus dem Nachbarbild ist. Aus diesen wird dann
ein zusammengesetzter Bereich durch einfache Addition der Merkmale berechnet. Ist die
Ähnlichkeit des zusammengesetzten Bereiches zu dem Nachbarbild-Bereich größer als die
jedes Teilbereiches, wird er in die Bereichsfolge anstelle des besten Teilbereiches

aufgenommen.

Auf Grund von Verdeckung kann es aber auch vorkommen, daß zeitweise eine Gegenstandsoberfläche nicht sichtbar ist. Das System versucht, zeitlich nicht überlappende Bereichsfolgen zu verbinden, indem es die Ähnlichkeit des letzten Bereichs einer früh endenden Folge mit dem ersten Bereich aller später anfangenden Folgen berechnet und die am besten übereinstimmenden Folgen aneinander kettet. In der Abb. 7 sind die Bereichsschwerpunkte ununterbrochener Folgen durch schwarze Linien verbunden. Dort, wo z.B. der Schattenbereich des Fahrzeuges durch die Baumkrone verdeckt wird, ist die vorgenommene Überbrückung durch eine weiße Linie markiert. Bei der Überbrückung wird eine Extrapolation der Objekttrajektorie nicht benutzt.

Wenn das Fahrzeug sich genügend weit gedreht hat, wird die Projektion der Seitenwand zu klein und die Rückwand mit ihrem Schatten werden verfolgt. Die Abb. 7 ist aus der ersten und der letzten Aufnahme der Serie zusammengesetzt, so daß der Wagen in der Anfangs- und Endposition gleichzeitig sichtbar ist. Der Schnitt wird automatisch so gelegt, daß beide Fahrzeuge in ihren Teilbildern vollständig sichtbar sind.

Die Beschreibung von Bildsequenzen durch Bereichsfolgen bietet einen einfachen Ansatz zur weiteren Interpretation der Szene. So wurde, um nur das bewegte Fahrzeug zu beschreiben, ein grobes Fahrzeugmodell formuliert. Der Wagen sollte aus einem Dach, das durch einen homogenen Bereich beschrieben wird, und aus einer Seitenwand bestehen, die einem Bereich mit starkem Gradienten entspricht. Der Seitenwand-Bereich sollte unter dem Dach-Bereich sein und beide sollten sich bewegen. Die das Fahrzeug beschreibenden Spuren sind in Abb. 8 gezeigt.

Diskussion

Das Kernstück des hier vorgestellten Systems bildet ein dreistufiges Filter, das einen mit einem Vektorfeld assoziierten Graphen in einen Knoten-, Kanten- und global-konsistenten Graphen verwandelt [10]. Dabei wurde das Prinzip beachtet, die anfänglich große Datenmenge von 50000 Vektoren pro Bild durch einfache Operationen zu reduzieren und komplexere Berechnungen erst auf kleineren Datenmengen durchzuführen. Die Robustheit des Verfahrens gegen Störungen bei der Entdeckung, Verfolgung und Beschreibung bewegter Objekte wird zu einem durch die Approximation der Bildfunktion mit Hilfe lokal angepaßter Ebenen erreicht, zum anderen beschreiben die Bereichsmerkmale die innere Struktur von Bereichen; gerade im Inneren sind die bereichstypischen Merkmale ausgeprägt, denn sie verlieren sich am Rande, wo der Übergang zu Bereichen anderer Charakteristik stattfindet.

Weitere Untersuchungen haben zum Ziel, Methoden für die automatische Wahl der Filterparameter zu erforschen. In einem interaktiven Ansatz könnten im ersten Bild einer Folge die Bereiche, die interessierende Objekte beschreiben, umfahrend gekennzeichnet werden und aus ihren Merkmalen die im folgenden verwendeten Parameter abgeleitet werden. Weiterhin gibt die Analyse der Szenenbeleuchtung, der Orientierung der Gegenstandsoberflächen im Raum und ihrer Reflektionseigenschaften [11] Hinweise zur Parameterwahl.

Sind die Bereichsfolgen ermittelt, die bewegte Gegenstände beschreiben, kann die systematische Variation der Bereichsmerkmale benutzt werden, um mehr über die dreidimensionale Struktur der Szene auszusagen. Neben der Änderung von Fläche und Grauwert kann insbesondere die Untersuchung der Richtungsverteilung der Vektoren in einem Bereich hilfreich sein.

Aufbau und Betrieb der bei dieser Untersuchung benutzten Apparatur wurde möglich durch die gemeinsamen Anstrengungen von R. Bertelsmeier, P. Cord, I. Heer, H. Kemen, H.-H. Nagel, B. Neumann und B. Radig.

Literaturverzeichnis

[1] C. I. Fennema, W. B. Thompson, "Velocity Determination in Scenes Containing Several Moving Objects", Internal Report, Univ. of Minnesota, Minneapolis/MN Feb. 1978

[2] J. L. Potter,"Scene Segmentation Using Motion Information", Computer Graphics and Image Processing 6 (1977) 558-581

[3] R. Jain, H.-H. Nagel, "Analysing a Real World Scene Sequence Using Fuzziness", IEEE Conference on Decision and Control, New Orleans, Dec. 7-9, 1977

[4] Y. Yakimovsky, "Boundary and Object Detection in Real World Images", J.ACM 23 (1976) 599-618

[5] J. K. Aggarwal, R. O. Duda, "Computer Analysis of Moving Polygonal Images", IEEE Trans. Comp. C-24 (1975) 966-976

[6] W. K. Chow, J. K. Aggarwal, "Computer Analysis of Planar Curvilinear Moving Images", IEEE Trans. Comp. C-26 (1977) 179-185

[7] W. N. Martin, J. K. Aggarwal, "Dynamic Scene Analysis: The Study of Moving Images", Techn. Report 184, Inf. Syst. Research Lab., The Univ. of Texas at Austin, Austin/Texas Jan. 1977

[8] R. Bertelsmeier, B. Radig, "Kontextunterstützte Analyse von Szenen mit bewegten Objekten", GI/NTG Fachtagung Digitale Bildverarbeitung (H.-H. Nagel, ed.), München, 28.-30. März 1977, Informatik Fachberichte Bd. 8 pp. 101-128, Springer Berlin-Heidelberg-New York, 1977

[9] F. Holdermann, H. Kazmierczak, "Preprocessing of Gray-Scale Pictures", Computer Graphics and Image Processing 1 (1972) 66-80

[10] A. K. Mackworth, "Consistency in Networks of Relations", Artificial Intelligence 8 (1977) 99-118

[11] B. K. P. Horn, "Understanding of Image Intensities", Artificial Intelligence 8 (1977) 201-231

ABB.1 GRAUWERTKOMPONENTE DES VEKTORFELDES

ABB.2 NEIGUNGSKOMPONENTE DES VEKTORFELDES

ABB.4 GRAPH DER VEKTOREN STARKER NEIGUNG

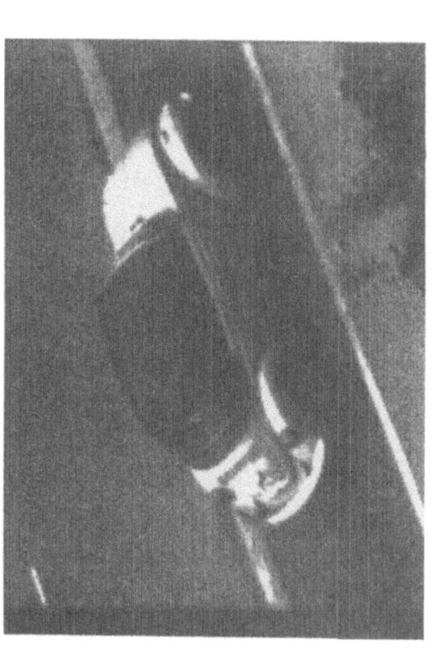

ABB.3 VEKTORDARSTELLUNG EINES AUSSCHNITTES

Abb.6 Zus, Kollinearität gefordert

Abb.8 Fahrzeug als Dach über Seitenwand

Abb.5 Zus, Parallelität gefordert

Abb.7 Spuren von Dach, Wand und Schatten
Schwarz: Schwerpunkt, Weiss: Überbrückung

<u>IDENTIFIKATION UND VERFOLGEN VON OBJEKTEN</u>
<u>ANHAND NICHT-PERFEKTER KONTUREN</u>

Bernd Neumann
Universität Hamburg

ZUSAMMENFASSUNG

Es wird über ein Szenenanalyse-System berichtet, das Position und Identität von Objekten in Fernsehkamera-Aufnahmen ermitteln kann. Das System wurde im Hinblick auf mögliche Anwendungen im industriellen Bereich entworfen. Es erkennt Objekte auch bei gestörten Verhältnissen (wechselnder Beleuchtung, teilweiser Verdeckung). Die Identifikation erfolgt mithilfe von Objektmodellen, in denen die Kantenverläufe von Objektansichten abgelegt sind. Neue Objektmodelle können durch interaktives Auswerten einer typischen Aufnahme auf einfache Weise erzeugt werden. Die zugrundeliegende Systemstruktur und die verwendeten Verfahren werden im Hinblick auf die beabsichtigten Anwendungsmöglichkeiten diskutiert. Es werden Ergebnisse vorgeführt von Szenen mit ungeordnet übereinanderliegenden Kleinteilen und einer Szenensequenz, in der ein Objekt auf einem simulierten Fließband verfolgt wird.

1. EINLEITUNG

Auf dem Gebiet der Szenenanalyse sind in den letzten Jahren viele Probleme in Angriff genommen worden, die weit über einfache Erkennungsaufgaben hinausgehen. Das Hauptziel ist die Analyse "natürlicher Szenen" mit Konfigurationen komplexer Objekte und unter Bedingungen, wie sie ein menschlicher Beobachter normalerweise vorfindet. Als Beispiele seien das VISION-Projekt von Hanson/Riseman [3] und Nagels Ansätze zur Analyse von Szenenfolgen mit Bewegung genannt [6]. Vergleicht man solche Zielsetzungen mit einem Mustererkennungsproblem der ersten Generation, etwa der Druckzeichenerkennung, so sieht man, daß an drei große Problemkreise erhöhte Anforderungen gestellt werden müssen: Segmentierung (Aufgliedern eines Rohbildes, etwa in Kanten oder Bereiche), Repräsentation von Wissen (Organisation und Strukturierung des zur Analyse erforderlichen Vorwissens und des Analyseergebnisses) und Interpretation (Bedeutungszuweisung aufgrund von Segmentation und Vorwissen). Viele Arbeiten der Szenenanalyse lassen sich als Beiträge zu einem dieser drei Gebiete verstehen, und einige Fortschritte sind erzielt worden, besonders bei Wissensstrukturierung und Integrationsstrategien.

In der vorliegenden Arbeit wird versucht, diese Fortschritte für ein bescheideneres Ziel zu verwerten, nämlich für die Objekterkennung im industriellen Bereich. Es werden Szenen betrachtet, bei denen es auf das Erkennen, Lokalisieren oder Verfolgen einer beschränkten Anzahl von einfachen Objekten unter definierten Sichtbedingungen ankommt. Verschiedene Gesichtspunkte machen dieses Problem interessant. Zum einen handelt es sich um eine Aufgabe, für die es sofort verschiedene Anwendungen geben könnte, etwa die Steuerung von Manipulatoren. Zum Zweiten können neue Konzepte und Verfahren der Szenenanalyse in einem überschaubaren System zusammengeschlossen werden. Schließlich gilt es, die für eine solche Aufgabe spezifischen Probleme aufzudecken und zu lösen.

Es wird ein implementiertes System beschrieben, das Objekte anhand ihrer Konturen erkennt, also anhand der Kanten, die sich in einer Objektansicht abzeichnen. Objekte können teilweise verdeckt sein, z.B. ungeordnet übereinander liegen. Ferner können verschiedene Ansichten eines 3-dimensionalen Körpers erkannt und unterschieden werden, etwa zur Steuerung eines Fließbandzugriffs. Der Analyseprozeß kann durch Kontextwissen gesteuert und beschleunigt werden, z.B. bei der Verfolgung bewegter Objekte.

Beim Aufbau des Systems stand die Einsicht Pate, daß Operationen auf der Pixelebene auch bei größter Sorgfalt nicht zu einer perfekten Zerlegung einer Szene in Objekte führen [5]. Deshalb ist das System darauf angelegt, fehlerhafte Segmentierungen interpretieren zu können. Dies hat einige Vorteile. Zum einen wird das System bei Segmentierungsfehlern keine Zufallsergebnisse liefern, da es auf Fehler eingestellt ist ("graceful degradation"). Zum Zweiten kann man bei einem System mit einfacher Segmentierung aber dafür aufwendiger Interpretation einen insgesamt reduzierten Rechenaufwand erwarten, da die Datenvolumina in höheren Verarbeitungsstufen meist geringer sind. Zum Dritten kann das System auch mit einem gewissen Maß von systematischen "Segmentierungsstörungen" fertig werden, etwa mit teilweiser Verdeckung oder perspektivischer Verzerrung.

Das hier verwendete Segmentierungsverfahren extrahiert aus der Szene gerade Kanten als Näherung von Objektkonturen. Der Algorithmus wird in Kapitel 2 beschrieben. Objekte sind dem System durch eine relationale Modelldatenbasis bekannt. Relationalstrukturen haben sich bereits bei anderen Szenenanalyseprojekten als Wissensspeicher und für Vergleichsoperationen bewährt [1,2]. Hier werden Kanten- und Winkelrelationen zur Beschreibung von Objektprototypen verwendet. Struktur und Aufbau der Modelldatenbasis sind Gegenstand von Kapitel 3.

Der Interpretationsalgorithmus ist in Kapitel 4 beschrieben. Zunächst werden Hypothesen durch einen 2-stufigen Relationalvergleich generiert und mit einem Konfidenzwert versehen. Zwei feste Schwellwerte entscheiden darüber, ob eine Hypothese sofort akzeptiert wird, zurückgewiesen wird oder als unsicherer Kandidat aufbewahrt wird. Von unsicheren Hypothesen werden nur diejenigen akzeptiert, die einen abschließenden Filterprozeß überleben.

In Kapitel 5 werden einige Ergebnisse vorgestellt. Die Szenen sind mit einer Fernsehkamera aufgenommen und simulieren zwei Anwendungsfälle, den "Griff-in-die-Kiste" und das Verfolgen eines Objektes auf einem Fließband. Die Diskussion in Kapitel 6 befaßt sich mit der Möglichkeit, ein solches System praktisch einzusetzen.

2. SEGMENTIERUNG

Das hier verwendete Segmentierungsverfahren ermittelt Kanten als Grundlage für den
nachfolgenden Interpretationsprozeß. Da nicht erwartet wird, daß die Objekte vollständig und genau beschrieben werden, erzeugt der Algorithmus von vornherein nur
geradlinige Annäherungen und versucht auch nicht, Kantenzüge zu geschlossenen Konturen zu ergänzen.

Zunächst wird die ursprüngliche Grauwertmatrix (574x512x8 Bit) in eine Gradientenmatrix (191x256x5 Bit) umgeformt. Die Gradientenrichtung ist mit 4 Bit und der Betrag (nach einem Schwellwertvergleich) mit 1 Bit kodiert. Im zweiten Schritt werden
kollineare Kantenelemente zu "Strichen" verbunden, wenn ihre Richtungen sich um
höchstens eine Quantisierungseinheit (22.5 Grad) unterscheiden. Dies geschieht in
8 Abtastgängen, bei denen die Gradientenmatrix jeweils vollständig unter einem bestimmten Winkel abgetastet wird. Da Kanten auch gekrümmt sind und in der Regel
nicht genau mit einer der 8 Abtastrichtungen zusammenfallen, entstehen Striche, die
sich seitlich versetzt fortsetzen. Sie werden verschmolzen, wenn sie eine genügend
gerade Kante ergeben; andernfalls bleiben sie isoliert. Fig.1 zeigt die Gradienten-
repräsentation einer dunklen Ecke (die Richtungen sind hexagonal kodiert). Die
Striche (durchgezogene Linien) wurden durch Abtasten in der 22.5- bzw. 90-Grad-
Richtung erzeugt. Der nachfolgende Verschmelzungsprozeß verband die vertikalen
Striche zu einer Kante (gestrichelt) und eliminierte den kürzeren der beiden schrä-
gen Striche.

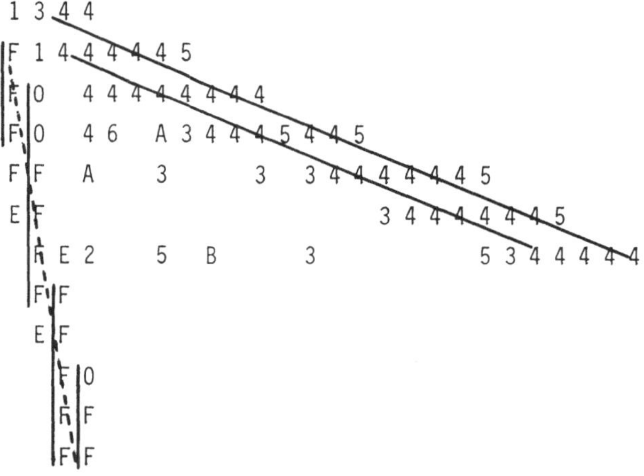

Fig.1: Striche und Kanten in der Gradientenmatrix

3. MODELLE

Wissen über Objektformen ist in einer Modelldatenbasis enthalten. Ein Objektmodell
wird durch eine Modellkanten-Relation MKR definiert. Sie gibt an, welche Kanten zu
einer bestimmten Objektansicht - gekennzeichnet durch einen Objektnamen - gehören.
Jede Kante besteht aus einem Kennzeichner, sowie Anfangs- und Endpunktkoordinaten.
Kanten sind gerichtet in dem Sinne, daß die dunklere Seite zur Rechten ist. Eine
zweite Relation MWR assoziiert zusammenhängende Kanten mit dem eingeschlossenen Winkel. Dies stellt keine zusätzliche Information dar, sondern dient nur zur Unterstützung der Hypothesenbildung. Die Kanten- und Winkelrelationen lauten formal:

$$MKR = [\ < \ o \ k \ < x1 \ y1> \ <x2 \ y2> \ > \ ]$$
$$MWR = [\ < \ w \ k1 \ k2 \ > \ ]$$

Dabei bedeuten

o	Objektname
k,k1,k2	Kantenkennzeichner
w	Winkel
x1,x2	x-Koordinaten in der Gradientenmatrix
y1,y2	y-Koordinaten in der Gradientenmatrix

Jedes Modell beschreibt eine "typische" Objektansicht. Es dient dazu, alle Objekte
zu erkennen, deren Ansichten im geometrischen Sinne ähnlich sind. Eine Menge von
Szenenkanten wird also als Objekt o identifiziert, wenn es eine Translation, Rotation und Dilatation gibt, die die Modellkanten mit den Szenenkanten zur Deckung bringen. Natürlich brauchen Modell und Wirklichkeit nicht exakt übereinzustimmen. Eine
Modellkante kann durch mehrere Szenenkanten repräsentiert werden, und umgedreht. Der
Grad der Übereinstimmung wird durch eine Konfidenzfunktion gemessen, die im Wesentlichen den Quotienten aus tatsächlich sichtbarer und idealerweise vorhandener Kan-
tenlänge ausgibt.

Neue Modelle können auf einfache Weise dadurch erzeugt werden, daß man das Objekt
unter ungestörten Bedingungen mit der Kamera aufnimmt und die Kanten mit dem Seg-
mentierer des Systems extrahiert. Ein interaktiver Modelleditor gestattet kleinere
Korrekturen und erzeugt aus der Kantenkollektion die oben beschriebene Relational-
struktur. Modelldateien können durch einfaches Konkatenieren erweitert werden.

4. INTERPRETATION

Nach der Segmentierung wird eine Szene nur noch durch die extrahierten Kanten repräsentiert. In der Interpretationsphase wird nun versucht, möglichst vielen Kanten eine Bedeutung zuzuweisen. Genauer gesagt: Kanten werden mit einem Objektnamen o und den Translations-, Rotations- und Dilatationsparametern t, r, d der erforderlichen Modelltransformation assoziiert. Ein Tupel <o t r d> heißt Hypothese. Eine Interpretation verknüpft Szenenkanten mit Hypothesen und ist definiert als Relation [< k o t r d >]. Einzelne Hypothesen können auf natürliche Weise durch Vergleich von Modell- und Szenenkanten bewertet werden. Es ist jedoch nicht offensichtlich, welche Interpretation insgesamt den höchsten Konfidenzwert verdient. Dies Problem ist nicht neu und wird häufig dadurch gelöst, daß zusätzliches Wissen über mögliche Objektkonfigurationen, Beziehungen zwischen Objekten, etc. herangezogen wird. Formuliert man dieses Wissen als Zwangsbedingungen, so lassen sich Relaxationstechniken zur Ermittlung der besten Interpretation verwenden [9]. In dem hier beschriebenen System wird gefordert, daß eine Szenenkante nur eine Bedeutung haben kann, also nur Teil eines Objektes ist. Statt Relaxation im üblichen Sinne wird eine schnelle "best-first" Variante eingesetzt.

Im Folgenden wird zunächst über Hypothesenbildung berichtet. Szenenkanten werden in derselben Form wie Modellkanten abgespeichert, mit Ausnahme der fehlenden Objektnamen. Es werden also sowohl eine Szenenkanten-Relation SKR aufgebaut als auch eine Szenenwinkel-Relation SWR, in der alle Szenenkanten eingetragen sind, deren Anfangs- und Endpunkte genügend nahe sind. Falls kein Kontextwissen über bevorzugte Hypothesen vorhanden ist, werden die Tupel von SWR der Reihe nach (und zwar die längsten Kanten zuerst) auf eine Winkelübereinstimmung mit Tupeln von MWR hin untersucht. Jede Übereinstimmung bestimmt Objektnamen o und Rotation r einer Hypothese. Translation t und Dilatation d werden mithilfe der Winkelpaare und einer dritten Szenenkante berechnet, die mit einer der verbleibenden Modellkanten übereinstimmen muß. Die Parameter t, r, d hängen nur von der Lage von Szenenkanten, jedoch nicht von ihrer Länge ab.

An dieser Stelle wird das 2-stufige bottom-up Verfahren invertiert, und ein top-down Vergleich von Szenenkanten und transformierten Modellkanten findet statt. Daraus ergibt sich ein Konfidenzwert für die Hypothese <o t r d >. Zwei Schwellwerte entscheiden darüber, wie die Hypothese weiter behandelt wird. Ist der Konfidenzwert größer als der höhere Schwellwert, so wird die Hypothese sofort akzeptiert, und die dazugehörigen Szenenkanten werden entfernt. Ist er kleiner als die niedrigere Schwelle, so ist die Hypothese nicht akzeptabel und wird verworfen. Bei Konfidenzwerten

im Mittelbereich wird angenommen, daß für diese Szenenkanten womöglich noch bessere
Hypothesen generiert werden. Die vorliegende Hypothese ist akzeptabel aber unsicher
und wird in einer Liste aufbewahrt. Nachdem alle Hypothesen generiert sind, wird die
Liste mit der folgenden Prozedur solange bearbeitet, wie sie akzeptable Hypothesen
enthält.

(i) Akzeptiere die beste Hypothese und entferne sie aus der Liste.
(ii) Entferne zugehörige Szenenkanten und verringere die Konfidenzwerte der
     verbleibenden Hypothesen entsprechend.

Das Verfahren hat die Tendenz, eine Interpretation mit maximaler Summenkonfidenz zu
erzeugen. Die beiden Schwellwerte beeinflussen das Ergebnis nur unerheblich. Ihr
hauptsächlicher Effekt betrifft den Rechenaufwand, der um so kleiner wird, je mehr
Hypothesen sofort akzeptiert werden.

5. ERGEBNISSE

Das System hat viele Testszenen analysiert [7]. Die Bilder 1a-c illustrieren den
Anwendungsfall "Griff-in-die-Kiste". 1a zeigt 2 Modelle, Ober- und Unterseite eines
fiktiven Stanzteiles. 1b ist eine Beispielszene mit 5 übereinanderliegenden Objekten
(aus Pappe). In 1c sind als weiße Linien die gefundenen Kanten und als schwarze
Linien die erkannten Objekte eingetragen. Die Rechenzeit betrug 50 sek für die Seg-
mentierung und 7 sek für die Interpretation auf einem DECsystem-10 mit KI-Prozessor.
Alle Programme sind in SAIL geschrieben, einer ALGOL-artigen Programmiersprache für
Anwendungen der "Künstlichen Intelligenz".

Die Bilder 2a-c zeigen eine "Objektverfolgung". Es handelt sich dabei um ein Gehäuse,
das auf einem simulierten Fließband bewegt wird, und dessen Lage zu jedem Zeitpunkt
bestimmt werden soll. Die gesamte 5-Szenen-Sequenz kann mit nur einem Modell interpretiert werden, vom ersten (2b) bis zum letzten Bild (2c), obwohl sich die Ansichten
durch perspektivische Verzerrung beträchtlich unterscheiden. Die Interpretations-
zeit liegt zwischen 3 und 11 sek pro Szene, wenn kein Kontextwissen berücksichtigt
wird. Durch Extrapolation aus der vorhergehenden Szene kann der Suchraum jedoch ein-
geengt und die Rechenzeit bis um 60% verringert werden. Dies ist ein bescheidener
Gewinn, da sowieso nur 1 Modell zu betrachten ist. Bei Interpretationsaufgaben mit
zahlreichen Modellen kann Kontextinformation zu viel deutlicheren Zeitgewinnen führen.

6. DISKUSSION

Das hier beschriebene System war mit der Zielsetzung entwickelt worden, Methoden und

Konzepte der Szenenanalyse für Objekterkennung im industriellen Bereich nutzbar zu
machen. Als positive Eigenschaften sind hervorzuheben

- Unempfindlichkeit gegen gestörte Ansichten,
- vielseitige Anwendbarkeit,
- einfache Modellgewinnung.

Diese Eigenschaften sind hauptsächlich durch das sorgfältig überlegte Interpreta-
tionsverfahren bedingt und auch durch das Konzept, 3-dimensionale Körper mithilfe
von Modellen ihrer typischen Ansichten zu beschreiben.

Demgegenüber steht eine Rechenzeit im Minutenbereich, die für die meisten industriellen Anwendungen wohl um den Faktor 60 zu hoch ist. Der entscheidende Engpaß ist die
Segmentierung mit ca. 50 sek pro Bild. Hier können durch besondere Hardware jedoch
auch am leichtesten Einsparungen erzielt werden. Als Lösung werden ein einfacher
Gradientenbaustein und die Ermittlung von Kanten durch 8 Parallelprozessoren vorgeschlagen. Dadurch dürften Zeiten im Sekundenbereich möglich werden.

Das Problem der Segmentierungszeit scheint grundsätzlicher Natur zu sein und zeigt
sich auch darin, daß fast alle kommerziell entwickelten Verfahren zur Objekterkennung nur einfache Schwellwertoperatoren benutzen und entsprechend eingeschränkt
nutzbar sind, z.B. [4]. Die Arbeit von Perkins ist eine Ausnahme [8]. Er benutzt einen Kantenoperator und interpretiert Szenen mit Maschinenteilen in ca. 15
sek auf einer IBM 370/165. Der Autor dieser Arbeit zieht den Schluß, daß entscheidende Fortschritte bei der industriellen Objekterkennung nur mit Unterstützung
durch spezielle Hardware zu erzielen sind.

Apparatur und unterstützende Programme für diese Arbeit gehen auf gemeinsame Anstrengungen von R. Bertelsmeier, P. Cord, I. Heer, H. Kemen, H.-H. Nagel, B. Neumann und
B. Radig zurück.

7. LITERATURVERZEICHNIS

[1] H.G. Barrow et al., "Some Techniques for Recognizing Structures in Pictures",
    in: Frontiers of Pattern Recognition (Watanabe, Hrsg.), S. 1, 1972

[2] H.G. Barrow, R.J. Popplestone, "Relational Descriptions in Picture Processing",
    in: Machine Intelligence VI (Meltzer/Michie, Hrsg.), S. 377, 1971

[3] A. Hanson, E. Riseman (Hrsg.), "Computer Vision Systems", Academic Press, N.Y.,
    1978

[4] R. Karg, "Ein flexibler Opto-Elektronischer Sensor", in: Proc. 8th Int. Symp.
    on Industr. Robots, Böblingen, S. 218, 1978

[5] D. Marr, "On the Purpose of Low-Level Vision", AI-Memo 324, MIT, Cambridge,
    1974

[6] H.-H. Nagel, "Analysing Sequences of TV-Frames: System Design Considerations",
    IJCAI-77, S. 626, 1977

[7] B. Neumann, "Identifikation von gestörten Objektansichten unter Verwendung ge-
    radliniger Konturapproximationen", FBI-HH-B-42/78, Fachbereich Informatik,
    Universität Hamburg, 1978

[8] W.A. Perkins, "A Model-Based Vision System for Scenes Containing Multiple
    Parts", Proc. IJCAI-77, S. 678, 1977

[9] A. Rosenfeld et al., "Scene Labelling by Relaxation Operations", IEEE Trans.
    Systems, Man and Cybernetics, SMC-6, S. 420, 1976

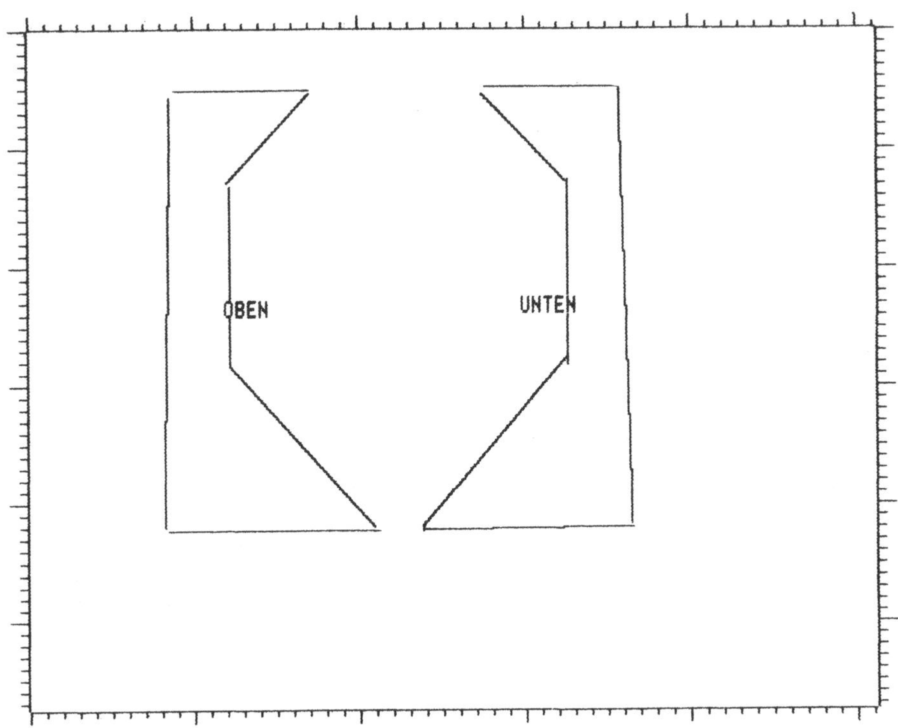

Bild 1a: 2 Modelle (Ober- und Unterseite
          eines fiktiven Stanzteiles)

Bild 1 b: Szene mit 5 Teilen

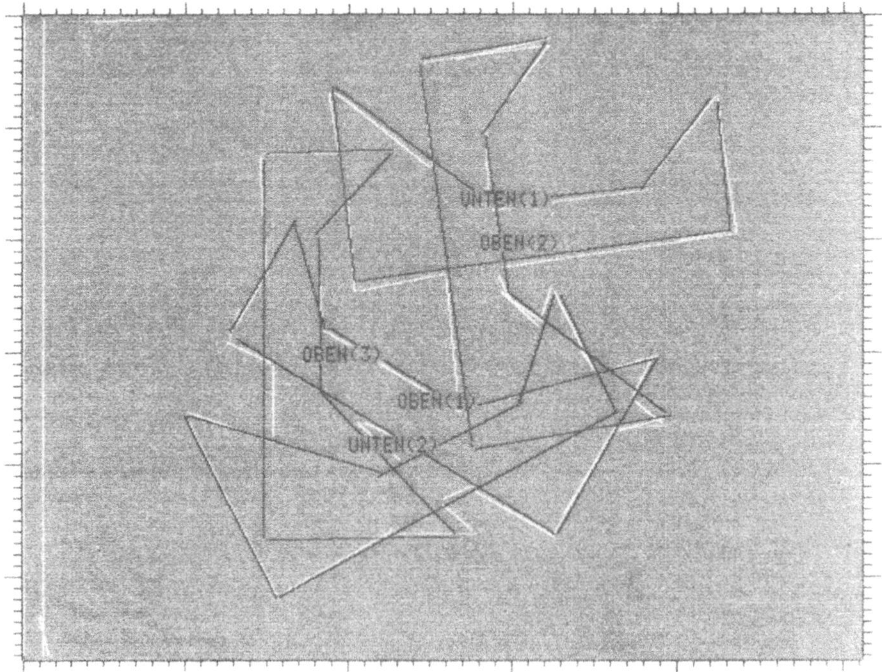

Bild 1 c: Interpretation (Szenenkanten weiß, Modellkanten schwarz)

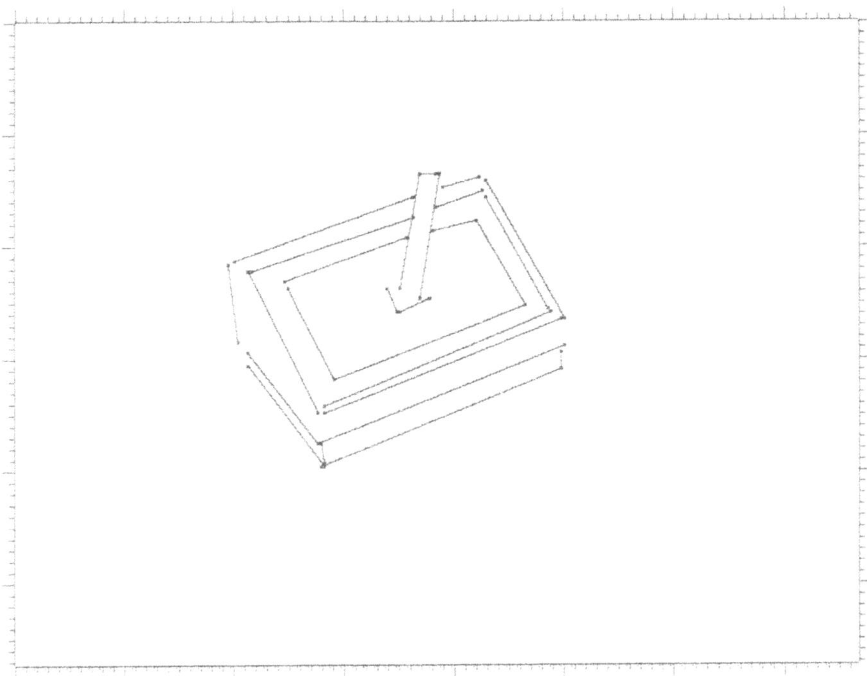

Bild 2a: Modell eines Gehäuses

Bild 2b: Szene einer Sequenz von 5 Szenen

Bild 2c: Letzte Szene der Sequenz

BILDFILTERUNG

EIN PROGRAMMSYSTEM ZUR BILDVERBESSERUNG AN
MULTISPEKTRALEN SCANNERDATEN DURCH ZWEIDIMENSIONALE
DIGITALE FILTERUNG

Peter Nowak, DFVLR, Oberpfaffenhofen

1. Einleitung

Die Deutsche Forschungs- und Versuchsanstalt für Luft- und Raumfahrt (DFVLR) in
Oberpfaffenhofen hat in den letzten Jahren ein Fernerkundungssystem aufgebaut. Die
Untersysteme für Datenakquisition, Bilddatenaufbereitung, digitale Bildverarbeitung
und ein Photolaboratorium stehen zur Verfügung.

Das digitale, interaktive Bildverarbeitungssystem (DIBIAS) besteht zur Zeit aus
ca. 150 Programmen und beinhaltet folgende Leistungen:

- Ein- und Ausgabeprogramme für verschiedene Bildformate,
- grundlegende statistische Programme,
- elementare Programme zur Bildverbesserung,
- Programme zur digitalen Filterung,
- ein Programmsystem zur multispektralen Klassifizierung,
- Programme zur interaktiven Bearbeitung von Bildern.

Die Programme zur zweidimensionalen digitalen Filterung von Bilddaten bilden ein
Untersystem von DIBIAS und bieten zur Zeit folgende Möglichkeiten:

- Spektralanalyse von Bildern,
- Entwurf von nicht-rekursiven digitalen Filtern für verschiedene Anwendungsfälle,
- digitale Filterung von multispektralen Bilddaten,
- eine Filterbibliothek.

In der aktuellen Ausbaustufe sind nur Programme für nicht-rekursive digitale Filter
vorgesehen. Die Ziele der Anwendung von digitaler Filterung waren primär in der
Klärung der Frage zu sehen, welche Bildverbesserungen mit welchem Aufwand an multispektralen Bilddaten durchgeführt werden können. Das Filtersystem wird sowohl unter
dem interaktiven Bildverarbeitungssystem DIBIAS als auch auf einem schnellen Großrechner (AMDAHL 470 V/6) betrieben.

2. Das Programmsystem zur Filterung

Digitale Filterung ist eine Rechentechnik, die zum Ziel hat, bei der Verarbeitung
von diskreten Signalen in der Digitaltechnik gleiche oder ähnliche Ergebnisse zu
erzielen, wie sie bei kontinuierlichen Signalen mit Hilfe von konventionellen Filtern
erreicht werden. In der Vergangenheit wurden digitale Filter häufig in der Nachrichtentechnik, Geophysik, Medizin usw. zur Verarbeitung von eindimensionalen Zeit-
signalen angewendet. Mit der starken Entwicklung der digitalen Bildverarbeitung in
den letzten Jahren finden diese Filter auch immer mehr Anwendung bei der Verarbeitung von zweidimensionalen Bildsignalen.

Digitale Filterung von Bildern wird durch eine zweidimensionale Faltung des Bildes
b(x,y) mit einer Gewichtsmatrix f(k,l), dem sogenannten digitalen Filter, erreicht:

$$b'(x,y) = \sum_k \sum_l b(x-k,y-l) \cdot f(k,l)$$

Als Ergebnis dieser Faltung erhält man das gefilterte Bild b'(x,y). Je nach Auslegung
der Filterkoeffizienten f(k,l) beim Filterentwurf lassen sich verschiedene Filter-
typen realisieren: Tiefpassfilter, Hochpassfilter usw. Der Filterentwurf kann sich
je nach Anwendungsfall an den Eigenschaften des Aufnahmesystems orientieren, z.B. an
der Form der Impulsantwort des Systems, oder an den Eigenschaften des aufgezeichneten
Bildsignals. Im ersten Fall wird häufig der Entwurf eines inversen Filters interessieren, im anderen Fall wird die Beeinflussung bestimmter Ortsfrequenzkomponenten
des Bildes im Vordergrund stehen.

Um den Filterentwurf bei Vorschriften im Frequenzbereich durchführen zu können, ist
oft die Kenntnis der spektralen Zusammensetzung des Bildes notwendig. Zu diesem
Zweck wird eine Spektralanalyse des Bildes mit Hilfe der zweidimensionalen, diskreten
Fouriertransformation durchgeführt:

$$S(f_x,f_y) = \frac{1}{N \cdot M} \cdot \sum_x \sum_y b(x,y) \cdot \exp\left\{-2\pi j(xf_x + yf_y)\right\}$$

N und M sind die Zeilenlänge und Zeilenzahl des Bildes, f_x und f_x die Ortsfrequenzen
in den beiden Achsenrichtungen. $S(f_x,f_y)$ wird als das zweidimensionale Spektrum des
Bildes bezeichnet und ermöglicht Aussagen über die Zusammensetzung des Bildsignals
(periodische Anteile, überlagertes hochfrequentes Rauschen usw.).

Spektralanalyse, Filterentwurf, digitale Filterung und die Filterung im Frequenzbereich (zu Vergleichszwecken) wurden in einem Programmsystem realisiert, das in
Bild 1 dargestellt ist.

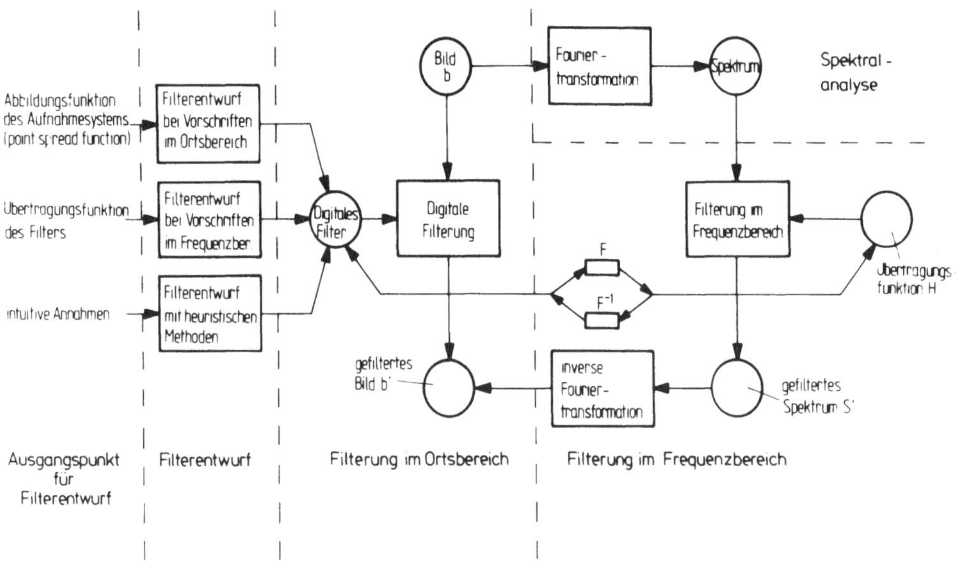

<u>BILD 1</u>: Das Programmsystem zur digitalen Filterung

Die Programme zur Spektranalyse, Filterentwurf und Filterung von kleinen Bildausschnitten stehen auf dem interaktiven System zur Verfügung (INTERDATA M 80), die
Programme für Filterentwurf und Filterung großer Datenmengen wurden zusätzlich auf
dem Großrechner AMDAHL 470 V/6 implementiert; außerdem besteht auf dem Großrechner
auch die Möglichkeit der inhomogenen (ortsabhängigen) Filterung. Zur Minimierung
der Rechenzeit wurden auf dem interaktiven System Fouriertransformation und Faltung
im Assemblercode optimiert.

3. Anwendungsbeispiele

Die Bilder 2 und 3 zeigen die Korrektur von punkt- und zeilenförmigen Bildstörungen
durch eine lineare Filterung (Mittelwertbildung und Interpolation) mit nachfolgender
Schwellwertoperation, wodurch der gesamte Vorgang nichtlinearen Charakter bekommt.
Die Ursache für solche Störungen sind elektrische Einstreuungen aus der Zündanlage
der Triebwerke, aus der elektrischen Anlage oder aus der Avionik des Flugzeuges.
Manchmal kann es dadurch sogar zum Ausfall der Zeilensynchronisation im Bandauf-
zeichnungsgerät kommen, was dann zum Verlust der Bildinformation einer ganzen Zeile
führt. Es ist leicht vorstellbar, daß diese Art von Störungen bei weiteren Bildver-
arbeitungsschritten, vor allem bei lokalen oder globalen Operatoren, erhebliche
negative Auswirkungen auf die Resultate haben können, vor allem dadurch, daß die
Störung durch lokale Operatoren (z.B. Klassifizierung mit Berücksichtigung der Umgebung eines Bildpunktes) über ihre ursprüngliche Größe hinaus ausgedehnt wird.

BILD 2: Punkt- und zeilenförmige Bild-   BILD 3: Ergebnis der Filterung von Bild 2.
störungen.

Bei multispektralen Scannern tritt häufig ein Effekt auf, der als Scanzeilenrauschen
(scan line noise) bezeichnet wird (Bild 4). Die automatische Verstärkungsregelung
des Scanners beziehen ihren Referenzwert von einer Kalibrierungslampe, die einmal
pro Spiegelumdrehung abgetastet wird. Helligkeitsschwankungen dieser Kalibrierungslampe können zu dem gezeigten Effekt führen.

Mit Hilfe der Spektralanalyse kann dieser periodische Signalanteil im Spektrum des
Bildes lokalisiert werden (Bild 5, helle Stellen an der Ordinate). Danach wird der
Filterentwurf durchgeführt, in diesem Falle ergibt sich eine eindimensionale Band-
sperre in Richtung der f_y-Komponente der Ortsfrequenzen. Das Ergebnis der Filterung
ist in Bild 6 dargestellt, Bild 7 zeigt das kontrastverstärkte Differenzsignal von
Bild 4 und Bild 6, also jenen Signalanteil, der durch die Filterung unterdrückt
wurde.

Die elektronischen Komponenten im Scanner haben ein gewisses Eigenrauschen, das sich
im Bildsignal vor allem immer dann als sogenannter Schnee störend auswirkt, wenn der
Scanner auf Grund schlechter Beleuchtungsverhältnisse mit hohen Verstärkungsfaktoren
betrieben werden muß. Dieses Rauschen kann durch Tiefpassfilterung abgeschwächt oder
unterdrückt werden. In mehreren Anwendungsfällen hat sich gezeigt, daß sich die
Tiefpassfilterung verrauschter Bilddaten bei nachfolgend durchgeführter multispektraler Klassifizierung positiv auf die Güte der Klassifizierungsergebnisse
auswirkt. Es wurde festgestellt, daß innerhalb ausgesuchter Testgebiete eines Bildes
die Zahl der richtig klassifizierten Bildpunkte nach der Tiefpassfilterung höher
war als vorher.

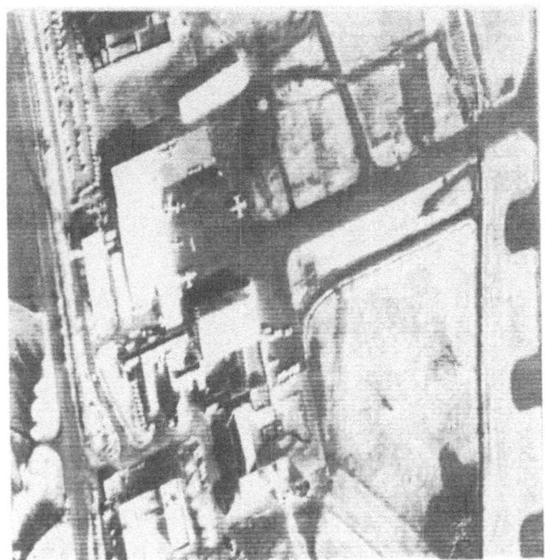

BILD 4: Beispiel für Scanzeilenrauschen.

BILD 5: Spektrum von Bild 4.

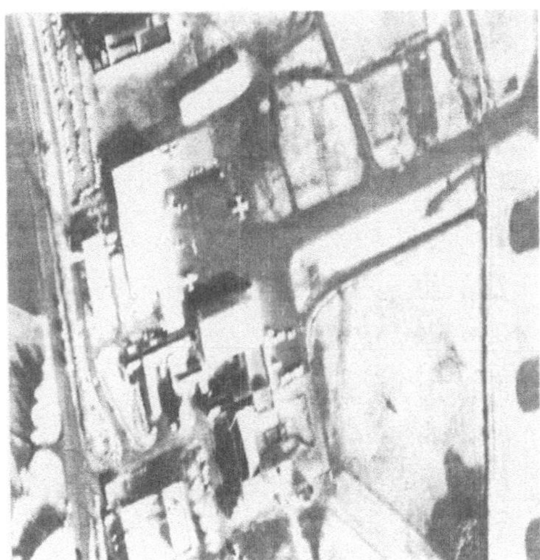

BILD 6: Bild 4 nach der Filterung.

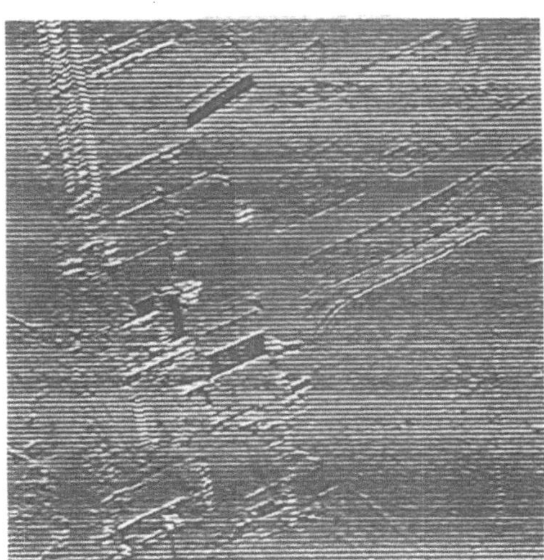

BILD 7: Differenzsignal von Bild 4 und Bild 6.

Für eine verbesserte visuelle Interpretierbarkeit eines Bildes ist es oft notwendig,
Details im Bild deutlicher darzustellen. Dies kann durch Hochpassfilterung oder
Anhebung hoher Ortsfrequenzen im Bild erfolgen. Ausgehend vom Original (Bild 8) zeigt
Bild 9 das Ergebnis einer Hochpassfilterung, Bild 10 das Ergebnis einer Filterung
mit Verstärkung der hohen Frequenzanteile. Dabei werden allerdings auch hochfrequente
Störungen im Bildverstärkt, was sich negativ auf weitere Bildverarbeitungsschritte
auswirken kann. Für die visuelle Interpretation sind die gezeigten Ergebnisse jedoch
ausreichend.

BILD 8: Original.

BILD 9: Hochpassfilterung von Bild 8.

Freigabenummern der Regierung von
Oberbayern:

Bild 2, Bild 3 : GS 300/7006
Bild 4, Bild 6 : GS 300/6689
Bild 8, Bild 9,
Bild 10   : GS 300/7607

BILD 10: Verstärkung hoher Frequenz-
         anteile in Bild 8.

4. Ausblick

In Zukunft soll die Verwendung des Filtersystems durch eine Kopplung von Großrechner
und interaktivem System einfacher und effektiver gestaltet werden. Die Untersuchung
der bildverbessernden Auswirkungen der Filterung auf nachfolgende Bildverarbeitungsschritte soll weitergeführt werden. In der weiteren Folge könnten auch Verfahren
zur Optimierung des Filterentwurfes und auch die Möglichkeit der rekursiven Filterung
in das Programmsystem miteinbezogen werden.

<u>REKURSIVE VERFAHREN ZUR ORTSFREQUENZFILTERUNG VON BILDSIGNALEN</u>

F.M. Wahl, Lehrstuhl f. Nachrichtentechnik, TU München

Zusammenfassung

Im vorliegenden Beitrag werden zweidimensionale (2d) rekursive digitale
Filter zur Ortsfrequenzfilterung von Bildsignalen behandelt. Insbesondere
werden dabei Fragen des Entwurfs, der Realisierung von Nullphasensystemen
und Approximationsfehler erörtert. Es werden einige Anwendungen aus dem
Bereich der nuklearmedizinischen Bilddatenverarbeitung gezeigt.

1. Einführung

Zur linearen Ortsfrequenzfilterung von Bildsignalen mit Hilfe von digitalen
Rechenanlagen gibt es mehrere Möglichkeiten, z.B.:

(a) Mit Hilfe einer Fouriertransformation wird das zu filternde Bild in den
    Fouriersignalraum transformiert, mit einer geeigneten Übertragungsfunktion
    multipliziert und anschließend wieder in den Ortsbereich zurücktransformiert.

(b) Durch eine Faltung des Bildsignals mit einer Impulsantwort im Ortsbereich.

Bei Vorgehensweise (a) hat man insbesondere bei großen Bildpunktzahlen einen
relativ hohen Rechenaufwand und das Problem der Matrixtransponierung bei der
Ausführung des FFT-Algorithmus zu bewältigen. Methode (b) kann aus Aufwandsgründen nur bei Impulsantworten geringer örtlicher Ausdehnung angewendet werden
(z.B. bis zu 9 x 9 Bildelementen). Es wird im Folgenden die Methode der Ortsfrequenzfilterung mittels rekursiver digitaler Filter vorgestellt, die ohne
vorherige Transformation des Bildes auskommt, mittels derer jedoch Impulsantworten beliebiger örtlicher Ausdehnung mit geringem Rechenaufwand realisiert
werden können (sogenannte IIR-Filter).

2. 2d rekursive digitale Filter

Ein 2d rekursives digitales Filter kann durch die Differenzengleichung

$$r_{m,n} = \sum_{j=0}^{P} \sum_{k=0}^{P} a_{jk}\, d_{m-j,n-k} - \sum_{\substack{j=0 \\ j+k\neq 0}}^{P} \sum_{k=0}^{P} b_{jk}\, r_{m-j,n-k} \qquad (1)$$

beschrieben werden, wobei $d_{m,n}$ und $r_{m,n}$ die Samples des Filtereingangs bzw.

des Filterausgangs und P die Ordnung des Filters darstellen. Die zu (1) äquivalente z_1z_2-Übertragungsfunktion ist gegeben durch

$$F(z_1,z_2) = \frac{\displaystyle\sum_{j=0}^{P} \sum_{k=0}^{P} a_{jk}\, z_1^{-j}\, z_2^{-k}}{1 + \displaystyle\sum_{\substack{j=0 \\ }}^{P} \sum_{\substack{k=0 \\ j+k\neq 0}}^{P} b_{jk}\, z_1^{-j}\, z_2^{-k}} \qquad (2)$$

Die Koeffizienten a_{jk} und b_{jk} bestimmen das Übertragungsverhalten des Filters. Für den Entwurf der Koeffizienten, der auf ein Optimierungsproblem führt, gibt es zwei grundsätzliche Möglichkeiten: Es kann ein Fehlerkriterium zwischen dem Übertragungsverhalten eines Filters $\overline{F}\,(\,e^{-j\omega}1,\ e^{-j\omega}2\,)$ und einem gewünschten Übertragungsverhalten $\overline{F}\,(\,e^{-j\omega}1,\ e^{-j\omega}2\,)$ minimiert werden (siehe z.B. /1/). In dieser Arbeit wurde ein Verfahren in Anlehnung an /2/ gewählt, das den quadratischen Fehler einer Impulsantwort $\overline{f}_{m,n}$ und einer gewünschten Impulsantwort $f_{m,n}$ innerhalb eines endlichen Bereichs von 20 x 20 Bildelementen minimiert:

$$J\,(\,a_{jk},\ b_{jk}\,) = \sum_{m=0}^{19} \sum_{n=0}^{19}\ (\,f_{m,n} - \overline{f}_{m,n}\,)^2 \longrightarrow \text{Minimum} \qquad (3)$$

$$\text{mit}\ \ \overline{f}_{m,n} = \sum_{j=0}^{P} \sum_{k=0}^{P} a_{jk}\,\delta_{m-j,n-k} - \sum_{\substack{j=0 \\ j+k\neq 0}}^{P} \sum_{k=0}^{P} b_{jk}\,\overline{f}_{m-j,n-k} \qquad (4)$$

$$\text{und}\ \ \delta_{m,n} = \begin{cases} 1 & \text{für } m=n=0 \\ 0 & \text{sonst} \end{cases}$$

Es ist zu beachten, daß die Minimierung von (3) nicht automatisch zu stabilen Filtern führt. Im Vorliegenden wurden diverse Filter 2-ter Ordnung realisiert, die im Hinblick auf ihre Stabilität erst nach dem Entwurf nach dem Theorem von Huang (siehe z.B. /3/) mit einer endlichen Schrittzahl überprüft wurden.

3. Realisierung von Nullphasensystemen mittels rekursiver Filter

Wie aus Gleichung (1) unmittelbar zu sehen ist, können mit rekursiven Rechenvorschriften nur (orts-) kausale Impulsantworten (sogenannte 1-Quadrantenimpulsantworten) erzeugt werden. In der Bildverarbeitung sind jedoch in erster Linie Nullphasensysteme, also Filter mit akausalen Impulsantworten von Interesse. Man kann die drei übrigen 1-Quadrantenimpulsantworten durch Filterung des Bildes in vier verschiedenen Richtungen, ausgehend von den vier Bildecken erzeugen und erhält damit die Impulsantworten im 2., 3. und 4. Quadranten

$$f_{m,n} = f^1_{m,n} = f^2_{m,-n} = f^3_{-m,-n} = f^4_{-m,n} \qquad (5)$$

mit den korrespondierenden Übertragungsfunktionen

$$F(z_1,\ z_2) = F^1(z_1,\ z_2) = F^2(z_1,\ z_2^{-1}) = F^3(z_1^{-1},\ z_2^{-1}) = F^4(z_1^{-1},\ z_2) \qquad (6)$$

Es wurden vier Möglichkeiten untersucht mit kausalen Filtern akausale zu realisieren:

(a) Durch vier Faltungen des Bildes in vier verschiedenen Richtungen:

$$r = f^1 * f^2 * f^3 * f^4 * d \qquad (7)$$

Dies entspricht im Übertragungsbereich einer Multiplikation mit den korrespondierenden Übertragungsfunktionen:

$$R = F^1 F^2 F^3 F^4 D \qquad (8)$$

Aus (8) geht unmittelbar hervor, daß anstelle des gewünschten Betrags der Übertragungsfunktion $|F|$ ein Filter mit dem Betrag der Übertragungsfunktion $\sqrt[4]{|F|}$ entworfen werden muß. Beim Filtern muß ein zusätzlicher Bildrand für das Abklingen der Teilfilterantworten vorgesehen werden.

(b) Faltung des Bildes mit den 1-Quadrantenimpulsantworten und anschließende Aufsummation der Teilergebnisse:

$$r = f^1 * d + f^2 * d + f^3 * d + f^4 * d \qquad (9)$$

Die zu approximierende 1-Quadrantenimpulsantwort $f_{m,n}$ muß hierzu für m=0 und n=0 vor dem Entwurf jeweils mit dem Faktor 1/2 multipliziert werden.

(c) Faltung des Bildes mit 1-Quadrantenimpulsantworten, die jeweils um 1/2 Bildelement in m- und n-Richtung verschoben werden, d.h.:

$$f' = f_{m-1/2,n-1/2} \qquad (10)$$

Die korrespondierende Übertragungsfunktion lautet:

$$F' = z_1^{-1/2} z_2^{-1/2} F \qquad (11)$$

Die Gesamtübertragungsfunktion setzt sich damit zusammen zu:

$$F'' = F'^1 + z_2 F'^2 + z_1 z_2 F'^3 + z_1 F'^4 \qquad (12)$$

(d) Verschiebung der zu realisierenden akausalen Impulsantwort in den ersten Quadranten um eine zu optimierende Anzahl von Rasterelementen. Diese Methode hat den Vorteil, daß nur in einer Richtung über das Bild gefiltert werden muß, es entstehen jedoch zusätzliche Approximations- und Phasenfehler.

Zahlreiche Untersuchungen haben ergeben, daß Methode (c) im Hinblick auf Rechenaufwand und Genauigkeit sehr günstige Ergebnisse liefert.

4. Anwendungen und Ergebnisse bei der Verarbeitung von Szintigrammen

Im Folgenden werden drei praktische Anwendungsbeispiele für den Einsatz rekursiver Filter in der Szintigrammverarbeitung gezeigt. In allen Fällen handelt es sich dabei um Filter 2-ter Ordnung, die im Ortsbereich entworfen und nach Methode (c) in Punkt 3 realisiert wurden.

4.1 Optimalfilterung von Knochenszintigrammen

Optimalfilter minimieren bekanntlich die mittlere quadratische Abweichung eines
Signals in Bezug auf ein vorgegebenes Signalmodell (siehe z.B. /4/). Bei der
Verarbeitung von Szintigrammen bedeutet dies i.A., daß tiefere Ortsfrequenzen
verstärkt werden um die Tiefpaßcharakteristik des Bildgewinnungssystems zu
kompensieren. Höhere Ortsfrequenzen, bei denen die durch den radioaktiven
Zerfallsprozeß bedingte Rauschleistung gegenüber dem Nutzsignal überwiegt,
werden durch das Optimalfilter im Sinne eines möglichst großen S/R-Verhältnis
gedämpft. Abb. 2a zeigt den typischen Verlauf eines solchen Filters in der
$\omega_1\omega_2$-Ortsfrequenzebene (Sollübertragungsfunktion). Abb. 2b zeigt die durch
das rekursive Filter approximierte Übertragungscharakteristik. Die auf den
quadratischen Mittelwert der Sollübertragungsfunktion bezogene Standardabweichung zwischen den Übertragungsfunktionen beträgt 0.061. Abb. 2c stellt den
fünffachen Absolutbetrag der Differenz Soll-/Istübertragungsfunktion dar.
Abb. 2d zeigt Profile der Soll- und Istübertragungsfunktion für ω_2=0. In **Abb. 1**
ist ein Verarbeitungsergebnis an Hand eines Schädelszintigramms dargestellt.
Während das Rauschen im verarbeiteten Bild weitgehend unterdrückt wird, treten
interessierende Details deutlich hervor.

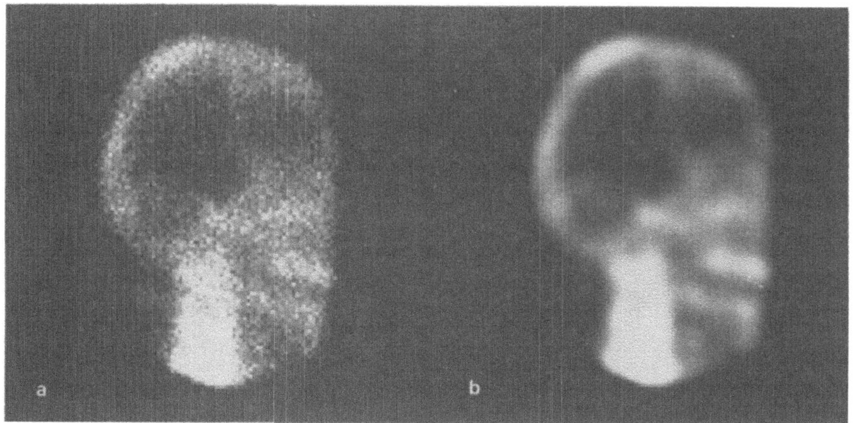

Abb. 1: Schädelszintigramm: (a) original und (b) optimalgefiltert

4.2 Rekursive Interpolationsfilter zur günstigen Bilddarstellung

Wie aus Abb. 2 ersichtlich, wird die Bandbreite von Szintigrammen durch die
Optimalfilterung sehr stark beschränkt. Es ist daher nach dem Nyquisttheorem
möglich, die resultierende Bildinformation mit sehr viel weniger Bildelementen
darzustellen; Abb. 3 gibt hierfür ein Beispiel. Abb. 3a zeigt ein Lungenventilationsszintigramm bestehend aus 64 x 64 Bildelementen; das zugehörige Optimalfilterergebnis ist in Abb. 3b dargestellt. Da das gefilterte Lungenszintigramm

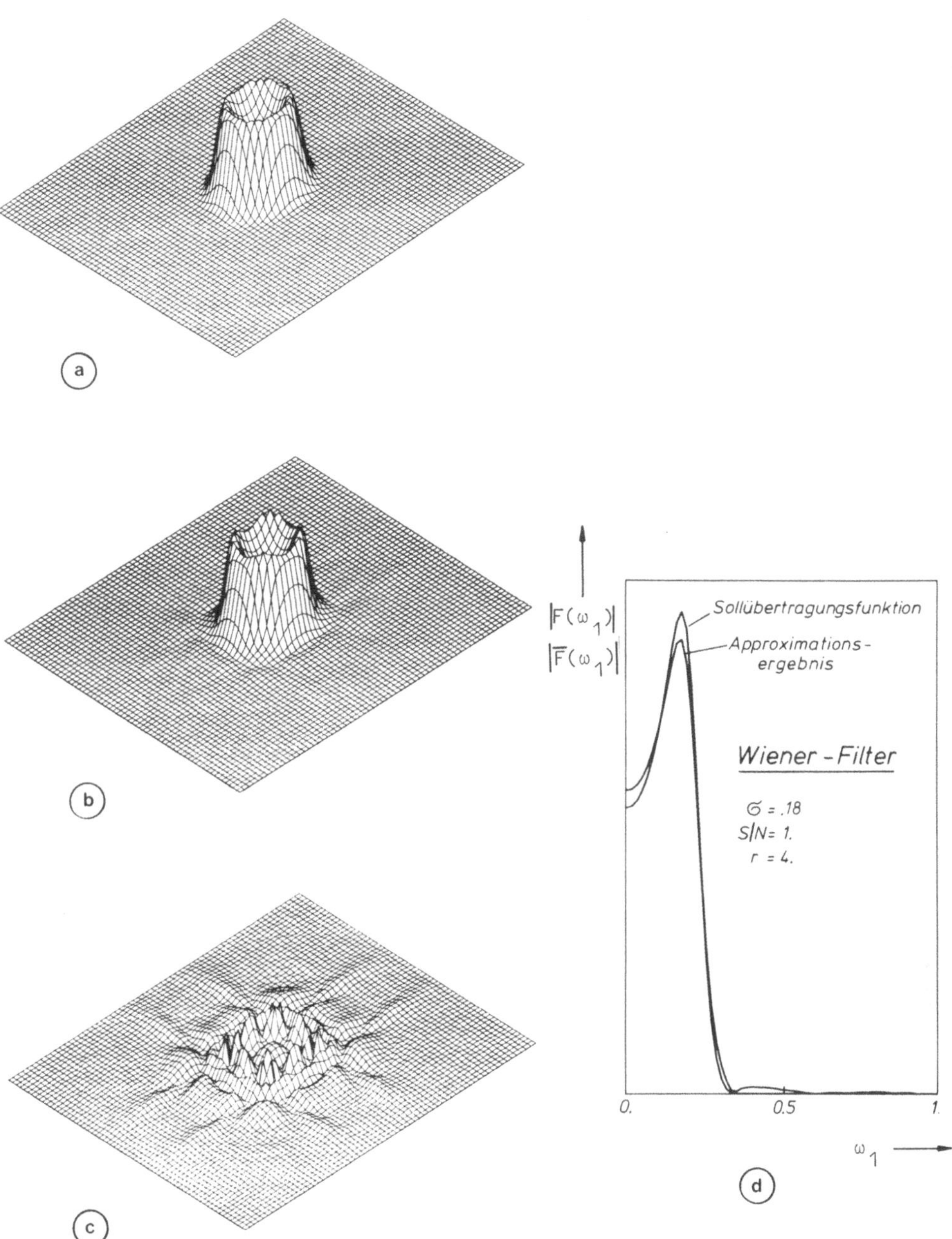

Abb. 2: Optimalfilter nach Wiener: (a) Sollübertragungsfunktion, (b) approximierte Übertragungsfunktion, (c) 5-facher Absolutbetrag der Differenz
von (a) und (b), (d) Profil von (a) und (b) bei $\omega_2 = 0$.

sehr stark bandbegrenzt ist, kann es nachträglich (z.B. um Speicherplatz zu
sparen) mit 32 x32 Samplewerten abgetastet werden (Abb. 3c). Die übliche
Darstellung dieses Bildes (jeder Samplewert wird als kleines Quadrat konstanter Helligkeit dargestellt) zeigt Abb. 3d. Obwohl die Bilder in Abb. 3b und
Abb. 3d den gleichen Informationsgehalt besitzen, ist die Darstellung in Abb. 3d
sehr unbefriedigend. Dies kann durch ein sogenanntes rekursives Interpolationsfilter vermieden werden. Zu diesem Zweck werden die 32 x 32 Samplewerte in ein
128 x128 Bild eingetragen; es wird also zeilen- und spaltenweise nur jedes
vierte Bildelement mit einem Wert der von Null verschieden ist belegt. Man hat
nun die Möglichkeit aus diesem Bild mittels eines separierbaren Filters, d.h.
$F = F_1 (\omega_1) F_2 (\omega_2)$, ein "Quasi"-Analogbild bestehend aus 128 x 128 Bildelementen zu erzeugen (Abb. 3e), das die ursprüngliche Bildqualität (Abb. 3b)
aufweist oder übertrifft (weil in feinerem Raster dargestellt). Abb. 4 zeigt
die zugehörige Sollübertragungsfunktion (a), die durch das rekursive Filter
approximierte Übertragungsfunktion (b), den Absolutbetrag der Differenz der
beiden Übertragungsfunktionen (c) und die Profile der beiden Übertragungsfunktionen (d) für $\omega_2 = 0$. Die Standardabweichung zwischen Soll- und Istübertragungsfunktion bezogen auf den quadratischen Mittelwert der Sollübertragungsfunktion beträgt 0.264.

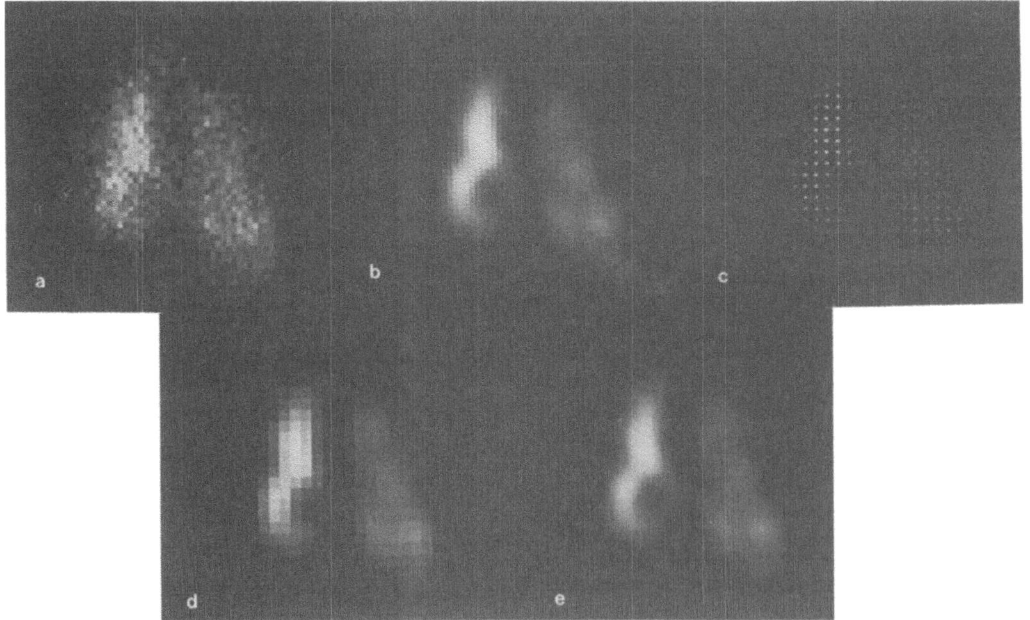

Abb. 3: Lungenventilationsszintigramm: original 64 x 64 Bildelemente (a), optimalgefiltert (n. Wiener) 64 x 64 (b), abgetastet 32 x 32 (c), Optimalfilterergebnis in üblicher Darstellung 32 x 32 (d), Optimalfilterergebnis
mit interpolierter Darstellung (e).

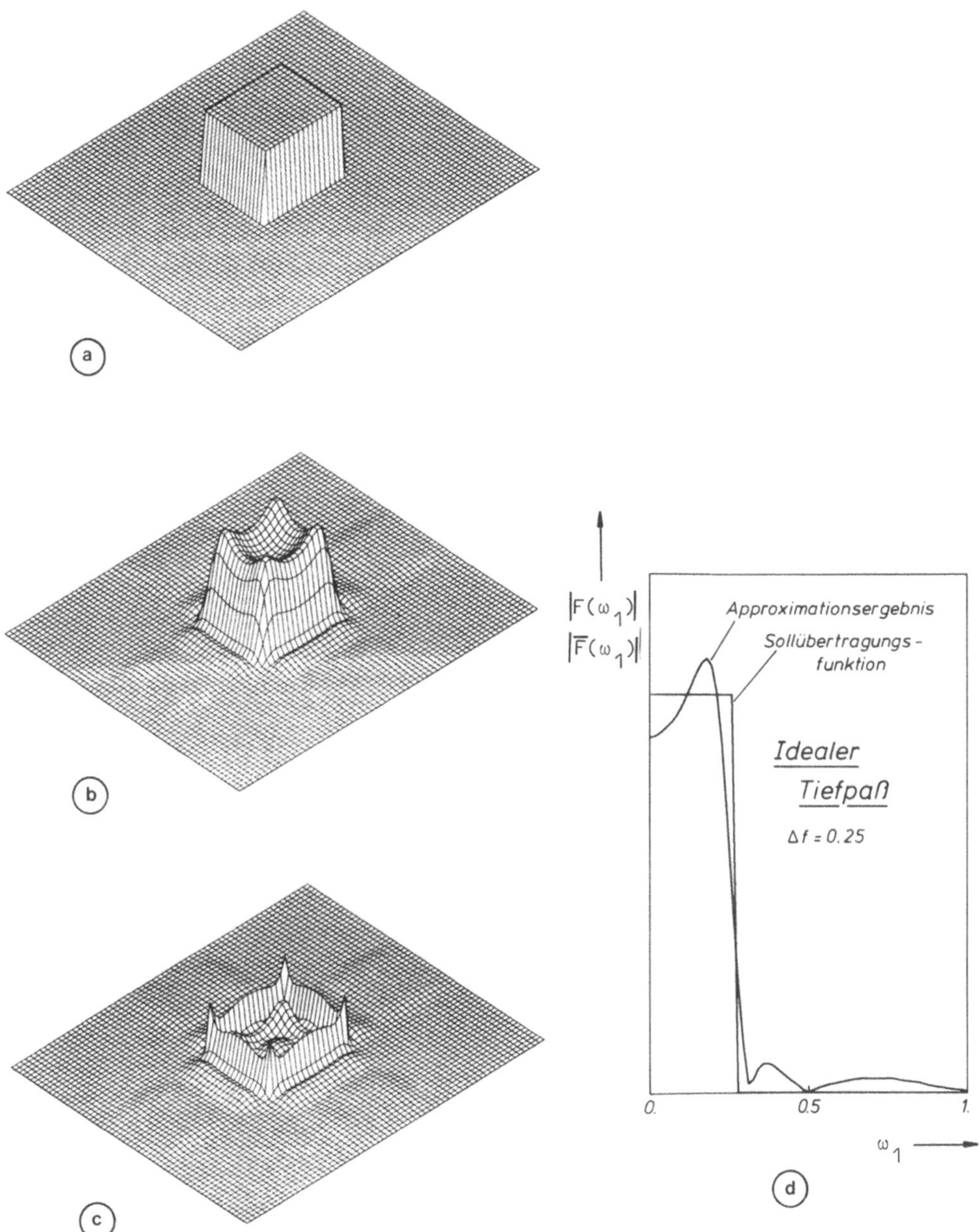

Abb. 4: Interpolationsfilter: (a) Sollübertragungsfunktion, (b) approximierte
Übertragungsfunktion, (c) Absolutbetrag der Differenz von (a) und (b),
(d) Profil von (a) und (b) bei $\omega_2 = 0$.

4.3 Laplace-Filter zur Konturfindung in Myocardszintigrammen

In der Myocardszintigraphie sind oft die Konturen des Herzmuskels von besonderem Interesse. Um diese zu extrahieren, wurde ausgehend von einem statistischen Kantenmodell nach /5/ ein rekursives optimales Laplace-Filter mit gauß'scher Bandbegrenzung entworfen. Die zugehörigen Soll- und Istübertragungsfunktionen in der Frequenzebene sind in Abb. 6a,b und als Profile in Abb. 6d dargestellt. In Abb. 6c ist der fünffache Absolutbetrag der Differenz zwischen Soll- und Istübertragungsfunktion dargestellt. Die auf die mittlere quadratische Amplitude der Sollübertragungsfunktion bezogene Standardabweichung beträgt 0.046. Abb. 5 zeigt ein unverarbeitetes Myocardszintigramm (a) und das Filterergebnis des Laplace-Filters (b) (beachte: das Gradientenbild ist mittelwertsfrei - der mittlere Grauwert in Abb. 5b entspricht daher aus Darstellungsgründen dem Wert Null). Um aus dem Gradientenbild die binäre Kontur des Herzmuskels zu gewinnen, werden mit einem Tracingverfahren die steilsten Nulldurchgänge in Bild 5a verfolgt. Der dabei zurückgelegte Weg entspricht der gesuchten Organgrenze (siehe Abb. 5c,d).

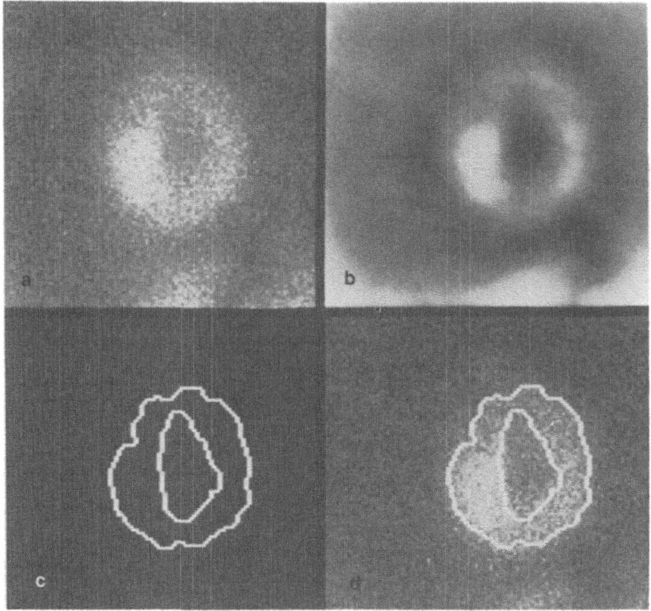

Abb. 5: Myocardszintigramm: (a) original, (b) Laplace-gefiltert, (c) Ergebnis des Nulldurchgangstracings, (d) gefundene Kontur im Originalszintigramm.

Anmerkung

Das nuklearmedizinische Bildmaterial wurde uns freundlicherweise vom Institut für Nuklearmedizin, TU München zu Verfügung gestellt.

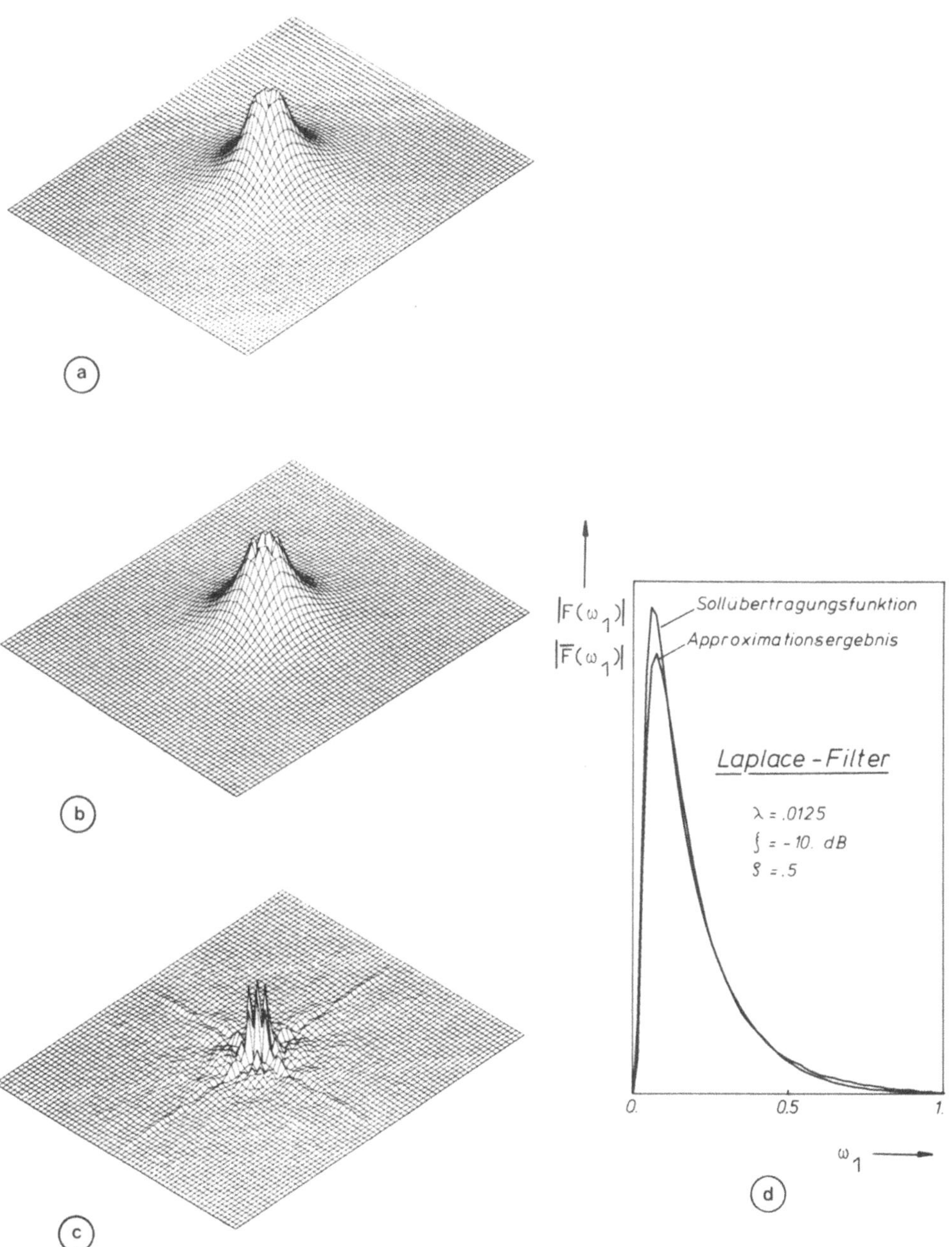

Abb. 6: Laplace-Filter: (a) Sollübertragungsfunktion, (b) approximierte Übertragungsfunktion, (c) 5-facher Absolutbetrag der Differenz von (a) und
(b), (d) Profil von (a) und (b) bei $\omega_2 = 0$.

Literatur

/1/ G.A. Maria, M.M. Fahmy
    A lp-Design Technique for Two-Dimensional Digital Recursive Filters
    IEEE Trans. on ASSP, Vol. 22, No. 1, Feb. 1974

/2/ M.S. Bertran
    Approximation of Digital Filters in One and Two Dimensions
    IEEE Trans. on ASSP, Vol. 23, Oct. 1975

/3/ T.S. Huang
    Stability of Two-Dimensional Recursive Filters
    IEEE Trans. on AU, Vol. 20, No. 2, June 1972

/4/ F.M. Wahl
    Adaptive Filter in der Szintigraphie
    In: Informatik-Fachberichte, "Digitale Bildverarbeitung", Hrsg. H.-H. Nagel
    Springer Berlin/Heidelberg/New York 1977

/5/ J.W. Modestino, R.W. Fries
    Edge Detection in Noisy Images Using Recursive Digital Filtering
    Computer Graphics and Image Processing 6, 1977

ERFAHRUNGEN MIT EINEM HYBRID-SYSTEM ZUR ORTSFREQUENZFILTERUNG INKOHÄRENT BELEUCHTETER OBJEKTE

D. Görlitz und F. Lanzl, IAP, Hamburg

Zusammenfassung

Die Nachteile der einfach auszuführenden kohärenten Ortsfrequenzfilterung wie schlechtes Signal/Rausch Verhältnis und hohe Anforderungen an Justierung und Güte der optischen Elemente können bei nicht-kohärenter Objektbeleuchtung vermieden werden. Da aber in diesem Fall nur Intensitäten und nicht Amplituden beeinflußt werden können, ist die Klasse der realisierbaren Übertragungsfunktionen beschränkt. Die Fernsehtechnik eröffnet bei Verarbeitung in 2 Kanälen durch anschließende elektronische Bildsubtraktion die Möglichkeit, mittels optischer Filter eine Bandpassfilterung inkohärent beleuchteter Objekte (auch Papierbilder) durchzuführen. Ebenso kann auf diese Weise eine Rho-Filterung realisiert werden.

1. Aperturmasken zur nicht-kohärenten Ortsfrequenzfilterung

Die Übertragungsfunktion eines in Abb.1 skizzierten optischen Systems ist bei inkohärenter Objektbeleuchtung durch die Autokorrelationsfunktion der Filtertransparenz in der Entrittspupille Ep gegeben. Da eine Autokorrelationsfunktion immer ein zentrales Maximum besitzt, hat die inkohärente Übertragungsfunktion somit ihr Maximum bei der Ortsfrequenz null. Die Höhe dieses Maximums ist proportional der gesamten durch das Filter gehenden Lichtintensität. Will man gezielt dieses Maximum unterdrücken, d.h. will man den Gleichlichtanteil im Bild eliminieren, muß man durch Subtraktion einer zweiten Übertragungsfunktion mit gleichem Maximum eine neue Übertragungsfunktion synthetisieren. Dazu muß also das Ergebnis aus einem zweiten Filterungskanal (B') vom Ergebnis des ersten (B) subtrahiert werden. In Abb.2 ist ein entsprechender Aufbau

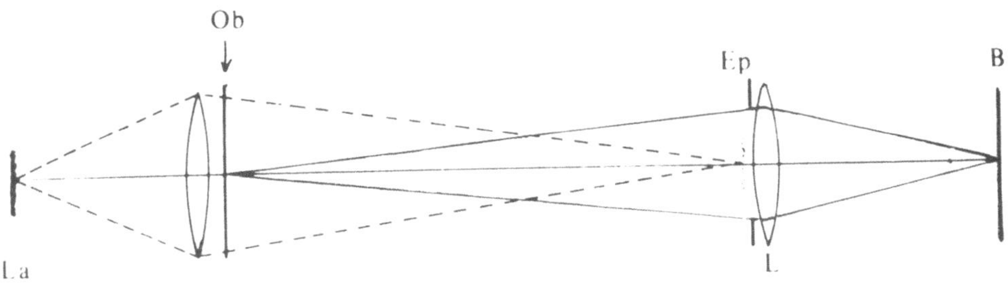

Abb.1

skizziert. Eine solche Anordnung wird bei den folgenden Betrachtungen zugrundegelegt.

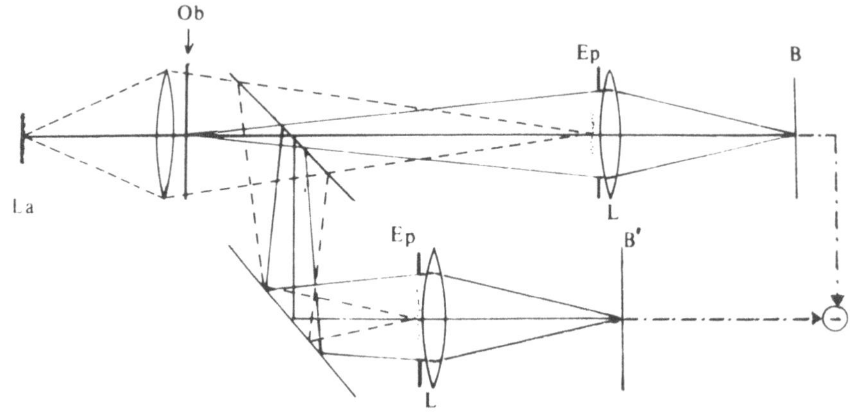

Abb.2

1.1. Filtersysteme zur Abschwächung niedriger Ortsfrequenzen (Rho-Filter)

Eine Übertragungsfunktion ITF_{tot}, deren Maximum bei mittleren Ortsfrequenzen liegt und die linear vom Nullpunkt ansteigt, kann leicht durch zwei Kreisblenden als Filteraperturen realisiert werden. Hat die Filterapertur 1 einen Durchmesser ρ_m und die Filterapertur 2 einen der Größe $\alpha \cdot \rho_m$, wobei $\alpha < 1$, so wird die Objektverteilung in den beiden Kanälen unterschiedlich stark tiefpassgefiltert. Bei gleicher Gesamttransparenz der beiden Masken erhält man durch Subtraktion des zweiten vom ersten tiefpassgefilterten Bild am Ausgang des Systems eine Intensitätsverteilung, deren Gleichlichtanteil eliminiert ist. Für $\alpha = 0{,}5$ ist in Abb.3 ein Beispiel für diese Filtersynthese gezeigt. Die Kurve für ITF_{tot} entspricht den von Simpson, Barrett und Mitarbeitern vorgeschlagenen apodisierten Rho-Filtern zum Einsatz bei der analogen Rekonstruktion in der transaxialen Tomographie und der ringkodierten Abbildung.[1,2]

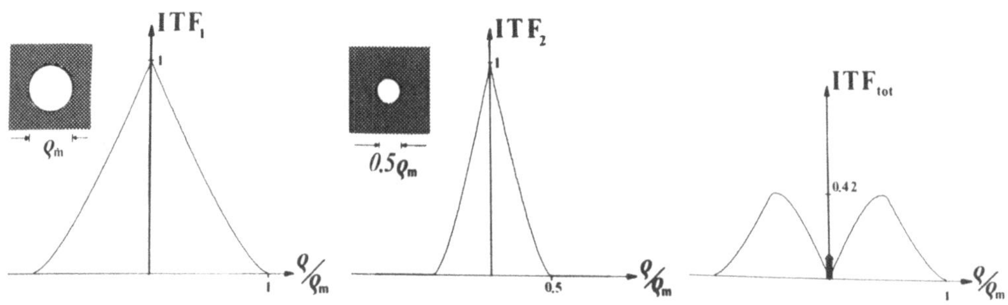

Abb.3

1.2. Amplitudenmasken für Bandpass-Filtersysteme

Mit einem entsprechenden Verfahren läßt sich mit reinen Amplitudenmasken eine Bandpassfilterung vornehmen. Um ein ganzes Band niedriger Ortsfrequenzen zu unterdrücken,
müssen die beiden Übertragungsfunktionen ITF_1 und ITF_2 der zwei Filtermasken im Zentrum identisch sein. Die Autokorrelation eines Kreisringes hat im Zentrum die gleiche
konische Form wie die einer Kreisblende. Bei geeigneter Wahl der Parameter Innenradius
des Kreisringes, Radius der Kreisblende und Gesamttransparenz der einzelnen Filter
kann durch Subtraktion eine Übertragungsfunktion ITF_{tot} synthetisiert werden, die die
geforderten Eigenschaften eines Bandpasses aufweist. In Abb.4 ist dies an einem Beispiel
gezeigt.

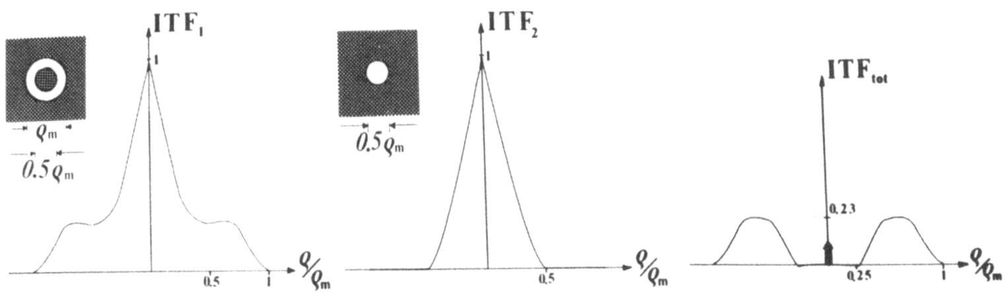

Abb.4

2. Systembeschreibung

Die Anlage setzt sich aus einem optischen, einem analog-elektronischen und einem digi-
tal-elektronischen Teil zusammen. Ein Blockschema des gesamten Hybridsystems ist in
Abb.5 gezeigt.
Optischer Teil: Die Filtermasken werden als fotografische Transparenzen auf Kleinbild-
film hergestellt und in einem Halter direkt vor die Frontlinse in die Eintrittspupille
der Fernsehkameraobjektive eingesetzt. Um die Lichtausbeute bei sehr starker Bandbegrenzung zu erhöhen und dadurch das Rauschen der Kameravorverstärker zu senken, werden
die Masken in Form von Vielfachaperturen hergestellt. Dabei werden sowohl regelmäßige
Vervielfachungsstrukturen als auch zweidimensionale nicht-redundante Kodes benutzt,
die beide praktisch dieselben Übertragungsfunktionen generieren wie entsprechende Ein-
fachaperturen. Damit die Vielfachapertur für alle vom System übertragenen Ortsfrequenzen genau so wirkt wie eine Einfachapertur, muß bei regelmäßigen Strukturen der Abstand
zweier Einzelaperturen größer als die Autokorrelationsbreite einer Apertur sein, die
in ihrem Übertragungsverhalten der Bandbreite des Fernsehfrequenzbandes entspricht.

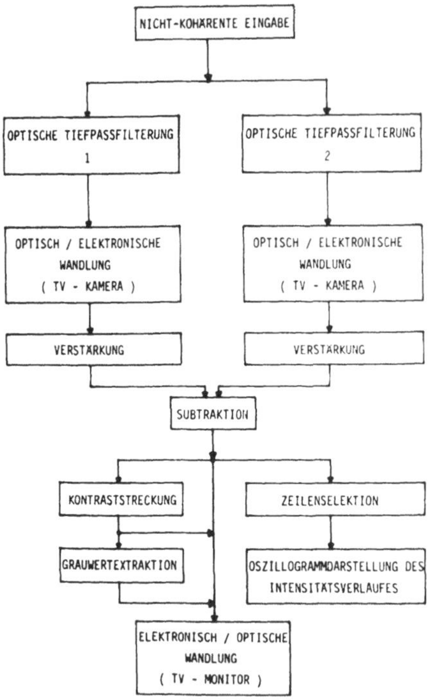

Abb.5 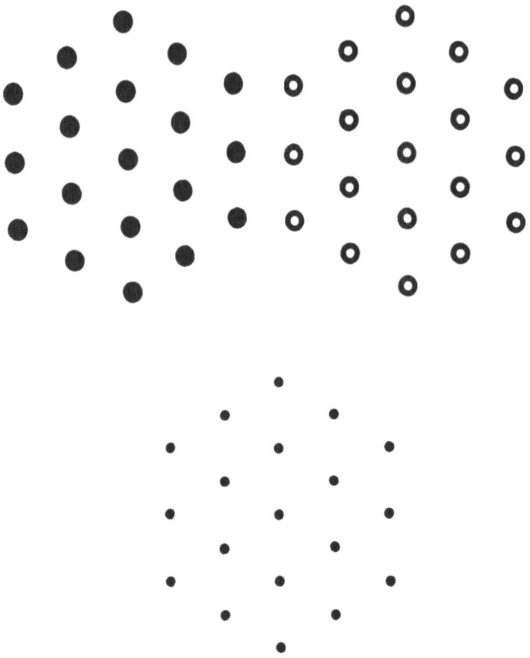   Abb.6

In Abb.6 sind drei Beispiele für regelmäßige Vervielfachungsstrukturen gezeigt, die
für die Rho- und Bandpassfilterungen verwendet wurden. Reicht wegen der Minimalabstands-
bedingung bei sehr kleinen Aperturen (sehr starke Tiefpassfilterung) die regelmäßige
Vervielfachung nicht aus, um einen hinreichenden Rauschabstand im Fernsehsignal zu
erhalten, so kann die Apertur quasi-statistisch vervielfacht werden. An die Stelle der
genannten Bedingung tritt dann die Einschränkung, daß in der Menge der Strecken, die
zwei beliebige Einzelaperturen verbinden, keine zwei vorkommen dürfen, die gleich lang
und parallel sind (Nicht-Redundanz-Bedingung). Abbildung 7 zeigt einen von Weiss und
Mitarbeitern[3] vorgeschlagenen Kode, der, als Lochmaske implementiert, bei unseren Versuchen zur Rho-Filterung u.a. benutzt wurde. Die Autokorrelation eines solchen Kodes
zeichnet sich durch ein zentrales, sehr scharfes Maximum und annähernd kontinuierliche

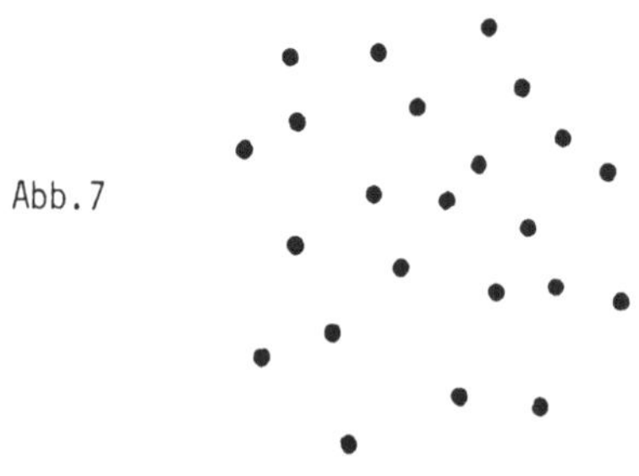

Abb.7

Störungen aus. Dabei ist das Verhältnis der Intensitäten von zentralem Maximum und Störung an
einem der $n(n-1)$ Punkte außerhalb des Zentrums
gleich $n:1$, wobei n die Zahl der Einzelaperturen
im Kode ist. Auch bei einem solchen Kode müssen
die Einzelaperturen einen gegenseitigen Mindest-
abstand vom Zweifachen ihres Durchmessers haben,
damit sich die Korrelationen nicht überlappen.

Normiert auf den zur Verfügung stehenden Dynamikbereich des Systems bleiben die Störungen bei genügend großem n unterhalb der Grauwertauflösung.

<u>Analog-elektronischer Teil</u>: In den Bildebenen B und B' der optischen Kanäle befinden sich die Newicon-Targets der TV-Kameras. Hier werden die optischen in elektrische Signale gewandelt. In einem kombinierten Verstärker, Signalinvertierer und -Addierer werden dann die Signale geeignet normiert (verstärkt) und subtrahiert. Die elektrische Signalamplitude und damit die optische Intensitätsverteilung entlang einer Fernsehzeile wird auf einem Oszillografen dargestellt. Um diesen exakt zu triggern, wird ein Zeilenselektor benutzt, der es ermöglicht, eine beliebige Fernsehzeile digital anzuwählen und zu einem kontinuierlich einstellbaren Zeitpunkt innerhalb einer Zeile den Triggerimpuls für den Oszillografen zu geben. Gleichzeitig wird auf dem Ausgabemonitor das gefilterte Bild dargestellt.

<u>Digital-elektronischer Teil</u>: Die Erfahrung mit dem System hat gezeigt, daß die verarbeiteten Bilder häufig nur einen mäßigen Kontrast besitzen, da durch die Filterung gerade die den makroskopischen Kontrast bestimmenden großflächigen Strukturen (niedrige Ortsfrequenzen) eliminiert worden sind. Es ist daher sehr wünschenswert, den Kontrast des gefilterten Bildes auf den vollen zur Verfügung stehenden Dynamikbereich zu strecken. Das analoge Videosignal wird dazu mit 10 MHz/8 bit A/D-gewandelt und die gewünschte Grauwertstreckung digital in Echtzeit durchgeführt. Soll aus dem Grautonbild nur eine bestimmte Graustufe dargestellt werden, so geschieht diese Selektion auch in dem digitalgewandelten Bild. Das Ergebnis wird dann auf einem Monitor ausgegeben.

3. Anwendungen

Das beschriebene Hybridsystem zur Ortsfrequenzfilterung kann zur Echtzeitverarbeitung von Bildvorlagen (Diapositive oder Papierbilder) aus verschiedenen Anwendungsbereichen verwendet werden. Dazu gehören u.a. die Rho-Filterung von Szintigrammen und die Bandpassfilterung von Zellaufnahmen. Je nach Aufgabe und vorliegenden Objekten können geeignete angepaßte Filtermasken einfach hergestellt werden.

4. Literatur

[1] R. G. Simpson, H. H. Barrett, J. A. Subach, and H. D. Fisher; Opt. Eng. <u>14</u> (1975) 490
[2] H. H. Barrett and W. Swindell; Proc. IEEE <u>65</u> (1977) 89
[3] H. Weiss, E. Klotz, R. Linde, G. Rabe and U. Tiemens; Opt. Acta <u>24</u> (1977) 305

<u>INVERSE FILTERUNG IN EINEM NICHTKOHÄRENT-OPTISCHEN</u>

<u>ELEKTRONISCHEN RÜCKKOPPLUNGSKREIS</u>

D. Görlitz, F. Lanzl[+], Th. Mischke

IAP, UNI Hamburg, [+]auch: GSF Neuherberg

<u>Zusammenfassung</u>

Es wird eine Anordnung vorgestellt, die aus einem TV-elektronischen Direktzweig und
einem inkohärenten optischen Rückkopplungszweig besteht. Mit diesem System ist es möglich, Übertragungsfunktionen zu realisieren, die einer inversen Filterung entsprechen.
Man kann somit also z.B. ein durch eine Abbildungsoptik ausgeschmiertes Bild rekonstru-
ieren.
Das System ermöglicht zweidimensionale Bildoperationen bei unkritischer Justierung des
optischen Filters und aktiver Verstärkung im elektronischen Direktzweig sowie im elektronischen Teil der hybriden optisch-elektronischen Rückkopplung mit definiert ein-
stellbarer Charakteristik. Anwendungen auf Kontrastanhebung bei variablem Untergrund
werden demonstriert.

<u>1. Theoretische Überlegungen zur Übertragungsfunktion</u>

Das System besteht im wesentlichen aus einem TV-Kanal zur elektronischen Übertragung

von Bildern und aus einem hybriden optisch-elektronischen Rückkopplungszweig. Das Sys-

tem ist das inkohärent-optische Gegenstück zu den von Lee et al. bzw. Hagler und Bell

vorgeschlagenen Systemen[1,2]. Abb.1 zeigt das Blockschaltbild des Systems. Im folgenden

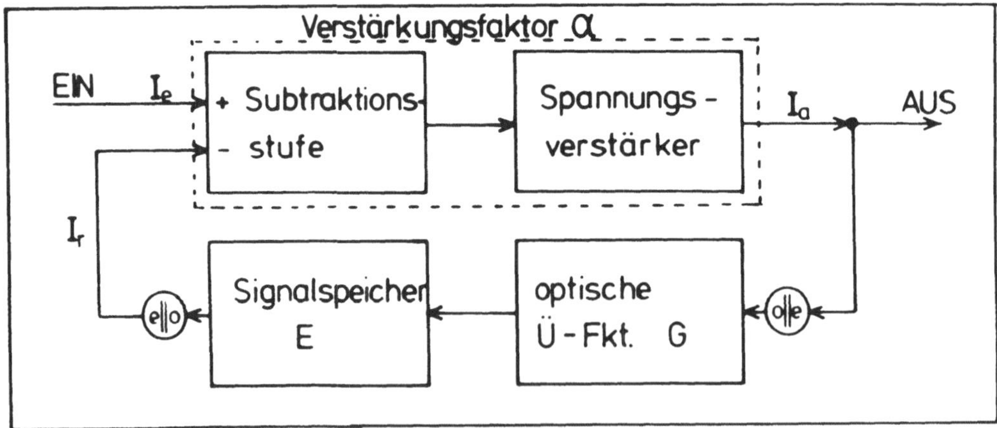

Abb.1   Blockschaltbild des Rückkopplungssystems

wird das System stets durch Angabe von Übertragungsfunktionen im Ortsfrequenzraum beschrieben.

Das Ausgangssignal des Systems wird nach einer Filterung, die durch die Übertragungsfunktion G charakterisiert wird, auf den Systemeingang zurückgekoppelt. Diese Filterung soll zweidimensional in Echtzeit durchgeführt werden. Aus diesem Grunde kommt eine optische Ortsfrequenzfilterung zum Einsatz. Das TV-Signal des direkten Kanals wird in der Rückkopplungsstrecke zunächst elektronisch-optisch gewandelt und nach der optischen Filterung wieder optisch-elektronisch rückgewandelt. Durch die negative Polarität des Rückkopplungssignals bezogen auf das Eingangssignal wird für eine Gegenkopplung gesorgt. Für dieses System gilt die Übertragungsfunktion (vergl. z.B.[3]):

$$F = \frac{\alpha}{1+\alpha G} \quad . \tag{1}$$

Eine hohe Schleifenverstärkung αG erlaubt die Näherung:

$$F \longrightarrow 1/G \quad \text{für} \quad \alpha G \gg 1 \quad . \tag{2}$$

Bei großer Schleifenverstärkung wird also die inverse Filterung möglich. Dazu wird diejenige reale passiv-inkohärent-optische Übertragungsfunktion G, durch die zunächst ein Bild beeinflußt wurde, in die Gegenkopplung des Systems eingesetzt. Bei genügend hoher Schleifenverstärkung gilt die Näherung Gl.(2) und die ursprüngliche Übertragungsfunktion G und die nun wirkende Übertragungsfunktion F=1/G kürzen sich zu 1. Dieser einfache Ansatz enthält Vereinfachungen, die das tatsächliche physikalische Verhalten der elektro-optischen Wandler betreffen. Obwohl bei der theoretischen Berechnung des Systems nur die Speicherfähigkeit der Kameraröhre E in einem linearen Ansatz berücksichtigt wird (in Gl.(1) ist dieser Faktor E in die Übertragungsfunktion G hineingezogen), gibt Gl.(1) den qualitativen Charakter des Systems gut wieder.

2. Beispiele theoretisch errechneter Übertragungsfunktionen

Mit den erwähnten Annahmen über das reale Verhalten der Systemkomponenten wurde das Übertragungsverhalten entsprechend dem Ansatz nach Gl.(1) unter Variation der verfügbaren freien Parameter auf einem Computer berechnet. Zwei Beispiele sind hier zitiert.

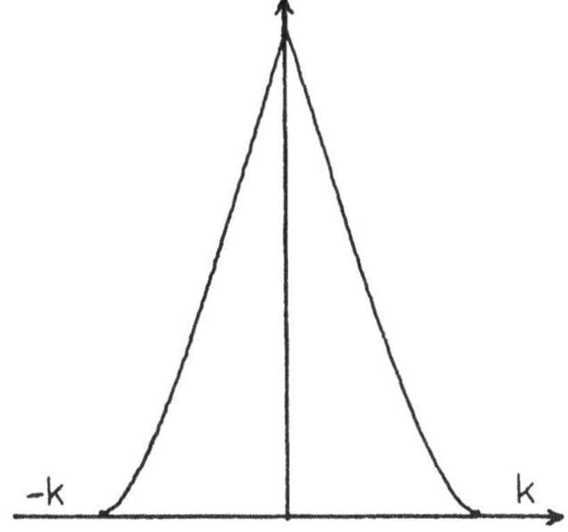

Abb.2 Übertragungsfunktion G
   = Autokorrelation einer Kreisblende

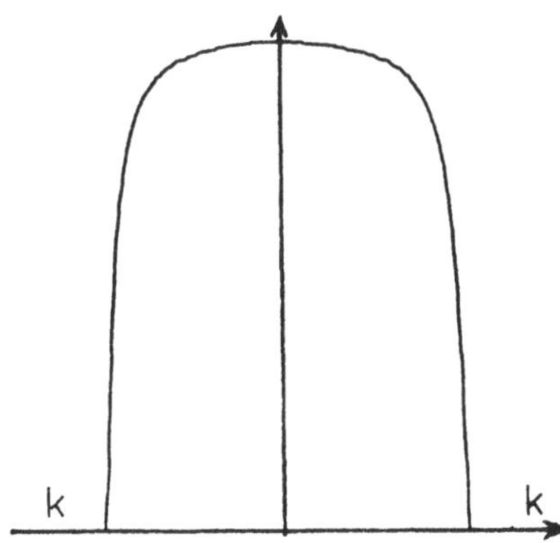

Abb.3 Zugehörige Übertragungsfunktion für
   das Gesamtsystem (G·F)

Abb.2 zeigt als einfaches Beispiel einer inkohärent-optischen Übertragungsfunktion
die Autokorrelationsfunktion einer Kreisblende. Diese Funktion wird in die Gegenkopplung des Systems eingesetzt. Das Hintereinanderschalten dieser Kreisapertur mit dem
Gegenkopplungssystem, das ebenfalls diese Kreisapertur als Ortsfrequenzfilter enthält,
führt zu einer resultierenden Gesamtübertragungsfunktion nach Abb.3 . Der Übertra-
gungswert ist bis zur Abschneidegrenze annähernd konstant.(Die Verstärkung wurde als
50-fach angenommen.) Bei einem weiteren Beispiel sei in die Gegenkopplung des Systems
die Übertragungsfunktion einer defokussierten Optik, die in Abb.4 gezeigt wird, eingesetzt. Das Produkt der sich dabei für das Gegenkopplungssystem ergebenden Übertragungsfunktion mit der bereits erwähnten Autokorrelation einer Kreisblende ist in Abb.5
dargestellt. Diese Funktion zeigt ein steilflankiges Bandpaßfilter. Neben der inversen Filterung bietet das System also weitere interessante Übertragungsfunktionen.

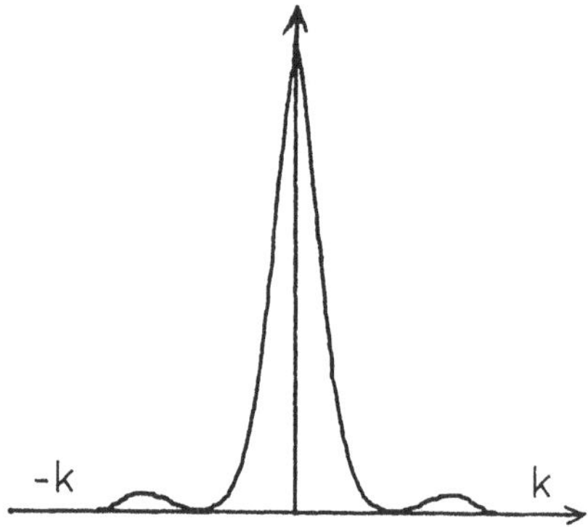

Abb.4 Übertragungsfunktion G
       = defokussierte Optik

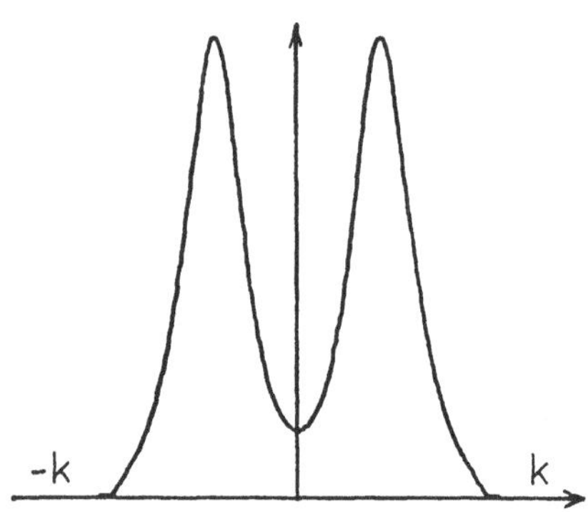

Abb.5 Gesamtübertragungsfunktion

3. Stabilität des Systems

Wie bei allen rückgekoppelten Systemen muß die Frage der Stabilität eingehend untersucht werden. Das gilt hier umso mehr, als ja eine besonders hohe Schleifenverstärkung
erwünscht ist, um in den Bereich der Näherung Gl.(2) zu kommen. Anders als bei der
gewohnten Systemanalyse, bei der man Betrag und Phasengang der Verstärkung für alle
Frequenzen betrachtet, kann man hier zwei Aspekte trennen:
a) Zeitliche Stabilitätsbedingung: Im Fall der Gegenkopplung (nur dieser Fall interessiert hier) muß das rückgekoppelte Signal stets gegenphasig am Systemeingang addiert
werden oder gleichphasig subtrahiert werden. Das ist hier stets für alle Ortsfrequenzen der Fall.
b) Räumliche Stabilitätsbedingung: Jeder Punkt muß nach Durchlaufen des Systems gerade
wieder in sich selbst abgebildet werden. Andernfalls wird er bei jedem neuen Durchlauf
durch das System aufs Neue ein Stück versetzt. Das resultiert in neuen Strukturen und
ist das Analogon zu einem Verstärker, der durch Mitkopplung zu einem Oszillator wird.

Die Diskussion der Stabilität soll hier anhand eines Nyquist-Diagramms erfolgen. Für
die Modellrechnung nehmen wir für die Übertragungsfunktion eine Lorentzkurve an:

$$G = \frac{1}{1+(\frac{1}{\varepsilon}\cdot\frac{k}{k_g})^2} \tag{3}$$

Es bedeuten k=Ortsfrequenz, k_a die Auflösungsgrenze und ε ist der Parameter, der die
Halbwertsbreite der Übertragungsfunktion zur Maximalauflösung ins Verhältnis setzt.
Die seitliche Verschiebung des Punktbildes führt im Frequenzraum zu einem Phasenterm.
Dieses Glied wird mit der Übertragungsfunktion zusammengezogen und führt zu einer
effektiven Übertragungsfunktion

$$G = \frac{\exp(-2\pi i\cdot N\cdot(k/k_g))}{1+(\frac{1}{\varepsilon}\cdot\frac{k}{k_g})^2} \tag{4}$$

Dabei gibt N die Verschiebung infolge von Verzeichnungen in Anzahl von Bildpunkten an.
Substitution von Gl.(4) in Gl.(1) ergibt die Gesamtübertragungsfunktion der Modell-
rechnung. Gl.(4) multipliziert mit der Verstärkung α ergibt die Schleifenverstärkung.
Der Graph dieser Funktion ist für die Ortsfrequenzen k=0 bis k=∞ in Abb.6 als Nyquist-
Diagramm gezeichnet. Die Ergänzung durch die negativen Ortsfrequenzen würde zu einer
zweiten Spirale führen, die zu der gezeichneten bezüglich der reellen Achse symmetrisch
verläuft und ebenfalls in den Ursprung führt. Je nach Verstärkung wird der kritische
Punkt (+1,0) eingeschlossen (instabiler Fall) oder nicht eingeschlossen (stabiler
Fall).

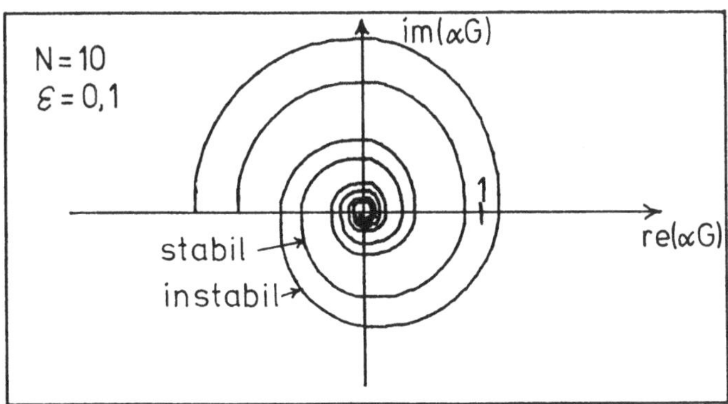

Abb.6 Nyquist-Diagramm für die positiven Ortsfrequenzen

Die Stabilität hängt vom Zusammenspiel der Parameter 1)Breite der Übertragungsfunktion,
2)Maß der Verschiebung und 3)Verstärkungsfaktor ab. So kann man z.B. bei vorgegebener
Verstärkung trotz großer Verschiebung der Punkte infolge von Verzeichnungen wieder
Stabilität erzielen, wenn man sich auf schmale Übertragungsfunktionen, also breite
Punktbilder, beschränkt.

4. Testexperimente

Abb.7 zeigt das Blockschaltbild des experimentellen Aufbaus. Da die bisher verwende-

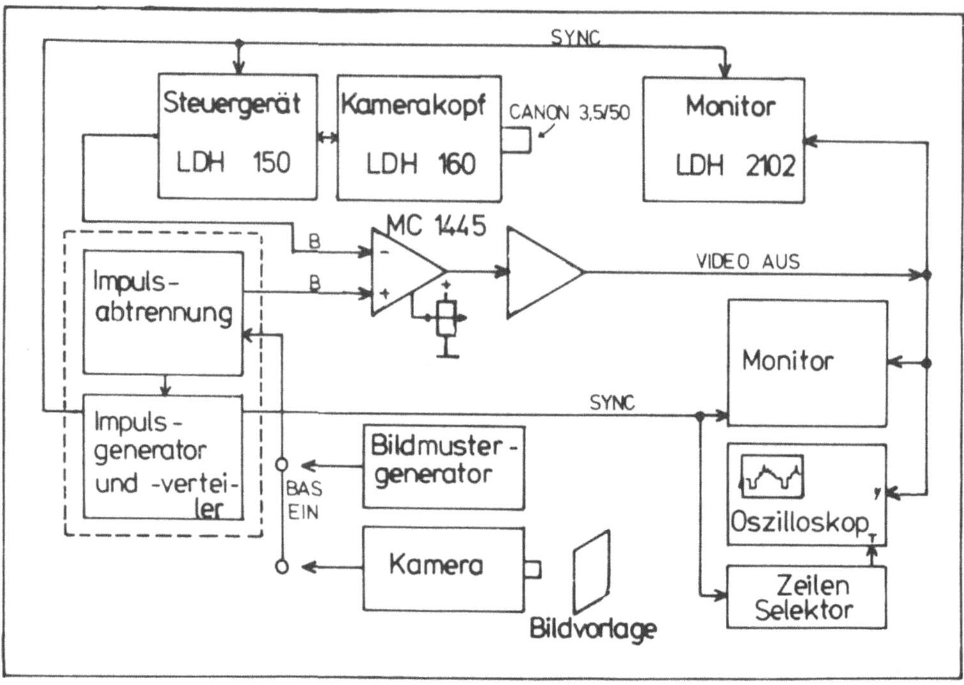

Abb.7   Schema des experimentellen Aufbaus

ten Fernsehgeräte nicht auf minimale Verzeichnung optimiert sind, wurden nur sehr
schmale Übertragungsfunktionen (defokussierte Optik) verwendet. Eine sehr schmale Übertragungsfunktion in der Gegenkopplung des Systems bewirkt, daß ein entsprechend schma-
ler Teil im Zentrum der Gesamtübertragungsfunktion ausgespart wird. Der Übertragungs-

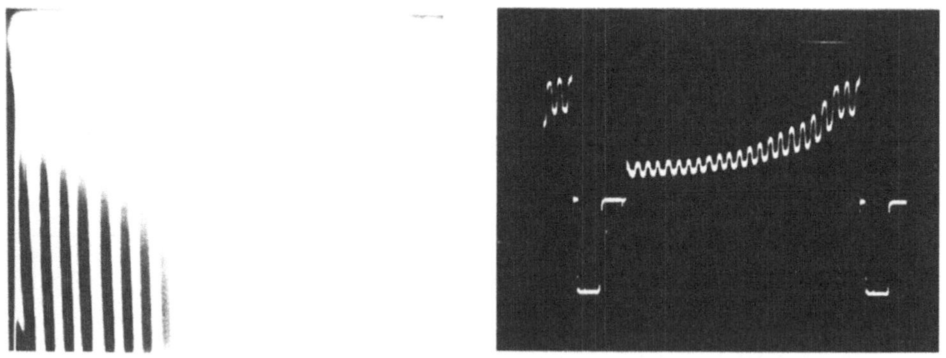

Abb. 8a und b Ungleichmäßig ausgeleuchtetes Gitter mit Zeilenoszillogramm

wert ist dann für extrem niedrige Ortsfrequenzen (z.B. großflächige Details und Schwankungen der Beleuchtungsstärke) klein. Abb.8 zeigt ein Gitter, das so ungleichmäßig ausgeleuchtet wurde, daß es im vorgegebenen Kontrastübertragungsbereich des Monitors nicht dargestellt werden kann. Nach Durchlaufen des Systems ist die Veränderung der Beleuchtungsstärke ausgeglichen, während das Gitter unbeeinflußt bleibt (Abb.9). Ein entsprechendes Beispiel, bei dem die ungleichmäßige Ausleuchtung eines Bildes (Schatten und Licht) ohne Veränderung der Details korrigiert wird, zeigen Abb.10 und Abb.11 .

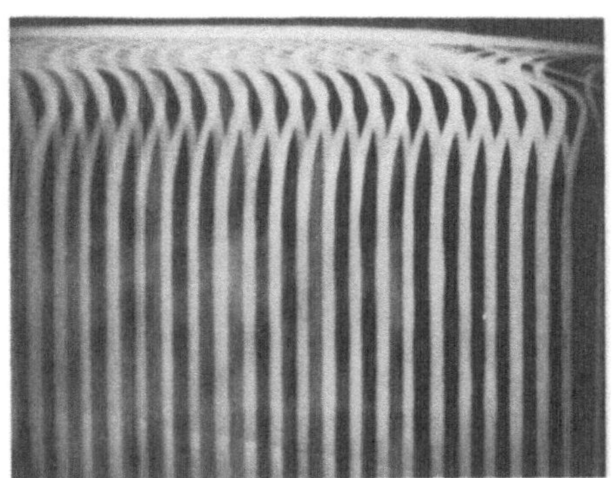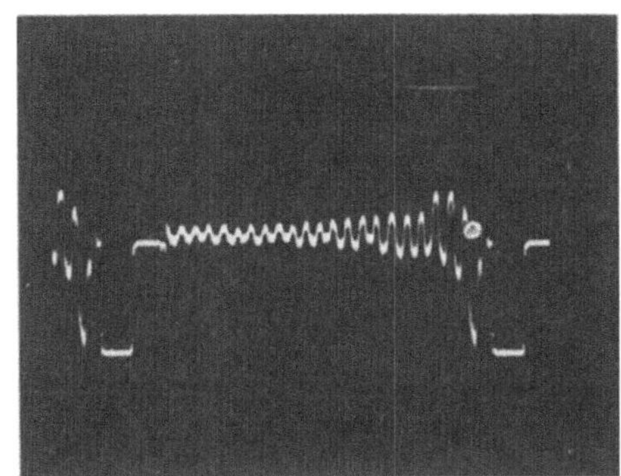

Abb.9 a und b   Das Gitter nach Abb.8 nach Durchlaufen des Systems

Abb.10   Ungleichmäßig ausgeleuchtetes   Abb.11   Das Bild nach Abb.10 nach
         Bild   Durchlaufen des Systems

5. Literatur

[1]   S.H.Lee; Opt.Eng. 13(1974)198
[2]   S.V.Bell,M.O.Hagler; Proc.Opt.Comp.Conf., Capri, 1976
[3]   K.Küpfmüller; Einführung in die theoretischeElektrotechnik, Springer,Berlin, 1959

UNTERSUCHUNG VON ZWEIDIMENSIONALEN RANGORDNUNGSOPERATOREN
IM ORTS- UND FREQUENZBEREICH

Georg Heygster

Max-Planck-Institut für experimentelle Medizin, Göttingen

Zusammenfassung

Rangordnungsoperatoren auf Bildern ordnen dem Aufpunkt den n.-ten
Wert der nach Größe geordneten Grauwerte einer lokalen Umgebung
aus N Pixeln zu. Die Wirkung auf ein Testbild wird systematisch untersucht und in den zytologisch angewendeten Spezialfällen von $n = 1$
(Erosion), $n = N$ (Dilatation) und $n = (N+1)/2$ (Medianfilterung) angegeben. Auf niedrige Frequenzen wirkt die Medianfilterung dabei wie ein
Tiefpaß. Der mittlere Grauwert des Testbildes zeigt in Abhängigkeit
von n einen S-förmigen Verlauf.

1. Einführung

Rangordnungsoperatoren auf digitalen Bildern ordnen dem Aufpunkt den
n.-ten Wert der der Größe nach geordneten Grauwerte aus einer Umgebung
aus N Pixeln zu. Nichtlineare lokale Operatoren aus dieser Klasse finden in den letzten Jahren zunehmend Verwendung in zytologischen Anwendungen der digitalen Bildverarbeitung. Spezialfälle sind $n = 1$ und
$n = N$, Verallgemeinerungen der bisher nur auf binären Bildern erklär-
ten Erosion und Dilatation /1,2/ und das Medianfilter, das als Funk-
tionswert den Zentralwert der Umgebung liefert /3/ und für das auch
ein schneller Algorithmus vorliegt /4/.

Rangordnungsoperatoren gehören zur allgemeineren Klasse der linearen
geordneten Filter /5/. Bezüglich additiver und multiplikativer Konstanten verhalten sie sich linear, bezüglich der Überlagerung von
Signalen jedoch nicht. Im eindimensionalen Fall sind bei monotonen
Eingangsfunktionen die Ausgangsfunktionen berechenbar, denn Huang's
Satz /5/ über eindimensionale Medianfilter läßt sich für eindimensionale Rangordnungsoperatoren verallgemeinern:
Wenn $P_{N,n}$ der eindimensionale Rangordnungsoperator mit Fenstergröße N
(N ungerade) ist, der aus den geordneten Werten den n.-ten zuordnet,
dann gilt:
1. Ist $f(x)$ eine in jedem Fenster monoton steigende Funktion,
   so ist $P_{N,n}(f(x)) = f(x - (\frac{N+1}{2} - n))$.
2. Ist $f(x)$ eine in jedem Fenster monoton fallende Funktion,

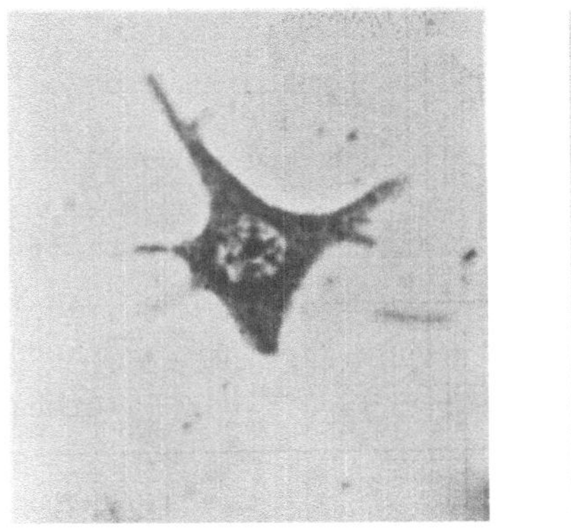

a) Original

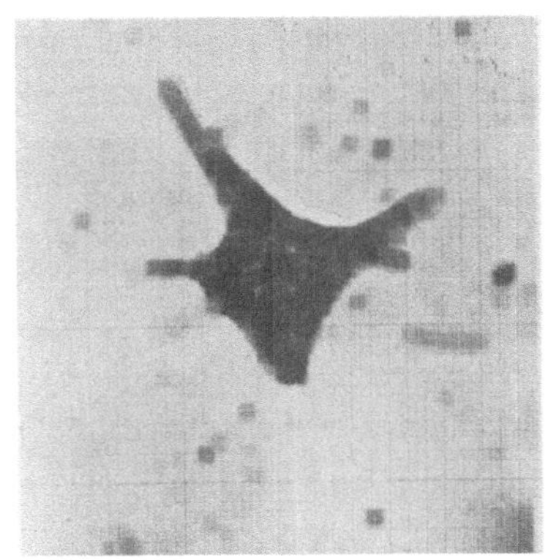

b) $R_{5,1}$

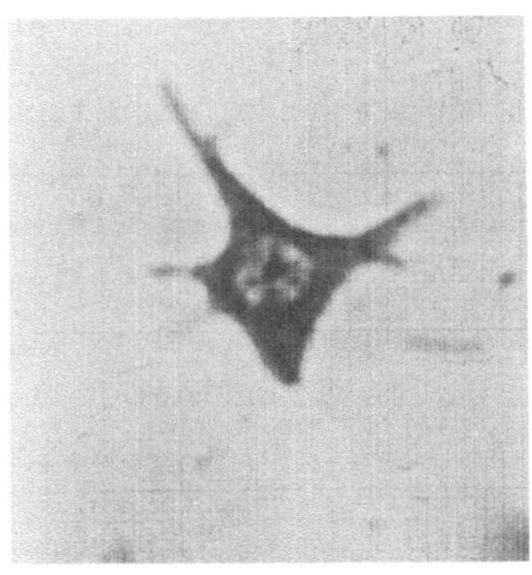

c) ungewichtetes Mittel

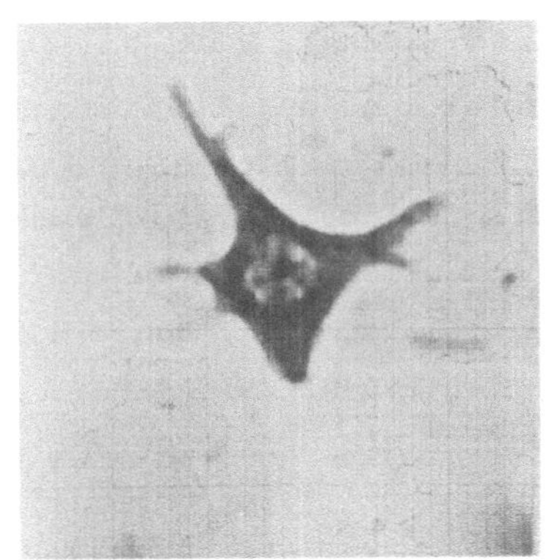

d) $R_{5,13}$

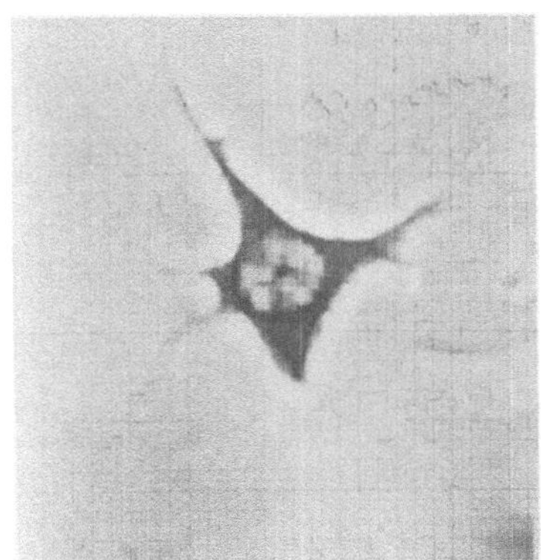

e) $R_{5,25}$

Abb. 1: Veränderung des Originalbildes (a) durch die Rangordnungsoperatoren $R_{5,1}$ (b), $R_{5,13}$ (d) und $R_{5,25}$ (e) und ungewichteter Mittelwert (c).

so ist $P_{N,n}(f(x)) = f(x + (\frac{N+1}{2} - n))$.

Systematische Untersuchungen der Rangordnungsoperatoren gibt es bisher nur für das eindimensionale Medianfilter /5,6/.

Für die vorliegende Untersuchung wurden digitale Bilder mit 256 x 256 Bildpunkten mit je 4096 Graustufen benutzt, die mit einen Scanning-Mikroskop-Photometer von Diapositiven gewonnen wurden. Zur photographischen Ausgabe von Halbtonbildern benutzen wir den Bildschirm des Computers PDP-12.

2. Anwendungsbeipiel

2.1 Wirkung im Ortsbereich

$R_{M,n}$ sei der zweidimensionale Rangordnungsoperator mit quadratischem Fenster der Fläche M x M, der aus den geordneten Werten den n.-ten zuordnet. Die Wirkung der Rangsordnungsoperatoren wurde bei verschiedenen Fenstergrößen am Beispiel einer Nervenzelle /7/ untersucht. Abb. 1 zeigt das Ergebnis für der Übersichtlichkeit halber ausgewählte Filter $R_{5,n}$. Kleine Funktionswerte sind dunkel, große hell dargestellt. Allen Operatoren gemeinsam ist die von der Medianfilterung her bekannte Eigenschaft, scharfe Kanten scharf zu lassen. Für das dunkle Objekt auf hellem Hintergrund wirken die Operatoren $R_{5,1}$ als Dilatation (= Aufblähung) und $R_{5,25}$ als Erosion (= Schrumpfung) (Abb. 1 c,e) /1/. In beiden Fällen bilden sich von der lokalen Umgebung stark abweichende Funktionswerte als Gebiete konstanten Grauwertes von der Fläche des Fensters ab. Details, deren Abstand weniger als 2 M Bildpunkt beträgt, verschmelzen dadurch miteinander.

Der Vergleich des Medianfilters $R_{5,13}$ mit der ungewichteten Mittelwertbildung im gleichen Fenster verdeutlicht, daß die Medianfilterung hier schwächer glättet (Abb. 1 b,d). Dies hängt jedoch von der Verteilungsfunktion des Rauschens ab und gilt nicht allgemein /5/.

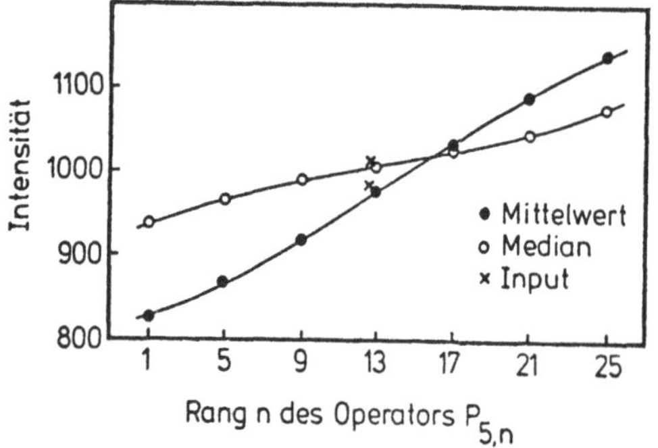

Abb. 2: Änderung von arithmetischem Mittel und Median des Testbildes (Abb. 1a) durch die Rangordnungsoperatoren $R_{5,n}$.

Abb. 2 zeigt die Veränderung des arithmetischen Mittels und des Medians des Testbildes durch die Filter $R_{5,n}$ in Abhängigkeit von n. Das arithmetische Mittel hat seine maximale Änderung bei n $N^2/2$, während der Median sich bei n ≈ 1 und n ≈ N am stärksten ändert. Die 2. bis 5. Momente zeigen einen zunehmend ausgeprägten S-förmigen Verlauf.

2.2 Eigenschaften im Frequenzbereich

Für eine Beschreibung der Wirkung im Frequenzbereich sind die Spektren vor und nach Anwendung der Rangordnungsoperatoren auf das Testbild berechnet worden. Im Fall linearer Filter liefert der Quotient der Spektren G des gefilterten und F des ungefilterten Bildes bis auf das Quantisierungsrauschen immer dieselbe Übertragungsfunktion $H(u,v) = G(u,v)/F(u,v)$, bei nichtlinearen Filtern hängt dieser Quotient von dem speziellen Bild ab. Bei dem hier untersuchten Bild hat er bei $R_{5,13}$ für niedrige Frequenzen sogar die Eigenschaft einer Übertragungsfunktion, aber nicht mehr für $R_{5,25}$. Der Einfachheit halber wurde in Abb. 3 nur der Schnitt $\frac{G(u,0)}{F(u,0)}$ dargestellt. Nach dem Projektions-Schnitt-Theorem /8,9/ gilt:

$$F(u,0) = \mathcal{F}_x \left(\frac{1}{N} \sum_{y=1}^{N} f(x,y) \right)$$

Hiermit kann man F(u,0) mit nur einer eindimensionales Fouriertransformation berechnen. Dasselbe gilt für G(u,0).

Allen berechneten Quotienten G/F der $R_{5,i}$ gemeinsam ist der Abfall bei kleinen Frequenzen, wobei die Funktionswerte in unterschiedlichem Maß um eine gedachte, monoton abnehmende Kurve springen. Dieser tiefpaß-

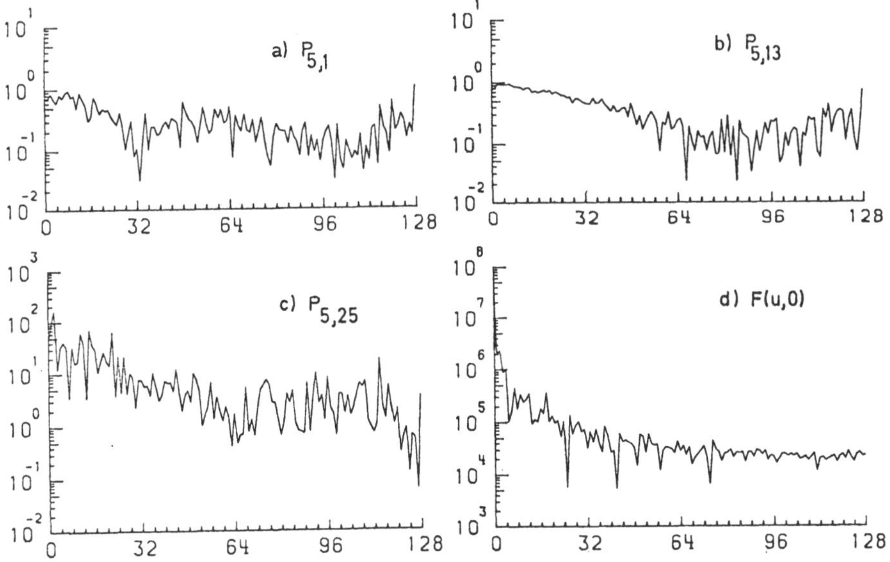

Abb. 3 a - c: Quotienten der Schnitte G(u,0)/F(u,0) durch die Spektren F(u,v) des Testbildes und G(u,v) der mit $R_{5,n}$ gefilterten Bilder.
Abb. 3d: Schnitt F(u,0) durch das Spektrum des Originalbildes Abb. 1a.

artige Verlauf ist für $n \approx N^2/2$ ausgeprägter als für $N \approx N^2/2$, wie auch die Beispiele aus Abb. 3 zeigen.

Auffällig ist, daß die Medianfilterung $R_{5,13}$ bis etwa zur halben maximalen Raumfrequenz einen glatten Verlauf des Quotienten $\frac{G}{F}$ besitzt. Das gilt auch für die nicht dargestellten Quotienten der Operatoren $R_{5,n}$ mit $5 \leqq n \leqq 13$, ist aber für $n = 13$ am ausgeprägtesten. In diesem Frequenzbereich und bei diesem Bild ist die Wirkung des Medianfilters der eines Tiefpasses ähnlich.

Die Schnitte $\frac{G(0,v)}{F(0,v)}$ sind ebenfalls berechnet und zeigen bis auf Randeffekte dasselbe Ergebnis.

Literaturverzeichnis

/1/ E.R. Reinhardt et al.: A new approach for fast feature extraction of cytological samples, Proc. Sec. Int. Conf. on Cancer Cytology and Image Analysis, Tokio 1977

/2/ I. Serra: Stereology and structuring elements, J. Microscopy <u>95</u> (1972) 93

/3/ L. Abele, T. Kitahashi, M. Wahl: Ein digitales Verfahren zur Konturfindung und Störbeseitigung bei Zellbildern, in: Informatik- -Fachberichte, Vol. 8: Digitale Bildverarbeitung, Hrsg. H.H. Nagel, Berlin 1977, 31-36

/4/ T.S. Huang, G.J. Yang, Y.G. Tang: A fast 2-dimensional median filter algorithm, Proc. 1978 Conference on Pattern Recognition and Image Enhancement, Chicago 1978

/5/ T.S. Huang: Lectures on Image Processing. Technische Universität Hannover, Lehrstuhl für Theoretische Nachrichtentechnik und Informationsverarbeitung. Hannover 1978

/6/ W.K. Pratt: Digital Image Processing, Wiley, New York 1978

/7/ H.H. Althaus, W.B. Huttner, V. Neuhoff: A New Approach to the Preparation of Cerebral Neurones, Hoppe-Seyler's Z. Physiol. Chem. <u>358</u> (1977) 1155-1159

/8/ J. Radon, Ber. Verh. Sachs. Acad. Wiss. <u>69</u> (1917) 267

/9/ W. Swindell, H. Barrett: Computerized tomography: taking sectional x rays, Physics today <u>30</u>, 12 (1977) 32-41

TRANSFORMATION UND VORVERARBEITUNG

Signaltransformation mit Hilfe orthonormierter m-Sequenzen (m-Funktionen)

H.-J. Grallert

Institut für Nachrichtengeräte und Datenverarbeitung, Aachen

Kurzfassung

Ein zweiwertiges orthonormales Funktionensystem (m-Funktionen) wird aus m-Sequenzen gewonnen. Nach Erzeugen einer m-Sequenz der Länge p erhält man durch zyklisches Verschieben dieser Impulsfolge ein Funktionensystem, das sich orthonormieren läßt. Aus einer ursprünglich pseudozufälligen Impulsfolge wird ein determiniertes orthonormales Funktionensystem (m-Funktionen) generiert. Die Eigenschaften dieses Systems werden mit denen des Walshfunktionensystems verglichen.

Mit Hilfe der m-Funktionen kann eine Signaltransformation ähnlich der Fourier- oder Walshtransformation durchgeführt werden. Die Eigenschaften der M-Transformierten lassen sich zur Datenreduktion und zur störunanfälligen Übertragung von Graubildern nutzen.

1.   Eindimensionale m-Funktionen

1.1   Erzeugen von m-Sequenzen

In den folgenden Abschnitten wird ein neuartiges Funktionensystem (m-Funktionen) vorgestellt, das durch Orthonormieren von m-Sequenzen (Pseudozufallsfolgen) entsteht. Die Eigenschaften dieser Funktionen werden mit denen der Walshfunktionen verglichen und Ähnlichkeiten sowie Unterschiede zwischen beiden Systemen aufgezeigt.

Mit Hilfe eines n-stufigen, rückgekoppelten Schieberegisters kann man periodische, zweiwertige Impulsfolgen erzeugen, deren Periode unter Verwendung spezieller Rückführungen /1/ maximal wird. Diese Folgen heißen dann m-Sequenzen (maximum-length-sequences) und für ihre Periode gilt

$$p = 2^n - 1 \tag{1}$$

Bild 1 zeigt ein rückgekoppeltes vierstufiges Schieberegister, an dessen Ausgang man m-Sequenzen der Länge $2^4 - 1 = 15$ abnehmen kann

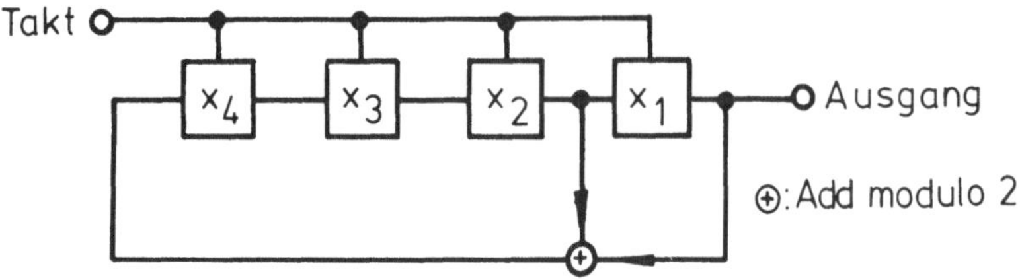

Bild 1: Vierstufiges rückgekoppeltes Schieberegister zur Erzeugung von m-Sequenzen; Rückführung nach /1/

1.2   Orthonormieren von m-Sequenzen der Länge p = 15

Im folgenden wird die Orthonormierung von m-Sequenzen der Länge p = 15 beschrieben. Der Beweis für das hier geschilderte Verfahren sowie für die Orthonormierung beliebig langer m-Sequenzen ist in /2/ ausführlich dargestellt.

Ein System orthonormierter m-Sequenzen (m-Funktionensystem) entsteht nach Ausführen folgender 3 Schritte:

a) Durch p-maliges zyklisches Verschieben einer beliebigen mit einem - wie oben beschriebenen - Schieberegister erzeugten m-Sequenz, erhält man einen Satz von insgesamt p Impulsfolgen mit den Amplituden 0 und 1.

b) Man normiere das Intervall der Länge p · T (T=Taktzeit) auf die Länge 1.

c) Den Amplituden der m-Sequenzen ordne man die Werte A und B zu (1→A, 0→B) und berechne A und B so, daß sich ein orthonormales Funktionensystem ergibt (Bild 2).

Wendet man auf das so entstandene Funktionensystem m_1, ...,m_{15} die Orthonormierungsbedingung (2) im Intervall $[0,1)$ an, so lassen sich die Amplitudenwerte A und B berechnen.

$$\int_0^1 m_k(\Theta) \cdot m_l(\Theta) \, d\Theta = \begin{cases} 1 & \text{für } l = k \\ 0 & \text{für } l \neq k \end{cases} \qquad l,k = 1,2,\ldots,15 \qquad (2)$$

Für das Beispiel in Bild 2 lauten die Bestimmungsgleichungen für A und B:

$$\frac{8}{15} A^2 + \frac{7}{15} B^2 = 1; \quad 3B^2 + 8\,AB + 4A^2 = 0 \qquad (3)$$

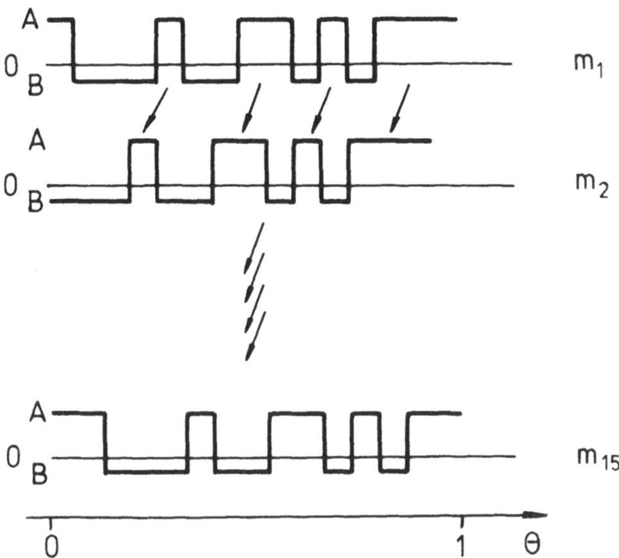

Bild 2: Orthonormierte m-Sequenzen, n=4, p=15 erzeugt mit Schiebe-register in Bild 1; Anfangsbedingung $X_1=1$, $X_2=X_3=X_4=0$

Für die Amplituden der m-Funktionen ergibt sich folgende allgemeine Lösung:

$$A = \left| \pm\left(1-\frac{2}{\sqrt{2^n}}\right)\cdot\sqrt{\frac{2^{n/2}+1}{2^{n/2}-1}} \quad \pm\left(1+\frac{2}{\sqrt{2^n}}\right)\cdot\sqrt{\frac{2^{n/2}-1}{2^{n/2}+1}} \right.$$

$$B = \left| \mp\sqrt{\frac{2^{n/2}+1}{2^{n/2}-1}} \quad \mp\sqrt{\frac{2^{n/2}-1}{2^{n/2}+1}} \right.$$

Bild 3: Mögliche Amplitudenpaare der m-Funktionen

Es gibt also insgesamt vier mögliche Wertepaare A und B, die Amplituden der m-Funktionen sein können. Für lange Schieberegister (n $\rightarrow\infty$) streben A und B gegen +1 bzw. -1.

1.3   Eigenschaften von m-Funktionen und Vergleich mit Walshfunktionen

Für m-Funktionen gelten die meisten Eigenschaften der m-Sequenzen /1/. Auf diese wird im folgenden nicht weiter eingegangen. Bild 4 zeigt einen Vergleich zwischen m- und Walshfunktionen.

1.4   Zweidimensionale m-Funktionen

Zur Transformation zweidimensionaler Signale, z.B. ebene Bildvorlagen, ist es natürlich auch möglich, zweidimensionale Grundfunktionensysteme zu verwenden. Aus orthonormierten m-Sequenzen lassen sich ein dreiwertiges und ein zweiwertiges zweidimensionales Funktionensystem erzeugen. Über die Eigenschaften dieser Systeme wird in /2/ ausführlich berichtet.

2.   Eindimensionale Transformation mit m-Funktionen (M-Transformation)

In diesem Aufsatz wird nur die Transformation wert- und zeitdiskreter Signale behandelt.

Gegeben sei eine endliche Folge von diskreten Funktionswerten f(j) = (f(1), f(2),....f(N)) (z. B. Abtastwerten). Zwischen dem Vektor [F] der Transformierten und dem Vektor [f] der Funktionswerte besteht eine eindeutige Zuordnung, die durch folgende Gleichung ausgedrückt wird

$$
\begin{bmatrix} F(1) \\ F(2) \\ \\ \\ F(N) \end{bmatrix} = \begin{bmatrix} T_{11} & T_{12} & \cdots & T_{1N} \\ T_{21} & T_{22} & \cdots & T_{2N} \\ \cdot & \cdot & & \cdot \\ \cdot & \cdot & & \cdot \\ T_{N1} & \cdots\cdots & & T_{NN} \end{bmatrix} \cdot \begin{bmatrix} f(1) \\ f(2) \\ \cdot \\ \cdot \\ f(N) \end{bmatrix} \tag{4}
$$

In Matrizenschreibweise

$$
[F] = [T] \cdot [f] \tag{5}
$$

eindimensionale Transformation diskreter Funktionen $f(x_k)$	
M	Walsh
$F_M(i) = \sum\limits_{k=1}^{p} f(x_k) \cdot m_i(x_k)$	$F_W(i) = \sum\limits_{k=1}^{p} f(x_k) \cdot wal(i,x_k)$
Transformationsmatrix symmetrisch	Transformationsmatrix symmetrisch
$f_1(x_k)+f_2(x_k) \overset{M}{\bullet\!-\!\bullet} F_{1M}(i)+F_{2M}(i)$	$f_1(x_k)+f_2(x_k) \overset{W}{\circ\!-\!\bullet} F_{1W}(i)+F_{2W}(i)$
$K \cdot f(x_k) \overset{M}{\circ\!-\!\bullet} K \cdot F_M(i)$	$K \cdot f(x_k) \overset{W}{\circ\!-\!\bullet} K\, F_W(i)$
$f(x_k - x_l) \overset{M}{\circ\!-\!\bullet} F_M(i) \cdot e^{-j\frac{360^o}{p} \cdot x_l}$	
geringe Differenzen aufein - anderfolgender Spektralwerte	
Spektralwerte nach der Verschiebung gegenüber einer Grundfunktion geordnet	Spektralwerte nach Anzahl der Nulldurchgänge der Walshfunktionen geordnet
Spektrum größtenteils von gleichem Vorzeichen	viele Vorzeichenwechsel im Spektrum
kein Spektralwert repräsentiert den Mittelwert der Funktion	ein Spektralwert repräsentiert den Mittelwert der Funktion
alle Aussagen gelten sinngemäß für zweidimensionale Transformationen	

Bild 4: m- und Walshfunktionen; M- und Walshtransformation

Darin stellt [T] den Operator dar, der die Transformation leistet. Die
einzelnen Komponenten der Transformierten F(i) berechnen sich aus

$$F(i) = \sum_{j=0}^{N-1} f(j) \cdot T_{ij} \tag{6}$$

Die inverse Transformation, d.h. die Rückgewinnung der Funktion $[f]$
aus der Transformierten $[F]$ geschieht durch linksseitige Multiplikation von Gl. (5) mit dem inversen Operator $[T]^{-1}$:

$$[T]^{-1} \cdot [F] = [T]^{-1} \cdot [T] \cdot [f] \cdot [f] \tag{7}$$

Für die einzelnen Funktionswerte f(j) gilt dann

$$f(j) = \frac{1}{N} \sum_{i=0}^{N-1} F(i) \cdot T_{ij}^{-1} \tag{8}$$

Zur Darstellung einer zeit- bzw. ortsdiskreten Funktion, bestehend
aus N Funktionswerten, durch ihre Transformierte sind auch N Spek-
tralwerte notwendig.

Besonders einfache Verhältnisse ergeben sich für <u>symmetrische</u> <u>und</u>
<u>orthogonale</u> Transformationsmatrizen $[T]$. Ist die Matrix $[T]$ ortho-
gonal, d.h. ihre Spalten- und Zielenvektoren bilden jeweils ein
orthogonales Funktionensystem, dann gilt nämlich

$$[T]^{-1} \cdot [T]^{t} \cdot \frac{1}{N} \tag{9}$$

mit $[T]^{t}$ als transponierte Matrix (Zeilen und Spalten vertauscht). Die
transponierte Matrix $[T]^{t}$ ist gleich $[T]$, falls $[T]$ eine symmetrische
Matrix darstellt, also wenn gilt $T_{ij} = T_{ji}$. Im Fall <u>symmetrischer</u> und
<u>orthogonaler</u> Transformationsmatrizen kann also für die Hin- und Rück-
transformation die gleiche Matrix bzw. der gleiche Algorithmus angewendet werden.

Bei der M-Transformation besteht der Operator $[T]$ gerade aus der Matrix der m-Funktionen. Diese Matrix ist <u>orthonormal</u> und symmetrisch
(Bild 5). Gleichung (9) ist also erfüllt.

$$[T] = \begin{bmatrix}
A & B & B & A & B & A & A \\
B & B & A & B & A & A & A \\
B & A & B & A & A & A & B \\
A & B & A & A & A & B & B \\
B & A & A & A & B & B & A \\
A & A & A & B & B & A & B \\
A & A & B & B & A & B & A
\end{bmatrix}$$

Bild 5: Matrix eines m-Funktionensystems, p=7, n=3

3.   Anwendung der M-Transformation auf stehende Graubilder

3.1   PCM von M-Spektren

Bild 6 zeigt die quantisierten Grauwerte (6 bit/Bildpunkt) einer abgetasteten Bildzeile (p=127) sowie das durch M-Transformation gewonnene
Spektrum F(j), das bei allen bisher untersuchten Bildzeilen folgende
charakteristischen Eigenschaften aufweist:

a)   Die Differenz zwischen aufeinanderfolgenden Spektralwerten des
      M-Spektrums ist klein.

b)   Die M-Spektralwerte haben größtenteils gleiche Vorzeichen.

Zur Quantisierung des ganzen theoretisch möglichen Wertebereichs des
M-Spektrums sind ca. 20 bit/Spektralwert gegenüber 6 bit/Bildpunkt notwendig. Der tatsächlich zu quantisierende Bereich läßt sich durch Auswerten der Spektral-Häufigkeitsverteilungen wesentlich einengen. Um
die zu übertragende Nachrichtenmenge möglichst klein zu halten, ist es
interessant zu untersuchen, wie sich die Quantisierung mit q bit/Spek-
tralwert (q < 6) auswirkt.

Unsere Untersuchungen haben ergeben, daß bei eindimensionaler M-Transformation die Quantisierung des Spektrums mit q = 3 und bei zweidimensionaler Transformation mit q = 2 noch gute Bilder ergibt. Die Bilder
zeichnen sich durch fast exakte Nachbildung von Kanten (Bild 6) aus.
In Bereichen konstanten Grauwerts wird der Originalfunktion (Bilder
6,7) ein Rauschen überlagert. Trotz Quantisierung des Spektrums mit
niedriger Bitrate erscheinen die Bilder nicht unscharf (Bild 7).

3.2 Ein Verfahren zur Fehlererkennung und Fehlerminderung von ge-
störten, mit PCM übertragenen M-Spektren

Wenn dem Übertragungskanal eine Störung, sei es ein Rauschen oder
Übersprechen von anderen Kanälen, überlagert ist, kommt es infolge von
Störspitzen zu Bitumwertungen. Will man keinen redundanten Code verwenden, so muß das Kriterium zur Fehlererkennung bzw. Korrektur aus
den Eigenschaften des Signals selbst abgeleitet werden. Das Auswerten
der Häufigkeitsverteilungen der Differenzen aufeinanderfolgender Spek-
tralwerte ergibt, daß diese Differenzen dem Betrag nach selten größter
sind als 3. Tritt nun während der Übertragung eines M-Spektrums eine
Differenz zwischen zwei aufeinanderfolgenden Werten auf, die größer
als $\pm$ 3 ist, so wird der empfangene Spektralkoeffizient F(i) als fehler-
haft erkannt. Durch Vergleich der Hammingdistanzen der Codeworte C(i)

und C(i-1) kann F(i) so verändert werden, daß gilt $|F(i) - F(i-1)| \leqslant 3$.

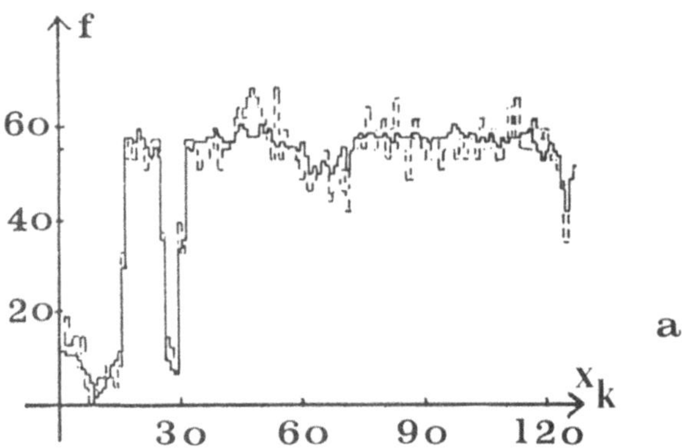

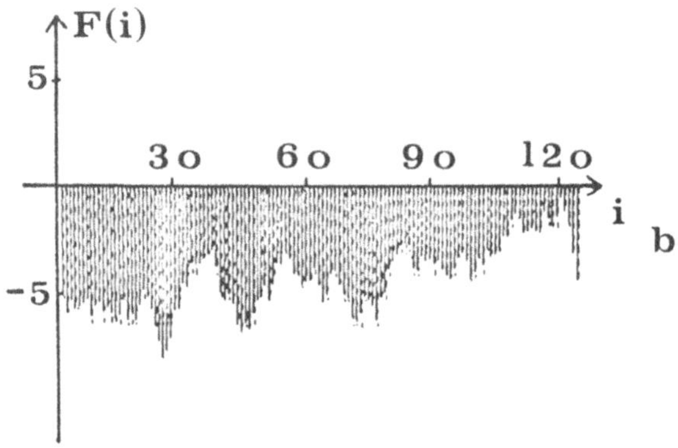

Bild 6: a) Originalbildzeile, 6 bit/Bildpunkt (———): aus quantisiertem Spektrum (----) (3 bit/Spektralwert) rücktransformierte
Bildzeile

b) M-Spektrum der Bildzeile aus a) (———); quantisiertes
M-Spektrum (-----) (3 bit/Spektralwert)

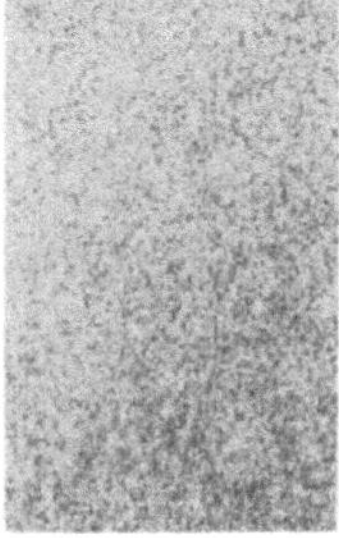

Bild 7: a) Originalbild (6 bit/Bildpunkt)

b) aus quantisiertem M-Spektrum (3 bit/Spektralwert) rück-
transformiertes Bild

c) Differenzbild

Bild 8 a) zeigt eine Gruabildzeile, in deren M-Spektrum 1% aller gesen-
deten Bit gestört wurden. In Bild 8 b) ist dieselbe Zeile bei gleicher
Störung des Spektrums dargestellt, jedoch wurde das oben beschriebene
Fehlerminderungsverfahren angewandt.

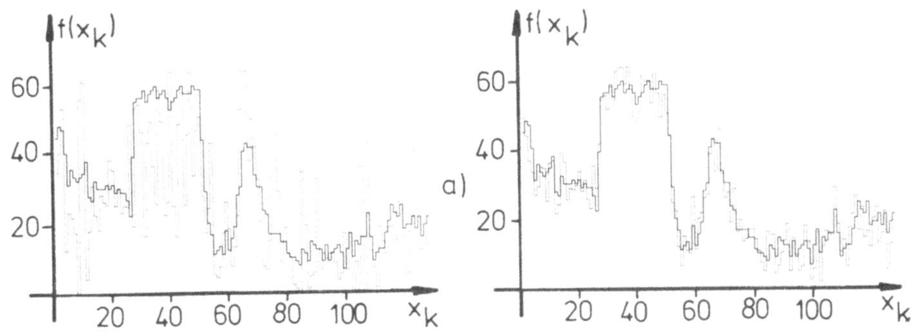

Bild 8: Grautonzeile, eindim. M-Transformation 4 bit PCM, Spektrum
         gestört durch Umwertung von 1% aller gesendeten bits
         a) nicht korrigiert   b) korrigiert

Bild 9: Testbild, zweidim. M-Transformation, 4 bit PCM;
         a) ungestört, b) gestört (vgl. Bild 8) c) korrigiert

3.3 DPCM des M-Spektrums

Die Grundlagen der Differenz-Puls-Code-Modulation (DPCM) werden als
bekannt vorausgesetzt und hier nicht weiter erläutert. Wie bereits
mehrfach erwähnt, sind die Differenzen aufeinanderfolgender M-Spektralwerte sehr gering; d.h. das Spektrum enthält sehr viel Redundanz. Die
Einstellung der Prädiktoren wurden nach Arbeiten von HABIBI und MUSMANN
/3,4/ vorgenommen, der Quantisierer nach MAX optimiert /5/. Bild 10
zeigt zwei Testbilder, deren eindimensionale M-Spektren mit DPCM übertragen wurden.

a   **b**

Bild 10: DPCM des eindimensionalen M-Spektrums, 2 bit/Spektralwert
Testbild Ollie
a) Prädiktion 1. Ordnung, SVR = 23, 3 dB
b) Prädiktion 2. Ordnung, SVR = 27, 1 dB

4.   Technische Realisierung der M-Transformation

Zur Realisierung der M-Transformation bietet sich aufgrund der Entwicklung _neuer_ integrierter Bausteine ein besonders einfaches System an. Bei genauer Betrachtung läßt sich die M-Transformation zurückführen auf die Berechnung der Kreuzkorrelationskoeffizienten zwischen m-Funktionen und Grauwertfunktionen. In nächster Zeit wird ein Binär-Analog-Korrelator auf den Markt gebracht. Dieser bildet die Kreuzkorrelationskoeffizienten zwischen einem 32-bit-langen binären Signal, das in einem statischen Schieberegister abgelegt ist, und aus 32 Abtastwerten eines analogen Signals, gespeichert in einem Analogspeicher.

Schreibt man in letzteren die Abtastwerte einer Bildzeile und in den Binärspeicher eine m-Funktion, so lassen sich die M-Koeffizienten einfach bestimmen.

Da der Baustein kaskadierbar ist, müßte es möglich sein, die eindimensionale M-Transformation ganzer Bildzeilen (mit mehr als 32 Abtastwerten) in einem Schritt durchzuführen.

Literatur

/1/   GOLOMB, S.W.   Digital Communications
                              Prentice Hall, 1964

/2/   GRALLERT, H.-J.   Transformation von Graubildern mit
                              orthonormierten m-Sequenzen (m-Funk-
                              tionen)
                              Dissertation 1977, RWTH Aachen

/3/   HABIBI, A.   Comparison of n-th-order DPCM Encoder
                              with Linear Transformations and Block
                              Quantization Techniques.
                              IEEE Transactions on Communication
                              Technology, Dec. 1971

/4/   MUSMANN   Über redundanzreduzierende Quellen-
                              codierung
                              Deutsche Luft- und Raumfahrtgesell-
                              schaft, Forschungsbericht 70-56,
                              Nov. 1970

/5/   MAX, Y.   Quantizing for Minimum Distortion
                              IRE Transactions on Information
                              Theory, March 1960

SPLINE-INTERPOLATION BEI DER BILDVERARBEITUNG

R.P. Winter, DFVLR, Oberpfaffenhofen

Zusammenfassung

Die Methode der Interpolation mittels Splinefunktionen empfiehlt
sich überall dort, wo ein glatter Funktionsverlauf (Spline=Kurven-
lineal) erwünscht ist und wo der Grad eines Interpolationspolynoms
und damit die Welligkeit zu groß würde. Die Wirkung bikubischer Splinefunktionen mit stetigen ersten und zweiten Ableitungen an den Stützstellen wird anhand der Interpolation von Bilddaten diskutiert.

1. Einführung

Die Spline-Interpolation wendet man vorwiegend dazu an, um gegebene
Punkte durch eine möglichst glatte Kurve zu verbinden. Ein Interpola-
tionspolynom durch sämtliche gegebene Punkte setzt einen entsprechend
hohen Grad voraus und erzeugt damit eine ungewollte Welligkeit zwischen
den Stützstellen. Dieser Nachteil kann dadurch behoben werden, daß man
nur eine beschränkte Anzahl benachbarter Stützstellen durch Interpo-
lationspolynome darstellt. Die Unstetigkeit an den Stellen, wo diese
Polynome zusammentreffen, kann durch die Forderung des stetigen Über-
gangs der Ableitungen behoben werden. Eine Verknüpfung niedriggradiger
und daher schwach schwankender Polynome zu einer im ganzen Intervall
an den vorgegebenen Stützstellen zweimal stetig differenzierbaren
Funktion liefert die Splinefunktion:
Eine Splinefunktion ist stückweise aus kubischen Polynomen so zusammengesetzt, daß die Funktion selbst und ihre beiden ersten Ableitungen
an den Stützpunkten keine Sprungstellen besitzen[2],[4].
Aus dem stetigen Übergang der ersten und zweiten Ableitung läßt sich
die Eigenschaft ableiten, daß die kubischen Polynome an den Stützstellen die gleiche Krümmung haben. Wegen dieser Eigenschaft ist die Splinefunktion überall dort brauchbar, wo sich der gesuchte Funktionsverlauf

zeichnerisch gut mit Hilfe eines biegsamen Kurvenlineals (engl. spline)
darstellen läßt.

Eine besondere Aufgabenstellung ist die Verwendung der Spline-Inter-
polation für Maßstabsänderungen von Bilddaten. Bei den hier verwandten
<u>bikubischen Splinefunktionen</u> wird zunächst in einer Richtung und dann
unter Verwendung der interpolierten Stellen in der darauf senkrechten
Richtung interpoliert. Auf diese Weise können Bilder mit beliebigen
Maßstabsfaktoren vergrößert und verkleinert werden. Während die lineare
Interpolation dabei scharfe Kanten an den Übergängen liefert, schafft
die Spline-Interpolation einen stetigen Verlauf der Grauwerte an den
Stützstellen. Ein Polynom höheren Grades würde in die Flächen gleichen
Grauwertes Schwankungen hineinbringen.

2. Definition natürlicher Splinefunktionen

Von einer Funktion seien $(n+1)$ Stützstellen (x_i, y_i), $i=0,1,\ldots,n$, gegeben. Eine kubische Splinefunktion S zur Interpolation an den monoton
angeordneten Stützstellen $x_0 < x_1 \ldots < x_n$, $n \geq 2$ wird durch folgende Eigenschaft definiert [1], [2], [3]:

(1) S ist in jedem Intervall $[x_i, x_{i+1}]$, $i=0,1,\ldots,n-1$, durch ein Polynom
    P_i dritten Grades gegeben.
(2) S erfüllt die Interpolationsbedingung $S(x_i)=y_i$, $i=0,1,\ldots,n$.
(3) S ist in $[x_0, x_n]$ zweimal stetig differenzierbar.
(4) Für die hier behandelten <u>natürlichen Splines</u> gelte $S''(x_0)=S''(x_n)=0$.

3. Die Berechnung von Splinefunktionen

Ein kubisches Polynom mit erster und zweiter Ableitung sei gegeben durch

$$(5) \quad P_i(x) = a_i + b_i(x - x_i) + c_i(x - x_i)^2 + d_i(x - x_i)^3,$$

$$(6) \quad P_i'(x) = b_i + 2c_i(x - x_i) + 3d_i(x - x_i)^2,$$

$$(7) \quad P_i''(x) = 2c_i + 6d_i(x - x_i).$$

Aus dem stetigen Übergang der 2. Ableitung (4) $P_i''(x_i) = P_{i-1}''(x_i)$ folgt

$$(8) \quad d_i = \frac{1}{3h_i}(c_{i+1} - c_i), \quad h_i = x_{i+1} - x_i.$$

Mit (5) erhält man wegen $P_i(x_i) = P_{i-1}(x_i)$, $i=1,2,\ldots,n$, unter Berücksichtigung von (8)

$$(9) \quad b_i = \frac{1}{h_i}(a_{i+1} - a_i) - \frac{h_i}{3}(c_{i+1} + 2c_i).$$

Aus (6) folgt wegen $P_i'(x_i) = P_{i-1}'(x_i)$, $i = 1,2,\ldots,n$, nach Einsetzen von (8) und (9)

$$(10) \quad h_{i-1}c_{i-1} + 2c_i(h_{i-1} + h_i) + h_i c_{i+1} = \frac{3}{h_i}(a_{i+1} - a_i) - \frac{3}{h_{i-1}}(a_i - a_{i-1}),$$

$$i = 1,2,\ldots,n-1.$$

Wegen (4) $P''(x_0) = P''(x_n) = 0$ erhält man

(11) $c_0 = c_n = 0$.

Mit (2) folgt weiter

(12) $a_i = y_i$, $i = 0,1,\ldots,n$.

Gleichung (10) stellt ein lineares Gleichungssystem für die Unbekannten c_1, c_2, $\ldots$, c_{n-1} dar:

(13) $\underline{A}\,\underline{C} = \underline{B}$.

Die einzelnen Matrizen haben die Form:

$$\underline{A} = \begin{pmatrix} 2(h_0 + h_1) & h_1 & & & & \\ h_1 & 2(h_1 + h_2) & h_2 & & & \\ & h_2 & 2(h_2 + h_3) & h_3 & & \\ & & & \ddots & & \\ & & & & h_{n-2} & 2(h_{n-2} + h_{n-1}) \end{pmatrix}$$

$$\underline{C} = \begin{pmatrix} c_1 \\ c_2 \\ \vdots \\ c_{n-1} \end{pmatrix}, \qquad \underline{B} = \begin{pmatrix} \dfrac{3}{h_1}(a_2 - a_1) - \dfrac{3}{h_0}(a_1 - a_0) \\ \dfrac{3}{h_2}(a_3 - a_2) - \dfrac{3}{h_1}(a_2 - a_1) \\ \vdots \\ \dfrac{3}{h_{n-1}}(a_n - a_{n-1}) - \dfrac{3}{h_{n-2}}(a_{n-1} - a_{n-2}) \end{pmatrix}$$

Die Koeffizienten a_i, b_i, c_i und d_i werden durch die Gleichungen (8), (9), (10), (11) und (12) bestimmt.

4. Spline-Interpolation zur Restauration von Störzeilen

Bei den mit scannenden Systemen aufgenommenen Szenen kommen hin und wieder Störzeilen vor. Die Spline-Interpolation liefert eine passende Methode zur Behebung dieses Fehlers. Abb. 1 zeigt das Ergebnis vor und nach der Spline-Interpolation. Hierbei ist nur in Spaltenrichtung interpoliert worden, und zwar in der Weise, daß jeweils drei Nachbarelemente auf jeder Seite der Störzeile zur Interpolation beitragen. Der Bildinhalt vor und nach der Störzeile ist dabei ohne jegliche Veränderung beibehalten worden. Selbst mit einer extremen Kontrastveränderung läßt sich die ersetzte Zeile nur mit Mühe auffinden. Die Methode läßt sich auch auf mehrere aufeinanderfolgende Störzeilen anwenden. Die Restauration wird jedoch dann mit zunehmender Zeilenzahl schwieriger.

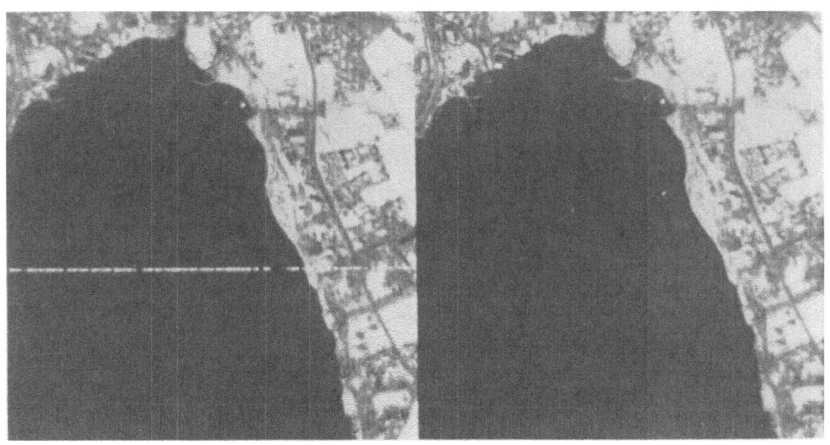

Abb. 1:

Ausschnitt einer Aufnahme des Starnberger Sees mit dem 11-Kanal-Scanner vom Meßflugzeug aus gewonnen. Flughöhe: 1500 m, Datum: 28. Februar 1978, Kanal 9: 0.815 μm peak Wellenlänge. Im rechten Bild ist die Störzeile mittels Spline-Interpolation restauriert worden.

5. Maßstabsänderung von Bilddaten mittels Spline-Interpolation

Die angewandte Methode interpoliert zunächst in x-Richtung und läßt die vorgegebenen Stützstellen in y-Richtung fest. Danach wird in y-Richtung an den berechneten x-Werten mit natürlichen (4) bikubischen Splinefunktionen interpoliert. Die Verwendung bikubischer Splinefunktionen läßt Maßstabsänderungen mit beliebigem Faktor zu. In Abb. 2 wurde eine Thermalaufnahme -ursprüngliche Rasterung 64x64 Bildelemente- vom

nördlichen Teil des Starnberger Sees mit linearer Interpolation und
Spline-Interpolation auf das 8-fache vergrößert. Der Uferstreifen
wurde hier mit Hilfe der unüberwachten Klassifizierung [5] vom Wasser
getrennt und einheitlich grau eingefärbt. Eine für beide Fälle identisch
angewandte Äquidensitenbildung [5] macht den Unterschied besonders deutlich. Während die lineare Interpolation die Äquidensiten vereinfacht
und scharfkantig wiedergibt, liefert die Spline-Interpolation abgerundete Konturen mit mehr Einzelheiten in den Formen der Äquidensiten.

Abb. 2:

Ausschnitt einer Thermalaufnahme des Starnberger Sees
(Kanal 11: 11.0 μm peak Wellenlänge, weitere Daten:
s. Abb. 1). Das Ursprungsbild von 64x64 Bildelementen
wurde durch Vervielfältigung von Zeilen und Spalten
auf das 8-fache vergrößert (oberes Bild). Nach ebenfalls 8-facher Vergrößerung mit linearer Interpolation
und Spline-Interpolation und einheitlicher Äquidensitenbildung zeigt die lineare Interpolation scharfkantige,
die Spline-Interpolation durchweg abgerundete Konturen.

Die Erfahrung zeigt, daß die Splinefunktionen beim Vorhandensein grosser Grauwertdifferenzen zum Überschwingen neigen. Darüberhinaus kann es in Flächen gleichen Grauwertes zu Ondulationen kommen. Im letzten Fall wurde jedoch die Grauwertdifferenz von 1 nicht überschritten.

Es ist daran gedacht, die Spline-Interpolation für die Erstellung thematischer Karten zu nutzen. Die Ausgangsdaten mögen dabei beliebige flächenhaft vermessene Größen sein. Insbesondere geophysikalische Daten (Gravimetrie, Seismik, Erdmagnetik, elektromagnetische Induktion) können zu Bilddaten gewandelt und durch Maßstabsänderungen mittels Splinefunktionen in Satelliten- und Flugzeugaufnahmen eingeblendet werden.

Mein Dank gilt der DIBIAS-Gruppe für viele Diskussionen und wertvolle fachliche Unterstützung.

Literaturverzeichnis

[1] Jordan-Engeln, W.   Formelsammlung zur Numerischen Mathematik.
    Reutter, F.   BI, <u>106</u>, Mannheim, 1974.

[2] Jordan-Engeln, W.   Numerische Mathematik für Ingenieure. BI,
    Reutter, F.   <u>104</u>, Mannheim, 1978.

[3] Stoer, J.   Einführung in die Numerische Mathematik I.
                         Springer, Berlin, 1972.

[4] Handscomb, D.C.   Methods of numerical approximation. Pergamon Press, Oxford, 1966.

[5] DIBIAS-Handbuch   Digitales Interaktives Bildauswertesystem
                         Abteilung Digitale Bildverarbeitung, Institut für Nachrichtentechnik, DFVLR, 1976.

COMPUTERGESTÜTZTE AUSWERTUNG VON GESCHOß- UND WERKZEUGSPUREN

W. Deinet, Kriminaltechnisches Institut im Bundeskriminalamt Wiesbaden

In der derzeitigen Praxis der Identifizierung von Werkzeugen und Waffen werden die
auswertbaren Bereiche auf den Spurenträgern mit einer Lupe durchgemustert. Bei ver-
muteter Übereinstimmung werden die Teile unter einem Vergleichsmakroskop justiert,
so daß zusammenpassende Spuren der verschiedenen Spurenträger in Deckung erscheinen.
Der Sachverständige beurteilt aufgrund seiner Erfahrung, ob die in den Spurenkom-
plexen vorliegende Information und der Grad der Übereinstimmung zu einer Identifizierung ausreichen. Die Arbeit mit Lupe und Mikroskop ist zeitaufwendig und bedarf einer
Rationalisierung, wenn größere Bestände an spurentragendem Material auf Tatzusammen-
hänge hin untersucht werden müssen. Ein weiteres wichtiges Ziel dieser Arbeit ist
die Schaffung objektiver Kriterien zur Bewertung der Übereinstimmung verschiedener
Spurenkomplexe. Bei dem hier beschriebenen Verfahren werden Bilder von Geschoß- und
Werkzeugspuren in einen Rechner übertragen und auf einen kurzen zum Vergleich geeigneten Datensatz reduziert. Untersuchungen an 40 Werkzeug- und 8 Geschoßspurenbildern liegen vor.

1. Experimenteller Aufbau

Beim Schneiden von Metallstücken mit einer Vielzweckschere drücken sich die bei der
Herstellung der Schere entstandenen Schleifspuren der Scherenkante in das Metall
ab. Von 20 Scheren wurden je zwei Abdrücke in Blei unter einem Mikroskop fotografiert.
Von den beim Beschuß einer Waffe entstehenden Spuren in den Geschoßfeldereindrücken
wurden Bilder sowohl am Licht- als auch am Rasterelektronenmikroskop angefertigt.
Die Bildnegative wurden im Durchlicht mit einem Mikroskopfotometer (Leitz MPV II)
zeilenweise abgetastet, in 10 bit verschlüsselt und in einen Rechner übertragen.
Es stand ein Prozeßrechner (Honeywell H 316) mit einer Kernspeichergröße von 32 K,
2 Kassettenplatteneinheiten, 2 Magnetbandgeräten, Plotter, Lochstreifen- Ein-/Ausgabe,
Drucker und Teletype zur Verfügung. Zusätzlich war ein Graustufendisplay-Gerät (Ramtek
GX100B) mit einer Auflösung von 512 x 512 Punkten zur Darstellung von 64 Graustufen
für interaktives Arbeiten angeschlossen.

2. Software

Programme wurden entwickelt zur Datenerfassung, Reduktion und zum Vergleich von
Spurenbildern. Bei der Datenreduktion wird zunächst eine Mittelung über alle Zeilen
ausgeführt. Infolge der hohen Redundanz in den Spurenbildern geht bei der Mittelung
im Falle einer Schartenspur keine wesentliche Information verloren; vielmehr wird
eine Unterdrückung der Störanteile im Bild erreicht. Die Mittelwertbildung kann jedoch nicht beliebig ausgedehnte Störungen, die zum Beispiel durch Beschädigung der
Spuren zustande kommen, unterdrücken. Diese werden dem Rechner über das Graustufen-

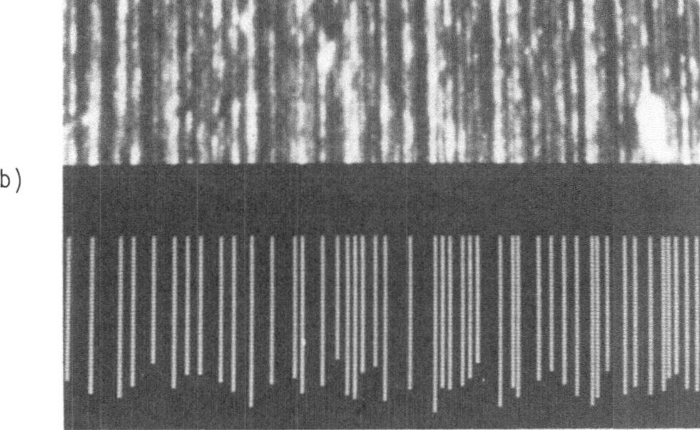

Abb. 1:

Darstellung der Spurenbilder mit zugehörigen Strichdiagrammen auf dem Display-System (64 Graustufen)
a) Geschoßspur, b) Werkzeugspur

display-Gerät mitgeteilt und gelöscht. In einem zweiten Schritt der Datenreduktion werden nach einer Glättung über 9 Punkte (Parabel 2. Ordnung) die Maxima in der mittleren Fotometerkurve, die den hellen Stellen im Bildpositiv entsprechen, bestimmt und sowohl ihre Position als auch ihre Intensität in einer Datei abgelegt (Abb. 1). Aus den Positionswerten der Maxima wird die Häufigkeitsverteilung der Abstände zwischen benachbarten Maxima berechnet. Im letzten Teil des Programmsystems werden die reduzierten Datensätze verschiedener Bilder miteinander verglichen. Dabei wird ein Grad der Übereinstimmung nach verschiedenen Methoden bestimmt. Die Muster müssen dazu aneinander vorbeigeschoben werden, um den richtigen Bezugspunkt zu finden.

3. Bestimmung des Übereinstimmungsgrades zweier Muster

Es werden verschiedene Maßzahlen zur Bestimmung des Übereinstimmungsgrades zweier Muster untersucht. Dabei wird die Information berücksichtigt, die sich aus den Positionswerten der einzelnen Spurenelemente, die im folgenden als Linien bezeichnet werden, ergibt. Folgende Bezeichnungen werden benutzt:

k_1, k_2 Anzahl der Linien des ersten bzw. zweiten Musters,

m   Anzahl der übereinstimmenden Linien.

3.1 Ähnlichkeitsmaße

Es werden die Größen $\dfrac{2m}{k_1+k_2}$ und $\dfrac{m^2}{k_1 \cdot k_2}$ berechnet, deren Wertebereich zwischen 0 und 1 liegt.

Bei den zu vergleichenden Mustern können Serien von aufeinanderfolgenden übereinstimmenden Linien beobachtet werden. Die maximal auftretende Serie bei jedem Vergleich wird bestimmt.

3.2 Übereinstimmungsgrade, die aus Wahrscheinlichkeitsbetrachtungen abgeleitet werden

Die Feststellung der Ähnlichkeit zweier Muster ist i.A. nicht ausreichend. Es stellt sich zusätzlich die Frage, mit welcher Wahrscheinlichkeit ein bestimmter Ähnlichkeitsgrad zufällig auftritt. Hierzu wurden zwei Betrachtungsweisen untersucht:

a) Fächermodell

Der zu untersuchende Spurenbereich wird in n Fächer eingeteilt. In jedes Fach kann maximal eine Linie fallen. Bei Gleichwahrscheinlichkeit aller Musteranordnungen berechnet sich die Wahrscheinlichkeit, daß zwei Muster mit k_1 bzw. k_2 Linien zufällig in mindestens m Linien übereinstimmen nach der hypergeometrischen Verteilung zu:

$$\sum w_j = \sum_{j \geq m} \frac{\binom{k_1}{j}\binom{n-k_1}{k_2-j}}{\binom{n}{k_2}}$$

Die Voraussetzung der Gleichwahrscheinlichkeit kann unter anderem an der Häufigkeitsverteilung der Abstände benachbarter Linien bei vorliegendem Spurenmaterial überprüft

werden. Die Wahrscheinlichkeit, daß in ein bestimmtes Fach eine Linie fällt sei p.
Bei Gleichwahrscheinlichkeit aller möglichen Musteranordnungen ist die Wahrscheinlich-
keit, daß 1 aufeinanderfolgende Fächer keine Linie enthalten und das (1 + 1)-te eine
Linie enthält:

$$f_{1+1} = (1-p)^1 \cdot p.$$

b) Wahrscheinlichkeitsberechnung aus der Abstandsverteilung

Ist bei gegebenen Mustern die Voraussetzung eines exponentiellen Verlaufes der Abstandsverteilung nicht erfüllt, können Methoden der Erneuerungstheorie angewandt werden. Es wird zunächst die Abstandsverteilung der zufällig übereinstimmenden Linien
berechnet.

Es sei:

u_i = Wahrscheinlichkeit, daß eine Linie in das i-te Fach fällt,

f_i = Wahrscheinlichkeit, daß die erste Linie in das i-te Fach fällt.

Dann gilt folgende Rekursionsformel:

$$u_0 = 1$$
$$u_i = f_1 \cdot u_{i-1} + f_2 \cdot u_{i-2} + \dots + f_i \cdot u_0.$$

Die Wahrscheinlichkeit, daß bei zwei Strichdiagrammen je eine Linie in das i-te
Fach fällt, ist dann u_i^2. Die Abstandsverteilung g_i der übereinstimmenden Linien
ergibt sich dann aus der Rekursionsformel:

$$g_1 = u_1^2$$
$$g_i = u_i^2 - g_1 u_{i-1}^2 - g_2 u_{i-2}^2 - \dots - g_{i-1} u_1^2 .$$

Aus der Abstandsverteilung der übereinstimmenden Linien berechnet sich die Wahrscheinlichkeit, daß die r-te Übereinstimmung in das i-te Fach fällt zu

$$g_i^{(r)} = g_1 \cdot g_{i-1}^{(r-1)} + g_2 \cdot g_{i-2}^{(r-1)} + \dots g_{i-1} \cdot g_1^{(r-1)}.$$

Die Wahrscheinlichkeit, daß m Linien in n Fächer fallen, ergibt sich dann zu

$$w_m = \sum_{i=m}^{n} g_i^{(m)} \cdot (1 - G_{n-i}) \qquad \text{mit } G_0 = 0 \qquad \text{und } G_k = \sum_{j=1}^{k} g_j.$$

4. Untersuchungen an Geschoß- und Werkzeugspuren

Bei der Auswertung von 8 Geschoßspurenbildern und 40 Werkzeugspurenbildern ergab sich
bisher folgendes:

a) Die anzusetzende Fachgröße liegt im Bereich von 5 - 8 μm.

b) Bei Berücksichtigung aller Linien läßt sich die Abstandsverteilung nicht durch
   eine Exponentialfunktion beschreiben (Abb. 2). Es ist zu erwarten, daß sich die
   Abstandsverteilung bei Berücksichtigung nur der intensivsten Linien besser an
   einen exponentiellen Verlauf anpaßt.

c) Die Muster der Werkzeugspuren lassen sich nicht aus einer einzigen Abstandsverteilung ableiten. Die Spurenzahl der Strichdiagramme schwankt stärker als dies

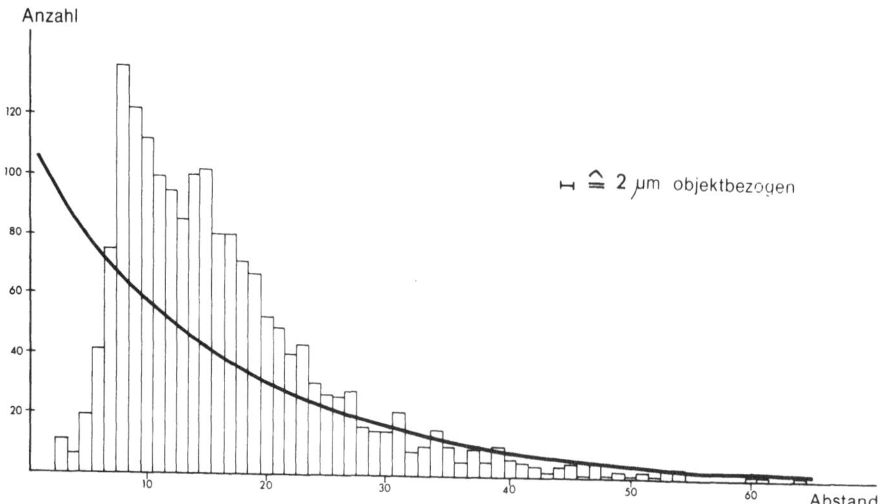

Abb. 2 Häufigkeitsverteilung der Abstände zwischen benachbarten Linien bei Werkzeugspuren (40 Diagramme)

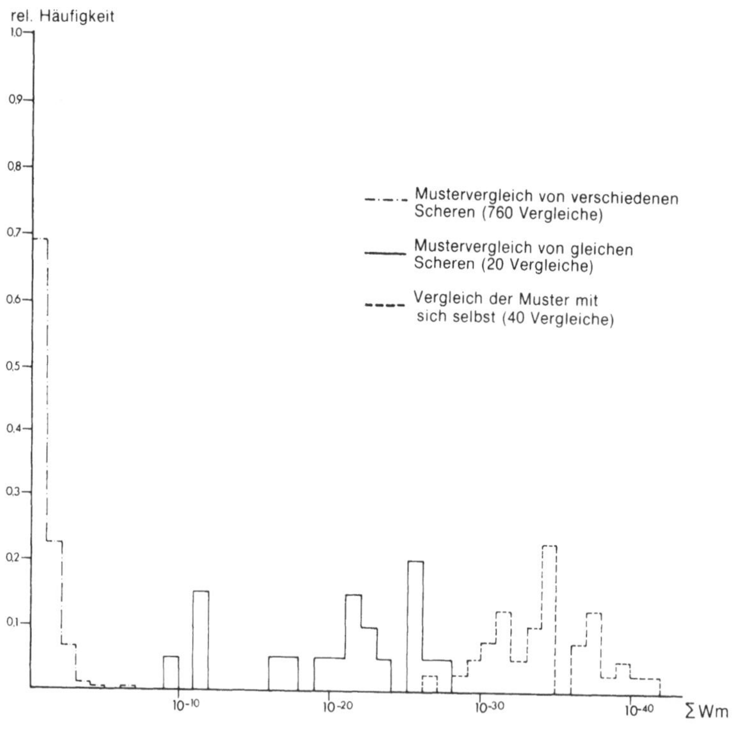

Abb. 3 Häufigkeitsverteilungen für $\sum Wm = \sum \dfrac{\binom{k_1}{m}\binom{n-k_1}{k_2-m}}{\binom{n}{k_2}}$ **bei Werkzeugspuren (1,2 mm)**

die Berechnungen aus der Abstandsverteilung zulassen.

Die Ergebnisse des Geschoßspurenvergleichs sind in der Tabelle eingetragen. Es zeigte sich, daß mit dem Maß $\sum w_m$ aus dem Fächermodell, das zwar nicht als Wahrscheinlichkeit interpretiert werden kann, zusammengehörige Spurenbereiche erkannt werden können. Bei den Rasterelektronenmikroskopaufnahmen wurde aufgrund der höheren Bildauflösung eine bessere Trennung zwischen gleichen und verschiedenen Feldern erhalten.

Spuren-kennz.	Lichtmikroskopie					Rasterelektronenmikroskopie				
	n	k_1	k_2	m	$\sum w_m$	n	k_1	k_2	m	$\sum w_m$
A1 A2	166	47	51	33	$0.17 \cdot 10^{-10}$	159	46	43	37	$0.20 \cdot 10^{-20}$
B1 B2	196	46	44	37	$0.23 \cdot 10^{-23}$	208	57	55	39	$0.50 \cdot 10^{-15}$
A1 B1	188	55	43	27	$0.14 \cdot 10^{-6}$	173	47	45	27	$0.35 \cdot 10^{-7}$
A1 B2	168	50	38	28	$0.13 \cdot 10^{-9}$	57	14	15	13	$0.57 \cdot 10^{-9}$
A2 B1	204	66	50	33	$0.14 \cdot 10^{-7}$	103	26	30	21	$0.13 \cdot 10^{-9}$
A2 B2	48	14	14	13	$0.99 \cdot 10^{-9}$	70	18	20	15	$0.13 \cdot 10^{-7}$

Tabelle: Ergebnisse Geschoßspurenauswertung
A = Feld 1, B = Feld 2, Zahlen 1 und 2 Geschoßnummern

Bei den Werkzeugspuren wurden zusätzlich zu dem Maß $\sum w_m$ (Fächermodell) (Abb. 3) die anderen vorgenannten Maße untersucht. Bisher wurde ein Bereich von 1,2 mm Breite ausgewertet. Dabei wurden alle von gleichen Scheren erzeugte Muster bei Anwendung der Maße $\sum w_m$ (Fächermodell), $\frac{2m}{k_1+k_2}$ und $\frac{m^2}{k_1 \cdot k_2}$ richtig erkannt. Die maximal auftretende Serie der Übereinstimmungen ist weniger trennungswirksam. Über die Wahrscheinlichkeitsberechnung aus der Abstandsverteilung kann erst eine Aussage gemacht werden, wenn anstelle einer einzigen mustererzeugenden Abstandsverteilung mehrere Klassen von Abstandsverteilungen angenommen werden.

EXTRAKTION UND KLASSIFIZIERUNG

Maße für die Auffälligkeit in Bildern

G. Winkler, K. Vattrodt

Institut für Informationsverarbeitung
in Technik und Biologie
der Fraunhofer-Gesellschaft, Karlsruhe

Zusammenfassung

Unter Benutzung von kombinatorischer Analyse und örtlicher Filterung werden Maße für die optische Auffälligkeit von digitalen Grauwertbildern oder Ausschnitten aus solchen Bildern abgeleitet und anhand realer Bilder auf ihre Wirksamkeit geprüft. Diese Maße berücksichtigen Kontraste, Konturen und Strukturen eines Bildes in der Weise, daß solchen Bildausschnitten, die einem neutralen menschlichen Beobachter auffällig erscheinen, ein höherer Auffälligkeitswert zugewiesen wird als weniger auffälligen Bildteilen. Die Auffälligkeitsmaße können bei der Szenenanalyse (zum Beispiel Detektion, Erkennung und Verfolgung interessierender Objekte) bei solchen Aufgaben eingesetzt werden, wo herkömmliche Mustererkennungs- oder Korrelationsverfahren wegen unzureichender a-priori-Information versagen.

1. Aufgabenstellung

Die automatische Detektion und Klassifikation von Objekten in Bildern (Szenenanalyse) ist ein sehr komplexes und im allgemeinen noch ungelöstes Problem. Es ergeben sich zum Beispiel Schwierigkeiten

- durch die Unsicherheit bezüglich Art, Größe und Ort der im Bild enthaltenen Objekte
- bei der Trennung der Objekte vom Hintergrund
- bei teilweisen Objektüberdeckungen durch den Vordergrund
- durch das Kontinuum der möglichen Objektaspekte.

Das Problem der Detektion kann dadurch angegangen werden, daß man zunächst im Bild nach solchen Bildausschnitten sucht, die aufgrund ihrer optischen Auffälligkeit für einen neutralen Beobachter von besonderem Interesse sind, ohne danach zu fragen, ob diese Auffälligkeit durch bestimmte Objekte verursacht wird. Der Begriff "optische Auffälligkeit" ist vielschichtig. Ein Objekt kann zum Beispiel auffällig sein durch seinen Kontrast gegenüber der Umgebung, durch seine Farbe, seine Kontur, seine Struktur oder durch seine Bewegung gegenüber dem Hintergrund.

Die Anwendung der optischen Auffälligkeit zur Szenenanalyse erfordert, daß in Abhängigkeit von Aufgabenstellung und Bildmaterial einige dieser Auffälligkeitsmerkmale ausgewählt und objektiviert werden in der Weise, daß ein Algorithmus angegeben wird zur Berechnung eines Zahlenwertes für die Auffälligkeit (Auffälligkeitsmaß). Damit wird die Auffälligkeit zu einer reproduzierbaren und meßbaren pysikalischen Größe, mit deren Hilfe Bilder oder Bildausschnitte auf ihre optische Auffälligkeit untersucht werden können. Diejenigen Ausschnitte, deren Auffälligkeit ausreichend groß ist, können anschließend in irgendeiner Weise weiterverarbeitet werden.

Die im folgenden angegebenen Auffälligkeitsmaße sind für digitale Grauwertbilder konzipiert. Sie entstehen aus einer Verbindung von kombinatorischer Analyse und lokaler Filterung und berechnen für beliebige Bildausschnitte Auffälligkeitswerte unter Berücksichtigung von Kontrast, Kontur und Struktur /1/,/2/.

2. Das kombinatorische Auffälligkeitsmaß

Die Ableitung des kombinatorischen Auffälligkeitsmaßes geht von der Vorstellung aus, daß ein digitales Grauwertbild durch eine beliebige Verteilung von N "Punktklecksen" über einer Bildfläche von $P \cdot Q = Z$ "Zellen" zustandekommt, wobei die Anzahl von Punktklecksen $H(p,q)$ innerhalb der Zelle mit den Koordinaten p und q den Helligkeitswert dieses Bildpunktes repräsentiert. Mithilfe der Kombinatorik verschafft man sich bei vorgegebener Anzahl von Punktklecksen und Zellen einen Überblick über die jeweils existierenden Verteilungsmöglichkeiten, die nach Bild-Typen geordnet werden. Aus einfachen Beispielen ergibt sich, daß mit zunehmender Zahl der Realisierungsmöglichkeiten pro Bild-Typ die Auffälligkeit immer mehr abnimmt, so daß also der Reziprokwert der Realisierungsmöglichkeiten als Maß für die optische Auffälligkeit benutzt werden kann. Mithilfe der Stirling'schen Näherungsformel ergibt sich für die Auffälligkeit der Ausdruck

$$a = \frac{1}{Z} \sum_{p=1}^{P} \sum_{q=1}^{Q} h(p,q) \cdot \ln h(p.q) \tag{1}$$

mit $h(p,q)=H(p,q)/M$ als relativem Helligkeitswert und $M=N/Z$ als mittlerem Helligkeitswert.

Dieses Auffälligkeitsmaß hat folgende Eigenschaften:
- es ist null für Gleichverteilung der Punktkleckse über der Bildfläche
- es ist größer null für jede andere Verteilung
- es ist invariant gegenüber einer multiplikativen Konstanten.

Das Maß nach Gleichung (1) ist ein reines Kontrastmaß, desses Wert allein von der Größe der Helligkeitswerte innerhalb des betrachteten Bildausschnitts, nicht aber von ihrer örtlichen Verteilung abhängt. Nun ist es offensichtlich, daß man mit vorgegebenen Helligkeitswerten durch verschiedenartige Anordnungen Bilder mit durchaus unterschiedlicher Auffälligkeit bilden kann, zum Beispiel indem man die dunklen oder die hellen Bildpunkte zu Linien und Konturen zusammenfügt.

3. Einbeziehung der lokalen Filterung

Um zusätzlich zum Kontrast auch Konturen und Strukturen in das Auffälligkeitsmaß mit einzubeziehen, werden die ursprünglichen Helligkeitswerte durch eine Differenzbildung vor Anwendung der Gleichung (1) modifiziert. Diese Differenzbildung stellt eine räumliche Hochpaßoperation dar, die es gestattet, entweder richtungsabhängig oder richtungsunabhängig Kanten, Linien und Konturen besonders zu betonen.

<table>
<tr><td>$H^{(z)}_1$</td><td>$H^{(z)}_2$</td><td>$H^{(z)}_3$</td></tr>
<tr><td>$H^{(z)}_8$</td><td>H_z</td><td>$H^{(z)}_4$</td></tr>
<tr><td>$H^{(z)}_7$</td><td>$H^{(z)}_6$</td><td>$H^{(z)}_5$</td></tr>
</table>

Abb. 1: 3x3-Bildbereich zur Bildung von Helligkeitsdifferenzen

Es gibt viele Möglichkeiten, in digitalen Bildern Differenzen zwischen benachbarten Bildpunkten zu bilden. Beschränkt man sich bei der Differenzbildung auf Bildbereiche von maximal 3x3 Bildpunkten und bezeichnet man entsprechend Abb. 1 mit H_z den Helligkeitswert des zentralen Bildpunktes, mit $H^{(z)}_n$, n=1,2,...,8 die Helligkeitswerte der acht unmittelbaren Nachbarn und mit H'_z den modifizierten Helligkeitswert, so sind zum Beispiel folgende Rechenvorschriften denkbar:

$$H'_z = \sum_{n=1}^{8} \left| H_z - H^{(z)}_n \right| \tag{2}$$

oder

$$H'_z = \frac{\displaystyle\sum_{n=1}^{8} \left(H_z - H^{(z)}_n \right)^2}{\displaystyle\sum_{n=1}^{8} \left| H_z - H^{(z)}_n \right|} \cdot \tag{3}$$

Die bisherigen Untersuchungen mit diesen und einigen weiteren Möglichkeiten ergeben, daß alle Differenzbildungen der oben genannten Art auf vergleichbare Ergebnisse führen.

Die Weiterverarbeitung der modifizierten Helligkeitswerte zu den Auffälligkeitswerten erfolgt nach Gleichung (1), wobei die relativen Helligkeitswerte durch die modifizierten Helligkeitswerte ersetzt werden, also

$$a = \frac{1}{Z} \sum_{p=1}^{P} \sum_{q=1}^{Q} H'_n(p,q) \cdot \ln H'_z(p,q) \cdot \tag{4}$$

240

4. Erprobung der Auffälligkeitsmaße

Verschiedene Versionen des Auffälligkeitsmaßes nach Gleichung (4) wurden anhand von realen digitalisierten Bildern auf ihre Wirksamkeit untersucht. Dabei wurden im einzelnen folgende Schritte durchgeführt:

1. Bildung der modifizierten Helligkeitswerte nach einer der Gleichungen (2) oder (3) oder einer ähnlichen Gleichung

2. Festlegung eines rechteckigen Rahmens, dessen Größe so bemessen wird, daß er die gesuchten oder interessierenden Objekte möglichst eng, aber doch vollständig umschließt. Dies ist die einzige a-priori-Information, die bei der Suche nach bestimmten Objekten erforderlich ist

3. Verschiebung dieses Rahmens in kleinen Schritten über die gesamte abzuarbeitende Bildfläche, wobei für jede Rahmenposition der zugehörige Auffälligkeitswert nach Gleichung (4) berechnet wird

4. Damit entsteht ein zweidimensionales Feld von Auffälligkeitswerten, das auf lokale Maxima untersucht wird. Die Lage dieser Maxima wird mit dem Bildinhalt der entsprechenden Rahmenposition verglichen.

Die Abbildungen 2 bis 6 veranschaulichen die Wirkung der Auffälligkeitsmaße am Beispiel realer Bilder und machen deutlich, daß die Maße nicht nur die Kontraste, sondern auch die Konturen und Strukturen der Bilder bewerten. Bei den Bildern, in denen weiße oder schwarze Rahmen eingezeichnet sind, handelt es sich um digitale Bilder, die auf einem Fernsehmonitor ausgegeben und von dort abfotografiert wurden.

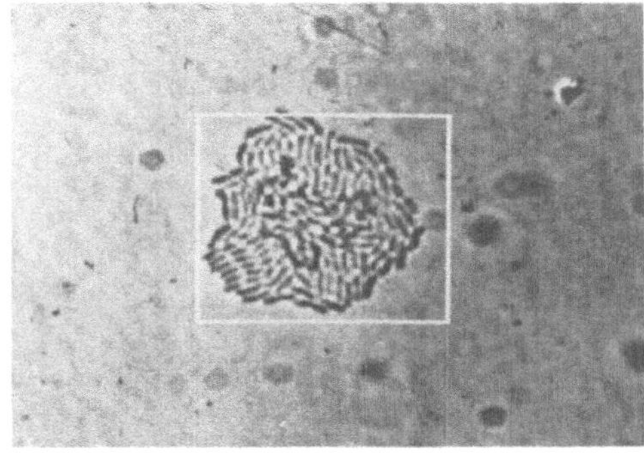

Abb. 2 a: Mikroskopaufnahme
(Gelbkeimkolonie)

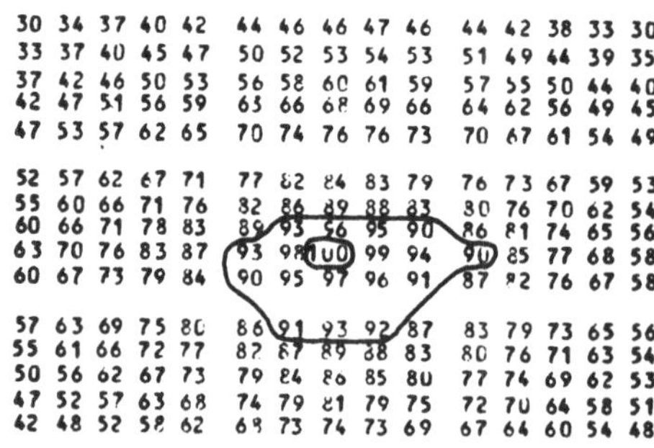

```
30 34 37 40 42   44 46 46 47 46   44 42 38 33 30
33 37 40 45 47   50 52 53 54 53   51 49 44 39 35
37 42 46 50 53   56 58 60 61 59   57 55 50 44 40
42 47 51 56 59   63 66 68 69 66   64 62 56 49 45
47 53 57 62 65   70 74 76 76 73   70 67 61 54 49

52 57 62 67 71   77 82 84 83 79   76 73 67 59 53
55 60 66 71 76   82 86 89 88 83   80 76 70 62 54
60 66 71 78 83   89 93 96 95 90   86 81 74 65 56
63 70 76 83 87   93 98 100 99 94  90 85 77 68 58
60 67 73 79 84   90 95 97 96 91   87 82 76 67 58

57 63 69 75 80   86 91 93 92 87   83 79 73 65 56
55 61 66 72 77   82 87 89 88 83   80 76 71 63 54
50 56 62 67 73   79 84 86 85 80   77 74 69 62 53
47 52 57 63 68   74 79 81 79 75   72 70 64 58 51
42 48 52 58 62   68 73 74 73 69   67 64 60 54 48
```

Abb. 2 b: Ausschnitt aus der Matrix der normierten Auffälligkeitswerte

Die Abbildungen 2 und 3 sind biologische Mikroskopaufnahmen. Abb. 2 a zeigt eine Keimkolonie in einer weitgehend homogenen Umgebung, Abb. 2 b stellt einen Ausschnitt aus der Matrix der (in bestimmter Weise normierten) Auffälligkeitswerte dar mit einem deutlich ausgeprägten Maximum der Auffälligkeit für diejenige Rahmenposition, die die stark strukturierte Keimkolonie umfaßt.

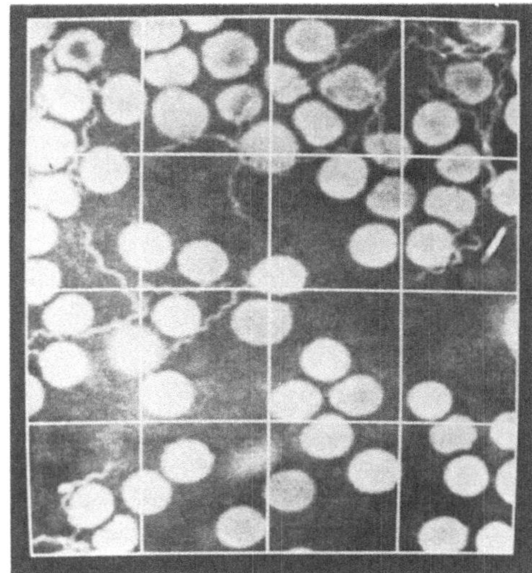

98	81	77	97
66	9	41	100
52	37	49	0
32	18	23	95

Abb. 3: Mikroskopaufnahme (Spirochäten-
Präparat) und normierte Auffälligkeitswerte der 4 x 4 Sektionen

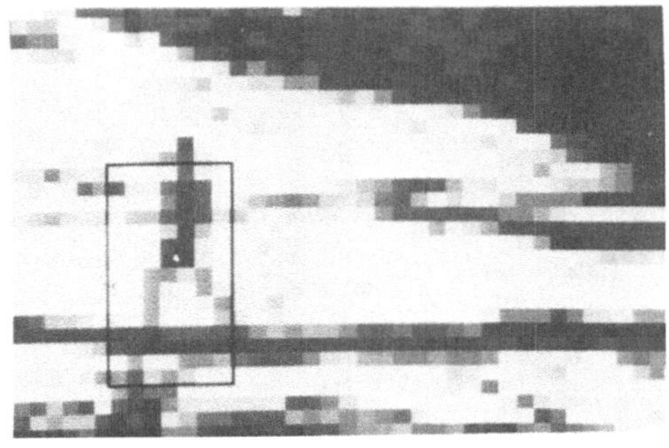

Abb. 4 a und b: Gerastertes Bild aus einer Tageszeitung

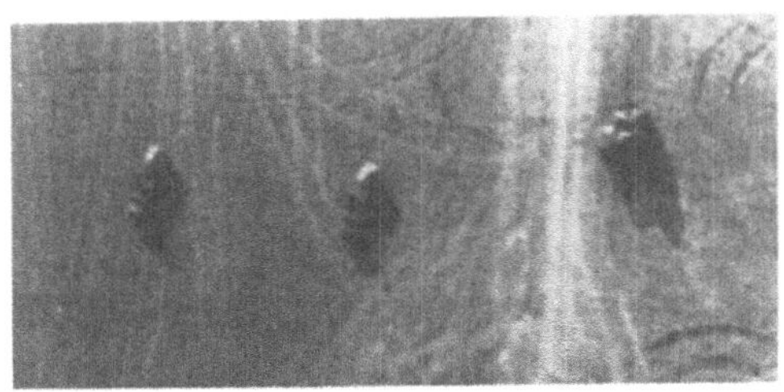

Abb. 5 a und b: Fahrzeuge auf einer Wiese

Abb. 3, die Mikroskopaufnahme eines Spirochäten-Präparats, wurde in 4x4 Sektionen aufgeteilt. Die entsprechenden Auffälligkeitswerte zeigen deutlich, daß für diejenigen
Bildteile, die durch die kugel- und fadenförmigen Gebilde eine starke Struktur aufweisen, höhere Auffälligkeitswerte berechnet werden als für die weniger strukturierten
Bildteile. Abb. 4 a ist eine Ausschnittvergrößerung eines gerasterten Bildes aus einer

Tageszeitung, das mit einer sehr geringen Ortsauflösung digitalisiert wurde. Durch
die Form des Rahmens wird der gehende Mann als das auffälligste Objekt des Bildes gekennzeichnet (Abb. 4 b). Abb. 5 enthält drei Fahrzeuge auf einer Wiese. Wegen der
groben Ortsauflösung wurde die Rahmengröße so gewählt, daß sowohl die Objekte als auch
deren Schlagschatten erfaßt und als auffällig gekennzeichnet werden. Abb. 6 schließlich zeigt, welche Teile eines menschlichen Gesichts von dem verwendeten Maß als besonders auffällig erkannt werden.

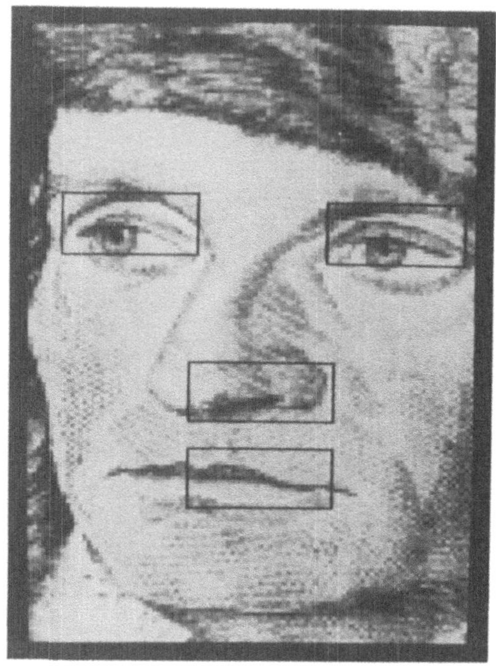

Abb. 6: Ausschnitt aus der 50-DM-Banknote

Im Rahmen der Untersuchungen wurden die Auffälligkeitsmaße außer für Detektionsaufga-
ben insbesondere zur Verfolgung bewegter Objekte in Bildfolgen benutzt. Solange die
Objekte im Sinne der verwendeten Maße auffälliger sind als ihre unmittelbare Umgebung,
solange also am Objektort in der Matrix der Auffälligkeitswerte ein lokales Maximum
existiert, lassen sich die Objekte anhand dieses Maximums von Bild zu Bild fortlaufend
verfolgen.

Literatur

/1/ G. Winkler   Ein kombinatorisches Auffälligkeitsmaß
                         IITB-Mitteilungen 1975, Seite 8-13
/2/ G. Winkler   Maße für die Auffälligkeit in Bildern
     K. Vattrodt   IITB-Mitteilungen 1978, Seite 4-8

TEILAUTOMATISCHE OBJEKTEXTRAKTION AUS LUFTBILDERN

W.-D.Groch, W.Kestner, U.Obermöller, M.Sties
FIM, Karlsruhe

1. Zusammenfassung

Frühere Untersuchungen haben gezeigt, daß eine vollautomatische Erfassung von Objektdaten aus Luftbildern beim gegenwärtigen Stand der Technik nicht realisierbar ist. Erfolgversprechender erscheinen interaktiv kontrollierte, halbautomatische Verfahren. Mit spezieller Eignung für unterschiedliche Problemkreise wurden drei Algorithmen entwickelt, um Straßen aus Luftbildern zu extrahieren.

2. Problemstellung

Die stets wachsende Zahl der Nutzer von Luftbildinformation (z.B. Regionalplanung, Agrar- und Forstwirtschaft und Luftaufklärung) macht eine Erleichterung und Beschleunigung der Luftbildinterpretation erforderlich.

Im Bereich der Karthographie dauert die visuelle Erkennung und manuelle Extraktion größerer Straßen aus einem 23 cm x 23 cm Luftbild zwecks Übertragung in eine Karte zwischen zwei und vier Stunden. Hier kann durch Automation eine wesentliche Beschleunigung erzielt werden. Die Aufgabe stellt sich folgendermaßen: Für Luftbilder im Maßstab 1 : 10 000 bis 1 : 100 000, die aus großer Höhe aufgenommen wurden, sollen automatische Methoden entwickelt werden, die in ein interaktives Bildinformationssystem eingebaut werden können und die die Koordinaten von Straßen schnell und genau unter Kontrolle eines Operateurs extrahieren.

3. Automatisierung durch interaktive Extraktionsverfahren

Untersuchungen mit bekannten Algorithmen zur vollautomatischen Objekterfassung und Objekterkennung (Konturfilterung, Konturverfolgung, Objektfilterung, Korrelationstechnik, multispektrale Objekterkennung usw.)

haben gezeigt, daß diese Ansätze meist zu störanfällig, zu wenig fle-
xibel, zu objektspezifisch und zu rechenaufwendig sind.

Anstelle vollautomatischer Algorithmen versprechen beim heutigen Stand
der Entwicklung interaktiv kontrollierte, halbautomatische Verfahren
mehr Erfolg.

Für die Simulation der interaktiven Extraktion von Straßen wird das
folgende Vorgehen vorgeschlagen:

- Abtasten und Digitalisieren des Bildes,
- Ausgabe des digitalisierten Bildes auf einem Bildschirm mit interak-
  tiven Eingriffsmöglichkeiten (Rollkugel, Lichtgriffel usw.),
- visuelles Erkennen einer Straße oder eines Straßenstückes auf dem
  Bildschirm,
- Markierung von Start- und Endpunkt auf dem Schirm,
- Aufruf eines Extraktionsalgorithmus,
- problemangepaßte Besetzung der Parameter (z.B. Schwellen),
- Begutachtung eingeblendeter Zwischenergebnisse und gegebenenfalls
  Änderung der Parameter oder Abbruch des Algorithmus,
- Zusammenstellung und manuelle oder automatische Nachbearbeitung der
  Ergebnisse.

Da der Operateur mit seiner globalen Übersicht als Bestandteil des Systems angesehen wird, können zur Beschleunigung des Ablaufes relativ
einfache Algorithmen verwendet werden. Um die unterschiedlichen Er-
scheinungsformen von Straßen unter Berücksichtigung von Störungen möglichst günstig bearbeiten zu können, wurden drei Verfahren entwickelt,
die alle auf lokaler Grauwertanalyse basieren.

Im folgenden sind diese Verfahren kurz dargestellt. Ausführlichere Beschreibungen sind in /1/ und /2/ enthalten.

4. Drei Verfahren zur Extraktion von Straßen aus Luftbildern

4.1 Inkrementelles Verfahren mit adaptiven Parametern

Das inkrementelle Verfahren folgt dem Straßenverlauf schrittweise vom
Start- zum Endpunkt, indem bei jedem Schritt die lokale Grauwertsi-
tuation analysiert wird und die Parameter der aktuellen Lage angepaßt
werden.

Um den Punkt P_{i+1} zu finden ($P_1, P_2, \ldots P_i$ seien bekannt), wird ein
Strahl von P_{i-1} ausgehend durch P_i gelegt und auf diesem ein Punkt
O_{i+1} im Abstand eines Schrittes hinter P_i markiert (siehe Bild 1).

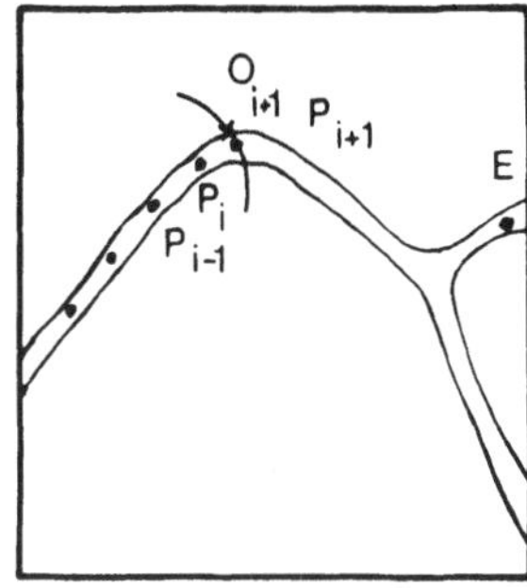

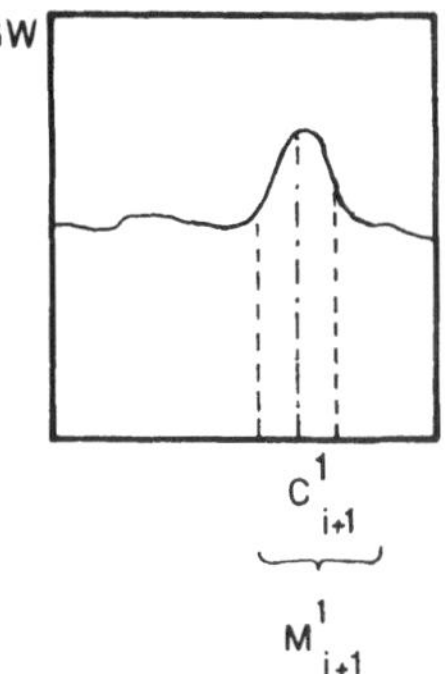

Bild 1: Suche nach Punkt P_{i+1} Bild 2: Grauwertdiagramm mit Bergkomponente M^1_{i+1} und Kandidat C^1_{i+1}

Dann werden die Koordinaten der Punkte eines Kreissegmentes berechnet,
das den Strahl rechtwinklig schneidet und dessen Mitte in O_{i+1} liegt.
Länge und Radius des Kreissegmentes sind parametergesteuert und hängen
von der Schrittlänge ab. Die Grauwerte der Kreissegmentpunkte werden
in ein Grauwertdiagramm übertragen und in Komponenten von Berg-, Tal-,
Rampen- und Hangpunkten eingeteilt (siehe Bild 2). Nun werden diejenigen Komponenten ausgewählt, die im Vergleich mit früheren Schritten
hinsichtlich Grauwert, Breite und Gestalt am besten übereinstimmen,
und ihre Mittelpunkte werden als Kandidaten C^j_{i+1} für den Folgepunkt
P_{i+1} markiert. Wenn zwei oder mehr annähernd gleich wahrscheinliche
Kandidaten vorliegen, so wird P_{i+1} mit Hilfe der Richtung zum Ende
und einer Trägheit in der Richtungsänderung ausgewählt.

Bei geradlinigen und gut erkennbaren Straßen wird die Schrittlänge automatisch bis zu einem Maximalwert hochgesetzt. Bei schwierigen Verhältnissen wird die Schrittweite wieder herabgesetzt, oder ein Schritt
wird mit kleinerer Schrittweite noch einmal wiederholt.

Alle Punkte, die als Straßenpunkte erkannt sind, werden zur späteren
Weiterverarbeitung abgespeichert und gleichzeitig ins Bild eingeblendet. Fehlentscheidungen können vom Operateur korrigiert werden, indem
er mit einem zusätzlichen Hilfspunkt die richtige Strecke markiert.

4.2 Binärisierungsverfahren

Das Binärisierungsverfahren bearbeitet ein Rechteck, das im Bild durch

Angabe von Startpunkt, Endpunkt und Rechteckbreite bestimmt ist (siehe Bild 3).

Das Rechteck wird mit zwei Grauwertschwellen T_1 und T_2 ($T_1 < T_2$) binärisiert, indem alle Punkte, deren Grauwerte unterhalb von T_1 oder oberhalb von T_2 liegen, schwarz und alle anderen weiß eingefärbt werden. Bei Grauwertschwankungen der Straße innerhalb des Rechteckes wird die Binärisierung mehrfach mit sich überlappenden Grauwertfenstern durchgeführt.

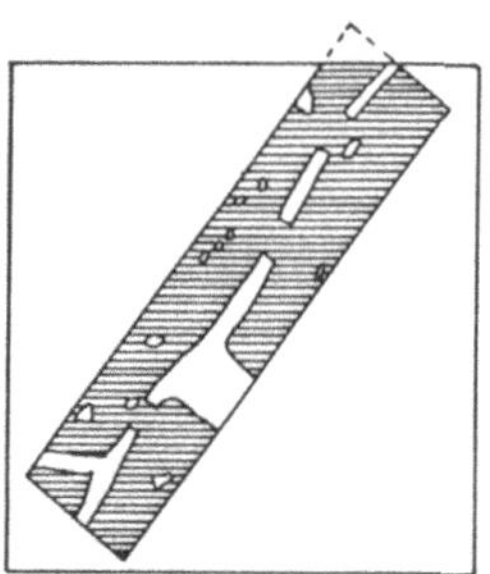

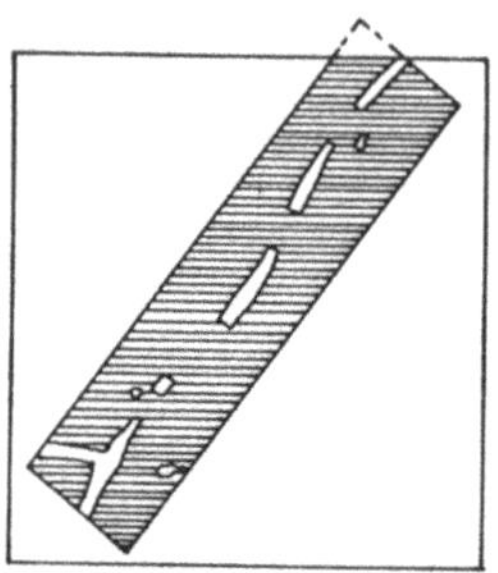

Bild 3: Binärisiertes Rechteck   **Bild 4:** Nach der Elimination un-
                                            passender Flächen

Das Ergebnis jeder Binärisierung wird im allgemeinen aus mehreren getrennten Flächenteilen bestehen. Jedes dieser Zwischenergebnisse wird nun getrennt weiterverarbeitet, indem unter Verwendung der Abstandstransformation /3/ alle hellen Flächen entfernt werden, die nach Form und Größe keine Straßenstücke sein können (siehe Bild 4).

Alle so nachverarbeiteten Binärisierungsergebnisse werden disjunktiv verknüpft, und von Start- und Endpunkt ausgehend wird versucht, die richtigen Straßenstücke auszuwählen und durch Interpolation sinnvoll miteinander zu verbinden. Entscheidungshilfen sind hierbei die globale Richtung vom Anfang zum Ende bzw. umgekehrt, die lokale Richtung, die durch die Lage des zuletzt entdeckten Straßenstückes gegeben ist, und die Länge und Ausrichtung der einzelnen Stücke und der dazwischenliegenden Lücken.

4.3 Verfahren mit äquidistanten Schnittlinien

Ebenso wie beim Binärisierungsverfahren wird ein Rechteck im Bild ausgewählt. Parallel zu den Rechteckseiten durch Start- und Endpunkt werden n äquidistante Schnittlinien durch das Rechteck gelegt (siehe Bild 5). Die Suche nach Straßenpunkten erfolgt nur auf diesen Schnittlinien.

Durch Transformation des Rechteckes und seiner Schnittlinien in ein
orthonormales Koordinatensystem wird der Platzbedarf bei der Speicherung der benötigten Grauwerte minimiert und der Suchvorgang in den
Grauwertdiagrammen der einzelnen Schnittlinien erleichtert (siehe
Bild 6).

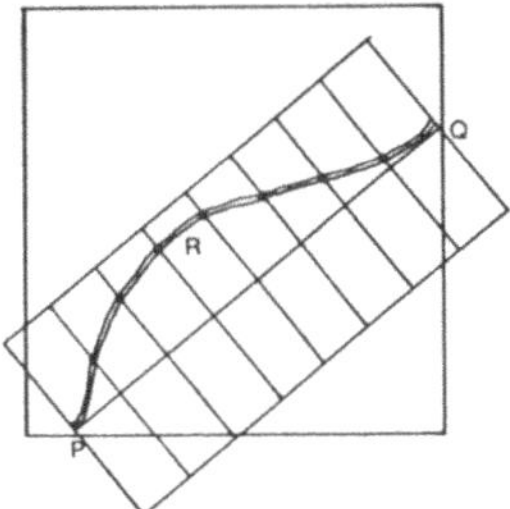

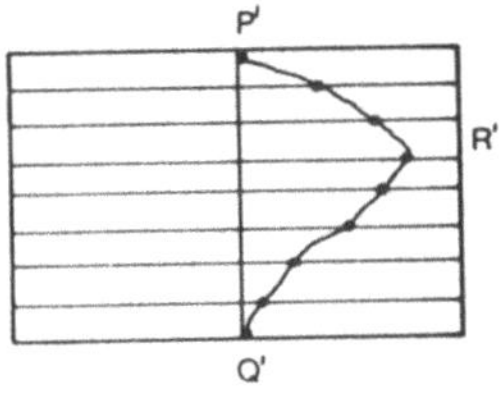

Bild 5: Rechteck, das die Straße Bild 6: Transformiertes Rechteck
        enthält mit Schnittlinien   mit Schnittlinien

Mit Hilfe zweier Bewertungsvorgänge werden die Punkte ausgewählt, die
mit größter Wahrscheinlichkeit auf der Straße liegen. Die horizontale
Bewertung hebt auf jeder Schnittlinie die Punkte hervor, die hinsichtlich ihrer Lage im Grauwertdiagramm in der Mitte einer hellen bzw.
dunklen Straße liegen können. Pro Zeile werden die fünf höchstbewerte-
ten Punkte aussortiert, und nur diese werden weiterverarbeitet. Die vertikale Bewertung eines dieser Punkte fällt um so günstiger aus, je
mehr Punkte mit hoher horizontaler Bewertung in einem engen Trichter
auf den Schnittlinien oberhalb und unterhalb als Anschlußpunkte liegen
(siehe Bild 7).

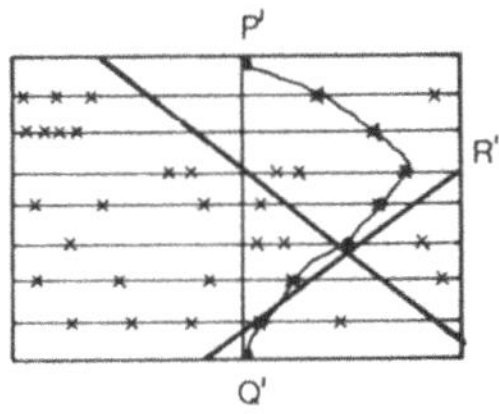

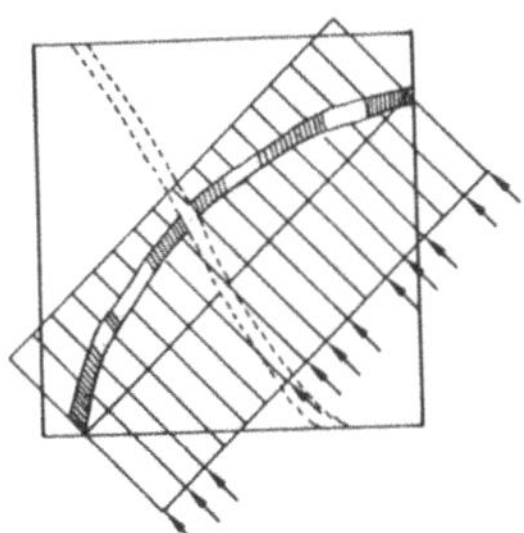

Bild 7: Punktauswahl durch Verti- Bild 8: Beispiel eines gestörten
        kalbewertung   Straßenverlaufs. Die Pfeile
                                            markieren die Schnittlinien,
                                            auf denen die Straße ent-
                                            deckt werden kann.

Pro Schnittlinie wird höchstens ein Punkt ausgewählt, und Lücken werden interpoliert. Das Ergebnis wird rücktransformiert und als Polygonzug in das Bild eingeblendet (siehe Bild 8).

5. Vergleich der drei Verfahren

	möglich	schwierig - nicht möglich
inkrementelles Verfahren	scharfe Kurven Registrierung von Gabelungen und Kreuzungen abrupte Änderungen oder große Varianz des Straßengrauwertes	große Lücken im Straßenverlauf
Verfahren mit äquidistanten Schnittlinien	leichte Kurven abrupte Änderungen oder große Varianz des Straßengrauwertes Lücken im Straßenverlauf	Straßenverlauf parallel zu den Schnittlinien Registrierung von Gabelungen und Kreuzungen
Binärisierungsverfahren	scharfe Kurven Registrierung von Gabelungen und Kreuzungen Lücken im Straßenverlauf	abrupte Änderungen oder große Varianz des Straßengrauwertes

6. Weitere Entwicklung

Ein Ziel der Weiterentwicklung der Algorithmen ist die Ausweitung der Automation. So kann z.B. das visuelle Erkennen einer Straße oder eines Straßenstückes und die Markierung von Start- und Endpunkt durch einen automatischen Suchlauf ersetzt werden, der das gesamte Bild nach klar erkennbaren Straßenstellen absucht. Zwischen diesen Stellen versucht ein Algorithmus, die Straßen zu extrahieren. Bei Versagen wird automatisch ein anderes Verfahren gewählt. Zur größeren Sicherheit können auch mehrere Algorithmen parallel arbeiten.

Mit geringfügigen Änderungen der Verfahren lassen sich auch andere linienhafte Objekte wie Flußläufe und Bahnlinien extrahieren. Unter Verwendung derselben Prinzipien der lokalen Grauwertanalyse können punkt-

und flächenhafte Objekte bearbeitet werden. Zusätzlich können während
der Extraktion gewisse objektspezifische Merkmale, wie Breite, Grau-
wertverhalten, Kurvigkeit und Schnittverhalten mit anderen Objekten
registriert werden, anhand derer später eine Klassifikation vorgenommen werden kann. Alle gewonnenen Daten können in einer Datenbank
zwecks Weiterverwendung abgespeichert werden.

7. Bildanhang

Die folgenden Bilder zeigen Testergebnisse für alle drei Verfahren.
Ein 6 cm x 6 cm großer Ausschnitt eines Luftbildes im Maßstab
1 : 75 000 wurde durch Abtastung auf dem DICOMED-Scanner in eine Bildmatrix von 2048 x 2048 Punkten gewandelt. Die Algorithmen greifen zu
dieser Bildmatrix zu, während der Operateur eine auf 512 x 512 Punkte
vergröberte Darstellung auf dem Displaybildschirm sieht.

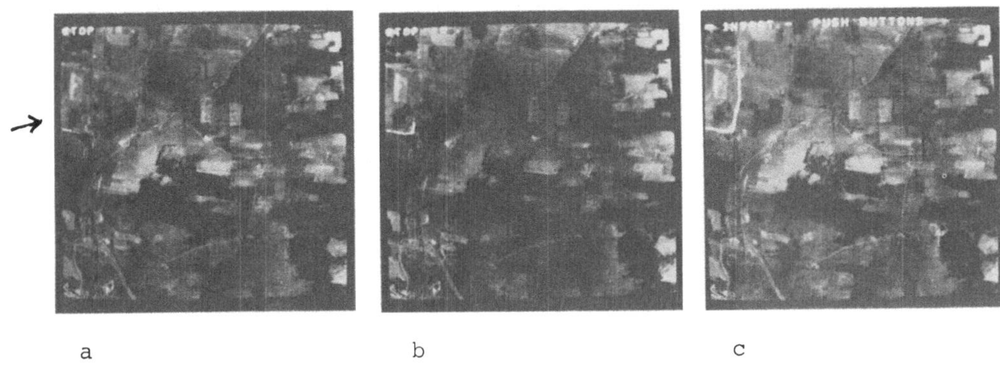

a   b   c

<u>Bild 9:</u> Ergebnisse mit dem inkrementellen Verfahren

Bild 9a zeigt das eingeblendete Zwischenergebnis kurz nach dem Start.
Der zuvor markierte Startpunkt ist nicht getrennt sichtbar. Der helle
Punkt auf der Straße bezeichnet den Zielpunkt für die Extraktion des
Straßenstückes. In Bild 9b ist die Straßenabzweigung und eine scharfe
Kurve durchlaufen. An der Abzweigung wurde mit Hilfe der Richtung zum
Zielpunkt hin und einer Trägheit in der Richtungsänderung über die
Fortsetzung entschieden. Bild 9c zeigt das Ergebnis nach Erreichen des
Zielpunktes. Über das weitere Vorgehen kann der Operateur entscheiden.

Bild 10a zeigt das markierte Rechteck, in dessen Grenzen der Algorithmus arbeitet. In Bild 10b ist das Ergebnis der Binärisierung dargestellt. Bild 10c zeigt das Ergebnis nach Elimination der unpassenden
Flächenstücke und nach Interpolation zwischen den verbleibenden
Straßenstücken.

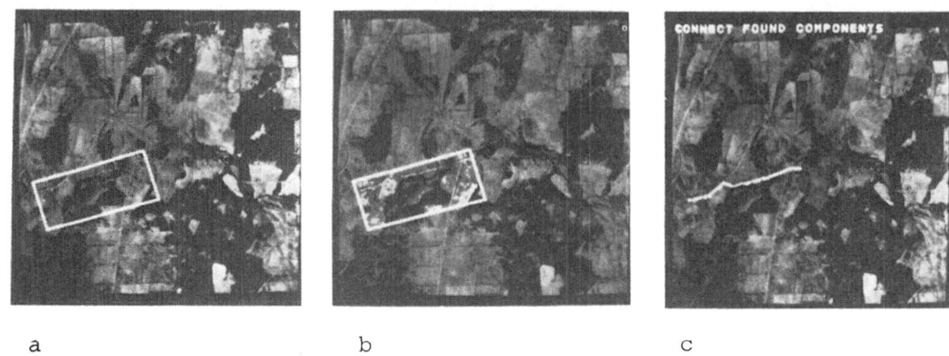

a   b   c

Bild 10: Ergebnisse mit dem Binärisierungsverfahren

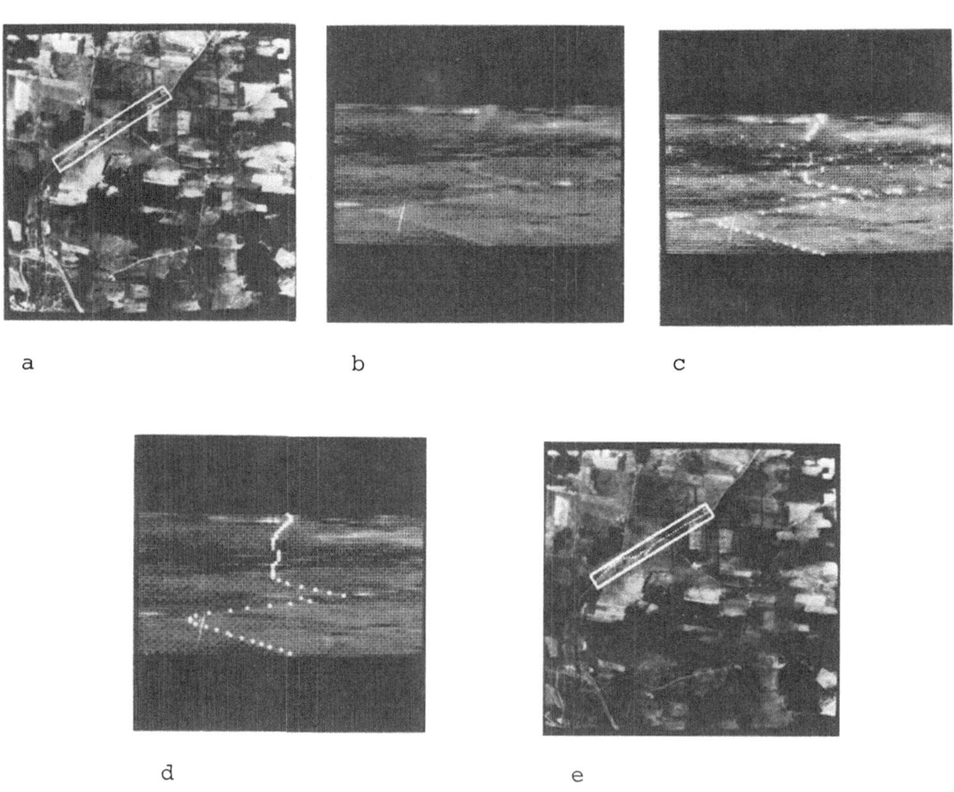

a   b   c

d   e

Bild 11: Ergebnisse mit dem Verfahren mit äquidistanten Schnittlinien

Bild 11a zeigt das markierte Rechteck, das anschließend durch äquidistante Schnittlinien zerlegt wird. Rechteck und Schnittlinien werden
in ein orthonormiertes Koordinatensystem transformiert und als Matrix dargestellt (Bild 11b). In Bild 11c wurden mit der horizontalen
Bewertung mehrere Punkte in jeder Zeile ausgewählt. Die vertikale Bewertung reduziert die Zahl der Punkte auf höchstens einen Punkt pro
Zeile (Bild 11d). In Bild 11e sind die ermittelten Punkte rücktransformiert ins Bild eingeblendet.

8. Literaturverzeichnis

/1/   Jahresbericht 1977, FIM

/2/ KESTNER, W.   Semiautomatic extraction of roads
                             from aerial photographs, Final Tech-
                             nical Report, June 1978, EUROPEAN RE-
                             SEARCH OFFICE, United States Army,
                             London, England

/3/ ROSENFELD, A., PFALTZ,J.L. Sequential operations in digital pic-
                             ture processing, J. ACM 13, 1966,
                             pp. 471 - 494

<u>EIN HIERARCHISCHES TEXTUR-MODELL</u>

J.P. Foith , IITB der FhG , Karlsruhe

<u>Zusammenfassung</u>

Durch die Einführung einer Hierarchie von Texturebenen lassen sich bestehende Ansätze
in ein Schema einordnen, aus dem sich Fragestellungen für ein besseres Verständnis des
Problems der Texturbeschreibung ergeben. Es wird ein hierarchisches Modell vorgeschlagen,
Beispiele für Texturebenen gezeigt und erörtert, welche Fragestellungen sich aus dem
Modell ergeben.

1. Das Modell

Texturen sind ein wichtiger Schlüssel zum Verständnis natürlicher Szenen. Trotz vieler
Bemühungen steht bis heute eine exakte Definition aus, die eine allgemein gültige
<u>Beschreibung</u> von Texturen liefert. Es ist nicht Ziel dieses Beitrages, eine solche
Definition zu formulieren ; das vorgeschlagene Modell soll vielmehr erlauben, Frage-
stellungen zu präzisieren, die zu einem besseren Verständnis von Texturen führen.

Man unterscheidet zwischen statistischen und strukturellen Ansätzen ; hier wird nur der
strukturelle Ansatz berücksichtigt. Strukturelle Verfahren beschreiben Texturen explizit
durch Texturelemente und Plazierungsregeln für diese Elemente /LIPKIN & ROSENFELD '7o/.
Wesentliche Probleme des strukturellen Ansatzes liegen (1) in der Auswahl geeigneter
Texturelemente , (2) in der Bestimmung dieser Elemente im Bild und der Auswertung ihrer
Eigenschaften , und (3) in der Auswertung von Relationen zwischen den Elementen.

Der Mensch charakterisiert Texturen durch verschiedene Begriffe, die häufig in Paaren
auftreten : "grob/fein" , "kontrastreich/flau" , "ausgerichtet/durcheinander" ,
"linienhaft/fleckig" , "gleichmäßig/unregelmäßig" , oder "rauh/glatt" /TAMURA et al.'78/.
Solche Charakteristika hängen von den Attributen der Texturelemente ebenso ab wie von
Eigenarten ihrer örtlichen Verteilungen. Eine strukturelle Beschreibung einer Textur
setzt voraus, daß ein adäquates Texturelement zugrunde gelegt wird : der Versuch, eine
fleckige Textur durch Linienelemente zu beschreiben, wird auf jeden Fall zu Artefakten
führen. Eine automatische Wahl adäquater Elemente erscheint mit den heute bekannten
Verfahren kaum möglich. Zwischen verschiedenen Elementen bestehen jedoch (wenn auch
nur lose) Zusammenhänge, und einige der möglichen Elemente laßen sich in eine Hierarchie
von Element-Ebenen einordnen, in der Elemente einer Ebene N aus Anordnungen von Elementen
der Ebene N-1 bestehen. Eine weitere Beobachtung legt ebenfalls eine hierarchische
Betrachtungsweise nahe : Texturen können - in Abhängigkeit der Ortsauflösung - auf
verschiedenen Ebenen wahrgenommen und beschrieben werden. Man kann einen Wald, eine
Baumgruppe, einen Baum, den Stamm, die Borke, usw. als Textur sehen. Dabei bilden
Texturen einer Ebene die Elemente der nächsthöheren Ebene.

Ein hierarchisches Textur-Modell T ist somit gegeben durch eine Menge E von Textur-elementen und eine Menge V von örtlichen Verteilungen /FOITH '78/ :

(1) $T := (E, V)$

(2) $E := \{ {}^t e_i \; / \; t = 1,\ldots,T \; \& \; i = 1,\ldots,N \}$

      Dabei bezeichnet Index t Klassen von Texturelementen und Index i bestimmte Elemente dieser Klassen.

(3) $V := \{ {}^j v(\underline{E}) \; / \; j = 1,\ldots,M \; \& \; \underline{E} \subseteq E \}$

      Für die örtlichen Verteilungen v gilt :

      (a) ${}^j v(\underline{E})$ legt die Anordnung bestimmter Texturelemente fest. Die Anordnung kann zufällig oder deterministisch sein.

      (b) ${}^j v(\underline{E})$ kann selbst als Argument einer Verteilung auftreten : ${}^m v({}^j v(\underline{E}))$.

Diese Definition von T ermöglicht die Einführung von Texturebenen TE_n . Die Hierarchie drückt aus, daß die Elemente ${}^t e_i$ einer Ebene örtlichen Verteilungen ${}^j v({}^{t-1} e_i)$ von Elementen einer niedereren Ebene entsprechen. Auf der untersten TE sind die Bildpunkte selbst die Texturelemente. Auf höheren Ebenen werden immer komplexere Elemente eingesetzt (vgl. unten). Worin liegt der Vorteil einer solchen Hierarchie ? Es sei hier vor der Diskussion vorweggenommen : statt alle Möglichkeiten durchprobieren zu müssen, ist es aufgrund der Hierarchie möglich, eine Top-Down-Analyse durchzuführen und auf einer geeigneten Ebene abzubrechen.

2.   Textur-Ebenen

Im folgenden wird aufgeführt, welcher Art die vorgeschlagenen Ebenen sind und welche Möglichkeiten bestehen, um Informationen über die Texturelemente auf den verschiedenen TE zu extrahieren. Die Verfahren können aus Platzgründen nur aufgelistet werden. Anhand von Beispielen werden die TE veranschaulicht. <u>Bild 1</u> zeigt drei Texturen : Moos (A) , Teppich (B) , Widerstände (C) mit 256 Grauwerten und 256 x 256 Bildpunkten. <u>Bild 2</u> zeigt Histogramme, die aus Eigenschaften der Texturelemente berechnet wurden. Beispiele örtlicher Verteilungen von Texturelementen innerhalb bestimmter Wertebereiche sind in <u>Bild 3</u> gezeigt.

<u>Texturebene 1</u> : Auf dieser Ebene sind die Bildpunkte selbst die Texturelemente. Als auswertbares Attribut der Elemente stehen nur die Grauwerte zur Verfügung.

<u>Texturebene 2</u> : Auf dieser Ebene werden Gruppen von Bildpunkten als Texturelemente ausgewählt, und zwar entweder nach geometrischen oder nach semantischen Gesichtspunkten. Im ersten Fall bilden Punktpaare in vorgegebener Richtung und Entfernung die Elemente. Ihre Auswertung erfolgt über 'Gray-Level-Adjacency'-Matrizen /DEUTSCH & BELKNAP '72 , HARALICK et al. '73/. Im zweiten Fall werden verwendet : Kantenelemente (wie z.B. in /ROSENFELD & TROY '7o , OHLANDER '75/) oder Lauflängen /GALLOWAY '75/. Die <u>Elemente</u> <u>dieser TE sind</u> typischerweise <u>eindimensional</u>. Auswertbare Attribute sind Grauwerte,

Grauwertänderungen, Richtungen und Längen. Für die Beispiele aus Bild 1 - 3 wurde der Sobel-Operator /DUDA & HART '73/ auf die Texturen angewendet.

Texturebene 3 : Die Elemente dieser TE setzen sich aus eindimensionalen Elementen der TE_2 zusammen, d.h. sie sind zweidimensional Geeignete Elemente sind ; Linien (= Kantenpaare) und Flecken (= geschlossene Kantenzüge). Auswertbare Attribute sind lokale Grauwertverteilungen, die Form und Richtung der Elemente sowie ihre Ausmaße. Insbesondere Flecken wurden mehrfach als Texturelemente untersucht /ZUCKER et al.'75 , EHRICH & FOITH '75 , MARR '76 , BERTELSMEIER & RADIG '77/. Flecken sind in der Regel kleine Regionen, die durch lokale Maxima und Minima definiert sind. Stellt man sich die Grauwertfunktion als dreidimensionales Gebirge vor, so entsprechen sie Bergen in diesem Gebirge.Die Relationen solcher Berge zueinander werden - allerdings nur entlang Zeilen und Spalten des Bildes - in Relational-Bäumen (R-Bäumen) erfasst /EHRICH & FOITH '76/. Bild 4 zeigt ein Beispiel eines R-Baumes. Die Blätter der R-Bäume repräsentieren diejenigen Berge (= Flecken), die auf TE_3 liegen. Jedem Berg können zugeordnet werden : seine absolute Höhe H (= maximaler Grauwert im Fleck), seine relative Höhe R (= Differenz der Grauwerte des lokalen Maximums und des nächstgelegenen Minimums), sowie seine Breite B in Zeilen- und Spaltenrichtung (= Ausmaße des Flecks). Aus diesen Attributen lassen sich dreidimensionale Histogramme berechnen. Zur Darstellung werden entlang den drei Dimensionen Intervalle gebildet, in denen die Häufigkeiten aufsummiert werden. Die Balken in Bild 2 stellen somit die Häufigkeiten von Werte-Tripeln dar. Im Beispiel der örtlichen Verteilungen werden Flecken durch Rauten dargestellt, deren Abmessungen den Breiten in Zeilen- und Spaltenrichtung entsprechen.

Texturebene 4 : Die Elemente dieser TE sind zusammengesetzte Elemente aus TE_3 , also z.B. zusammengesetzte Flecken. Die auswertbaren Attribute sind wie in TE_3 . Auf dieser Ebene wird die Zweckmässigkeit hierarchischer Darstellungen wie den R-Bäumen deutlich : solche Flecken lassen sich sofort aus den R-Bäumen ermitteln, indem Knoten in der Nähe der Wurzel ausgewertet werden. Diese Knoten werden durch Transformationen gefunden, die Äste von den R-Bäumen nach bestimmten Regeln kappen. Diese Regeln ersetzen verschachtelte Berge durch einfache Berge gleicher Grösse. Das Ergebnis einer solchen Transformation zeigt Bild 5 /FOITH '78/. Auf dieser Ebene werden Grobstrukturen in der Textur erfasst. Die Auswertung erfolgt analog zur Auswertung auf TE_3 .

Höhere Texturebenen : Höhere TE werden durch weitere Gruppierungen von Elementen niederer Ebenen erzeugt.

Aus den Beispielen der Bilder 2 und 3 wird deutlich : Textur A ist ein kontrastreiches, fleckiges Muster mit vorwiegend schwarzen bzw. hellen Flecken. Hinweise darauf liegen bereits auf TE_1 vor; auf TE_3 und TE_4 wird die Fleckigkeit dieser Textur besonders deutlich. Aufgrund der Flecken treten viele Kantenelemente auf, die dazu führen, dass der Kontrast auf TE_2 überbewertet wird. Auf TE_4 zeichnen sich in der örtlichen Verteilung Häufungsgebiete ab, die auch visuell wahrnehmbaren Regionen entsprechen. Für

Textur B ist den TE_1 und TE_2 wenig Information zu entnehmen. Die fleckige Natur dieser Textur mit relativ niederen Kontrasten wird erst auf TE_3 und TE_4 deutlich. Auf diesen Ebenen treten grosse, helle Flecken in den Histogrammen besonders hervor. Für Textur C hingegen sind die TE_3 und TE_4 wenig aufschlussreich ; der linienhafte Charakter dieser Textur wird am besten auf TE_2 erfasst. Hier sind vor allem Kollinearitäten der Kantenelemente kennzeichnend.

3. Diskussion

Bereits aus diesen wenigen Beispielen sieht man, dass es nicht reicht, Texturen auf einer möglichst hohen TE zu beschreiben - auch wenn auf höheren Ebenen mehr Information extrahiert werden kann. Es muss vielmehr eine TE gefunden werden, auf der die Textur "am besten" beschrieben wird. Hier liegen viele offene Fragen vor. Wie bestimmt man eine solche Ebene ? Gibt es Texturen, die nur auf mehreren Ebenen gleichzeitig adäquat zu beschreiben sind ? Welcher Art sind die postulierten Gruppierungsmechanismen, die aus Elementen einer Ebene Elemente der nächsten Ebene bilden ?

Während es viele Untersuchungen über geeignete Texturelemente gibt, liegen bisher nur wenige Ansätze für die Erfassung von Relationen zwischen Elementen vor. Eine einfache (aber auch fehlerbehaftete) Möglichkeit ihrer Erfassung besteht darin, die Dichte des Auftretens innerhalb von Bildausschnitten zu bestimmen (z.B. /OHLANDER '75/). Ein aufwendigeres Verfahren stellt aufgrund der Richtung von Exzentritäten von Elementen fest, ob diese kollinear oder parallel liegen /MALESON et al. '77/. Eine solche Vorgehensweise ist jedoch relativ speziell. Allgemeinere Bedeutung hat hingegen ein Ansatz von /EHRICH & LAI '78/ ; hier werden örtliche Verteilungen mit Hilfe minimaler Verbindungsbäume ('Minimal Spanning Trees') ausgewertet. Die Berechnung der Abstände findet dabei in einem Raum statt, der von den Dimensionen "Grauwert", "Kontrast" und "Position" aufgespannt wird. Es ist jedoch problematisch, in einem komplexen Graphen nach ausgezeichneten Relationen zwischen Elementen zu suchen, da die kombinatorische Vielfalt zu einer Explosion des Suchraumes führt. Eine Texturanalyse, die über mehrere Hierarchiestufen bottom-up verläuft, erscheint wegen des hohen Suchaufwandes wenig praktikabel.

Eine Verringerung des Aufwandes kann jedoch durch eine Top-Down-Analyse erwartet werden : wenn zunächst grosse Elemente höherer TE untersucht und solange weiter zerlegt werden, bis eine adäquate TE erreicht ist, so bleiben die Suchräume klein. Wie ein geeignetes Kriterium für den Abbruch einer Zerlegung aussehen könnte, ist noch offen und kann hier nur angedeutet werden : in der Regel sind augenfällige Textureigenschaften dadurch bedingt, dass ein (oder mehrere) Texturelement besonders häufig auftritt oder in einem engen Wertebereich liegt. Aus den Ergebnissen kann also abgelesen werden, wie gut die betreffende TE die Textur erfasst. Allerdings sind dabei Artefakte nicht ausgeschlossen, wie z.B. die Überbewertung der Kantenelemente auf TE_2 für die Textur A zeigt. Eine wesentliche Voraussetzung für eine Top-Down-Analyse ist das Vorhandensein von

Techniken zur Segmentation auf Ebenen geringer Ortsauflösung. Hierfür können entweder hierarchische Repräsentationen - wie z.B. Relational-Bäume - oder 'Split-&-Merge'-Mechanismen angewandt werden. Auch bei einer Top-Down-Analyse wird der Aufwand hoch sein. Die Ursachen hierfür liegen jedoch weniger in den Analyse-Algorithmen als vielmehr in der Komplexität von Texturen.

4.   Literatur

BERTELSMEIER,R. ; RADIG,B. : "Kontextunterstützte Analyse von Szenen mit bewegten Objekten". In : Nagel,HH (Hrsg): "Digitale Bildverarbeitung",Informatik-Fachbericht 8, Springer Verlag, 1977

DEUTSCH,E.S. ; BELKNAP,N.J.: "Texture Description Using Neighborhood Information". Computer Graphics & Image Processing (CGIP) 1, Aug.1972, S.145 - 168

DUDA,R.O. ; HART,P.E. : "Pattern Classification And Scene Analysis". Wiley, N.Y.,1973

EHRICH,R.W. ; FOITH,J.P. : "A View Of Texture Topology And Texture Description". ECE Tech. Report, Univ. of Mass.,Amherst, July 1975 (im Druck in CGIP)

EHRICH,R.W. ; FOITH,J.P. : "Representation Of Random Waveforms By Relational Trees". IEEE Trans. Comp. C-25, July 1976, S. 725 - 736

EHRICH,R.W. ; LAI,P. : "Elements Of A Structural Model Of Texture". CS Tech. Report, Virginia Polytechnic Institute & SU, Blacksburg, Feb.1978

FOITH,J.P. : "Symbolische Repräsentationen von Grauwertbildern für Szenenanalysen". Dissertation, Erlangen, 1978

GALLOWAY,M. : "Texture Analysis Using Gray Level Run Lengths". CGIP $\underline{4}$(1975),S. 172 - 179

HARALICK,R.M. ; SHANMUGAN,K. ; DINSTEIN,I. : "Textural Features For Image Classification". IEEE Trans SMC-3 (1973)11 , S. 61o - 621

LIPKIN,B.S. ; ROSENFELD,A. : "Picture Processing And Psychopictorics". Academic Press, N.Y.,197o

MALESON,J.T. ; BROWN,C.M. ; FELDMAN,J.A. : "Understanding Natural Texture". Tech.Report, Univ. of Rochester, Sept. 1977

MARR,D.: "Early Processing Of Visual Information". Phil.Trans.Roy.Soc. B-275,London, 1976, S. 483 - 524

OHLANDER,R.B. : "Analysis Of Natural Scenes". Dissertation, CS Dept., Carnegie-Mellon-University, Pittsburgh, April 1975

ROSENFELD,A. ; LIPKIN,B.S. : "Texture Synthesis". In /LIPKIN & ROSENFELD '7o , S. 3o9 - 322/

ROSENFELD,A. ; TROY,E.B. : "Visual Texture Analysis". Proc. Symp. On Feature Extraction And Selection In Pattern Recognition, 197o, S. 115 - 124

TAMURA,H. ; MORI,S. ; YAMAWAKI,T. : "Textural Features Corresponding To Visual Perception". IEEE Trans. SMC-8(1978)6, S. 46o - 473

ZUCKER,S.W. : "On The Foundation Of Texture : A Transformational Approach". Tech. Report 331, Univ. of Maryland, College Park, Sept. 1974

ZUCKER,S.W. ; ROSENFELD,A. ; DAVIS,L.S. : "Picture Segmentation By Texture Discrimination". CS Tech.Report, Univ. of Maryland, College Park, Feb.1975

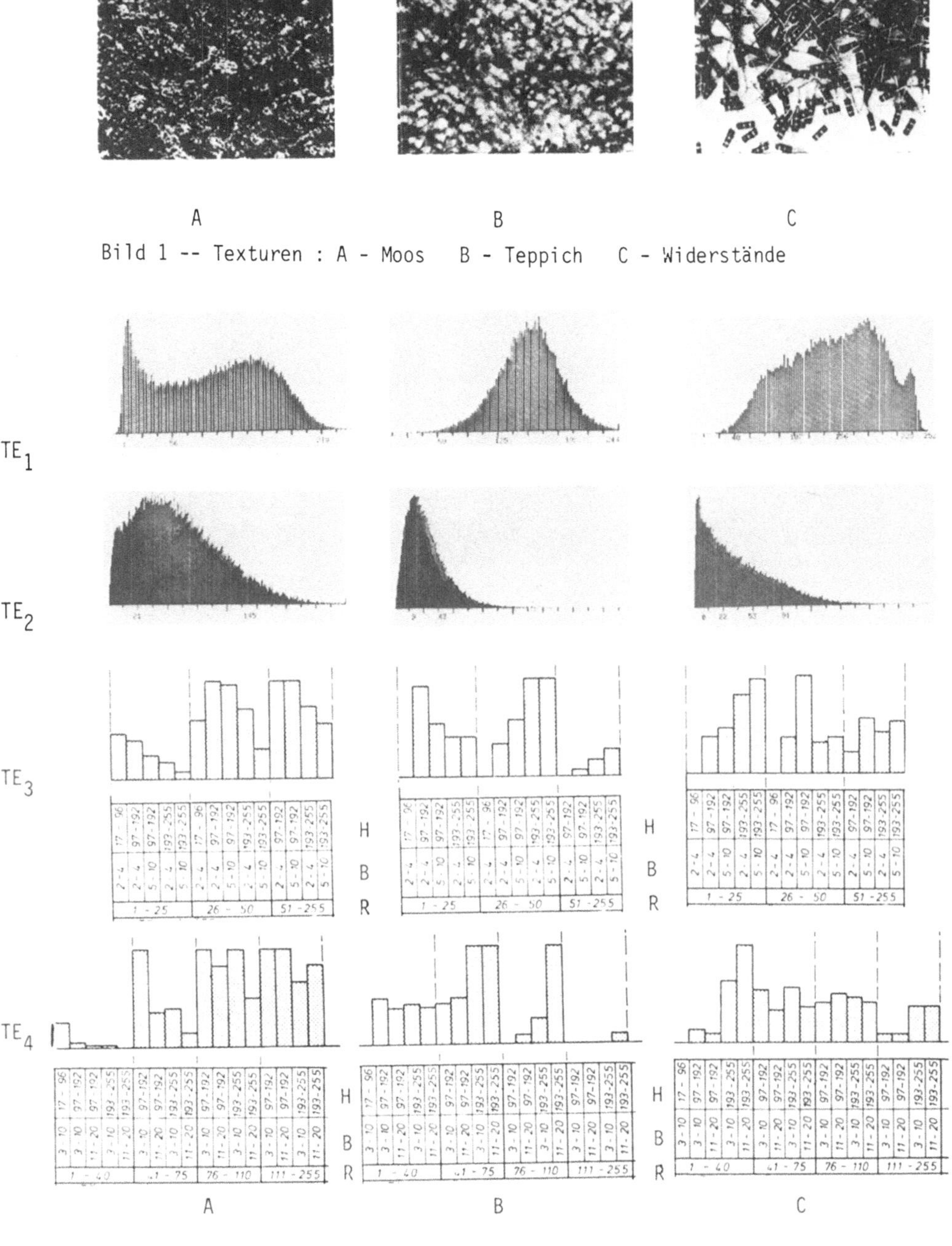

Bild 1 -- Texturen : A - Moos   B - Teppich   C - Widerstände

Bild 2 -- Histogramme von Eigenschaften auf verschiedenen Texturebenen TE

TE_1 :   Grauwerthistogramme

TE_2 :   Gradientenhistogramme

TE_3 :   Dreidimensionale Histogramme über : absolute Höhen H ,
Breiten B , relative Höhen R

TE_4 :   wie TE_3

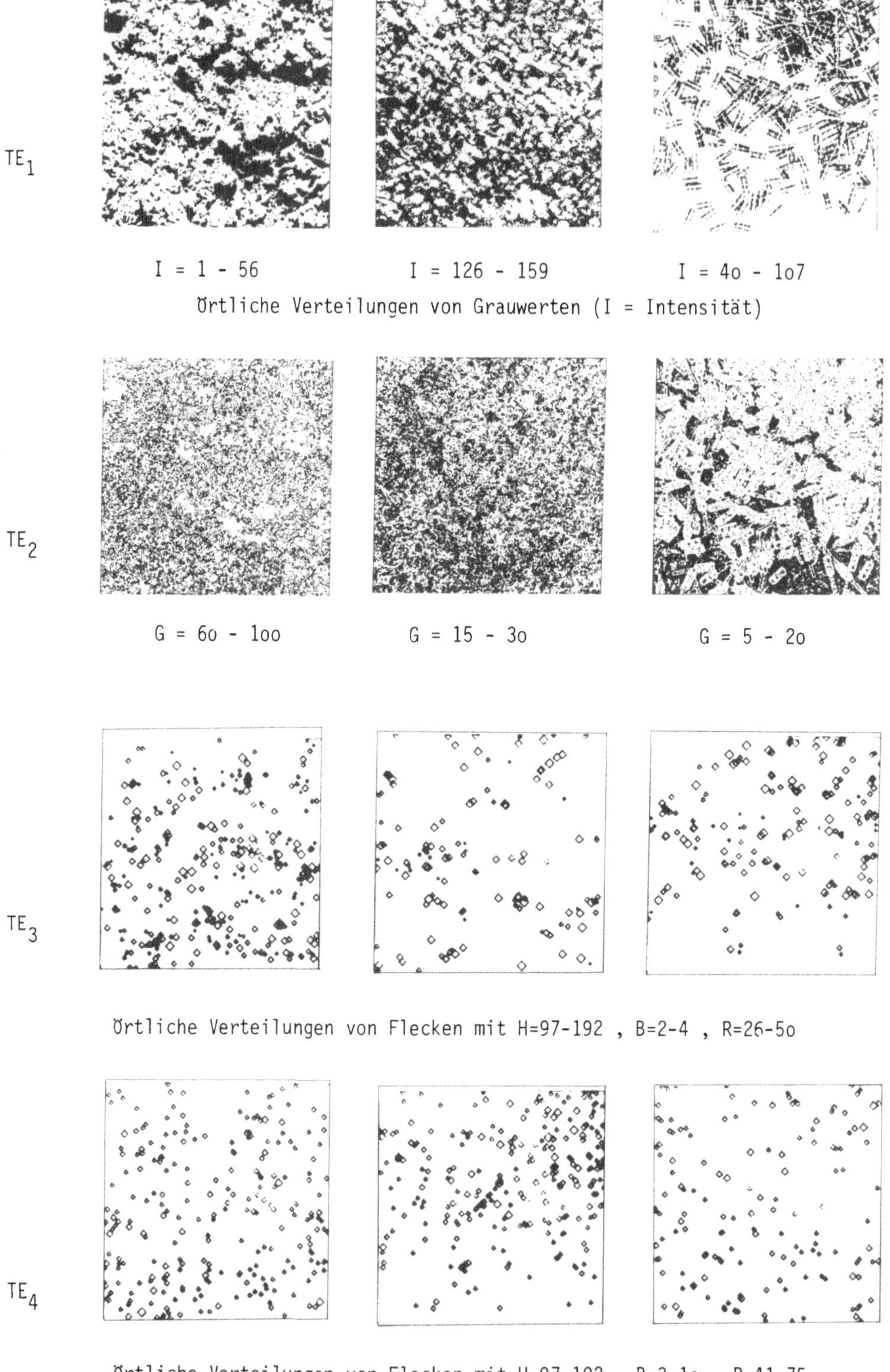

Bild 3 -- Beispiele örtlicher Verteilungen von Texturelementen

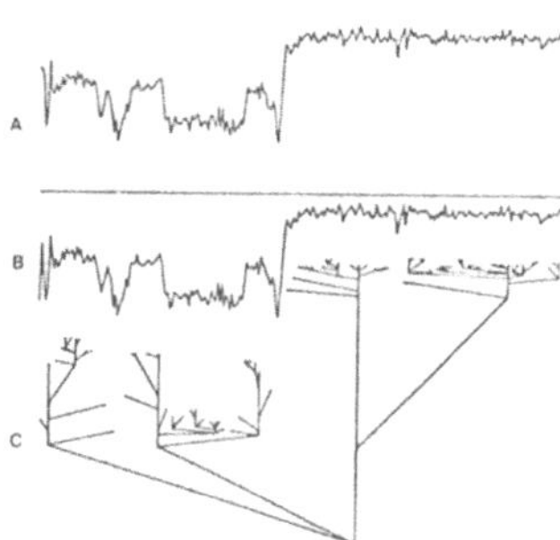

Bild 4 -- Relational-Baum

A - Grauwertfunktion entlang
    einer Zeile

B - Rekonstruktion aus dem
    R-Baum

C - Baumstruktur

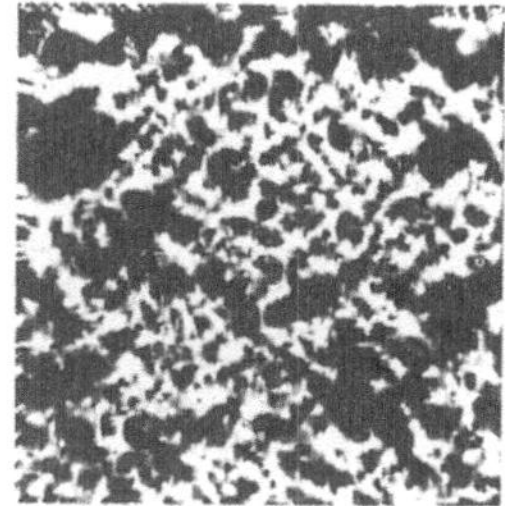

Bild 5 -- Wirkung einer Transformation in den Relational-Bäumen (vgl. Text)

A - Original

B - Ergebnis der Transformation

<u>MODELLIERUNG VON KANTEN BEI UNREGELMÄSSIGER RASTERUNG</u>

Ernst E. Triendl

Institut für Nachrichtentechnik
DFVLR-Oberpfaffenhofen

<u>Zusammenfassung</u>

Die Modellierung von Kanten in digitalen Bildern hat gegenüber von
auf Differenzierung beruhenden Kantenextraktionsoperatoren den Vorteil,
daß:
1. Ein Maß für die Übereinstimmung von Kantenmodell mit Bildinhalt
   anfällt,
2. die Auflösung nicht durch die Rasterung begrenzt ist,
3. auch unregelmäßige Rasterung verwendet werden kann.
Zur Anpassung des Modells an das Bild werden Optimierungsstrategien
verwendet, wobei auch von verschiedenen Kanten- und Linientypen die
jeweils beste herausgesucht werden kann. Schließlich wird das Bild
mit Hilfe der Kanteniformation restauriert.

<u>Abtastung</u>

Die Abtastung überführt eine Bildvorlage oder Szene in eine Menge
von Zahlen, die meist in einem quadratischen Raster angeordnet sind und
eine Aussage über die Helligkeit an einzelnen Stellen der Szene enthalten. Jeder Bildpunkt entspricht dabei einem Sensorelement, welches
die Helligkeit innerhalb seines momentanen Gesichtsfeldes mißt.
Unregelmäßige Anordnung dieser Sensoren kommt beileibe nicht nur in
der Biologie vor. Bei genauerem Hinsehen entpuppt sich ein quadratisches
Raster oft als bloße Näherung, so liefert zum Beispiel der Erderkundungs-
satellit LANDSAT Bilder, in denen das Raster in jeder 6. Zeile versetzt
ist.

Soll aus einem digitalen Bild auf die Vorlage zurückgeschlossen
werden, so muß zunächst der Abtastvorgang modelliert werden.

Nehmen wir an ein Bild wird von, der Einfachheit halber gleichartigen,
aber unregelmäßig angeordneten Sensoren abgetastet, so liefert der
i-te Sensor den Grauwert:

$$P_i = \iint G(x-x_i,\; y-y_i)\; S(x,y)\; dx\; dy$$

p_i .... am Rasterpunkt (x_i,y_i) gemessene Helligkeit
$S(x,y)$: Helligkeit der Szene
G .... Apertur eines Sensors mit $\iint G(x,y)\; dx\; dy = 1$

Bild 1 macht die Verhältnisse bei der Abtastung deutlich. Die unregelmäßig angeordneten Sensoren haben eine kreisförmige Apertur. Überdeckt
das Gesichtsfeld eine Kante, so wird ein Grauwert gemessen, der
zwischen denen der beiden Seiten der Kante liegt.

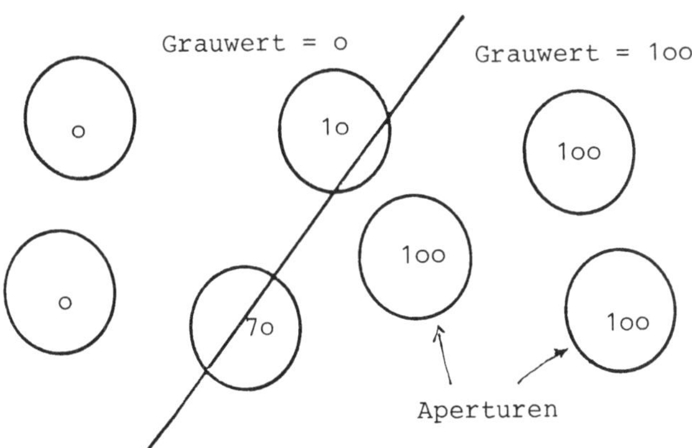

Bild 1: Unregelmäßige Abtastung einer Kante

Bild 3 zeigt die unregelmäßige Abtastung der Szene in Bild 2 (A.Dürer:
"Bildnis eines jungen Mannes"). Die Helligkeit der ca 4ooo Abtastpunkte
ist mit der Apertur, einem quadratischen Feld, moduliert wiedergegeben.

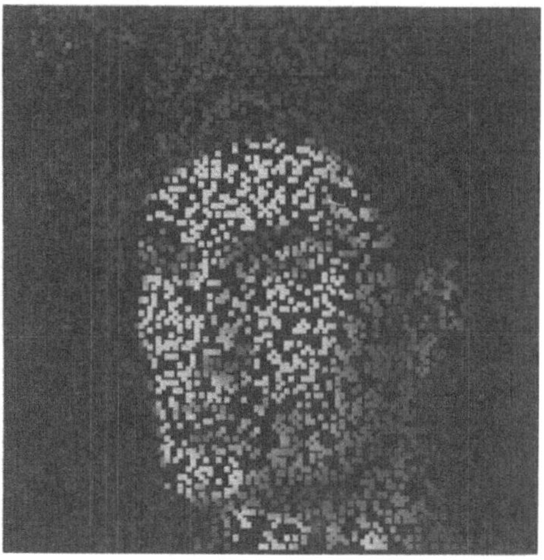

Bild 2: A.Dürer: "Bildnis eines
jungen Mannes"

Bild 3: Unregelmäßige Abtastung
Die Quadrate entsprechen der
Apertur der Sensoren.

Kantenmodell

Besteht die Szene nur aus einer vertikalen o/1 Kante

$$S(x,y) = \begin{cases} o \text{ für } x < o \\ 1 \text{ für } x > o \end{cases}$$

so erhalten wir für den von einem Sensor im Abstand d von der Kante
gemessenen Grauwert:

$$P(d) = \int\limits_{x=-\infty}^{d} \int\limits_{y=-\infty}^{\infty} G(x-d,y) \, dx \, dy$$

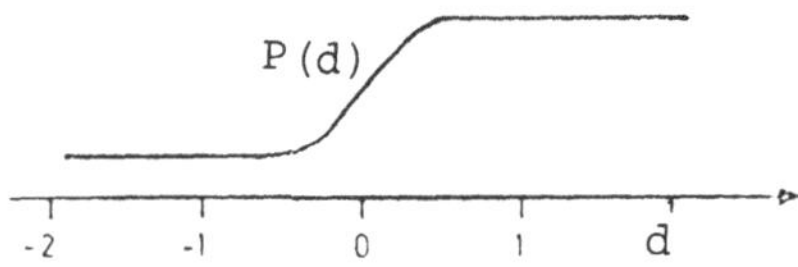

Bild 4: Typischer Verlauf der Helligkeit als Funktion des
Abstandes von einer Kante.

Für eine o/1 Kante, die im Winkel ϕ und im Abstand ρ vom Koordinaten-
nullpunkt verläuft, ergibt sich durch Drehung und Verschiebung:

$$P(x,y) = F(-x \cdot \sin \phi + y \cdot \cos \phi - \rho)$$

P ist unsere Modellkante. Korreliert man sie mit dem Bild so gibt der
Korrelationsfaktor das Maß der Übereinstimmung an. Um nun die beste
Modellkante zu finden, wird der Korrelationsfaktor hinsichtlich
Richtung und Lage der Kante maximiert. Um eine möglichst effektive
Optimierungsstrategie (siehe /4/) wählen zu können, muß etwas über
die Funktion bekannt sein, deren Maximum gefunden werden soll. Hierzu
wurden Modellkanten in einem 5 x 5 Bildpunkte großen quadratischen
Raster miteinander korreliert. Bild 5 zeigt, daß diese Funktion einen
durchaus gutmütigen Verlauf hat, solange sich die Winkel um nicht mehr
als 5o$^\circ$ und die Abstände um nicht mehr als 1,5 Rastereinheiten
unterscheiden.

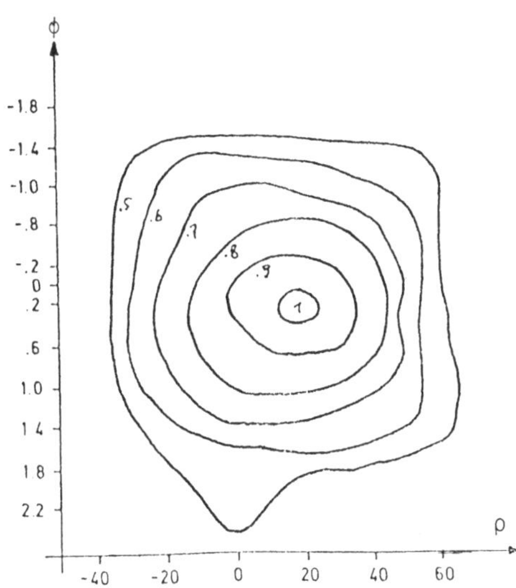

Bild 5: Korrelationsfaktoren zweier Modellkanten in einem
5 x 5 Punkte großen quadratischen Raster

Um die Kanten des unregelmäßig abgetasteten Dürer Bildes zu bekommen
wurde die Optimierung in 64 x 64 kreisförmigen Bereichen ausgeführt,
deren Durchmesser so gewählt wurde, daß sie ca 3o Abtastpunkte enthalten.
Die gefundenen Kanten sind in Bild 6 als Geradenstücke dargestellt.

Ist die Kante gefunden, so können auch die zugehörigen Grauwerte
durch mit dem Modell gewichtete Summation gewonnen und bildlich dargestellt werden. Nimmt man an, daß die Szene nur aus Kanten und konstanten
Grautönen besteht, so läßt sich das Original restaurieren, indem
an den Stellen wo eine Kante gesucht und gefunden wurde, diese mit
einer geeigneteten roll-off Funktion ins Bild eingeschrieben wird und
an den Stellen wo keine Kante gefunden wurde, weil kein Maximum vorhanden
war, oder der Korrelationsfaktor unterhalb einer Schwelle blieb, der
mittlere Grauwert der Umgebung (Bild 7).

Bild 6: Kantenvektoren, die   Bild 7: Rekonstruktion des
        Helligkeit entspricht   Originals mit Hilfe
        dem Korrelationsfaktor   der Kanten

<u>LITERATUR</u>

1. L.S.Davis, A Survey of Edge Detection Techniques,
        Computer Graphics and Image Processing 4, 1975

2. M.HUECKEL, An Operator which locates Edges in Digital Pictures,
        J. Assoc. Comput. Mach. 18, 1971

3. A.K. GRIFFITH, Mathematical Models for automatic Line Detection,
        J. Assoc. Comput. Mach. 2o, 1973

4. H.P. Schwefel, Numerische Optimierung von Computer-Modellen
            mittels der Evolutions-strategie, Birkhäuser 1977

Die Arbeit wurde am interaktiven Bildverarbeitungssystem DIBIAS des
Instituts für Nachrichtentechnik der DFVLR-Oberfaffenhofen ausgeführt.

SEGMENTIERUNG UND ERKENNUNG EINES OBJEKTES IN NATÜRLICHER UMGEBUNG

A. H. Korn, IITB, Karlsruhe

Zusammenfassung

Es wird über erste Ergebnisse zur Detektion von "man-made-objects" in
Grauwertbildern berichtet. Bei der eindimensionalen Vorverarbeitung in
Zeilen- und Spaltenrichtung werden nur die Extremwerte zur Berechnung
eines Linienbildes durch lineare Regression benutzt. Jeder Linie zugeordnet sind u. a. Lagekoordinaten, Kontrastrichtung, mittlerer Kontrast
und Streuung. Durch Schwellwerte für Kontrast und Streuung und Filterung
nach Vorzugsrichtungen ergibt sich die Position des Flächenschwerpunktes
des Zielobjektes für die bisher verarbeiteten 5 Fahrzeuge in guter Näherung. Eine Klassifikation wird mit Hilfe struktureller Methoden in einem
durch Schwerpunkt und Vorzugsrichtungen des Objektes bestimmten Koordinatensystem durchgeführt.

1. Einleitung

Trotz der laufend verbesserten mathematischen Methoden der Bildverarbeitung konnte bisher nur ein kleiner Teil der Schwierigkeiten bewältigt
werden, die bei der Aufgabe der Objekterkennung in natürlichen Szenen
auftreten. Diese Schwierigkeiten sind bedingt durch mögliche Verdeckun-
gen von Objektteilen, die Vielzahl der möglichen Ansichten, Orientierungen und Maßstäbe bei der Projektion der 3-dimensionalen Objekte in den
2-dimensionalen Bildraum und den Beleuchtungsschwankungen der Szene, so
daß ein Vergleich mit Masken des Objektes zur Zeit aus Aufwandsgründen
unrealistisch ist.

Eine weitere Schwierigkeit ist die Unsicherheit über die Position des
Zielobjektes im Bild, deren Bestimmung in Abhängigkeit von der Struktur
des Hintergrundes oft sehr aufwendige Suchverfahren erfordert.

Das allgemein bei inhomogenem Hintergrund auftretende Problem der Segmentierung ist eng verknüpft mit dem Problem der Definition und mathematischen Beschreibung von trennenden Merkmalen bez. Objekt und Hintergrund

wie z. B. Reflexionseigenschaften (Schwärzung, Farbe), Textur oder Form-
merkmale (A. Rosenfeld, A. C. Kak (1976)). Wegen ihrer günstigen Inva-
rianzeigenschaften gegenüber Änderungen der Bildaufnahmeparameter wie
Beleuchtung und Maßstab benutzen wir im folgenden <u>Formmerkmale</u> (siehe
auch F. Holdermann, H. Kazmierczak (1972)), wobei wir uns auf sog. man-
made-objects mit folgenden Eigenschaften beschränken

- weitgehend ebene Begrenzungsflächen, d. h. gerade Kanten in der
  Objektkontur

- Parallelität seitlicher sowie hinterer und vorderer Kanten.

Die einzige a-priori Information über das Zielobjekt ist also bei der
Detektion: Häufung gerader, paralleler Linien in einem bestimmten Bildbereich, u. U. Geschlossenheit der Konturlinie.

Wie unsere Untersuchungen zeigen, reicht diese Information in vielen
Fällen aus, um mit guter Näherung die Position des Flächenschwerpunktes
des Zielobjektes und dessen Vorzugsrichtungen zu bestimmen.

Eine <u>Klassifikation,</u> auf die später nur kurz eingegangen wird, erfolgt
anschließend durch Vergleich mit einem gespeicherten Modell des Zielobjektes in einem objektbezogenen Koordinatensystem.

2. Vorverarbeitung des digitalisierten Grauwertbildes

Ziel der Vorverarbeitung ist, mit möglichst wenig Rechenoperationen die
Grauwertänderungen sowohl in Zeilen- als auch in Spaltenrichtung getrennt nach dem Vorzeichen der Änderung zu berechnen und anschließend
durch lineare Regression eine Liste von Linienelementen zu erstellen,
in der auch Konturlinien des Zielobjektes enthalten sind.

Drei natürliche Szenen (Luftbilder im optischen Bereich) wurden mit
8 bit Grauwertauflösung digitalisiert und als 512 x 512 Matrizen gespeichert. Aus diesen Matrizen wurden fünf 40 x 40 Bereiche herausgesucht, die jeweils ein Fahrzeug in unterschiedlich strukturiertem Hintergrund enthielten. Abb. 1 zeigt einen solchen Bereich mit einem LKW
auf durchfurchtem Sandboden. An diesem Beispiel werden im folgenden die
einzelnen Verarbeitungsschritte erklärt.

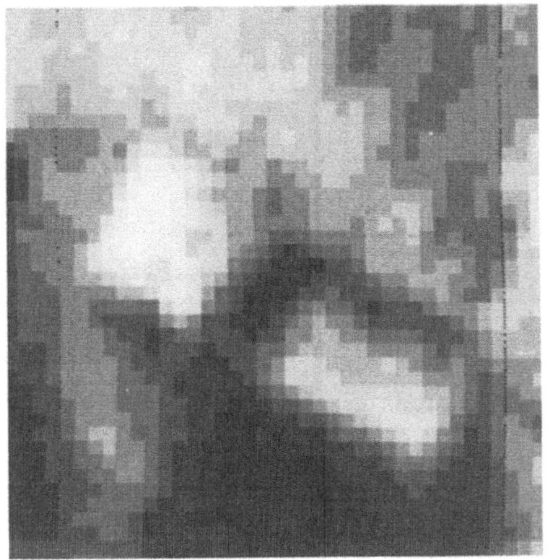

Abb. 1   LKW   auf durchfurchtem Sandboden

2.1 Eindimensionale, nichtlineare Tiefpaßfilterung

Wir gehen davon aus, daß eine wesentliche Information zur Segmentierung
und Objekterkennung in Bildern durch Auswertung des Vorzeichens und des
Betrages der Grauwertdifferenzen von aufeinanderfolgenden Extremwerten
erhalten werden kann. Die Auswertung der örtlichen Abstände aufeinanderfolgender Extremwerte gibt zusätzliche Anhaltspunkte für mögliche Ver-
besserungen der Vorverarbeitung durch eine Ortsfrequenzfilterung. Der
Wald- und Feldhintergrund bei den hier verwendeten Szenen legt eine Tiefpaßfilterung nahe.

In Abb. 2 ist die Filterung einer Grauwertzeile für die Berechnung des
Dunkel-Hell-Kontrastes eines Bildpunktes (Z,S) zwischen dem Minimum K
und dem Maximum L der oberhalb skizzierten Grauwertverteilung angegeben.
Bei der von uns implementierten Vorverarbeitung wurden aufeinanderfol-
gende Extremwerte durch Geraden verbunden und das Faltungsintegral in
Abb. 2 nur für $S = L$ berechnet. Bei dieser Näherung ergibt sich

$$Kt(Z,S,K,L)= \frac{GR(Z,L)-GR(Z,K)}{L-K} \left[L-K-T(1-e^{-(L-K)/T}) \right] \qquad (1)$$

Für einen gegenüber der Ortskonstanten T großen Abstand $L - K \gg T$ ergibt sich

$$Kt(Z,S,K,L) = GR(Z,L)-GR(Z,K).$$

Beiträge vorhergehender Dunkel-Hell-Übergänge werden durch Korrekturterme berücksichtigt. Den bis auf diese Korrekturterme durch Gl. 1 definierten Kontrastwert ordnen wir der Spalte (L+K)/2 zu, die als Inte-
gerzahl berechnet wird.

Entsprechend werden Dunkel-Hell-Kontraste in Spaltenrichtung und Hell-
Dunkel-Kontraste in Zeilen- und Spaltenrichtung berechnet, so daß ins-
gesamt 4 Matrizen $MK(Z,S)_i$ für die verschiedenen Übergänge vorliegen.
Die von Null verschiedenen Matrixelemente sind ein Maß sowohl für die
Grauwertdifferenz aufeinanderfolgender Extremwerte als auch m. E. für
deren örtlichen Abstand.

Abb. 3 zeigt einen Rechnerausdruck der Hell-Dunkel-Kontraste in Spaltenrichtung für den LKW in Abb. 1.

2.2 Berechnung eines Linienbildes durch lineare Regression

Der nächste Schritt bei der Vorverarbeitung ist das Verbinden der von
Null verschiedenen Matrixelemente in den Matrizen $MK(Z,S)$; (i = 1,..,4).

Unter der Voraussetzung, daß die Konturen des Zielobjektes Matrixelemente mit relativ großen Zahlenwerten ergeben und die Verbindung dieser Zahlenwerte durch Regressionsgeraden eine kleinere Streuung ergibt als entsprechend gewonnene Linienelemente des Hintergrundes ("gerade Kanten",
s. Einleitung), wurde ein Verfahren zur automatischen Suche nach einem
geeigneten Anfangspunkt implementiert.

Ausgehend von diesem Anfangspunkt berechnet ein "tracking Programm" die
lineare Regression durch die lokalen Maxima von jeweils 10 Matrixelemen-
ten in aufeinanderfolgenden Zeilen (Spalten), bis der Abstand eines neuen
Punktes senkrecht zur Geraden eine vorgegebene Schwelle von 1.5 Bildpunkten überschreitet und auch durch ein Suchprogramm keine geeignete Fortsetzung gefunden werden kann. Ein solcher Punkt ist dann Anfangspunkt
einer neuen Regressionsgeraden.

Das Ergebnis des tracking-Programms ist eine Liste von Linienelementen.
Über den Index jedes Linienelementes können abgerufen werden:

- Anfangs- und Endkoordinaten

- Zahl der verbundenen Punkte

- mittlere Streuung der Punkte in Bildpunktabständen

- Mittelwert des Kontrastes der Punkte

- Steigung der Linie relativ zur Spaltenrichtung

- Dunkel-Hell- oder Hell-Dunkel-Übergang.

In Abb. 4 sind für das Beispiel des LKW alle mit dem tracking-Programm nach vier Durchläufen gefundenen Regressionsgeraden eingezeichnet.

2.3 Histogramm der Steigungen

In Abb. 5 wurde die Gesamtlänge aller Linien in Winkelbereichen $0° - 10°$, $10° - 20°$, ..., $170° - 180°$ aufgetragen für unterschiedliche Kontrastschwellen K_1, K_2, K_3 und Fehlerschwellen F_1, F_2. Alle Linien mit größeren Kontrast- bzw. Fehlerschwellen werden jeweils fortgelassen. Im dünn ausgezogenen Histogramm werden mit den Schwellen $K_3 = 1.$, $F_2 = 2.$ alle berechneten Linien berücksichtigt. Ausgewertet wurden die beiden Maxima zwischen $40° - 50°$ ($V_1 = 55°$) und $140° - 150°$ ($V_2 = 145°$), die auch bei Kontrast- und Fehlerschwellen von $K_2 = 10.$ und $F_1 = 0.5$ erhalten bleiben, während sich für $K_3 = 20.$ und $F_1 = 0.5$ das Maximum V_2 verschiebt.

Zwei Winkelbereiche von $\pm 15°$ und $\pm 5°$ um die Maxima V_1 und V_2 wurden für die verschiedenen Schwellen K_1, K_2, K_3 bzw. F_1, F_2 ausgeblendet. Die entsprechenden Linien sind in Abb. 4 dargestellt.

2.4 Objektbezogenes Koordinatensystem

Die Auswertung aller bisher gerechneten Beispiele zeigt, daß Linien in den Winkelbereichen $V_1 \pm 15°$, $V_2 \pm 15°$ bei Kontrastwerten über 10. und Streuungen von weniger als 0.5 Bildpunktabständen überwiegend Konturlinien des Zielobjektes sind. Zur Bestimmung des ungefähren Flächenschwerpunktes des Objektes wird die Länge der Linien des gefilterten Linienbildes mit dem jeweiligen mittleren Kontrast gewichtet und mit der bekannten physikalischen Gleichung der Schwerpunkt dieser Linien ausgerechnet (Masse ersetzt durch Kontrast).

Der so berechnete Linienschwerpunkt (Swp.) ist in Abb. 4 als Kreuz eingezeichnet. Hiermit ist zunächst die Detektionsphase abgeschlossen.

3. Zielerkennung in einem objektbezogenen Koordinatensystem

Der Schwerpunkt Swp. als Koordinatenursprung und die beiden Vorzugsrichtungen V_1, V_2 als Achsen stellen in 1. Näherung ein objektbezogenes Koordinatensystem dar. In diesem Koordinatensystem werden aus der Art der Kontrastübergänge und den Nachbarschaftsbeziehungen zwischen den

Linien Hypothesen über zusammenhängende Flächen gebildet.

Das Ziel zukünftiger Untersuchungen ist, diese Hypothesen durch Such-
prozesse in dem ungefilterten Linienbild und Hinzunahme von Grauwert-
histogrammen zu verifizieren. Die über mehrere Iterationen gefundene
Kontur soll mit Hilfe struktureller Methoden mit gespeicherten Modellen
von Zielobjekten verglichen werden (Y. Shirai (1977), T. Pavlidis
(1977)).

4. Literaturverzeichnis

Holdermann, F. und Kazmierczak, H.: Preprocessing of Gray-Scale
Pictures, Comp. Graphics Image Proc., 1972, 1, 66 - 80
Pavlidis, T.: Structural Pattern Recognition. Springer-Verlag,
Heidelberg (1977)
Rosenfeld, A. und Kak, A.C.: Digital Picture Processing, Academic Press.
New York (1976)
Shirai, Y.: Recognition of Real-World Objects using Edge Cues, Proc. 1977
Workshop on Computer Vision Systems, Academic Press. in Vorbereitung

Diese Untersuchung wurde gefördert durch das Bundesministerium der
Verteidigung unter der Vertrags-Nr. T/RF 33/60019/61316

$$Kt\,(Z,S,K,L) = \frac{1}{T} \int_{K}^{S} \left[GR\,(Z,S') - GR\,(Z,K)\right] e^{-(L-S')/T}\,dS'$$

Abb. 2:   Beispiel für die Grauwerte GR(Z,S) in einer Bildzeile Z.
Die Vorschrift zur Kontrastberechnung entspricht einer
nichtlinearen Tiefpaßfilterung von Grauwertdifferenzen.

MUSTER-NR. = 4
 ERSTE UND LETZTE ZEILE = 295 334
 ERSTE UND LETZTESPALTE = 135 174
INTEGRATION W-NEGS

	1	2	3	4	5	6	7	8	9	10	11	12	13	14	15	16	17	18	19	20	21	22	23	24	25	26	27	28	29	30	31	32	33	34	35	36	37	38
1	0	0	0	0	0	0	0	0	0	0	0	0	0	0	0	0	0	0	0	0	0	0	0	0	0	0	0	0	1	0	0	0	0	0	0	0	0	1
2	0	0	0	0	0	0	0	0	0	0	0	0	0	0	0	0	0	5	3	0	0	0	0	1	0	6	0	0	0	0	0	0	0	6	1	0	8	0
3	0	0	0	0	0	0	0	0	0	0	0	0	0	0	0	0	1	0	0	0	0	0	0	0	4	0	0	0	1	1	0	0	4	0	0	3	0	0
4	0	0	0	0	0	0	0	0	0	0	0	0	0	0	0	0	0	0	0	0	0	0	0	0	0	0	0	0	0	0	0	2	0	0	0	0	0	8
5	0	0	0	0	0	0	0	0	0	20	0	0	0	0	0	0	0	0	0	0	0	0	6	0	0	0	0	0	0	0	0	0	0	0	0	0	0	0
6	4	0	0	0	15	0	30	0	0	0	16	20	0	0	0	0	8	0	0	0	0	0	0	1	0	0	0	0	0	0	12	0	0	0	0	0	2	0
7	0	0	32	30	0	36	0	35	42	0	0	0	0	0	0	0	0	0	0	15	0	0	0	0	0	0	0	0	0	10	0	1	0	0	0	0	0	0
8	0	0	0	0	0	0	0	0	0	0	0	0	9	32	30	24	0	28	21	0	7	0	0	0	0	0	0	8	0	0	0	0	0	0	0	0	0	0
9	0	70	0	0	0	0	0	0	0	5	0	0	0	0	0	0	0	0	0	0	0	0	0	0	0	0	0	0	0	0	0	0	0	0	0	0	0	0
10	85	0	0	0	10	0	0	0	0	0	0	0	0	0	0	0	0	22	0	0	0	0	0	2	0	0	3	0	0	0	0	0	12	9	0	0	0	2
11	0	0	0	0	0	0	0	0	0	0	0	0	0	0	0	0	0	0	0	0	0	0	0	0	0	12	0	0	0	0	1	8	0	0	0	0	0	0
12	0	0	0	0	0	0	0	0	0	0	0	0	0	0	0	0	0	0	13	32	36	0	12	0	0	0	0	0	0	0	0	0	0	0	0	0	0	0
13	0	0	0	0	0	1	0	2	0	0	0	0	2	5	4	3	0	0	0	0	0	0	0	7	0	0	0	0	0	0	0	0	0	0	0	0	0	0
14	0	0	12	12	0	0	1	0	0	0	0	0	0	0	0	0	4	0	0	0	0	72	0	0	0	0	0	0	0	0	0	0	0	0	0	16	30	5
15	0	0	0	0	12	0	0	0	0	1	0	0	0	0	0	0	0	0	0	0	0	0	56	0	60	0	0	0	0	0	8	2	0	6	0	0	0	0
16	1	0	0	0	0	1	0	0	0	0	0	0	13	14	13	2	0	0	0	0	0	0	0	0	0	0	0	3	0	15	0	0	0	0	0	0	0	0
17	0	0	0	0	0	0	0	0	0	0	0	64	0	0	0	0	0	0	0	0	0	0	0	48	0	36	0	0	0	0	0	0	0	0	0	0	0	0
18	0	0	0	0	0	0	0	0	0	0	0	0	0	0	0	0	0	0	45	36	35	0	0	0	0	0	0	0	0	0	0	0	0	0	0	0	0	0
19	4	12	0	0	0	0	0	0	0	0	152	0	6	2	0	0	0	0	0	0	0	0	0	0	0	0	50	0	49	0	0	0	8	1	0	0	0	0
20	0	0	0	9	0	0	0	88	0	138	0	0	0	0	0	0	55	45	0	0	0	0	0	0	0	42	0	42	0	0	0	0	0	0	0	0	0	0
21	0	0	0	0	10	12	37	0	120	0	0	0	0	0	0	0	0	0	0	0	0	0	0	0	0	0	0	0	28	0	28	0	0	0	0	0	0	0
22	0	0	0	0	0	0	0	0	0	0	0	0	0	0	0	0	0	0	0	0	0	0	0	0	0	0	0	0	0	0	36	0	0	0	0	0	0	0
23	0	0	0	0	0	0	0	0	0	0	82	0	0	96	90	0	0	0	0	0	0	0	0	0	0	0	0	0	0	0	0	0	8	0	0	0	0	0
24	0	0	33	0	0	0	0	0	0	0	0	0	101	80	0	0	0	0	0	0	0	0	0	0	0	0	0	0	0	0	0	0	0	0	0	0	0	40
25	0	0	0	0	0	0	0	0	0	0	0	0	0	0	0	0	0	0	0	0	0	0	0	1	1	0	0	0	0	0	0	0	0	0	0	0	35	0
26	9	15	0	0	0	1	0	0	0	0	0	0	0	0	0	0	0	0	0	0	0	0	0	0	0	0	3	1	0	0	0	0	0	0	40	0	0	0
27	0	0	0	0	0	0	0	0	0	0	0	0	0	0	0	0	0	25	0	0	0	0	0	0	0	0	0	0	0	0	0	0	0	0	0	0	0	0
28	0	0	0	0	0	0	0	0	0	0	0	0	0	0	0	0	0	0	36	0	0	0	0	0	0	0	0	0	0	0	0	0	0	0	60	0	0	0
29	0	0	0	0	0	0	0	0	0	0	0	0	0	0	0	0	0	0	30	0	55	0	78	0	0	0	0	0	0	0	0	0	36	0	0	0	0	0
30	0	1	0	26	22	0	0	0	0	0	0	0	0	8	0	8	0	0	0	0	77	0	72	0	0	0	0	0	0	0	0	0	0	0	0	0	0	0
31	3	0	0	0	0	0	0	0	0	0	0	0	0	6	0	0	0	0	0	0	0	0	0	0	0	0	0	0	0	0	0	0	54	0	0	0	0	0
32	0	0	0	0	0	25	0	0	0	0	0	0	0	0	0	3	1	0	6	0	0	0	0	77	0	0	0	0	0	60	0	0	0	0	0	0	0	0
33	1	2	0	0	0	0	28	0	0	0	0	18	16	0	0	0	0	0	0	0	0	0	0	61	85	66	64	0	0	0	0	0	0	0	21	0	0	0
34	0	0	5	0	0	0	0	24	15	0	0	0	0	1	0	0	0	1	4	0	0	0	0	0	0	0	0	0	84	0	77	0	0	4	0	0	0	0
35	0	0	0	0	0	0	0	0	0	0	0	0	0	0	0	0	2	0	0	0	0	0	0	0	0	0	0	11	0	0	0	0	0	0	90	0	20	10
36	1	2	0	0	0	0	0	0	0	25	30	0	0	0	1	0	0	0	1	0	0	3	0	0	0	0	0	0	0	0	0	0	0	0	0	0	0	0
37	0	0	0	0	4	4	0	0	0	0	0	0	0	0	0	0	0	2	0	0	0	0	0	1	0	0	0	0	0	0	0	0	0	0	0	0	0	0
38	0	0	0	0	0	0	5	6	7	0	0	0	0	0	1	0	0	0	0	0	2	0	0	0	0	0	0	0	11	0	0	0	2	0	0	0	2	0
39	0	0	0	0	0	0	0	0	0	0	1	3	0	0	1	0	0	1	1	0	1	1	0	0	12	12	0	0	0	12	0	0	0	1	1	0	3	0
40	0	0	0	0	0	0	0	0	0	0	0	0	0	0	0	0	0	0	0	0	0	0	0	0	0	0	0	0	0	0	0	0	0	0	0	0	0	0

Abb. 3: Hell-Dunkel-Kontraste in Spaltenrichtung für das Beispiel des LKW. Nur die am Ort lokaler Grauwertminima berechneten Kontraste werden berücksichtigt.

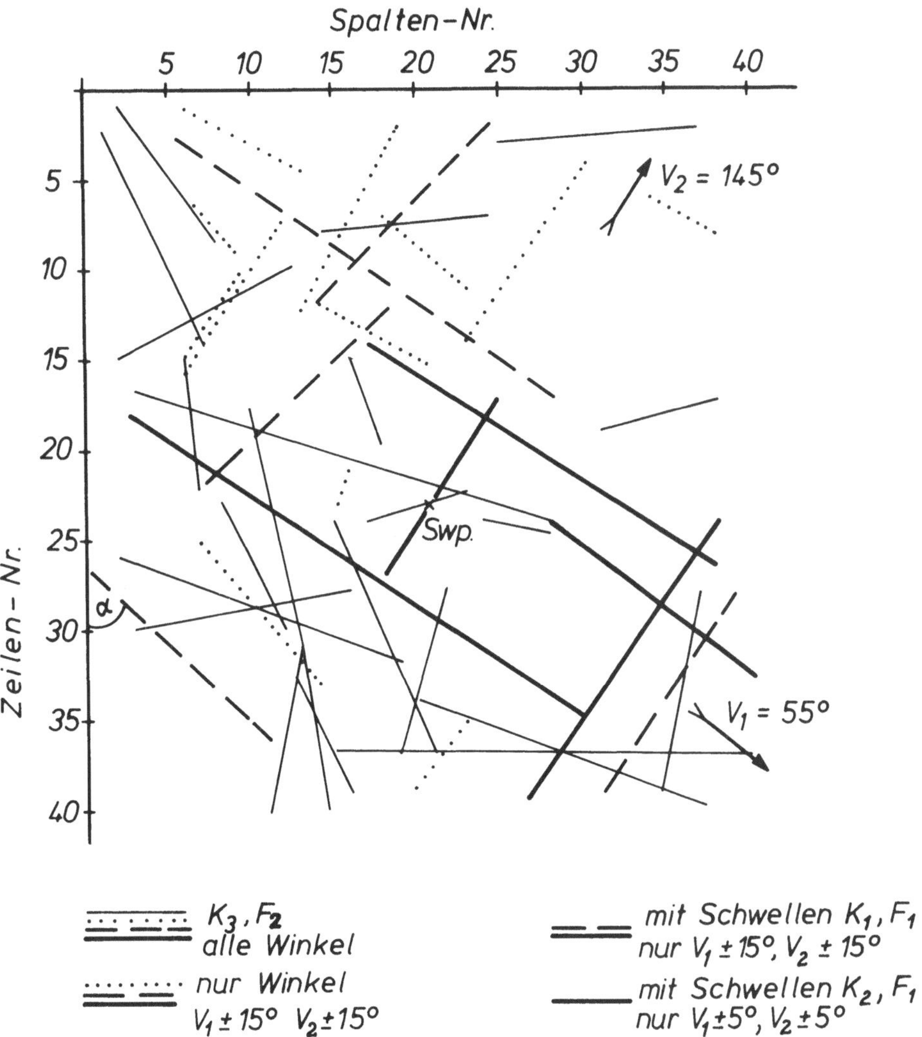

Abb. 4: Sukzessive Filterung des Linienbildes des LKW mit
verschiedenen Richtungs-, Kontrast- und Fehlerschwellen.
V_1, V_2: Vorzugsrichtungen, Swp.: Schwerpunkt (s. Text),
α: Winkel gegen Spaltenrichtung.
$K_1 = 10$, $K_2 = 20$, $K_3 = 1$, $F_1 = 0.5$, $F_2 = 2$

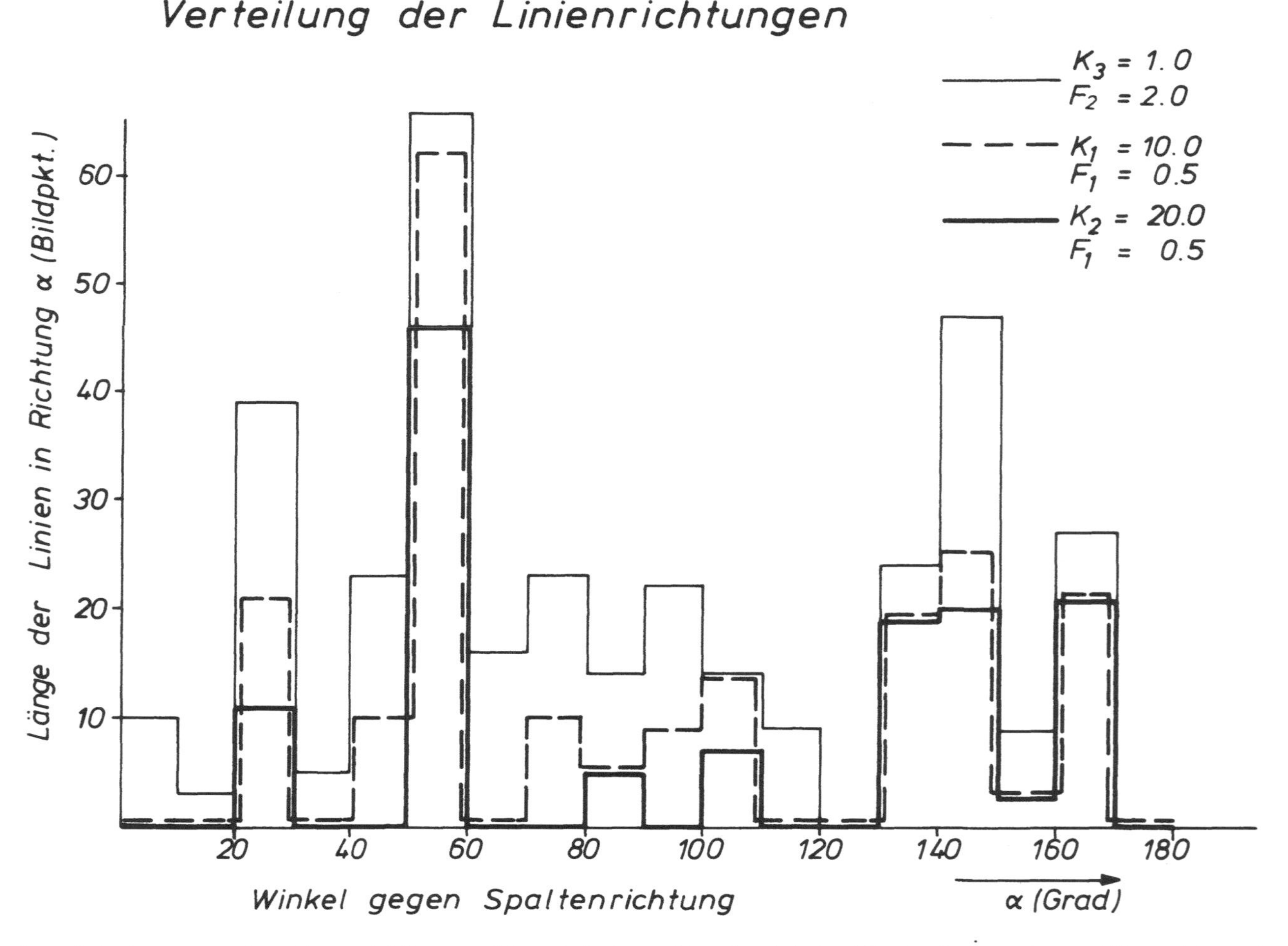

Abb. 5: Histogramm der Gesamtlänge aller Linien (in Punktabständen) in einem Winkelbereich von jeweils 10° für verschiedene Kontrastschwellwerte K_1, K_2, K_3 und Fehlerschwellwerte F_1, F_2.

<u>AUTOMATISCHE BESTIMMUNG VON BLASENGRÖSSENVERTEILUNGEN</u>
<u>ANHAND DREIDIMENSIONALER HOLOGRAMMREKONSTRUKTIONEN</u>

G. Haussmann, W. Lauterborn
Drittes Physikalisches Institut, Universität Göttingen

1. Einleitung

Unter Kavitation versteht man das Aufreißen von Flüssigkeiten unter
extremen Zugspannungen. Zum Verständnis grundlegender Mechanismen der
Schwingungskavitation ist die Kenntnis der Blasengrößenverteilung eines akustisch erzeugten Kavitationsblasenfeldes von großer Bedeutung.
Zur Lösung dieses Problems bietet es sich an, Blasenfelder holografisch mit Hilfe eines Impulslasers aufzuzeichnen [1] und anhand der
reellen dreidimensionalen Hologrammrekonstruktion eine Analyse durchzuführen, um so die Blasengrößenstatistik zu bestimmen. Für die Untersuchungen von Kavitationsblasenfeldern sind dabei wegen der unterschiedlichen Blasengrößen "off-axis"-Hologramme vorteilhaft, bei denen
Objekt- und Referenzstrahl getrennt geführt werden [2]. Aufgrund der
großen Zahl von Einzelblasen werden automatische Verfahren zur Auszäh-
lung angestrebt.

2. Die Versuchsapparatur

Der im Institut zur Prozeßsteuerung zur Verfügung stehende Rechner
(Honeywell H 632, 24 K Kernspeicher, 32 bit Worte, 850 ns Zykluszeit,
4 Platteneinheiten, 1 Bandstation) ermöglicht es, die wesentlichen
Punkte der Aufgabenstellung ohne Anschaffung spezieller Hardware-Pro-
zessoren (z.B. Quantimet o.ä.) zu lösen. Vielmehr konnte eine Bibliothek geeigneter Bildverarbeitungsprogramme erstellt werden.
Abb. 1 zeigt das Blockschaltbild der benutzten Versuchsapparatur. Das
mit Hilfe eines üblichen holografischen Rekonstruktionsaufbaus erzeugte reelle Bild wird direkt ohne Abbildungsoptik auf den Sensor einer
Image-Dissektor-Kamera (Optical Data Digitizer der Firma EMR Schlum-
berger) abgebildet, die auf einem rechnergesteuerten Verschiebetisch
montiert ist. Die Kamera kann so in verschiedene Schärfeebenen der Hologrammrekonstruktion geschoben werden, wodurch es möglich wird, Teilchen in der dritten Dimension zu fokussieren und ihre z-Koordinate
festzulegen. Die x- und y-Koordinaten werden aus den Objektpunkten des

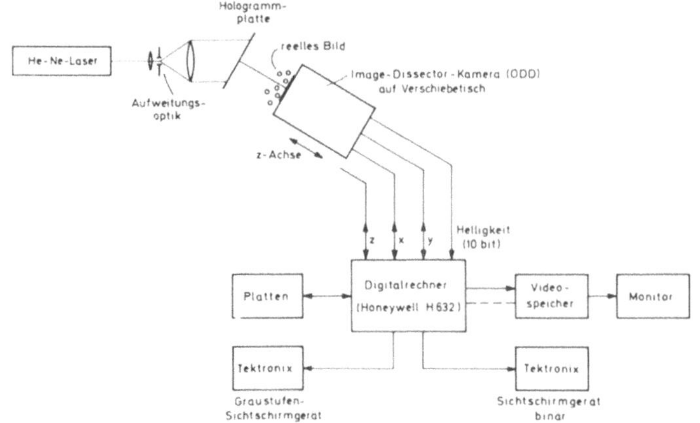

Abb. 1
Blockschaltbild
der Versuchsappa-
ratur zur automa-
tischen Auswertung
von holografisch
aufgezeichneten
Kavitationsblasen-
feldern.

Bildausschnitts bestimmt. Die Kamera ist über ein Interface direkt mit
dem Rechner verbunden und gestattet den Zugriff auf 4096 x 4096 adres-
sierbare Bildpunkte im "random access". Die Speicherung der Bildpunkte
auf Massenspeicher kann damit entfallen, da die Hologrammrekonstruktion selbst als Bildspeicher dient.
Zur Bildausgabe stehen zwei Tektronix-Sichtschirmgeräte zur Verfügung,
eines davon mit der Möglichkeit, bis zu 64 Graustufen darzustellen.

3. Automatische Fokussierung

Im Gegensatz zu anderen Untersuchungen auf dem verwandten Gebiet der
Tropfengrößenanalyse [3] [4] wird hier versucht, das Problem der automatischen Teilchenfindung und -fokussierung mit Hilfe von Bildbearbeitungsprogrammen zu lösen. Es hat sich dabei gezeigt, daß Kriterien,
die aus der Grauwertstatistik des Bildausschnittes abgeleitet sind
(Varianz o.ä.) nicht ausreichend empfindlich auf kleine Objekte an-
sprechen. Erfolgreicher hat sich der Versuch erwiesen, die Steigung
der Objektkanten dazu heranzuziehen.
Abb. 2a zeigt eine Zeile aus einem ausgewählten Bildausschnitt eines
Testhologramms mit dem Querschnitt einer Blase in verschiedenen Tiefenebenen der Rekonstruktion. Aus dem Bildausschnitt berechnet der Computer ein Gradientenbild. Nach ausführlichen Vorversuchen wurde der
Sobel-Operator ausgewählt, da er sich trotz höheren Rechenaufwands allen anderen lokalen Gradientenoperatoren bezüglich Konturentreue und
Rauschunempfindlichkeit als überlegen erwiesen hat.
Seien 9 Bildpunkte einer Bildmatrix wie folgt angeordnet:

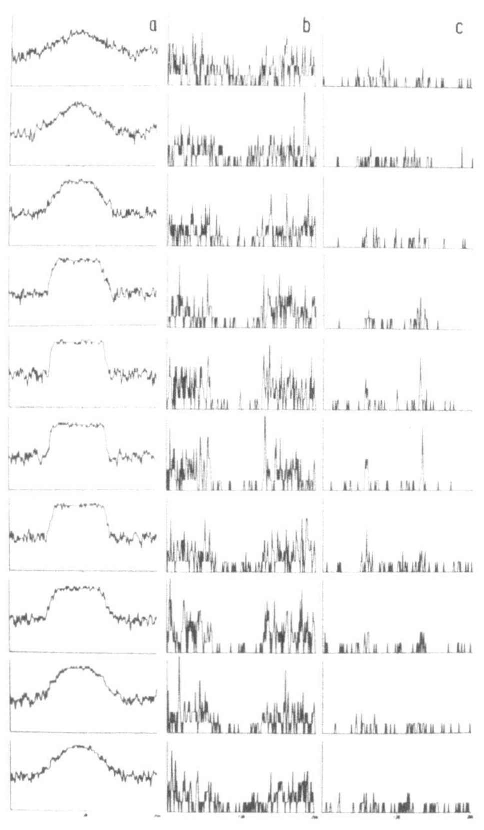

Abb. 2
a) Bildzeile mit Blasenquerschnitt
   in verschiedenen Tiefenebenen
b) Sobel-Operator auf a angewandt
c) b intensitätsgewichtet

$$\begin{array}{ccc} A & B & C \\ D & E & F \\ G & H & I \end{array}$$

Dann ist der Sobel-Operator auf dieser 3x3-Untermatrix wie folgt definiert:

$$\text{GRAD}(E) = |(A+2B+C) - (G+2H+I)| + |(A+2D+G) - (C+2F+I)|$$

Abb. 2b zeigt Zeilen des aus Abb. 2a durch Anwendung des Sobel-Operators berechneten Gradientenbildes. Der außerordentlich kontrastreiche Speckle-Untergrund erschwert das Auffinden der größten Objektkantensteigung sehr stark, da Gradienten im Rauschuntergrund häufig größere Werte erreichen als an der Objektkante.

Wenn, wie im vorliegenden Fall, die Objekte selbst weitgehend frei von Rauschstörungen sind, läßt sich diese Schwierigkeit durch die Intensitätsgewichtung des Gradienten überwinden. Aus Gründen der Einfachheit wird eine lineare Gewichtsfunktion gewählt. Der Gradientenwert im Punkt E wird wie folgt modifiziert:

$$\text{GRAD}_g(E) = \text{GRAD}(E) \cdot \max\left\{0, (E-\bar{I}_R)\right\}$$

$$\text{mit } \bar{I}_R = \text{mittlere Intensität im Speckle-Untergrund.}$$

Abb. 2c zeigt, daß durch Intensitätsgewichtung die Gradientenwerte des Untergrunds unterdrückt, die der Objektkante dagegen angehoben werden.

Als Fokussierungskriterien werden aus dem gradientengefilterten Bildausschnitt folgende Größen bestimmt (siehe dazu Abb. 3):
a) MASSZ1: Summe der Gradientenwerte größer als eine gewisse Schwelle
   GRDSCH

$$MASSZ1 = \sum_{i=1}^{N} \sum_{j=1}^{M} (GRAD(i,j)-GRDSCH) \cdot DELTA(i,j)$$

$$\text{mit } DELTA(i,j) = \begin{cases} 1 & \text{wenn } GRAD(i,j) > GRDSCH \\ 0 & \text{sonst} \end{cases}$$

b) MASSZ2: Summe der beiden Maxima jeder Gradientenzeile, die voneinander mindestens den Abstand MINDA besitzen müssen, summiert über alle benutzten Bildzeilen

$$MASSZ2 = \sum_{i=1}^{N} \left[MAX(i,j_1)+MAX(i,j_2) \right]$$

$$\text{mit } |j_1 - j_2| > MINDA$$

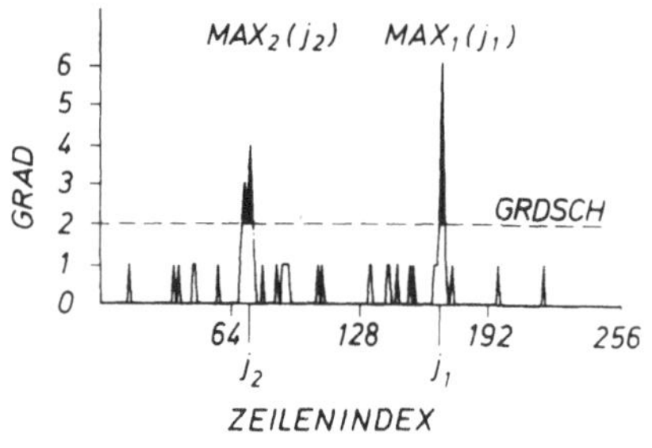

Abb.3
Zeile des Gradientenbildes zur Erläuterung von MASSZ1 und MASSZ2.

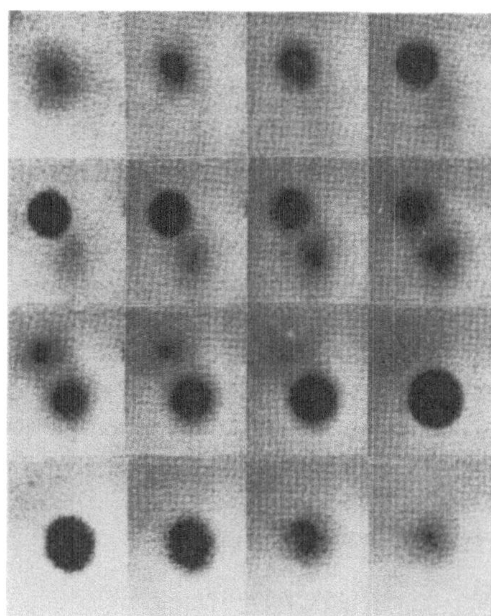

Abb. 4
Bildausschnitt aus Testhologramm in verschiedenen Schärfeebenen.

c) MASSZ3: Produkt aus MASSZ1 und MASSZ2.

Abb. 4 stellt einen ausgewählten Bildausschnitt aus einem Testhologramm in 16 verschiedenen Schärfeebenen dar. Man erkennt deutlich zwei Blasen, die sich in verschiedenen Tiefenebenen der Hologrammrekonstruktion befinden und nacheinander scharf abgebildet werden.
Abb. 5 zeigt den Verlauf der Fokussierungskriterien MASSZ1, MASSZ2 und MASSZ3 für den in Abb. 4 dargestellten Bildausschnitt. Die Kamera wurde dabei mit einer Schrittweite von 0.25 mm durch insgesamt 100 Ebenen des reellen Bildes geschoben, wobei jeweils aus dem gradientengefilterten Bild die oben beschriebenen Fokussierungskriterien berechnet wurden. Alle in Abb. 5 aufgetragenen Größen zeigen zwei ausgeprägte lokale Maxima, die den beiden in Abb. 4 erkennbaren Blasen zugeordnet werden können.
Es ist damit verhältnismäßig einfach möglich, die beiden Blasen nacheinander automatisch durch Aufsuchen der lokalen Maxima des Fokussierungskriteriums zu fokussieren. Im

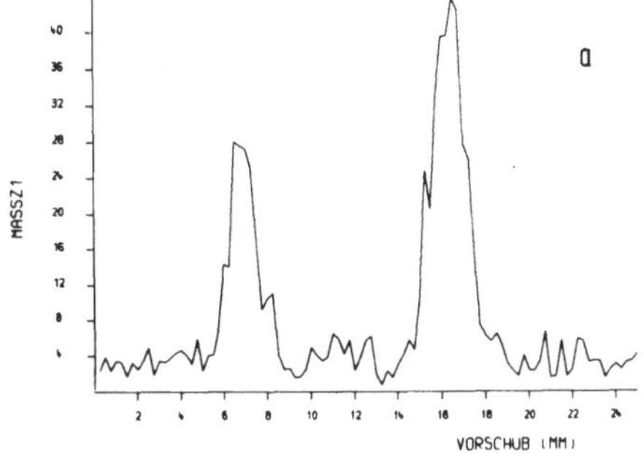

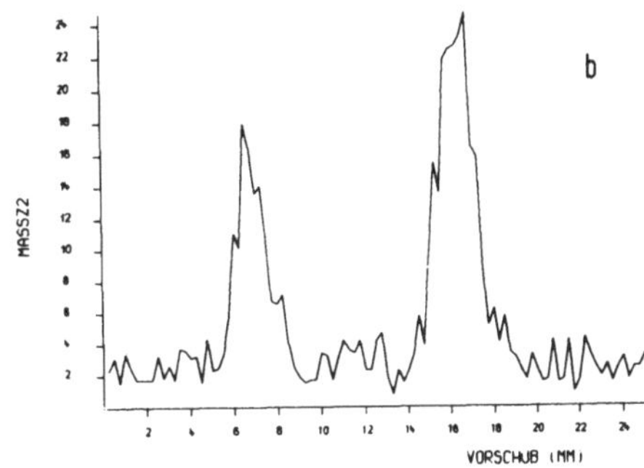

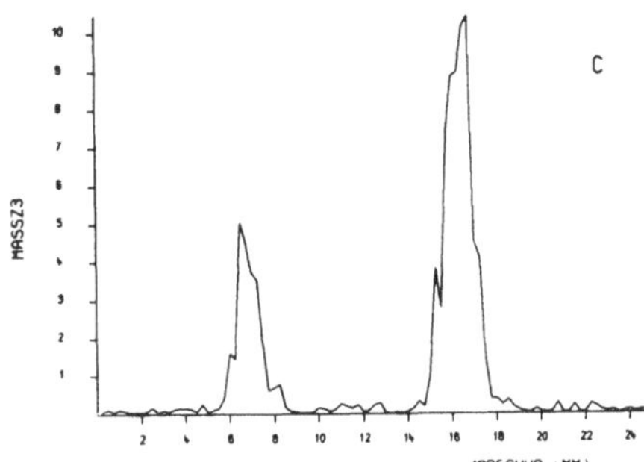

Abb. 5
Verlauf der Fokussierungskriteri-
en für einen Durchlauf durch alle
Tiefenebenen des in Abb. 4 dargestellten Hologrammausschnitts

a) MASSZ1
b) MASSZ2
c) MASSZ3

Experiment wird das Kriterium MASSZ3 benutzt, da es von allen geteste-
ten Größen die beste Trennschärfe aufweist. Es ist z.B. damit gelungen, Teilchen mit einem Durchmesser von 1 mm, die in der Tiefe 0.8 mm
voneinander entfernt liegen, im gleichen Bildausschnitt noch ausreichend sicher zu trennen.

4. Auswertung fokussierter Blasen

Ist das Maximum des Fokussierungskriteriums vom Rechner gefunden, so
werden mit Hilfe von Bildbearbeitungsprogrammen die geometrischen Eigenschaften der im Bildausschnitt befindlichen Blasen bestimmt. Dabei
werden nacheinander
- aus dem bimodalen Histogramm lokale Grauwertschwellen zur Trennung
  von Objekt- und Hintergrundpunkten bestimmt
- Flächen zusammenhängender Objekte vermessen
- kleine oder nicht vollständig abgebildete Objekte eliminiert
- Randpunkte markiert und Umfangswerte gemessen
- jedem Objekt eine Schärfemaßzahl in Form der durchschnittlichen Kan-
  tensteigung zugeordnet

- Schwerpunktskoordinaten berechnet.

Abb. 6 zeigt die Anzeige des Computerprogramms auf einem Tektronix-Sichtschirmgerät nach der automatischen Fokussierung und dem Ablauf sämtlicher Bildbearbeitungsprogramme. Die Darstellung der im Bildausschnitt befindlichen Objekte geschieht binär unter Zuhilfenahme der aus dem Grauwerthistogramm ermittelten Schwelle. Von den drei in der Schärfeebene erkennbaren Blasen wird die Blase oben rechts wegen nicht ausreichend großer Schärfemaßzahl vom Computer abgelehnt (Schärfemaßzahl 2.18) und erst nach der nächsten Fokussierung in einer anderen Schärfeebene ausgewertet.

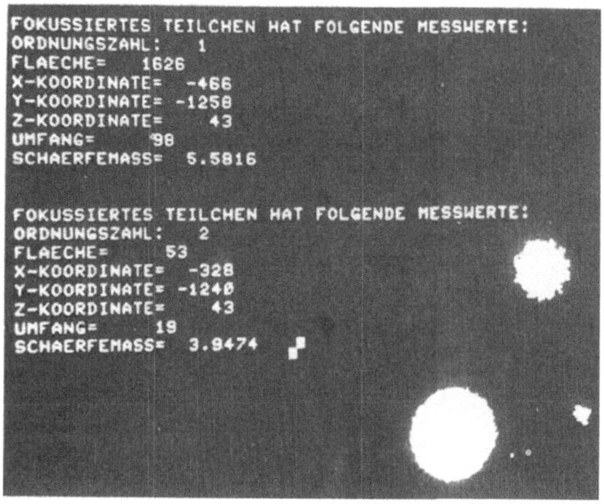

Abb. 6

Ausgabe des Rechners nach automatischer Fokussierung und Auswertung auf dem Sichtschirmgerät.

5. Literatur

[1] K.J. Ebeling, W. Lauterborn in "Fortschritte der Akustik", VDI-Verlag, Düsseldorf 1976, S. 453-456.

[2] F. Bader, Kurzzeitholografische Untersuchungen von Kavitationsblasenfeldern, Dissertation, Göttingen 1973.

[3] H. Heidt, R. Furchert in "Fortschritte der quantitativen Bildanalyse", S. Hirzel Verlag, Stuttgart 1977, S. 51-61.

[4] R. Bexon, C.D. Bishop, J. Gibbs, "Holografische Größenbestimmung von Aerosolen mit Hilfe des Quantimet", Sonderdruck der Firma Imanco Bildanalysen Computer GmbH.

UNTERSUCHUNGEN ZUR BEURTEILUNG DER GÜTE
VON KLASSIFIZIERUNGSERGEBNISSEN

P.Haberäcker

DFVLR Oberpfaffenhofen
Institut für Nachrichtentechnik

1. KLASSIFIZIERUNG

In vielen Anwendungsbereichen der digitalen Bildverarbeitung ergibt sich die Problemstellung der Klassifizierung: der Bildinhalt von digital aufbereiteten Szenen soll nach vorgegebenen Relationen analysiert und gruppiert werden.

Das allgemeine Klassifizierungsproblem kann wie folgt formuliert werden:

1.1 Gegeben sind t Objektklassen K_1, ..., K_t, denen durch die Aufzeichnung die Muster m_1, ..., m_t zugeordnet werden.

1.2 Die Bildpunkte eines Musters m_i bilden im N-dimensionalen Merkmalsraum Punkthäufungen (Cluster), deren Lage nicht bekannt ist.

1.3 Mit Hilfe der Techniken der überwacht lernenden oder der automatischen Clusteralgorithmen werden statistische Informationen über die Punkthäufungen berechnet. Die Muster m_i werden durch Musterklassen k_i approximiert, deren Lage im N-dimensionalen Merkmalsraum jetzt bekannt ist.

1.4 Nachdem über die "Lernphase" von 1.3 die t Musterklassen k_i, i = 1 (1) t als Näherung der Muster m_i, i = 1 (1) t festliegen, wird ein zunächst unbekannter Bildpunkt g mit Hilfe von geeigneten Zuordnungskriterien (Klassifikatoren) einer der t Musterklassen zugeordnet.

Bei der Minimum-Distance-Methode wird zu jeder Musterklasse k_i ein Repräsentant $\underline{z}_i$ (z.B. der Mittelwertsvektor) festgelegt. Ein unbekannter Punkt g wird derjenigen Musterklasse k_i zugeordnet, zu deren Repräsentanten er den geringsten Abstand hat. Als Abstandskriterien kann z.B. der euklidische Abstand verwendet werden. Zur Definition einer Zurückweisungsklasse wird für den maximalen Abstand eines Bildpunktes $\underline{g}$ von den

Repräsentanten $\underline{z}_i$ ein Schwellwert vorgegeben. Dadurch werden die Punkthäufungen der Musterklassen durch N-dimensionale Kugeln approximiert.

Bei der <u>Maximum-Likelihood-Methode</u> wird über eine vorgegebene Verlustmatrix der bedingte, durchschnittliche Verlust berechnet, der auftritt, wenn ein unbekannter Bildpunkt $\underline{g}$ einer Musterklasse zugewiesen wird. Die Zuordnung wird dann so getroffen, daß der bedingte, durchschnittliche Verlust minimiert wird. Für die Wahrscheinlichkeit der Zugehörigkeit eines Bildpunktes zu einer Musterklasse wird eine Gauß'sche Normalverteilung angenommen. Nach der Festlegung einer geeigneten Zurückweisungsklasse werden die Punkthäufungen der Musterklassen durch N-dimensionale Ellipsoide approximiert.

Bei diesen beiden Klassifizierungsverfahren werden zu den Musterklassen <u>Trennungsfunktionen</u> berechnet. Nach Maßgabe dieser Trennungsfunktionen ordnen die Verfahren die Bildpunkte $\underline{g}$ einer der t Musterklassen zu. Sollen nicht alle Bildpunkte den Musterklassen zugewiesen werden, so werden Kriterien zur Zurückweisung von Bildpunkten angegeben, wodurch die Cluster der Musterklassen durch geometrische Figuren <u>(Klassenbeschreibungen)</u> approximiert werden. Minimum-Distance verwendet dazu N-dimensionale Kugeln und Maximum-Likelihood N-dimensionale Ellipsoide. Die Reihenfolge ist bei beiden Verfahren: Auswertung der Trennungsfunktion und Zuweisung zu einer Musterklasse und anschließend die Prüfung, ob der Bildpunkt in der Klassenbeschreibung der zugewiesenen Musterklasse liegt.

Das <u>Quader-Verfahren</u> geht den entgegengesetzten Weg: Zunächst wird geprüft, in welcher Klassenbeschreibung der Bildpunkt $\underline{g}$ liegt. Wird hierbei Eindeutigkeit erzielt, so wird $\underline{g}$ als klassifiziert akzeptiert. Erst bei Mehrdeutigkeit werden die notwendigen Trennungsfunktionen ausgewertet.

N-dimensionale, achsenparallele Quader sind, neben Kugeln und Ellipsoiden, geeignet, die Cluster der Musterklassen zu approximieren. Ein N-dimensionaler, achsenparalleler Quader kann durch N Zahlenpaare (a_i, b_i), $i = 1\,(1)N$ beschrieben werden. Das Zahlenpaar (a_i, b_i) legt auf der i-ten Koordinatenachse ein Intervall fest. Durch die Eckpunkte a_i und b_i dieses Intervalls werden zwei (Hyper-) Ebenen, mit der i-ten Koordinatenachse als Normale, definiert. Die daraus resultierenden 2 N (Hyper-) Ebenen sind die Begrenzungsflächen des Quaders.

Es ist leicht einzusehen, daß ein Bildpunkt $\underline{g} = (g_1, g_2, \ldots, g_N)^T$ genau dann in einem Quader liegt, wenn gilt:

$$g_i \varepsilon\ (a_i, b_i), \quad i = 1\,(1)N.$$

Zwei Quader Q_1 und Q_2 haben genau dann einen gemeinsamen, nicht leeren Durchschnitt, wenn für alle Intervalle (a_{1i}, b_{1i}) und (a_{2i}, b_{2i}) gilt:

$$(a_{1i}, b_{1i}) \cap (a_{2i}, b_{2i}) \neq 0.$$

Zur Bestimmung der Intervallgrenzen (a_i, b_i) bieten sich verschiedene Möglichkeiten an. Aus den Histogrammen zu den N Kanälen einer Musterklasse können z.B. der minimale und der maximale Grauwert pro Kanal als Intervallgrenzen benützt werden. Bei einer anderen Methode werden beliebige, aus den Histogrammen entnommene Grauwerte als Intervallgrenzen angegeben.

Eine weitere Methode ist die automatische, angepaßte Berechnung der Intervallgrenzen den Musterklassen. Für eine gegebene Musterklasse k_i wird der Mittelwertsvektor $\underline{z}_i$ und der Vektor der Streuungen $\underline{\sigma}_i^2$ berechnet. Der Klassenbeschreibungsquader Q_i ergibt sich dann gemäß:

$$a_{ij} = z_{ij} - c \cdot \sqrt{\sigma_{ij}^2};$$

$$b_{ij} = z_{ij} + c \cdot \sqrt{\sigma_{ij}^2}, \quad j = 1\,(1)N.$$

Der Parameter c ist dabei frei wählbar und beeinflußt den Umfang der Zurückweisungsklasse.

Mit diesen Voraussetzungen lautet die Klassenzuordnung für einen <u>Quader-Klassifikator</u>, der Bildpunkte in eventuellen Überdeckungsbereichen von Klassenbeschreibungsquadern nicht auflöst, wie folgt:

- Der Bildpunkt $\underline{g}$ wird der Musterklasse k_j zugeordnet, falls er im Klassenbeschreibungsquader Q_j liegt.

- Bildpunkte, die im Überdeckungsbereich von mehreren Quadern liegen, werden gesondert markiert.

- Bildpunkte, die in keinem Quader liegen, werden als nicht klassifizierbar markiert.

Die Behandlung der Bildpunkte in Überdeckungsbereichen mit diesem Klassifikator ist unbefriedigend, da über sie keine Aussage gemacht wird. Es ist deshalb sinnvoll, den Klassifikator zu erweitern und diese Bildpunkte gesondert über Trennungsfunktionen zuzuordnen:

- Der Bildpunkt $\underline{g}$ wird der Musterklasse k_j zugewiesen, falls er nur im Klassenbeschreibungsquader Q_j liegt.

- Bildpunkte in Überdeckungsbereichen werden über das Minimum-Distance- oder das Maximum-Likelihood-Kriterium zugeordnet.

- Bildpunkte, die in keinem Quader liegen, werden als nicht klassifizierbar markiert.

Der rechenzeiteinsparende Vorteil des Quader-Klassifikators ist die Vorsortierung der Bildpunkte in die Klassenbeschreibungsquader, wonach nur mehr eine meist geringe Anzahl von Bildpunkten in Überdeckungsbereichen nach der Methode der Trennungsfunktionen aufgelöst werden muß. Untersuchungen [8] zeigten, daß die Verwendung des Quader-Klassifikators zur Klassifizierung multispektraler Fernerkundungsdaten gerechtfertigt ist. Die Güte der Klassifizierungsergebnisse von Quader- und Maximum-Likelihood-Methode ist nahezu gleich, wobei das Quader-Verfahren wesentlich rechenzeiteffizienter abläuft. Die Minimum-Distance-Methode liefert dagegen Ergebnisse, deren Güte deutlich schlechter ist als die der beiden anderen Verfahren.

2. EIN KANALAUSWAHLALGORITHMUS ZUM QUADER-VERFAHREN

Bei mehrkanaligen, z.B. multispektralen, Szenen ergibt sich die Problemstellung des Auffindens von Kanälen, die für die Klassifizierung geeignet sind. Eine Standardmethode hierzu ist die Hauptkomponententransformation mit verschiedenen Varianten. Diese Verfahren sind zum Teil mit einem hohen Aufwand an Rechenzeit verbunden.

Für das Quader-Verfahren wird im folgenden ein Auswahlverfahren beschrieben, das aus der zu klassifizierenden Szene S mit den vorgegebenen Musterklassen eine geeignete Kanalkombination sucht. Bei der Auswahl wird keine Information über physikalisch-biologische Eigenschaften der aufgezeichneten Objekte und deren Widerspiegelung im Datenmaterial benötigt. Auch die rechenzeitintensive Hauptkomponententransformation ist nicht Voraussetzung für das Auffinden einer gut geeigneten Kanalkombination.

Grundlage für das Verfahren ist das Finden einer Kanalkombination, bei der sich die Klassenbeschreibungsquader nicht überdecken. Läßt sich eine Überdeckung nicht vermeiden, so wird eine Kanalkombination mit minimaler Überdeckung gesucht. Zum Auffinden der gesuchten Kanäle wird eine <u>Kanalüberdeckungsmatrix</u> $K = (k_{i,j,l})$ mit folgender Bedeutung berechnet:

$$Q_i = (a_{i1}, b_{i1}), \ldots, (a_{iN}, b_{iN}) \quad \text{Klassenbeschreibungsquader der Musterklasse } k_i;$$

$$Q_j = (a_{j1}, b_{j1}), \ldots, (a_{jN}, b_{jN}) \quad \text{Klassenbeschreibungsquader der Musterklasse } k_j;$$

$k_{i,j,l}$: prozentuale Überdeckung des Intervalls (a_{il}, b_{il}) mit dem Intervall (a_{jl}, b_{jl}), bezogen auf das Intervall (a_{il}, b_{il}) im Spektralkanal l $(i \neq j)$.

Es gilt:
$$k_{i,j,l} \neq 0 \rightarrow k_{j,i,l} \neq 0. \quad k_{i,j,l} = 0 \rightarrow k_{j,i,l} = 0.$$

Im allgemeinen muß aber $\quad k_{i,j,l} \neq k_{j,i,l}$ angenommen werden.

Zur Bestimmung eines Elementpaares der Kanalüberdeckungsmatrix wird zunächst der Überdeckungsbereich q der zwei Intervalle (a_{il}, b_{il}) berechnet und dann

$$k_{i,j,l} = (100 / (b_{il} - a_{il})) \cdot q; \quad k_{j,i,l} = (100 / (b_{jl} - a_{jl})) \cdot q.$$

Mit diesen Voraussetzungen lautet der Kanalauswahlalgorithmus für einen festen c-Wert:

- Vorbesetzen einer Maske zur Kanalauswahl mit $\underbrace{(0,0, \ldots, 0)}_{N}$;

- für alle Paare (i,j) von Musterklassen:

    für jeden Kanal l = 1 (1)N:

        Bestimmen aller Elemente, für die gilt: $k_{i,j,l} = 0$;

    falls nur ein solches Element existiert, wird die l-te Position in der Auswahltabelle zu 1 gesetzt (falls nicht schon geschehen);

    falls mehrere solcherElemente existieren:

        falls einer der zugehörigen Kanäle noch nicht in der Auswahlmaske eingetragen ist:

            Eintragen desjenigen Kanals in die Auswahlmaske, in dem die gemittelte Streuung von k_i und k_j minimal ist;

    falls kein solches Element existiert:

        Eintragen des Kanalpaares in eine Oberdeckungstabelle;

- für alle Paare (i,j) von Musterklassen, die in der Überdeckungstabelle eingetragen sind:

        Auswahl desjenigen Kanals mit minimalem $(k_{i,j,l} + k_{j,i,l})/2$.

Dieser Algorithmus wurde in DIBIAS [6] so implementiert, daß zusätzlich noch Kanäle, in denen die festgelegten Klassen nur gering streuen, mit in die Auswahl einbezogen werden können. In <u>Tabelle 1</u> ist das Ergebnisprotokoll zu einer Kanalauswahl zusammengestellt. Grundlage war dabei eine mit einem 11-Kanal-Scanner aufgezeichnete Szene, in welcher fünf Objektklassen (Fichtenwald, Wiese, Acker gepflügt, Acker ungepflügt und Buchenwald) festgelegt wurden. Die Möglichkeit der Auswahl über die minimale Streuung wurde in diesem Beispiel nicht verwendet (deshalb MAXMQA = 0.00). Der freie Parameter bei der Berechnung der Zurückweisungsklasse wurde hier c = 4.0 gewählt.

```
MERKMALSAUSWAHL ZUM QUADERVERFAHREN

DIMENSION DER EINGETRAGENEN TR.-GEBIETE: 11
KANAELE:     1  2  3  4  5  6  7  8  9 10 11
*****************************************************************
KLASSENNUMMER:   1    FICHTENWALD
KLASSENNUMMER:   2    WIESE
KLASSENNUMMER:   3    ACKER, GEPFLUEGT
KLASSENNUMMER:   4    ACKER, UNGEPFLUEGT
KLASSENNUMMER:   5    BUCHENWALD
*****************************************************************

AUSWAHL UEBER DIE MITTLERE QUADR. ABWEICHUNG:
MAXMQA=   0.00

ANFANGSWERTE:     1  2  3  4  5  6  7  8  9 10 11
----------------------------------------------------------------
KLASSE 10:        0  0  0  0  0  0  0  0  0  0  0
KLASSE 20:        0  0  0  0  0  0  0  0  0  0  0
KLASSE 30:        0  0  0  0  0  0  0  0  0  0  0
KLASSE 40:        0  0  0  0  0  0  0  0  0  0  0
KLASSE 50:        0  0  0  0  0  0  0  0  0  0  0
----------------------------------------------------------------
AUSWAHL:          0  0  0  0  0  0  0  0  0  0  0
*****************************************************************

AUSWAHL UEBER DIE NULLUEBERDECKUNG:
C= 4.00

ANFANGSWERTE:     1  2  3  4  5  6  7  8  9 10 11
----------------------------------------------------------------
KL.1 / KL.2:      0  2  3  4  0  6  0  0  0  0  0    MINIMUM:  4
KL.1 / KL.3:      0  0  0  0  0  6  7  0  0  0  0    MINIMUM:  7
KL.1 / KL.4:      0  2  3  4  0  6  7  0  0  0 11    MINIMUM:  7
KL.3 / KL.4:      0  2  3  0  0  0  0  0  9 10  0    MINIMUM:  3
KL.3 / KL.5:      0  0  0  0  0  0  0  0  0 10  0    MINIMUM: 10
KL.4 / KL.5:      0  0  0  0  0  0  0  0  0  0 11    MINIMUM: 11
----------------------------------------------------------------
NULLAUSWAHL:      0  0  0  4  0  0  7  0  0 10 11
MQA-AUSWAHL:      0  0  0  0  0  0  0  0  0  0  0
----------------------------------------------------------------
AUSWAHL:          0  0  0  4  0  0  7  0  0 10 11

KLASSENKOMBINATIONEN MIT UEBERDECKUNG:
  15 23 24 25

*****************************************************************

AUSWAHL UEBER MINIMALE UEBERDECKUNG
C= 4.00

ANFANGSWERTE:     1  2  3  4  5  6  7  8  9 10 11
----------------------------------------------------------------
UE-AUSWAHL:       0  2  0  0  0  0  0  8  0  0 11
NULLAUSWAHL:      0  0  0  4  0  0  7  0  0 10 11
MQA-AUSWAHL:      0  0  0  0  0  0  0  0  0  0  0
----------------------------------------------------------------
AUSWAHL:          0  2  0  4  0  0  7  8  0 10 11
*****************************************************************
```

<u>Tabelle 1:</u>   Spektrale Merkmalsauswahl   c = 4.0.

3. A-priori-Beurteilung von Klassifizierungsergebnissen

Es ist sinnvoll, Kriterien zu finden, die es erlauben, sich vor Ablauf des Klassifikators ein Bild über die zu erwartenden Ergebnisse zu machen, ohne dafür viel Aufwand betreiben zu müssen. Am besten ist die Berechnung einer Maßzahl über die Güte des zu erwartenden Klassifizierungsergebnisses, mit der dann auch verschiedene Klassifizierungsversuche auf Grund ihrer a-priori-Güte zu vergleichen sind.

3.1 Berechnung einer a-priori-Güte aus der Lage der Musterklassen im Merkmalsraum (G1-Maß)

Für das Quader-Verfahren wir im folgenden ein Algorithmus zur Berechnung einer a-priori-Güte gegeben, der als Grundlage die Anordnung der Musterklassen im Merkmalsraum verwendet. Die berechnete Maßzahl liegt im Intervall (0, 100), wobei 0 für das theoretisch beste und 100 für das theoretisch schlechteste Ergebnis festgesetzt wurde. Das Gesamtmaß berechnet sich aus zwei Bestandteilen. Der erste Bestandteil ist eine Maßzahl für die nicht durch Klassenbeschreibungsquader belegten Bereiche des Merkmalsraumes (GF-Bestandteil), und der zweite Bestandteil drückt die Überdeckungen der Klassenbeschreibungsquader aus (GÜ-Bestandteil).

3.1.1 Berechnung des GF-Bestandteils

Zunächst wird zu jedem bei der Klassifizierung zu verwendenden Kanal der durch Intervalle der Klassenbeschreibungsquader belegte prozentuale Anteil an (0, 255) berechnet. Dazu werden zu den gegebenen t Musterklassen folgende Informationen benötigt:

- t Mittelwertsvektoren zu den Musterklassen, $\underline{z}_i = (z_{i1}, z_{i2}, \ldots, z_{iN})^T$;

- t Streuungsvektoren zu den Musterklassen, $\underline{\sigma}_i^2 = (\sigma_{i1}^2, \sigma_{i2}^2, \ldots, \sigma_{iN}^2)^T$;

- der konstante Parameter c zur Berechnung der Zurückweisungsschwelle;

- N Kanäle, die den N-dimensionalen Merkmalsraum festlegen.

Zu jedem der N Kanäle wird der durch Intervalle von Klassenbeschreibungsquadern belegte Bereich in (0, 255) berechnet und prozentual ausgedrückt. Der Algorithmus hierzu lautet:

- für jeden Kanal i:

    Besetzen einer Maske: $\underline{Feld}_0$ bis $\underline{Feld}_{255}$ = 0;

    für jede Musterklasse j:

$$l = \text{Entier}\left(z_{ij} - c \cdot \sqrt{\sigma_{ij}^2}\right);$$

$$r = \text{Entier}\left(z_{ij} + c \cdot \sqrt{\sigma_{ij}^2}\right) + 1;$$

    falls $l < 0$: $l = 0$

    falls $r > 255$: $r = 255$;

    setze alle Elemente von $\underline{Feld}_l$ bis $\underline{Feld}_r$ zu 1;

$$\text{Berechne: } GF_i = 100/256 \cdot \sum_{j=1}^{255} \underline{Feld}_j;$$

Die Größe GF_i besitzt den theoretisch besten Wert $GF_i = 0$, falls das Intervall (0,255) im Kanal i nicht belegt ist und den schlechtesten Wert $GF_i = 100$, falls das gesamte Intervall (0, 255) überdeckt wird. Das GF-Maß wird jetzt als arithmetischer Mittelwert über die GF_i-Werte berechnet:

$$GF = 1/N \cdot \sum_{i=1}^{N} GF_i.$$

Die Maßzahl GF wird schlechter, falls die Klassenbeschreibungsquader vergrößert oder die Anzahl der Musterklassen erhöht werden.

3.1.2 Berechnung des GÜ-Bestandteils

Der GÜ-Bestandteil des G1-Gütemaßes erfaßt die prozentualen Überdeckungsbereiche der Klassenbeschreibungsquader. Zur Berechnung wird die in Abschnitt 2 definierte Kanalüberdeckungsmatrix $K = (k_{i,j,l})$ benötigt. Für den Kanal l berechnet sich die Maßzahl $GÜ_l$ wie folgt:

- Feststellen, für welche der maximal $t \cdot (t-1)$ Paare von Klassenbeschreibungsquadern sich eine Überdeckung ergibt. Diese Information kann aus der Kanalüberdeckungsmatrix abgeleitet werden. Es sei s, $0 \leq s \leq t \cdot (t-1)$, die Anzahl solcher Paare von Klassenbeschreibungsquadern;

- Für jedes dieser Paare (i,j) berechne:

$$y^{(i,j)} = 1/2 \cdot (k_{i,j,l} + k_{j,i,l});$$

- $GÜ_l$ berechnet sich aus dem Mittelwert der $y^{(i,j)}$-Werte:

$$GÜ_l = 1/(t \cdot (t-1)) \cdot \sum_{s} y^{(i,j)}.$$

Der vollständige GÜ-Bestandteil des G1-Maßes ergibt sich aus der Mittelung über die N-verwendeten Kanäle:

$$GÜ = 1/N \cdot \sum_{l=1}^{N} GÜ_l.$$

Das gesamte G1-Maß setzt sich aus der gewichteten Summe der beiden Bestandteile GF und GÜ zusammen:

$$G1 = 1/(p_1 + p_2) \cdot (p_1 \, GF + p_2 \, GÜ).$$

In den folgenden Beispielen wurde für $p_1 = 1$ und für $p_2 = 2$ verwendet. Es wird also der Einfluß von Überdeckungen stärker gewichtet.

In <u>Tabelle 2</u> sind für das Kanalauswahlbeispiel von Tabelle 1 das G1- und die Zwischen-
maße zusammengestellt.

```
GUETEMASSE:
C=  4.00
----------------------------------------------------------------------
GUETEMASS DER FREIEN INTERVALLE:
    0.00  26.67   0.00  16.47   0.00   0.00  12.94  24.71   0.00  69.41  25.49
GEMITTELT:  29.28
----------------------------------------------------------------------
GUETEMASS DER KLASSENUEBERDECKUNGEN:
    0.00  19.34   0.00  13.11   0.00   0.00  22.82  15.27   0.00  18.92  21.03
GEMITTELT:  18.41
----------------------------------------------------------------------
GESAMTGUETEMASS:  22.04
**********************************************************************
```

<u>Tabelle 2:</u>   G1- und Zwischenmaße zum Kanalauswahlbeispiel von
Tabelle 1 (c = 4.0, Kanäle: 2,4,7,8,10,11).

In Bild 1 sind für verschiedene Kanalkombinationen und c-Werte die G1-Maße graphisch
dargestellt. Es zeigt sich, daß sich für c = 2.0 (Kanäle 4 und 11) und c = 3.0
(Kanäle 4,7,8 und 11) die besten Werte ergeben.

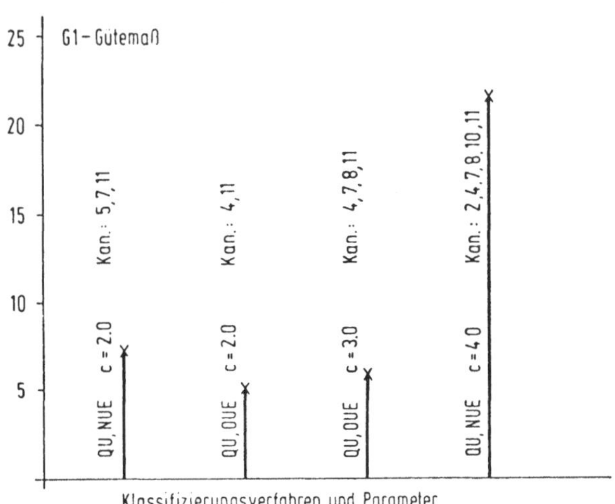

<u>Bild 1:</u>   G1-Gütemaße für das Quader-Verfahren mit unterschiedlichen Kanal-
kombinationen und c-Werten.

3.2 Berechnung einer a-priori-Güte aus der Klassifizierung der Trainingsgebiete (G2-Maß)

Zur Berechnung des G2-Maßes werden die Trainingsgebiete zu den einzelnen Musterklassen klassifiziert. Ein Trainingsgebiet ist optimal gewählt, wenn bei der Klassifizie-

rung 100 % der Bildpunkte des Trainingsgebietes der zugehörigen Musterklasse zugeordnet werden, obwohl für den Klassifikator noch t-1 weitere Alternativen bestehen. Aus der Abweichung von diesem optimalen Ergebnis kann eine Voraussage über das zu erwartende Klassifizierungsergebnis der Gesamtszene abgeleitet werden.

Im folgenden wird angenommen, daß jede der t Musterklassen genau durch ein Trainingsgebiet festgelegt wurde. Diese Einschränkung wird nur wegen der übersichtlicheren Darstellungsmöglichkeit des behandelten Problemkreises gemacht und ist von keiner generellen Bedeutung. Die t Musterklassen k_1, k_2, ..., k_t sind also durch die t Trainingsgebiete $\underline{tr}_1$, $\underline{tr}_2$, ..., $\underline{tr}_t$ festgelegt.

Das Resultat der Verarbeitung der t Trainingsgebiete mit dem gewählten Klassifikator ist eine Matrix $P = (p_{ij})$, wobei p_{ij} der prozentuale Anteil derjenigen Bildpunkte des Trainingsgebietes i ist, die der Klassifikator der Musterklasse j zugeordnet hat. Der Index i läuft über alle t Trainingsgebiete und der Index j über alle t Musterklassen. In der hier zu beschreibenden Implementierung wurde t auf maximal acht beschränkt. Als weitere Bestandteile der Matrix P werden noch berechnet:

p_{i9} - der prozentuale Anteil derjenigen Bildpunkte des Trainingsgebietes i, die der Quader-Klassifikator als in Überdeckungsbereichen liegend erkannt hat;

p_{i10} - der prozentuale Anteil derjenigen Bildpunkte des Trainingsgebietes i, die der Klassifikator als nicht klassifizierbar zurückgewiesen hat.

Wie das G1-Maß setzt sich das G2-Maß ebenfalls aus zwei Bestandteilen zusammen. Der erste Bestandteil (GT-Bestandteil) ist eine Maßzahl über die Abweichung der Klassifizierungsergebnisse vom optimalen Wert 100 %, während der zweite Bestandteil (GM-Bestandteil) die Einflüsse anderer Trainingsgebiete auf eine Musterklasse ausdrückt.

3.2.1 Berechnung des GT-Bestandteils

Für das Trainingsgebiet $\underline{tr}_i$ berechnet sich die Maßzahl zu

$$GT'_i = (a_1+a_2+a_3) \cdot (100+p_{ii}) - a_1 \cdot \sum_{\substack{j=1 \\ j\neq i}}^{8} p_{ij} - a_2 \cdot p_{i9} - a_3 \cdot p_{i10};$$

$$GT_i = 100 - GT'_i / 2(a_1+a_3+a_3).$$

In der Implementierung wurde a_1 = 6, a_2 = 2 und a_3 = 1 verwendet. Der gesamte GT-Bestandteil wird als Mittelwert über die berechneten GT_i-Größen gebildet:

$$GT = 1/t \sum_{i=1}^{t} GT_i.$$

3.2.2 Berechnung des GM-Bestandteils des G2-Maßes

Der zweite Bestandteil des G2-Maßes drückt die Einflüsse der verschiedenen Trainingsgebiete auf eine Musterklasse aus und wird über die Spalten der Matrix P berechnet:

$$GM_i = 100 - (p_{ii} - \sum_{\substack{j=1 \\ j \neq i}} p_{ij}), \quad i=1(1)t;$$

$$GM = 1/t \cdot \sum_{i=1}^{t} GM_i.$$

Für das gesamte G2-Maß wird wieder der Mittelwert der beiden Bestandteile verwendet:

$$G2 = 1/2 \cdot (GT + GM).$$

Tabelle 3 zeigt die Berechnung eines G2-Maßes für das obige Klassifizierungsproblem und die Parameter: c = 3.0, Kanäle: 4,7,8 und 11.

```
          ************************************************************************************
KLASSEN:      1        2        3        4        5        6        7        8        U        N     TRAININGSGEBIETE:
          ************************************************************************************
          *  99.1 *    0.0 *    0.0 *    0.0 *    0.5 *    0.0 *    0.0 *    0.0 *    0.0 *    0.5 * FICHTENWALD
          *   0.0 *   99.4 *    0.0 *    0.0 *    0.0 *    0.0 *    0.0 *    0.0 *    0.0 *    0.6 * WIESE
          *   0.0 *    0.0 *   99.8 *    0.0 *    0.0 *    0.0 *    0.0 *    0.0 *    0.0 *    0.2 * ACKER, GEPFLUEGT
          *   0.0 *    0.0 *    0.0 *   99.2 *    0.0 *    0.0 *    0.0 *    0.0 *    0.0 *    0.8 * ACKER, UNGEPFLUEGT
          *   0.0 *    0.0 *    0.0 *    0.0 * 100.0 *    0.0 *    0.0 *    0.0 *    0.0 *    0.0 * BUCHENWALD
          ************************************************************************************

GUETEMASS PRO TRAININGSGEBIET:
     *    0.6    FICHTENWALD
     *    0.4    WIESE
     *    0.1    ACKER, GEPFLUEGT
     *    0.4    ACKER, UNGEPFLUEGT
     *    0.0    BUCHENWALD
     ************************************************************************************

GUETEMASS FUER DIE TRAININGSGEBIETE:
     *    0.3
     ************************************************************************************

GUETEMASS PRO KLASSE:
     *    0.9    KLASSE: 1
     *    0.6    KLASSE: 2
     *    0.2    KLASSE: 3
     *    0.8    KLASSE: 4
     *    0.5    KLASSE: 5
     ************************************************************************************

GUETEMASS FUER DIE KLASSEN:
     *    0.6
     ************************************************************************************

GESAMTGUETEMASS:
     *    0.4
     ************************************************************************************
```

Tabelle 3:   Klassifikator QU, NUE   c = 3.0   Kanäle 4,7,8 und 11.

4. A-posteriori-Beurteilung von Klassifizierungsergebnissen [+])

Bei allen Klassifizierungen von Fernerkundungsdaten ergibt sich das Problem, die tatsächliche Güte des Ergebnisses, zumindest näherungsweise, anzugeben. Im folgenden wird dazu eine Vorgehensweise beschrieben, die es zum Ziel hat, die ungefähre Anzahl der richtig und falsch klassifizierten Bildpunkte pro Objektklasse prozentual anzugeben.

Zunächst wurde zu dem zu klassifizierenden Bildausschnitt eine manuelle, visuelle Bildinterpretation erstellt. Um den Aufwand etwas zu reduzieren, wurde nur jeder vierte Bildpunkt in Spalten- und Zeilenrichtung interpretiert. Den gewählten Objektklassen wurden Zahlenwerte als Interpretationsschlüssel zugeordnet (Tabelle 4).

Objektklasse	Abkürzung	Schlüssel
Fichtenwald	FI	1
Wiese	WI	2
Acker, gepflügt	AG	3
Acker, ungepflügt	AU	4
Buchenwald	BU	5
nicht interpretiert	NO	9

<u>Tabelle 4:</u>   Objektklassen der Klassifizierung mit Abkürzung und Schlüssel.

Alle Bildpunkte, die bei der Interpretation eindeutig einer der Objektklassen zugeordnet werden konnten, wurden mit dem entsprechenden Schlüssel kodiert (sicher erkannte Bildpunkte). Bildpunkte, deren Grauwerte sich durch Mischsignaturen verschiedener Nutzungsarten (z.B. an den Rändern) ergaben, wurden als "unsicher erkannte Bildpunkte" bezeichnet. Zur Unterscheidung wurde ihrem Identifikationsschlüssel die Ziffernfolge "10" vorangesetzt. Bildpunkte, die keiner der gewählten Objektklassen zugewiesen werden konnten, wurden mit dem Schlüssel 9 "nicht interpretierte Bildpunkte" kodiert. Das Ergebnis der Interpretation ist selbstverständlich von der subjektiven Entscheidung des Interpreten abhängig. Bei der Interpretation desselben Gebietes durch verschiedene Interpreten können sich somit durchaus verschiedene Ergebnisse ergeben.

Mit dieser Interpretation kann nun die Güte der Klassifizierungsergebnisse untersucht werden. Dazu wird eine <u>Beurteilungsmatrix</u> mit folgender Bedeutung berechnet: Die Zeilen der Beurteilungsmatrix entsprechen den Objektklassen der manuellen Interpretation, während die Spalten die Klassifizierungsergebnisse (in Prozent) enthalten. Bei einem

---

[+]) Für die Mitarbeit an diesen Untersuchungen sei Herrn Dr. R.Winter, DFVLR Oberpfaffenhofen, Institut für Nachrichtentechnik, herzlich gedankt.

optimalen Ergebnis wären somit die Hauptdiagonale mit 100 % besetzt, während alle
anderen Matrixelemente den Wert 0 % haben müßten. Für jedes Klassifizierungsergebnis
werden drei Beurteilungsmatrizen berechnet (sicher, unsicher und gesamt). Für die
obige Klassifizierung mit den Parametern c = 3.0, Kanäle: 4,7,8,11, zeigt <u>Tabelle 5</u>
die drei Beurteilungsmatrizen.

```
*******************************************************************
 UNTERSUCHTE KLASSEN:
    1  ,    2  ,    3  ,    4  ,    5  ,    9  ,
 AUFTRETEN IM REFERENZBILD (SICHER):
   497.    553.    585.     62.     56,   1019.
 AUFTRETEN IM REFERENZBILD (UNSICHER):
   165.    364.    401.    146,     54,      0.
*******************************************************************


*******************************************************************
* GRAUWERT *    1  *    2  *    3  *    4  *    5  *    9  *
*******************************************************************
*     1    *  93.2 *   0.0 *   0.0 *   0.0 *   0.4 *   6.4 *
*     2    *   0.0 *  95.3 *   0.0 *   0.0 *   0.0 *   4.7 *
*     3    *   0.0 *   0.0 *  98.5 *   0.8 *   0.0 *   0.7 *
*     4    *   0.0 *   8.1 *   1.6 *  80.6 *   0.0 *   9.7 *
*     5    *   8.9 *   0.0 *   0.0 *   0.0 *  73.2 *  17.9 *
*     9    *  13.7 *  12.2 *  13.3 *   2.6 *   4.9 *  53.2 *
*******************************************************************
* VERTRAUENSGRENZEN
*          *  94.9 *  96.7 *  99.2 *  68.4 *  82.7 *  55.8 *
*          *  91.0 *  93.5 *  97.4 *  70.5 *  61.8 *  50.6 *
*******************************************************************
* KONTINGENZZAHL
* GESAMTANZAHL:    2776. BILDPKTE.
* FG=  25.0 CHI2=      5179.2 CC= 0.807 CCK= 0.804
*******************************************************************


*******************************************************************
* GRAUWERT *    1  *    2  *    3  *    4  *    5  *    9  *
*******************************************************************
*   101    *  89.7 *   0.0 *   0.0 *   0.0 *   4.2 *   6.1 *
*   102    *   0.0 *  76.4 *   0.3 *   0.3 *   0.3 *  22.8 *
*   103    *   0.7 *   1.7 *  81.8 *   6.5 *   0.0 *   9.2 *
*   104    *   0.7 *  37.0 *   4.8 *  48.6 *   0.0 *   8.9 *
*   105    *  33.3 *   0.0 *   0.0 *   0.0 *  48.1 *  18.5 *
*   109    *   0.0 *   0.0 *   0.0 *   0.0 *   0.0 *   0.0 *
*******************************************************************
* VERTRAUENSGRENZEN
*          *  93.3 *  80.0 *  84.9 *  55.7 *  60.1 * 100.0 *
*          *  85.0 *  72.4 *  78.3 *  41.6 *  36.3 *   0.0 *
*******************************************************************
* KONTINGENZZAHL
* GESAMTANZAHL:    1130. BILDPKTE.
* FG=  25.0 CHI2=      2049.6 CC= 0.803 CCK= 0.880
*******************************************************************


*******************************************************************
* GRAUWERT *    1  *    2  *    3  *    4  *    5  *    9  *
*******************************************************************
*     1    *  92.3 *   0.0 *   0.0 *   0.0 *   1.4 *   6.3 *
*     2    *   0.0 *  87.8 *   0.1 *   0.1 *   0.1 *  11.9 *
*     3    *   0.3 *   0.7 *  91.7 *   3.1 *   0.0 *   4.1 *
*     4    *   0.5 *  28.4 *   3.8 *  58.2 *   0.0 *   9.1 *
*     5    *  20.9 *   0.0 *   0.0 *   0.0 *  60.9 *  18.2 *
*     9    *  13.7 *  12.2 *  13.3 *   2.6 *   4.9 *  53.2 *
*******************************************************************
* VERTRAUENSGRENZEN
*          *  93.9 *  59.5 *  93.1 *  63.9 *  68.7 *  55.8 *
*          *  90.4 *  85.9 *  90.1 *  52.2 *  52.6 *  50.6 *
*******************************************************************
* KONTINGENZZAHL
* GESAMTANZAHL:    3906. BILDPKTE.
* FG=  25.0 CHI2=      7155.6 CC= 0.804 CCK= 0.861
*******************************************************************
```

<u>Tabelle 5</u>:   Beurteilungsmatrizen.

Zu den einzelnen Klassen können für die richtig klassifizierten Bildpunkte, aufbauend auf der χ^2-Verteilung [9,10],Vertrauensgrenzen berechnet werden. Für das obige Beispiel sind die Vertrauensgrenzen für die Klasse AG (Schlüssel 3) wie folgt zu interpretieren:

> Für die 589 Bildpunkte, die als "Acker, gepflügt" (sicher) ausgewiesen wurden, liegt die Anzahl der richtig klassifizierten Bildpunkte mit einer Sicherheitswahrscheinlichkeit von 95 % innerhalb der Vertrauensgrenzen 97,4 % und 99,2 %.

Um - wie schon bei den a-priori-Gütemaßen - eine einfache Maßzahl zur Beurteilung der a-posteriori-Güte zu haben, wird die Beurteilungsmatrix als Kontingenztafel aufgefaßt und ein korrigierter Kontingenzkoeffizient (CCK) gemäß [10] berechnet. Er liefert Zahlenwerte zwischen 0 und 1 (schlechtestes und bestes Ergebnis). Für das obige Beispiel berechnete sich der Kontingenzkoeffizient zu CCK = 0.884.

Untersuchungen zeigten, daß sich für das Quader-Verfahren das beste Ergebnis für die mit dem Kanalauswahlverfahren von Abschnitt 2 berechnete Kanalkombination 4,7,8 und 11 und c = 3.0 ergibt. Auch hier erreicht das Quader-Verfahren nahezu das Ergebnis des Maximum-Likelihood-Klassifikators, während das Minimum-Distance-Verfahren deutlich schlechtere Werte liefert.

LITERATUR

[1] ROSENFELD, A.
    KAK, A.C.
Digital Picture Processing.
New York, San Francisco, London: Academic Press, 1976.

[2] NIEMANN, H.
Methoden der Mustererkennung.
Frankfurt/Main: Akademische Verlagsgesellschaft, 1974.

[3] ULLMANN, J.R.
Pattern Recognition Techniques.
London: Butterworths, 1973.

[4] MEISEL, W.S.
Computer-Oriented Approaches to Pattern Recognition.
New York, San Francisco, London: Academic Press, 1972.

[5] TOU, J.T.
    GONZALEZ, R.C.
Pattern Recognition Principles.
London: Addison-Wesley Publishing Company, 1974.

[6] FERNANDEZ, S.
    HABERÄCKER, P.
    KRAUTH, E.
    KRITIKOS, G.
    NOWAK, P.
    TRIENDL, E.
DIBIAS-Handbuch.
DFVLR, Institut für Nachrichtentechnik, 1976.

[7] HABERÄCKER, P.
Multispektrale Klassifizierung in DIBIAS.
In Digitale Bildverarbeitung, Berlin, Heidelberg, New York: Springer, 1977.

[8] HABERÄCKER, P.
Untersuchungen zur Klassifizierung multispektraler Bilddaten aus der Fernerkundung.
Köln: DLR-Forschungsbericht 77-72, 1977.

[9] HEINHOLD, J.   Ingineur-Statistik.
     GAEDE, K.-W.   München, Wien: Oldenbourg, 1968.

[10] SACHS, L.   Angewandte Statistik.
                        Berlin: Springer, 1973.

ZYTOLOGIE

AUTOMATISCHE ZELLBILDANALYSE

W. Abmayr, GSF, Neuherberg

Zusammenfassung

Die morphologische Analyse von Zellen ermöglicht es den Pathologen, Hämatologen und Genetikern, schon in frühen Stadien Veränderungen in der einzelnen Zelle oder im Zellgefüge festzustellen. Deshalb ist sie ein wichtiges Hilfsmittel zur Gesundheitsvorsorge, Diagnostik und Therapie.

Ziel dieser Arbeit ist es, einen Einblick in die Methoden und einen Überblick über den Entwicklungsstand der automatischen Zellbildanalyse zu geben. Im besonderen wird die Problematik der Entwicklung eines Screeningsystems zur Früherkennung des Gebärmutterhalskrebses diskutiert und über das TUDAB-Vorhaben berichtet.

1. Einleitung

Eine mikroskopische Analyse von Zellen oder Zellgefügen ermöglicht es den Zyto-Pathologen, schon frühzeitig Veränderungen in der einzelnen Zelle oder im Zellgefüge feststellen zu können.

Da Zellen nur einen Durchmesser von 1 μm bis 100 μm haben, müssen zur Betrachtung Mikroskope verwendet werden, die die Analyse erheblich erschweren. Eine Automatisierung wird deshalb besonders intensiv betrieben. Speziell die Zytologie hat in den letzten beiden Jahrzehnten ein Aufgabengebiet erschlossen, das von der Funktionsdiagnostik bis zur Differentialdiagnose entzündlicher und neoplastischer Erkrankungen reicht.

In der hämatologischen Zytodiagnostik wird die automatische Bildverarbeitung zur Auswertung von Blutausstrichen eingesetzt.

Die Fragestellungen lauten

- prozentueller Anteil der Leukozytenformen im peripheren Blut
- Erkennung pathologischer Veränderungen der Erythrozyten und Leukozyten
- Erkennung von pathologischen Zellformen.

Geräte, wie LARC (Megla 1973) und HEMATRAK (Miller 1974) beweisen, wie weit die gerätetechnische Entwicklung auf dem Gebiet der Blutzellanalyse geschritten ist.

Ein weiterer interessanter Aspekt in der Analyse von Blutzellen ist in der Korrelation von Chromatinstrukturmerkmalen mit der Geschwindigkeit der DNS-Synthese zu finden (Dörmer und Abmayr 1978). Hierin liegt eine Chance, die derzeitigen Möglichkeiten der klinischen Zytodiagnostik zu erweitern. Man könnte solche Erkenntnisse schließlich für Mutagenitätstestung (Umweltchemikalien, Strahlenbelastung) ausnutzen.

Die starke Zunahme an zytologischem Untersuchungsmaterial ist im wesentlichen auf die Zunahme von Krebsvorsorgeuntersuchungen für die Früherkennung des Zervixkarzinoms zurückzuführen. Eine Automatisierung wird auf diesem Gebiet besonders intensiv betrieben (Poulson 1973, Bartels und Wied 1975, Watanabe et al 1976, Ploem et al 1977).

Naturgemäß ist die Zahl der verdächtigen bzw. positiven Befunde bei zytologischen Krebsvorsorgeuntersuchungen sehr niedrig (kleiner als 1 %). Deshalb erfordert die Aussonderung der normalen Befunde wesentlich mehr Aufwand als die differentialdiagnostische Beurteilung des ausgelesenen Anteils verdächtiger Fälle.

Ein System zur Markierung suspekter Befunde muß deshalb auf maximale Genauigkeit und auf minimale Kosten bei der Verarbeitung eines Präparats achten. Die erreichte Genauigkeit wird letztlich den Ausschlag geben, ob ein System als brauchbar anerkannt wird oder nicht. Es muß sichergestellt sein, daß die Zahl der falsch negativen Befunde das Ergebnis der visuellen Methode erreicht (<5 %). Die zulässigen falsch positiven Befunde müssen sich am Aufwand orientieren, der für den Automaten erforderlich ist (Herman et al 1976). Die Zeitdauer der Verarbeitung eines Präparates, die Zahl der falsch negativen Befunde und die Zahl der falsch positiven Befunde sind die entscheidenden Kriterien, an denen die Brauchbarkeit eines automatischen Prescreeningsystems gemessen wird. Es muß sichergestellt sein, daß die ausgesonderten Fälle einer visuellen Nachkontrolle unterzogen werden können.

Die PAP-Färbung hat in der Routinediagnostik ihre Bedeutung erlangt und wird deshalb auch für automatische Auswerteverfahren eingesetzt, obwohl man damit quantitative DNS-Messungen nicht durchführen kann. Mit PAP-gefärbten Präparaten ist aber eine optimale visuelle Kontrolle der Ergebnisse der automatischen Auswertung gewährleistet.

In Simon et al 1975, Preston 1976, Onoe 1976, Bartels 1977, sind zusammenfassende Darstellungen über eine automatische Zellbildanalyse gegeben. Diese Arbeit beschränkt sich im folgenden auf die Früherkennung des Zervixkarzinoms.

2. Apparative Entwicklungen

Verfahren einer automatischen Zytodiagnostik werden im allgemeinen nach ihrem optischen Auflösungsvermögen eingeteilt in Verfahren mit Nullauflösung, grober Auflösung und feiner Auflösung:

a) Nullauflösung

   Unter Nullauflösung werden integrale Messungen der gesamten Zelle verstanden. Die Meßapertur ist dabei größer als die Zelle. Verfahren mit Nullauflösung werden mittels Durchflußsystemen realisiert. Es wird der DNS-Gehalt gemessen, der bei atypischen Zellen von der Norm abweicht. Mittels eines 2-Farben-Durchflußphotometers kann man den DNS- und RNS-Gehalt in Bruchteilen von Sekunden bestimmen. Weiter werden damit Parameter aus Streulichtmessungen abgeleitet. Nachteile dieser Verfahren sind, daß Zelltrümmer, Konglomerate und Artefakte als positive Signale gezählt werden und dadurch die Zahl der falsch positiven Fälle ansteigt.

b) Grobe Auflösung, Scanningraster >4 µm

Die Blende der Meßapertur ist >4 µm (auch Schlitzblenden!). Aus den gemessenen Photometerwerten werden Parameter extrahiert. Verfahren mit grober Auflösung werden bevorzugt für das Auffinden von verdächtigen Objekten verwendet (Wheeless 1975). Zur schnellen Auffindung von verdächtigen Objekten oder zur Zellanreicherung gibt es Lösungsansätze mittels verschiedener Verfahren. Dazu werden sowohl optische Filterverfahren als auch TV-Scanningverfahren oder Slit-Scanningsysteme verwendet. Am einfachsten läßt sich ein TV-Scanningverfahren mit niedriger Auflösung, z.B. 4 µm mit einem hochauflösenden Verfahren <1 µm Schrittweite kombinieren. Dies wurde z.B. im japanischen System CYBEST (Watanabe et al 1976) realisiert.

Der Erfolg eines Verfahrens zum schnellen Auffinden von verdächtigen Objekten sowie zur Zellanreicherung hängt davon ab, wie viele positive Fälle übersehen (Falsch-Negativ-Rate) und wie viele verdächtige Objekte im Mittel auf einem unverdächtigen Präparat herausgefunden werden (die Datenredutkionsrate des Verfahrens). Leistungsvergleiche solcher Verfahren liegen noch nicht vor.

c) Hohe Auflösung, Scanningraster <1 µm

Eine Zelle wird mit einer Meßapertur <1 µm gescannt und die gescannten Photometerwerte in einer zweidimensionalen Datenmatrix abgelegt. Die Verarbeitung wird bevorzugt in programmierbaren Rechenanlagen durchgeführt. Mittels komplexer Merkmalsextraktionsalgorithmen werden die Zellen in einen mehrdimensionalen Raum projiziert und Trennebenen für die Unterscheidung verschiedener Klassen bestimmt (Bartels und Wied 1975).

3. Das TUDAB-Projekt[+]

Das TUDAB-Projekt hat zum Ziel, mittels eines Bildanalysesystems die frühzeitige Erkennung atypischer Zellen in Vaginalabstrichen zu erreichen. Unser Systemvorschlag sieht ein zweistufiges Verfahren vor, das sich in folgende Bereiche aufteilen läßt:

a) Schnelles Auffinden von verdächtigen Objekten auf einem Präparat mittels weniger Merkmale (optisches Verfahren, TV-Scanning mit geringer Auflösung) oder Zellanreicherung mittels Durchflußverfahren.

[+] Das TUDAB (Tumor Diagnose durch automatische Bildverarbeitung) Projekt wird in Zusammenarbeit mit dem Institut für Zytologie der TU-München vom BMFT unter der Nummer 01VH157A-ZA/NT/MT225a gefördert.

b) Analyse der verdächtigen Objekte an vorausgewählten Präparatepositionen mit einem
   hochauflösenden Scanningsystem unter Verwendung vieler Merkmale und Klassifikation
   von Präparaten.

Die Datenrate eines hochauflösenden Scanningsystems ist zu hoch, um diese Daten on-line
auswerten zu können. Deshalb ist es vorteilhaft, ein schnelles Verfahren zum Auffinden
von Gesichtsfeldern mit verdächtigen Objekten zu verwenden, um den Aufwand der hochauflösenden Zellbildanalyse zu reduzieren. Die eigenen Entwicklungen beschränken sich
auf b).

Eine umfangreiche Datenbank visuell klassifizierter Einzelzellen aus eindeutig normalen, entzündlichen und malignen Präparaten ist eine wesentliche Voraussetzung für die
Entwicklung eines solchen Systems. Die Erstellung einer Datenbank ist sehr aufwendig
und erfordert deshalb ein besonderes Maß an Sorgfalt, was die Diagnose der Zellen betrifft. Der Umfang der Datenbank hängt von den varianzerhöhenden Einflüssen ab und
liegt zwischen 100 und 1000 Zellen pro Klasse. Wichtig ist, daß die Datenbank Begleit-
informationen für Präparate sowie Zellen enthält. Für die Präparate werden Anamnesedaten, Daten über präparative Bedingungen sowie Daten über die Meßbedingungen in die Datenbank eingespeichert. Anamnesedaten sind bei einer Präparateklassifikation auch für
den Zytologen eine wichtige a-priori-Information.

Die abgetasteten Zelldaten werden mit ausführlicher Begleitinformation, wie Zellkoordi-
naten, Meßparameter, Angabe der Präparation und Färbung, Präparatenummer und visuelle
Zellklassifikation versehen.

Unser Zellerkennungssystem besteht aus einem Mikroskop vom Typ Zeiss-Axiomat mit Scan-
ningmikroskopphotometereinrichtung und einer Plumbikonkamera zur TV-Bilderfassung, einem Digitalbildspeicher und einem TV-Monitor. Die Zellen für die Datenbank werden mittels eines Scanningmikroskopphotometers mit 1 % Grauauflösung und 0.25 µm Schrittweite
sowie einer Wellenlänge von 540 nm ± 20 nm digitalisiert.

Zum schnellen Auffinden von Zellen an vorausgewählten Präparatekoordinaten sowie zum
schnellen Abtasten der Zellen verwenden wir einen Scanningtisch mit einer Geschwindigkeit von 10000 Schritten/sec, eine Positioniergenauigkeit von ± 1 µm und einer kleinsten Schrittweite von 0.25 µm (Abb. 1).

Die wesentlichen Schritte unseres hochauflösenden Zell- und Präparateklassifikations-
systems sind:
   - Abtasten von verdächtigen Objekten an vorausgewählten Präparatekoordinaten
   - Objektsegmentierung (Thresholding)
   - Merkmalsextraktion (digitale Filterung, Histogrammverarbeitung)
   - Klassifikation der Zellen (linearer Klassifikatoren, Entscheidungsbaum)
   - Präparateklassifitkation.

Nach dem Auffinden und Abtasten einer Zelle werden zwei Grauschwellen bestimmt, die geeignet sind, den Untergrund vom Zytoplasma und das Zytoplasma vom Kern einer Zelle

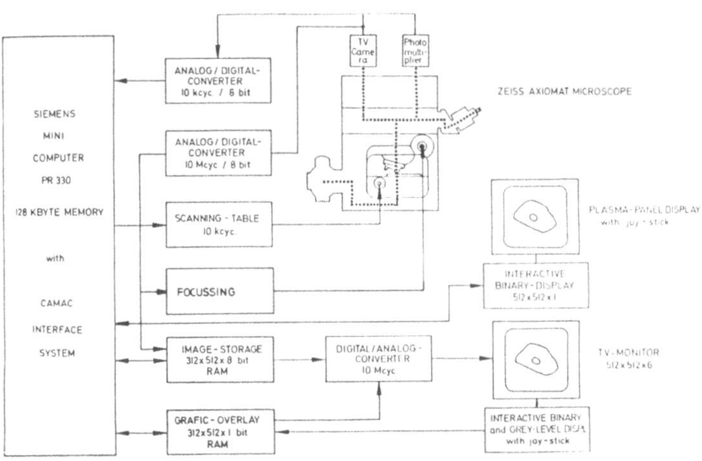

Abb. 1: Schematische Darstellung des Hardwaresystems mit Scanningmikroskopphotometer Axiomat und TV-Kamera zusammen mit dem Rechner Siemens PR 330.

zu trennen. Um diese Schwellen zu finden, werden drei Histogramme aus dem Originalbild
sowie gefilterten Bildern abgeleitet, die neben der Häufigkeitsverteilung der Graustufen
ebenso den mittleren Gradienten sowie einen Formfaktor der verschiedenen Grauebenen berücksichtigen. Aus diesen drei abgeleiteten Histogrammen wird ein Kombinationshistogramm
berechnet, dessen Maximas die Lage der Schwellen für das Zytoplasma und für den Kern
angeben. Eine vorhergehende Medianfilterung reduziert Störungen im Bild und führt zu
besseren Ergebnissen. Mit dieser Methode können 86.2 % der Kerne und 81.3 % der Zellen
richtig segmentiert werden (Borst et al 1978).

In einer weiteren Stufe werden die ungereinigten Binärbilder, die aufgrund von Schwellen entstanden sind, mittels paralleler nichtlinearer Operationen verarbeitet. Die
grundlegenden Prozeduren für die Generierung von Binärmasken sind logische Operationen,
Shiftoperationen, Shrink- und Blow-Operationen (Abmayr et al 1977).

Nachdem Schwellen und Masken generiert wurden, wird die Merkmalsextraktion in folgender
Reihenfolge ausgeführt:
- morphologische Merkmale, wie die Fläche, der Umfang, die Koordinaten und Formparameter, werden aus den Binärmasken des Kernes und des Zytoplasmas bestimmt.
- photometrische und strukturelle Merkmale werden dadurch errechnet, das maskierte,
  gefilterte Graubilder analysiert werden.

In Abb. 2 ist ein schematischer Überblick über das Softwaresystem dargestellt. Die verwendeten Methoden sind ausgewählt worden, um die Verarbeitung mittels eines geplanten
Parallelrechnersystems schnell durchführen zu können.

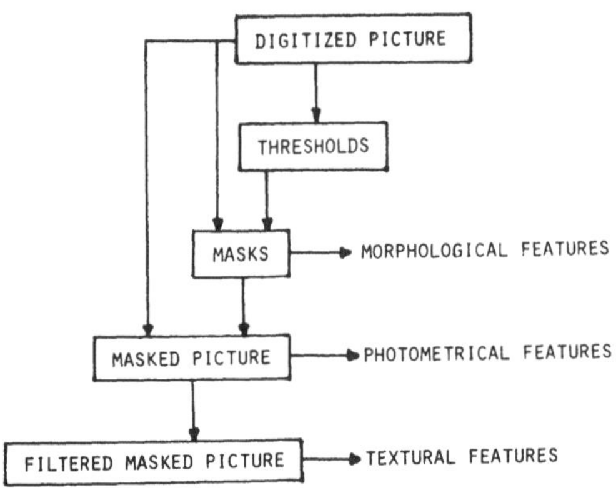

Abb. 2: Überblick über das Softwaresystem

Im TUDAB Projekt werden zur Zeit 34 primäre Merkmale sowie 20 Kombinationsmerkmale berechnet. Die Auswahl der für die Trennung signifikanten Merkmale wird mittels der F-Wert-Methode in einer schrittweisen linearen Diskriminanzanalyse durchgeführt (BMDP[+]-Programme).

Zur Chromatinanalyse wurden spezielle Laplacefilter entwickelt, mit denen man Chromatin-körnchen mit einem mittleren Durchmesser von 0.5, 1, 1.5 und 2 µm detektieren kann. Das Schema dieser Filter ist in der Abbildung 3 dargestellt. Das Histogramm des gefilterten Kernbildes ändert seine Form, wobei diese Änderung von der Korrelation zwischen Filtergröße und Granulagröße abhängt. Chromatinparameter lassen sich aus den vier Momenten des gefilterten Histogrammes ablesen, wobei das zweite Moment, die Streuung, am wichtigsten ist. Die Streuung gibt den Kontrast zwischen Heterochromatin- und Euchromatinanteilen des Kerns an. Weiter läßt sich eine homogene und eine inhomogene Chromatinverteilung aus den Histogrammen der laplacegefilterten Kerne ablesen.

[+]) W.J. Dixon, Series Editor von BMDP Biomedical Computer Programs P-series 1977, University of California Press. Die Programme wurden uns freundlicherweise vom Institut für Medizinische Datenverarbeitung, München, zur Verfügung gestellt.

$$c_{0,5} = \begin{bmatrix} 0 & -1 & 0 \\ -1 & 4 & -1 \\ 0 & -1 & 0 \end{bmatrix} \quad c_1 = \begin{bmatrix} 0 & 0 & -1 & 0 & 0 \\ 0 & 0 & 0 & 0 & 0 \\ -1 & 0 & 4 & 0 & -1 \\ 0 & 0 & 0 & 0 & 0 \\ 0 & 0 & -1 & 0 & 0 \end{bmatrix} \quad c_{1,5} = \begin{bmatrix} 0 & 0 & 0 & -1 & 0 & 0 & 0 \\ 0 & 0 & 0 & 0 & 0 & 0 & 0 \\ 0 & 0 & 0 & 0 & 0 & 0 & 0 \\ -1 & 0 & 0 & 4 & 0 & 0 & -1 \\ 0 & 0 & 0 & 0 & 0 & 0 & 0 \\ 0 & 0 & 0 & 0 & 0 & 0 & 0 \\ 0 & 0 & 0 & -1 & 0 & 0 & 0 \end{bmatrix} \quad c_2 = \begin{bmatrix} 0 & 0 & 0 & 0 & -1 & 0 & 0 & 0 & 0 \\ 0 & 0 & 0 & 0 & 0 & 0 & 0 & 0 & 0 \\ 0 & 0 & 0 & 0 & 0 & 0 & 0 & 0 & 0 \\ 0 & 0 & 0 & 0 & 0 & 0 & 0 & 0 & 0 \\ -1 & 0 & 0 & 0 & 4 & 0 & 0 & 0 & -1 \\ 0 & 0 & 0 & 0 & 0 & 0 & 0 & 0 & 0 \\ 0 & 0 & 0 & 0 & 0 & 0 & 0 & 0 & 0 \\ 0 & 0 & 0 & 0 & 0 & 0 & 0 & 0 & 0 \\ 0 & 0 & 0 & 0 & -1 & 0 & 0 & 0 & 0 \end{bmatrix}$$

FILTER FOR 0,5 MICRON $\qquad$ 1 MICRON $\qquad$ 1,5 MICRON $\qquad$ 2 MICRON

LOCAL LA PLACIAN OPERATIONS

$$A(x,y) = \sum_{i,k-n}^{n} C_L(i,k)\, B(x-i,y-k) + C_0$$

$$C_0 = 128$$

Abb. 3: Schema von Laplace-Filtern zur Detektion von Chromatinkörnern

Die Trennfähigkeit dieser Chromationstrukturmerkmale wurde an 200 Zellen [+]), eingeteilt in 4 Gruppen, nämlich Basalzellen, Metaplasiezellen, Dysplasiezellen sowie Car-
cinoma-in-situ-Zellen, getestet. Jede Gruppe enthält ungefähr 50 Zellen. Für die Analyse wurden nur die Kernmerkmale aus den 34 TUDAB-Merkmalen, zusammen mit den neuen
Chromatinstrukturmerkmalen verwendet. Bei 4 Gruppen wurden allein mit den Kernmerkma-
len 77.2 % richtig klassifiziert bei 8 ausgewählten Merkmalen. Dies entspricht 90.8 %
im 2-Gruppenfall. Von den drei wichtigsten Merkmalen sind 2 Merkmale Streuungen von
Laplace-gefilterten Bildern (Tab. 1).

TICAS-TRAINING SET (4 GROUPS)
CLASSIFICATION MATRIX

GROUP	NUMBER OF CASES CLASSIFIED INTO GROUP				
	PARA	MET	DYS	CIS	
PARA	39	6	0	0	86.7 %
MET	7	34	6	2	69.4 %
DYS	1	1	33	7	78.6 %
CIS	0	7	13	28	58.3 %
TOTAL					72.8 %

PROJEKTION ON 2 GROUPS
CLASSIFICATION MATRIX

GROUP	NUMBER OF CASES CLASSIFIED INTO GROUP		
	BEN	MAL	
BEN	86	8	91.5 %
MAL	9	81	90.0 %
TOTAL			90.8 %

SELECTED FEATURES		F-VALUE	DESCRIPTION
KEL4M2	X	90.7	variance of LAP-filtered image histogram for 2 micron
KEFL		26.6	area of the nucleus
KEL1M2	X	10.0	variance of LAP-filtered image histogram for 0.5 micron
KEM3		6.4	skewness of nucleus histogram
KEL1M1		7.0	mean value of LAP-filtered image histogram for 0.5 micron
KEP2A		6.0	shape of the nucleus
KERM1		5.4	mean value of the rim of the nucleus
KEMM1		6.6	mean value of the center of the nucleus

Tab. 1: Klassifikationsergebnis mit 200 Zellen aus 4 Klassen;
$\qquad$ Überprüfung der Trennfähigkeit von Chromatinstrukturmerkmalen.

Die mit dem neuen Feature gewonnenen Ergebnisse sind sehr ermutigend und lassen den
Schluß zu, daß die Chromatinstruktur einen wesentlichen Beitrag zur Zellklassifikation
leisten kann.

[+]) Diese Zellen wurden uns freundlicherweise von Prof. Wied aus dem TICAS-Datenpool
zur Verfügung gestellt.

4. Ergebnisse

Der in Zusammenarbeit mit dem Institut für Zytologie der TU München erstellte TUDAB-Lerndatensatz von PAP-gefärbten Zellpräparaten enthält 955 Zellen aus 6 Gruppen. Das Klassifikationsergebnis in der Reklassifizierung im 6 Gruppenfall beträgt 63.7 % und im 2 Gruppenfall 91.3 %. Nach einer Reklassifizierung der vom Automaten als falsch erkannten Zellen durch den Zytologen blieben 778 Zellen übrig, wobei 77.9 % der Zellen im 6 Klassenfall und 94.7 % im 2 Klassenfall bei 17 mittels F-Wert-Methode ausgewählten Merkmalen vom Computer richtig klassifiziert wurden.

In Tabelle 2 sind die mittels F-Wert-Methode aus dem TUDAB-Merkmalssatz ausgewählten 17 Merkmale und in Tabelle 3 das Klassifikationsergebnis dargestellt.

INDEX	NAME	DESCRIPTION
1	UMZE	Perimeter of the cell
2	UKEZER	Ratio of the perimeter of the nucleus to the perimeter of the cell
3	UMKE	Perimeter of the nucleus
4	QUMZE	Perimeter squared of the cell
5	KERM1	Extinction mean value of the nucleus
6	UM2N	Coefficient of variance of the extinction value of the background
7	ZEFO2	Perimeter squared divided by the area of the cell
8	QUMKE	Perimeter squared of the nucleus
9	VKELM	Coefficient of variance of the Laplacian filtered image of the nucleus
10	KELM1	Mean value of the Laplace-filtered extinction inside the nucleus
11	KEFL	Area of the nucleus
12	PLASMA	Difference between the area of the cell and the nucleus
13	NCR	Ratio of the area of the nucleus divided by the area of the cytoplasm
14	UM4	Excess of the extinction value of the background
15	SWZY	Threshold of the cytoplasm
16	SWKE	Threshold of the nucleus
17	PCR	Ratio of the area of the nucleus divided by the plasma

Tab. 2: Aus dem TUDAB-Merkmalssatz mittels F-Wert-Methode ausgewählte Merkmale.

CLASSIFICATION MATRIX   6 GROUPS

GROUP	PERCENT CORRECT	INT	PARA	LMDYS	SDYS	CIS	PECA	TOTAL
INT	94.5	173	3	7	0	0	0	183
PARA	79.7	0	55	8	2	3	1	69
LMDYS	81.5	0	5	101	12	1	5	124
SDYS	72.2	0	4	6	83	11	11	115
CIS	71.4	0	6	0	40	155	16	217
PECA	55.7	0	1	10	9	11	39	70
TOTAL	77.9	173	74	132	146	181	72	778

(NUMBER OF CASES CLASSIFIED INTO GROUP -)

CLASSIFICATION MATRIX FROM 6 GROUPS PROJECTED TO 2 GROUPS

GROUP	PERCENT CORRECT	BEN	MAL	TOTAL
BEN	91.7	231	21	252
MAL	96.2	20	506	526
TOTAL	94.7	251	527	778

(NUMBER OF CASES CLASSIFIED INTO GROUP -)

Tab. 3: Klassifikationsergebnis mit dem TUDAB Datensatz von 778 Zellen für 6 und 2 Gruppen

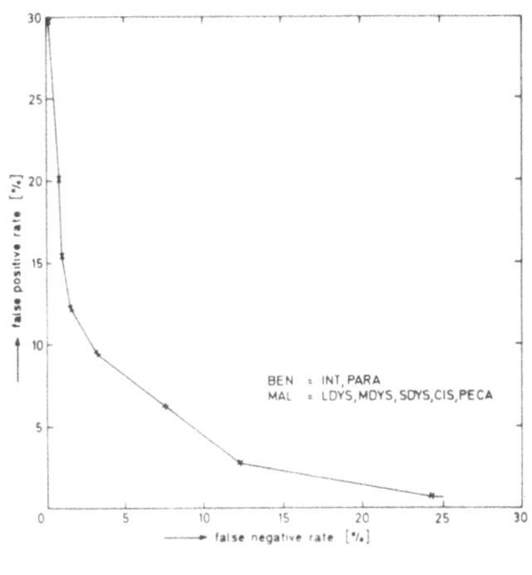

Abb. 4: Operationscharakteristik
des TUDAB-Lerndatensatzes

Wenn man nun im 2 Klassenfall Gewichte durch Veränderung der a-priori-Wahrscheinlichkeit für beide Klassen einführt, was sich in einer Verschiebung der Trennebene im Merkmalsraum zwischen den beiden Klassen auswirkt, so kann man die Anzahl der Falsch-Negativen-Rate als Funktion der Falsch-Positiven-Rate auftragen. Diese Funktion wird als die effektive Operationscharakteristik (OCC) des Systems bezeichnet. Diese Operationscharakteristik wurde für den TUDAB-Lerndatensatz aus 778 Zellen ermittelt (Abb. 4). Im betrachteten Fall kann man z.B. bei einer akzeptierten Falsch-Negativen-Rate von 3 % eine Falsch-Positiven-Rate von 10 % ablesen.

5. Strategieuntersuchungen und Diskussion

Ein Prescreening-System muß statistisch genügend viele verdächtige Zellen auf einem positiven Präparat finden, um eine Präparateklassifikation sicher durchführen zu können. Da die Abtastung, vollständige Merkmalsextraktion und Klassifikation für jedes Objekt auf dem Präparat zu zeitaufwendig ist, verwendet man Präselektionsverfahren, um verdächtige Objekte auf einem Präparat mittels geringerem Aufwand mit wenigen Merkmalen zu finden. Alle vorausgewählten Objekte werden dann einem hochauflösenden System, wie dem hier beschriebenen, zur Verfügung gestellt. Man versucht zuerst mittels weniger und "billiger" Merkmale eine Entscheidung zu fällen, um dann weitere Merkmale hinzuzufügen, wenn die Entscheidung negativ ausgegangen ist (Entscheidungsbaum). Die Frage ist, wie zuverlässig man mit einem Präselektionsverfahren verdächtige Objekte auch finden, oder wie weit man verdächtige Objekte in einer gemischten Population anreichern kann.

Zur Überprüfung der Präselektion wurde eine Studie in folgender Form ausgeführt: In einer Population (TUDAB Datensatz von 778 Zellen) wurde die Trennebene so gewählt, daß nur eine geringe Falsch-Negative -Rate zugelassen wurde. Die übrigbleibende Population wurde in der gleichen Weise bearbeitet. Für jeden Schritt wurden die wichtigsten ausgewählten Merkmale, die übriggebliebenen Zellen, die Konzentrationsrate der malignen Zellen im übriggebliebenen Datenpool und die Zahl der verlorenen malignen Zellen aufgelistet. Ergebnisse dieser sequentiellen Klassifikationsmethode für 1 und 2 Merkmale zur Anreicherung von malignen Zellen in 3 Schritten sind in Tab. 4 dargestellt.

Bei Entscheidungen mittels eines Merkmals war es möglich, in 3 Schritten mittels 3

STEP	TRAINING-SET	CONCENTRATION OF MALIGN CELLS		MISSING RATE OF MALIGN CELLS	SELECTED FEATURE	F-VALUE
		BEFORE	AFTER			
1	778	67.6 %	93.1 %	5.8 %	UKEZER	831.3
2	476	93.1 %	98.3 %	45.4 %	KELGM2	33.3
3	292	98.3 %	99.5 %	60.6 %	UMKE	7.9

STEP	TRAINING-SET	CONCENTRATION OF MALIGN CELLS		MISSING RATE OF MALIGN CELLS	SELECTED FEATURE	F-VALUE
		BEFORE	AFTER			
1	778	67.6 %	88.2 %	4.6 %	UKEZER PLASMA	831.3 98.9
2	569	88.2 %	98.0 %	23.8 %	UMKE KELGM2	77.6 83.0
3	409	98.0 %	99.7 %	40.5 %	UKEZER ZEFO2	5.4 12.5

Tab. 4: Ergebnisse der sequentiellen Klassifikation in 3 Schritten
bei 1 Merkmal (oben) und bei 2 Merkmalen (unten).

sequentiell abgefragter Merkmale (UKEZER, KELGM2 und UMKE) den Anteil der malignen
Zellen von 67.6 % auf 99.5 % anzuheben, wobei 60.6 % der malignen Zellen ausgeschieden
wurden (Tab. 4 oben).

Bei Entscheidungen mittels einer Linearkombination aus 2 Merkmalen war es möglich, in
3 Schritten mittels 3 sequentiell abgefragter Merkmalskombinationen (UMKEZER und
PLASMA, UMKE und MELGM2, UMKEZER und ZEFO2) den Anteil der malignen Zellen von 67.6 %
auf 99.7 % anzuheben, wobei 40.5 % der malignen Zellen ausgeschieden wurden (Tab. 4
unten).

Die Untersuchungen zeigen, daß bei einer Vorselektion mittels eines Merkmals mehr
maligne Zellen verlorengehen und damit die Anzahl der falsch negativen Befunde ansteigt, als bei einer Vorselektion mittels einer Kombination aus 2 Merkmalen.

Mittels dieser Untersuchungen, die an umfangreichem Datenmaterial weitergeführt werden, lassen sich jedoch im Hinblick auf ein Screeningsystem Kriterien für die Brauchbarkeit von Präselektionsverfahren ableiten und Screeningstrategien simulieren.

Wir sind dabei, unser hochauflösendes Zellanalysesystem durch Verwendung eines Array
Processors so zu verschnellern, daß wir in 1 - 2 Sekunden eine Zelle mittels vieler
Merkmale analysieren können, um damit Untersuchungen zur Präparateklassifikation
durchführen zu können. Dann sind wir in der Lage, Anzeigen über die Operationscharakteristik unseres Systems auf der Basis einer Präparateklassifikation zu machen.

Literatur

Abmayr, W., Borst, H., Gais, P., Schwarzkopf, G., Erhardsberger, A.: Digitalisierung, Speicherung und Merkmalsextraktion von Epithelzellen der Zervix. Digitale Bildverarbeitung GI/NTG Fachtagung München, 28. - 30. März 1977. Herausgeber H.H. Nagel, S. 37.

Abmayr, W., Burger G., Soost, H.J.: Progress Report of the TUDAB-Project. VII. International Engineering Foundation Conference on Automated Cytology, Elmau 1978.

Bartels, P.H., Wied, G.L.: High Resolution Prescreening Systems for Cervical Cancer. Proceedings of the International Conference on Automation of Uterine Cancer Cytology. Herausgeber G.L. Wied, Chicago (1975).

Bartels, P.H., Wied, G.L.: Computer Analysis and Biomedical Interpretation of Microscopic Images: Current Problems and Future Directions. Proc. of the IEEE, Vol 65 (2): 252 (1977).

Borst, H., Abmayr, W., Gais, P.: A Thresholding Method for Automatic Cell Image Segmentation. VII. International Engineering Foundation Conference on Automated Cytology, Elmau 1978.

Dörmer, P., Abmayr, W.: Correlation between Nuclear Morphology and Rate of DNA Syntheses in a Normal Cell Line. VII.International Engineering Foundation Conference on Automated Cytology, Elmau 1978.

Herman, C.J., Bunnag, B.: Goals of the Cytology Automation Program of the National Cancer Institute. The Journal of Histochemistry and Cytochemistry 24:2,(1976).

Ingram, M., Preston, K.: Automatic Analysis of Blood Cells. Sci. Amer. 223:72 (1970).

Megla, G.K.: The LARC Automatic White Blood Cell Analyzer. Acta Cytol. 17 (1):3-14(1973).

Miller, M.N.: Design and Clinical Results of Hematrak - An Automated Differential Counter. Proc. 2nd International Conference on Pattern Recognition, Copenhagen (1974).

Onoe, M., Tagaki, M.: An Automated Microscope for Digital Image Proecessing, Part I: Hardware.In Digital Processing of Biomedical Images, Herausgeber: K. Preston und M.Onoe, Plenum Press New York (1976).

Onoe, M., Tagaki, M., Tashiro, T.: An Automated Microsope for Digital Image Processing, Part II: Software.In Digital Processing of Biomedical Images, Herausgeber: K. Preston und M.Onoe, Plenum Press New York (1976).

Otto, K., Höffken, H., Soost, H-J.: Isopyknic Flotation of Cervical Samples. VII. International Engineering Foundation Conference on Automated Cytology, Elmau 1978.

Ploem, J.S., Beyer-Boon, M.E., Schaberg, A., Wielenga, G.: The Leyden Texture Analysis System (LEYTAS) for Rapid Screening of Cytological Specimens. Second International Conference on Automation of Cancer Cytology and Cell Image Analysis, Tokio, Japan 1977.

Poulson, R.: Automated Prescreening of Cervical Cytology Specimens. Ph.D. Thesis McGill University, Montreal, Canada 1973.

Preston, K.: Digital Picture Analysis in Cytology, in Digital Picture Analysis. Herausgeber: A. Rosenfeld, Springer 1976.

Prewitt, M.S., Mendelsohn, M.L.: The Analysis of Cell Images. An. N.Y. Academie of Science 128 (3): 1035-1053 (1966).

Simon, H., Kunze, K.D., Voss, K., Herrmann, W.R.: Automatische Bildverarbeitung in Medizin und Biologie. Theodor Steinkopff-Verlag, Dresden 1975.

Watanabe, S., Imasato, Y., Genchi, H., Tanaka, N., Kashida, R.: A PAP Smear Prescreening System: CYBEST. In Digital Processing of Biomedical Images. K. Preston and M. Onoe, Plenum Press New York (1976).

Wheeless, L.L.: Review of Low Resolution Systems. Proceedings of the International Conference on Automation of Uterine Cancer Cytology, Herausgeber: G.L. Wied, Chicago (1975).

<u>DIGITALE AUSWERTUNG DER FARBINFORMATION VON LICHTMIKROSKOPISCHEN</u>
<u>ZELLBILDERN</u> *

Rüter A., Harms H., Haucke M., Aus H.M.
Computergestützte Zytophotometrie Einheit des SFB 105[**]

ZUSAMMENFASSUNG:

An mononukleären peripheren Blutzellen wird demonstriert, daß eine grundlegende Verbesserung der computergesteuerten Zellkomponententrennung und Zellklassifizierung
durch eine mehrdimensionale Farbverarbeitung und -analyse von mindestens zwei monochromatischen Filterungen möglich ist.

SUMMARY:

A method to analyze color in scanned images of panoptically stained blood cells,
as observed in a light microscope, is described. The substantial improvement in
both the scene segmentation of the cell components and the subsequent cell classification is archieved using at least two different monochromatic scans in the
visual spectrum and a coordinate transformation. The results correlate directly to
the well-known visual hematological diagnostic information.

[*] Diese Arbeit ist unterstützt in Teilen durch die Deutsche Forschungsgemeinschaft,
Sonderforschungsbereich 105 Würzburg und Az: Au 55/1 und durch das Bundesministerium
für Forschung und Technologie, Az: 01 VH 056- ZA/NT/MT 225a

[**] Institut für Virologie und Immunbiologie der Universität Würzburg,
Versbacher Str. 7, 8700 Würzburg

EINFÜHRUNG:

Computergestützte Analyse von mikroskopischen Zellpräparaten gewinnt zunehmend an Bedeutung für den diagnostisch medizinischen Bereich. Entscheidend für eine derartige Untersuchung ist die Erfassung derjenigen morphologischen Kriterien, die vom Betrachter zur Diagnosestellung erforderlich sind. Hierzu gehören außer morphologischen Kriterien die Farbeigenschaften des zu untersuchenden Zellmaterials. Die zur Verfügung stehenden Untersuchungssysteme sind für den Einsatz zur Erkennung pathologischer Zellveränderungen nicht ausgerüstet, da wesentliche Merkmale für Computer-Analyse der pathologischen Zellzustände bislang nicht erarbeitet wurden. Teil dieser Merkmale sind u.a. Chromatinveränderungen in den Zellkernen und Farbinformationen zellulärer Strukturen.

Das Ziel der vorliegenden Untersuchung ist es,durch Farbmessung und Verarbeitung eine Verbesserung der Zellkomponententrennung und Zellklassifizierung von peripheren Blutzellen zu erreichen. Die auf der Suche von Minima in eindimensionalen Grauwert-Histogrammen (als Trennwerte zur Segmentierung) und der isolierten Analyse verschiedener Farbfilterungen basierenden üblichen Verfahren genügen den Anforderungen nicht. Es wird gezeigt, daß einerseits die mehrdimensionale Verarbeitung von mindestens zwei verschiedenen Filterungen nötig ist, um die Zellkomponententrennung zu ermöglichen, und daß zum anderen eine Differenzierung der für viele hämatologische, einschließlich leukämischer, Erkrankungen wichtigen Zelltypen erst auf der Basis einer Farbanalyse möglich ist. Das Verfahren wird anhand von einem Plasmoblasten und einer Pfeifferzelle demonstriert.

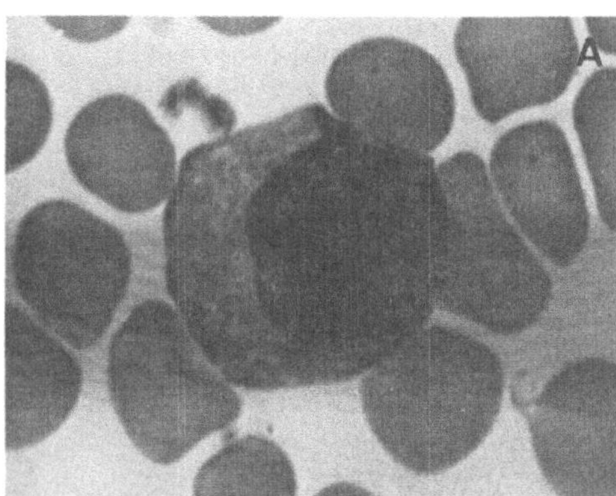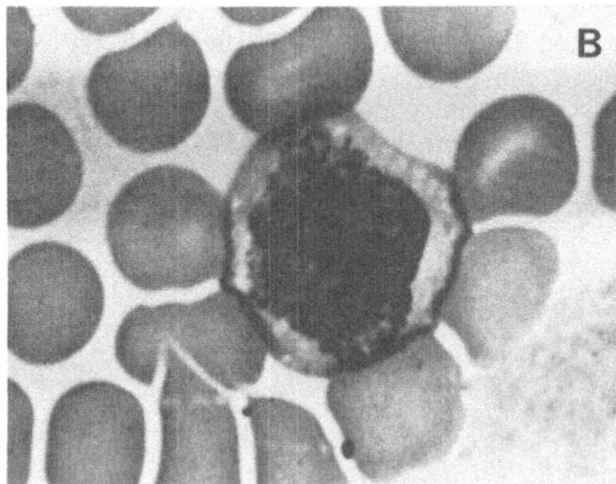

Abb.1: Mononukleäre Zellen umgeben von Erythrozyten in einem Pappenheim gefärbten peripheren Blutausstrich vom Monitor der TV Kamera fotografiert. A: Plasmoblast, B: Pfeifferzelle. Original Vergrößerung: 500 X
Die benutzten, Pappenheim gefärbten, Ausstriche des peripheren Blutes wurden von Dr. Gunzer, Hämatologisches Labor der Medizinischen Universitätsklinik der Universität Würzburg, zur Verfügung gestellt. An diese routinemäßig erstellten Präparate, wie sie in der herkömmlichen visuellen Diagnose von Bluterkrankungen benutzt werden, wurden für die Computer-Analyse keine gesonderten Anforderungen gestellt. Die Zellen liegen dicht aneinander, teilweise überlappen sie sich.

ERGEBNISSE MIT MONOCHROMATISCHER ZYTOPHOTOMETRISCHER METHODIK:

Die Abb. 1 zeigt A) einen Plasmoblasten und B) eine Pfeifferzelle, jeweils von Erythrozyten umgeben. Die Zellen liegen teilweise sehr dicht beieinander. Zum Teil überlappen sogar die Erythrozyten das Zytoplasma der Leukozyten, wodurch dieses dort dunkler erscheint als in den anderen Bereichen des Zytoplasmas. Unbedingte Voraussetzung für eine maschinelle Identifizierung und Differenzierung dieser beiden mononukleären Zelltypen ist wegen dieser Berührungen und Überlappungen eine Abtrennung der Erythrozyten und des Hintergrundes und außerdem eine Zerlegung in Nucleus- und Zytoplasmabereich. Hierzu wurden Histogramme der beiden monochromatischen Scanns gebildet bei denen im Mikroskop ein guter optischer Kontrast zu beobachten war (Abb. 2 A,C). Die Histogramme des Plasmoblasten (Abb. 2A), gescannt bei 600nm und 510 nm, zeigen für eine computergestützte Analyse gut ausgeprägte Minima, die für eine herkömmliche Segmentierung mit Hilfe dieser als Trennwerte ausreichen sollte (/5/,/6/). Jedoch zeigt ein Rückspielen der Information mit Pseudo-Grauwerten nur eine unbefriedigende, für eine weitere Analyse ungeeignete, Zerlegung in Kern- (schwarz), Zytoplasma- (dunkelgrau), Erythrozyten- (hellgrau) und Hintergrundbereich (weiß). In Abb. 2 sieht man, daß diese Zuordnung eigentlich nicht getroffen werden kann. Bei 600nm sind Zytoplasma und Erythrozyten durch den Bereich ihrer optischen Dichte nicht voneinander unterscheidbar, bei beiden Wellenlängen überlappen sich die Intensitätsbereiche des Kernes (schwarz) mit denen von dunklen Gebieten des Zytoplasmas. In den Histogrammen der bei den selben Wellenlängen gescannten Pfeifferzelle ist eine Minimabestimmung schon etwas zweifelhaft (siehe Histogramm 600nm im optischen Dichte-Bereich 150 - 190); die entsprechenden rückgespielten Bilder (Abb. 2D) zeigen dann auch eine sehr unzureichende Segmentierung in die einzelnen Zellbereiche. Bei 600nm kann von einer Bestimmung des Zytoplasma-Bereiches (dunkelgrau) überhaupt nicht gesprochen werden. Darüber hinaus sind bei 510nm die Grenzen zwischen den einzelnen Bereichen auch zu stark verwischt.

ERGEBNISSE DER ZWEIDIMENSIONALEN FARBANALYSE:

Statt der Einzeluntersuchung der von Scanns unterschiedlicher Wellenlängen gebildeten Histogramme lassen sich diese auch paarweise kombinieren. Die zwei (i.a. voneinander verschiedenen) Extinktionswerte der jeweiligen Wellenlänge für jeden gemessenen Punkt P_i sind die zwei Koordinaten x_i, y_i in einem kartesischen Koordinatensystem (X,Y). Die Wirkung der Farbe ist eine nicht zufällige Streuung der Punkte $P_i(x_i,y_i)$ u.: die Diagonale $x_k = y_k$. Die dabei entstehenden Cluster von Punkten repräsentieren die einzelnen farblich voneinander verschiedenen Bereiche der gescannten Szene.

Das Koordinatensystem (X,Y) wurde der besseren Anschauung wegen um -45° gedreht, so daß die mittlere Horizontale der Diagonalen $x_k = y_k$ und damit der Intensitätsachse von dunkel (links) nach hell (rechts) entspricht (Abb. 3A,C). Jeder gezeigte Punkt stellt ein Minimum von 10 Punkten P_i mit den gleichen Grauwert- bzw. Farb-Koordinaten dar. Die Informationen der entstandenen Cluster N,Z,E,H repräsentieren, im Playback

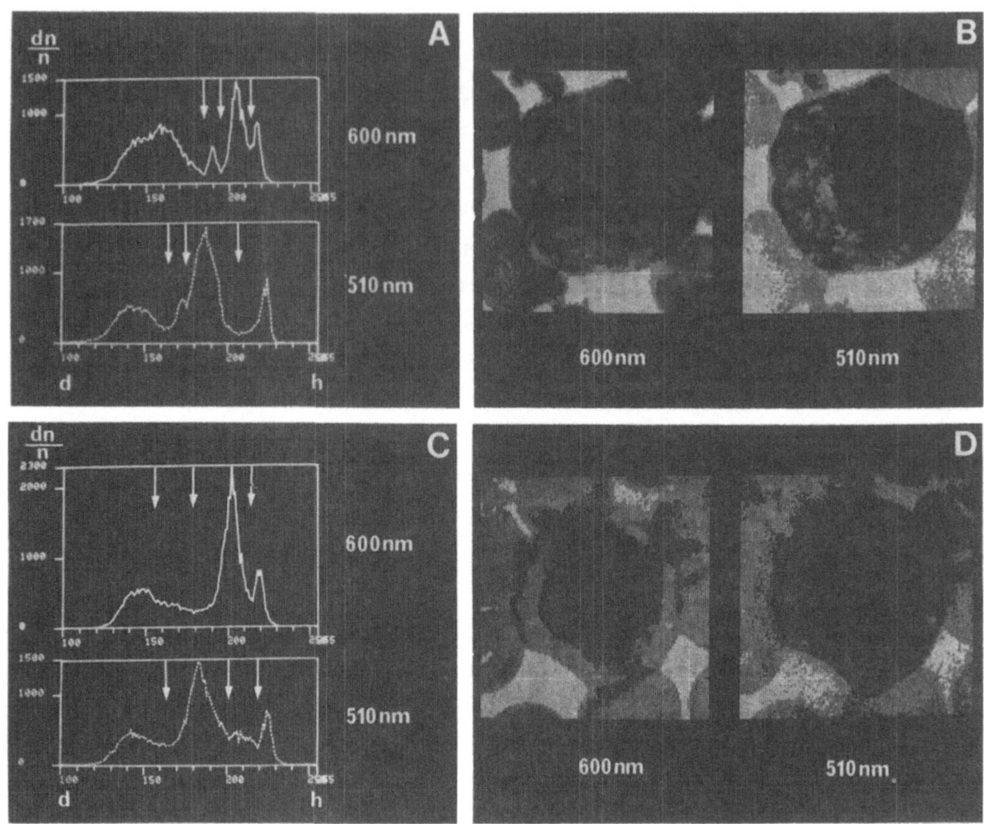

Abb.2: A,C: Histogramme des Plasmoblasten (A) und der Pfeifferzelle (C) aus Abb.1
mit den für die Segmentierung in (B) bzw. (D) benutzten Intensitätstrennwerten.
B,D: Pseudo-Grauwertdarstellung des Plasmoblasten (B) und der Pfeifferzelle
(D); Kern (schwarz), Zytoplasma (dunkelgrau), Erythrozyten (hellgrau), Hinter-
grund (weiß). (d = dunkel, h = hell).
Mit der Kamera wurde bei einem 50 x Öl Immersions Objektiv und 4 x Optavar
mit einer Schrittweite von ca. 0,2 µm in beiden Richtungen gemessen und in
Grauwertbilder mit 256 Graustufen transformiert. In den Histogrammen wird der
Grauwert-Bereich 0 - 100 nicht gezeigt, da dieser keine Daten enthielt. Die zu
untersuchenden Zellen wurden in einem Axiomat Mikroskop[1] mit einer Computer
Eye[2] TV Kamera gemessen, die an eine PDP 11/50[3] mit Tektronix 4014[4] Bild-
schirm angeschlossen ist.

1 Carl Zeiss, Oberkochen, Deutschland
2 Spatial Data Corporation, Goleta, USA
3 Digital Equipment Corporation, Maynard, Mass., USA
4 Taktronix Incorporation, Beverton, Oregon, USA

mit Pseudo-Grauwerten sichtbar gemacht (Abb. 3B,D), jeweils Nucleus (schwarz), Zytoplasma (dunkelgrau), Erythrozyten (hellgrau) und Hintergrund (weiß).

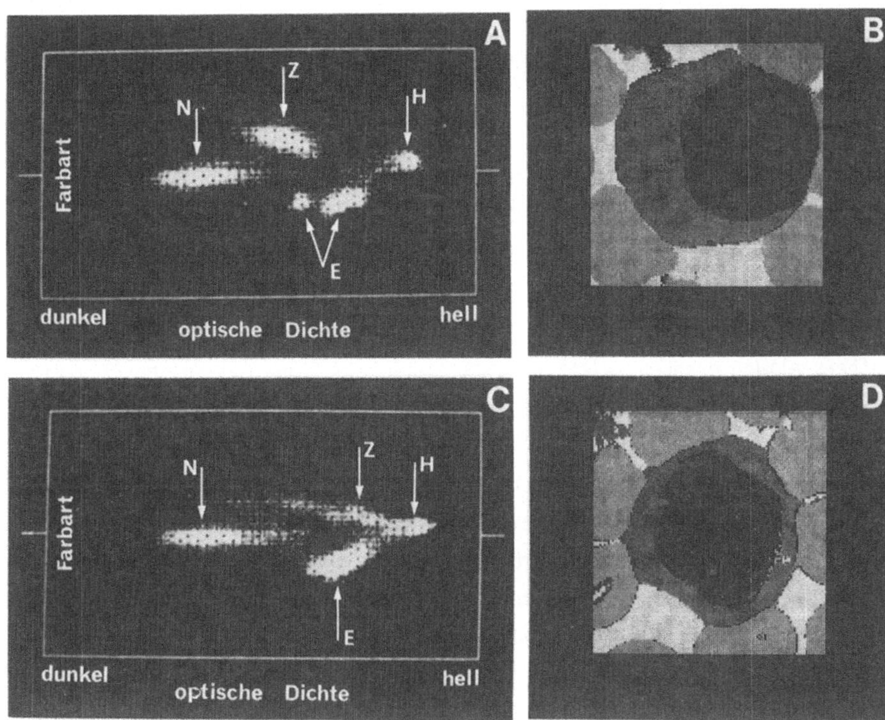

Abb.3: A und C zeigen zweidimensionale (510nm gegen 600nm) Histogramme derselben
Scanns des Plasmoblasten (A) und der Pfeifferzelle (C), wie sie in Abb.2
verwendet wurden. Die Cluster N,Z,E,H entsprechen in der Reihenfolge dem
Nucleus (schwarz), Zytoplasma (dunkelgrau), den Erythrozyten (hellgrau) und
dem Hintergrund (weiß), wie im Rückspiel in (B) für den Plasmoblasten und (D)
die Pfeifferzelle zu sehen.

Bei Vergleich der Abbildungen 3B mit 2D bzw. 3D mit 2D ist durch Erhöhung der Dimension des Histogramms um 1 eine klar sichtbare Verbesserung der Segmentierung festzustellen. Lage und Größe der Cluster von Kern, Erythrozyten und Hintergrund haben annähernd das gleiche Verhältnis zueinander für sowohl Plasmoblasten (Abb. 3A) als
auch Pfeifferzellen (Abb. 3C). Der Cluster, der das Zytoplasma des Plasmoblasten repräsentiert, weist jedoch eine räumlich engere Beziehung zum Kern-Cluster auf, als
der der Pfeifferzelle. Dies bedeutet, daß das Zytoplasma der Pfeifferzelle signifikant blasser ist als das des Plasmozyten.

DISKUSSION:

Das hier beschriebene Trennungsverfahren ist Teil einer umfassenderen Arbeit zur Erkennung pathologischer Zustände des Blutes. Primäres Ziel der an anderer Stelle ausführlich beschriebenen Untersuchung /4/ ist die computergestützte Identifizierung der in panoptisch gefärbten Ausstrichen vorkommenden mononukleären Zelltypen, die für viele hämatologische Erkrankungen von Bedeutung sind. Hierzu wurden wegen ihrer zunehmenden Bedeutung in der Differenzierung die Chromatinstruktur und -Verteilung im Kern und die Basophilie des Zytoplasmas als Parameter hinzugezogen. Voraussetzung hierfür war eine geeignete Trennung zwischen den digitalisierten Daten der Kerne, Zytoplasmen und den restlichen störenden Informationen, wie berührende Erythrozyten und Hintergrund. Wert wurde darauf gelegt, daß die benutzten Präparate einer in der Diagnostik vorkommenden Situation entsprechen. Keine gesonderten Ansprüche für die Computer-Analyse wurden bei der Präparatherstellung erhoben, wie z.B. eine Zellvereinzelung mit Spinner-Zentrifuge, zumal immer noch unklar ist, ob nicht eine solche Behandlung wichtige diagnostische Information zerstört (/2/, /5/, /8/, /9/). Da die Qualität der herkömmlichen eindimensionalen Segmentierung dieser Präparat-Ausschnitte für eine maschinelle Weiterverarbeitung nicht ausreichte, war nach Methoden für eine Verbesserung der Segmentierung zu suchen. Neben nur auf der Basis von Grauwerten arbeitenden Methoden, wie vorherige mathematische Filterung der Daten, um die die Segmentierung störenden Einflüsse zu unterdrücken oder aufwendige, in solch schwierigen Fällen nicht ganz verläßliche (s. die teilweise Berührung von Kernplasma und dunklen Bereichen im Zytoplasma, die durch Überlappung mit Erythrozyten entstanden), Konturverfolgungsalgorithmen, bestand die Möglichkeit, die Farbe auszunutzen (/1/,/2/,/6/,/7/). Eine Berechnung von Farbparametern wie "Hue", "Saturation" und den Farbkoordinaten nach dem U.S. TV-Standard und die serielle Clusterung mit den daraus gebildeten eindimensionalen Histogrammen /5/ konnte die anstehenden Probleme nicht lösen. Die Ergebnisse dieser Untersuchung zeigen deutlich den Informationsgewinn, der bei geeigneter Auswertung von Farbe zu erlangen ist.
An anderer Stelle wurde von uns gezeigt, daß eine dreidimensionale Analyse zur Qualitätsverbesserung der Zellseparation führt /2/.

Das Verfahren ist einfach und doch sensibel genug,um feine Farbunterschiede zu erfassen (s.auch /2/). In Abb.3A ist deutlich zu erkennen, daß in dem gemessenen Präparatausschnitt zwei Erythrozytengruppen mit unterschiedlichem Farbverhalten existieren. Bei Rückspielen der Information mit Pseudo-Grauwerten stellt man eine Sonderstellung des rechten oberen Erythrozyten fest. In diesem speziellen Fall würde zwar eine reine Grauwertanalyse diese Tatsache auch offenbaren, da die beiden Erythrozyten-Cluster in vertikaler Richtung, d.h. durch eine Helligkeitsschwelle, getrennt werden können; dies ist aber keine Einschränkung der Allgemeingültigkeit. Denn wie immer man auch das Koordinatensystem zur Verbesserung der Anschauung transformiert, es ändert nichts daran, daß es keine Vorzugsrichtung gibt und daß die optische Dichte (Helligkeit), die in der bisherigen Photometrie eine so überragende Rolle spielte, eine Dimension der Farbe ist, aber eben nur eine von drei Dimensionen, die das Phänomen Farbe ausmachen.

Prinzipiell ist die Methode auf keine bestimmt Anwendung beschränkt, sondern kann überall da zur effektiveren automatischen Analyse von Szenen eingesetzt werden, wo Farbinformationen eine Rolle spielen.

ANMERKUNG:

Für den technischen Beistand von F. Meinl (C. Zeiss, München) und die sekreterielle Arbeit von H. Schneider sei hiermit herzlich gedankt.

LITERATUR:

/1/ Bacus JW: A whitening transformation for two color blood cell images.
Pattern Recognition 8:53, 1976

/2/ Aus HM, Rüter A, ter Meulen V, Gunzer U, Nürnberger R: Bone marrow cell scene
segmentation by computer aided color cytophotometry. J Histochem Cytochem 25:662,
1977

/3/ Young IT, Paskowitz IL: Localization of cellular structures.
IEEE Trans Biomed Eng 22:35, 1975

/4/ Harms H, Gunzer U, Aus HM, Rüter A, Haucke M, ter Meulen V: Computer aided
analysis of chromatin network and basophil color for differentiation of mono-
nuclear peripheral blood cells. In Vorbereitung

/5/ Price KE: Change detection and analysis in multispectral images. Carnegie-
Mellon University, Pittsburgh, PhD dissertation, 1976

/6/ Mui JK, Fu KS, Bacus JW: Feature selection in automated classification of blood
cell neurophils. IEEE Computer Science Conference on pattern recognition and
image process ng 78, CH 1318 - 5 C, p. 486, 1978

/7/ Mui JK; Bacus JW, Fu KS: A scene segmentation technique for microscopic cell
images. Proc. of the Symposium on Computer Aided Diagnosis of Medical Images.
Edited by J. Sklansky, San Diego, Calif., IEEE, publication no. 76 CH 1170 - OC,
p. 99, 1976

/8/ Aggarwal RK, Bacus JW: A multi-spectral approach for scene analysis of cervical
cytology smears. J Histochem Cytochem 25: 668, 1977

/9/ Brenner JF, Necheles TF, Bonacossa IA, Fristensky R, Weintraub BA: Scene
segmentation technique for the analysis of routine bone marrow smears from
acute lymphoblastic leukemia patients. J Histochem Cytochem 25:601, 1977

ANALYSE MULTISPEKTRALER MIKROSKOPISCHER ZELLBILDER

V. Klement, Medizinische Hochschule Hannover

1. Einführung

Die Analyse scanning-mikrophotometrisch gewonnener Zellbilder kann in
Einzelschritte zergliedert werden:

- Abtastvorgang und Bilddatengewinnung
- Bildvorverarbeitung
- Zellisolierung
- Merkmalsextraktion
- Klassifikation

Die Klassifikation einer Zelle soll deren Zuordnung zu einer in der
eingeführten visuellen Cytodiagnostik benutzten Klasse bewirken
(Beispiel: Blutbildanalyse /1,5,12/). Es werden daher primär heuristisch formulierte Merkmale benutzt, die sich an aus der visuellen
Diagnostik bekannte Unterscheidungsmerkmale anlehnen. Die Stufe der
Merkmalsextraktion bedeutet neben der Reduzierung der Dimensionalität
des Entscheidungsraumes somit zugleich eine problemorientierte Einschränkung. Die zu extrahierenden Merkmale sind zellbezogen. Da das
durch den Abtastvorgang gewonnene Bild einen Ausschnitt aus einer mikroskopischen Szene darstellt (s. Abb. 1) und neben der interessierenden Zelle noch weitere Bestandteile wie benachbarte oder angelagerte

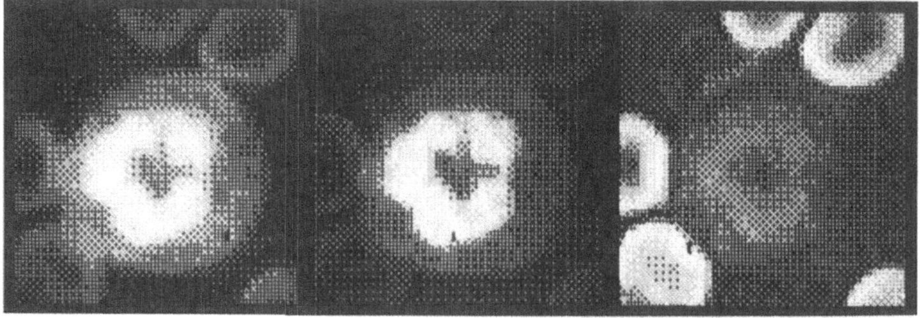

Abb. 1: Typischer Szenenausschnitt mit Leukozyt (Pappenheim-
gefärbter Blutausstrich, monochromatische Spektralauszüge)
a) 530 nm, b) 580 nm, c) 420 nm

Zellen, Zellfragmente, Verunreinigungen und Untergrund enthält, ist
die interessierende Zelle aus der Szene zu isolieren und weiter in die
Regionen Zellkern und Cytoplasma zu segmentieren /11/.

2. Probleme der Zellisolierung

Während die Zellisolierung für das trainierte menschliche Wahrnehmungs-
vermögen eine leichte Aufgabe darstellt, hat sie sich für die automatische Analyse als eines der komplexesten Probleme erwiesen. Schwierigkeiten treten durch die immense Variabilität des Szeneninhalts auf. Es
variieren Vorhandensein, Größe, Dichte und Lage von nicht-interessie-
renden Zellen und Untergrund, Eigenschaften der interessierenden Zelle
und topologische Beziehungen zwischen den Szenenbestandteilen. Neben
der natürlichen biologischen Varianz liegen Ursachen hierfür auch in
der Präparaterstellungs- und Färbetechnik. Wie das menschliche Auge,
so sollte auch ein automatisches Verfahren weitgehend unbeeinflußt von
solchen Variabilitäten sein, es sollte eine niedrige Fehlerrate haben
und die Fähigkeit zum Erkennen eigener Fehler mitbringen.

Wird eine Reihe von einschränkenden Vorannahmen gemacht, so sind einfachere Verfahren wie die Schwellwertdiskrimination nach Analyse des
Grauwerthistogramms möglich. Stets verbleiben jedoch Fälle, für welche
die Vorannahmen unzutreffend sind und welche eine aufwendigere Kombination verschiedener Techniken erfordern /7,8/.

3. Ein Modell der mikroskopischen Szene

Es wird ein formales Modell eingeführt, welches den Inhalt der mikroskopischen Szene durch einen Segmentierungsbaum beschreibt. Es wird
eine top-down Struktur gewählt, so daß eine diesem Baum folgende Analyse zuerst große Regionen und dann kleinere Details innerhalb dieser
Regionen findet /3,9/. Abb. 2 zeigt einen Segmentierungsbaum mit den
Bestandteilen einer typischen Blutausstrich-Szene. Die Knoten dieses
Baumes repräsentieren biologisch relevante Regionen, die im allgemeinen
nicht nach einem simplen Kriterium homogen und auch nicht zwangsläufig
topologisch zusammenhängend sind. Die Regionen sind nur von der Semantik her definiert. In einem solchen auf die Bedeutung bezogenen Modell
ist eine Formulierung der zu erbringenden Erkennungsleistung impli-
ziert. Die Aufteilung einer unbekannten Szene wird zu einer gewollten
Interpretation hin gezwungen, alle anderen möglichen Aufteilungen
werden verworfen.

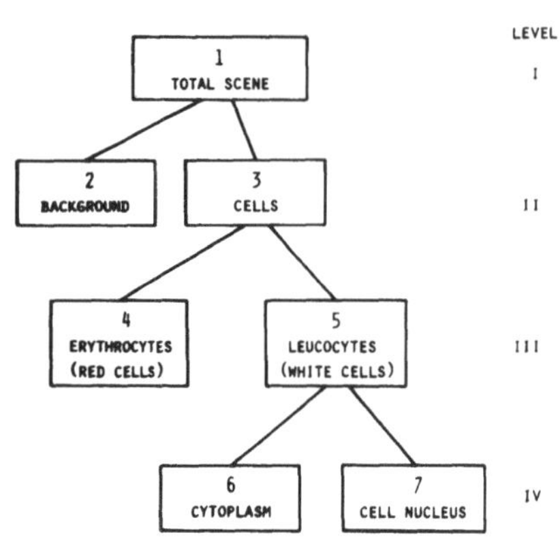

Abb. 2: Baumstruktur zur formalen Beschreibung des
Szeneninhaltes

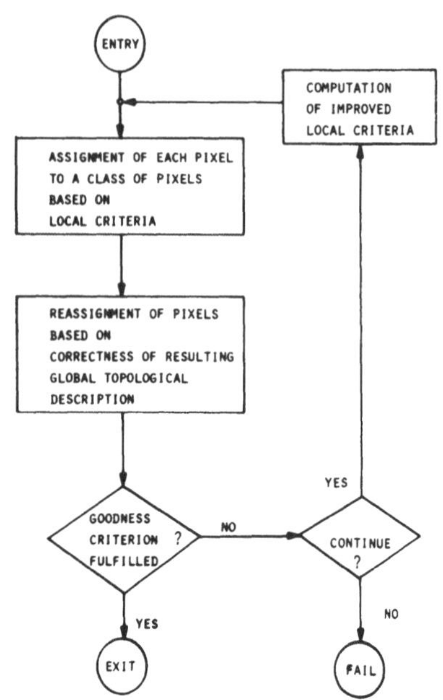

Abb. 3: Modell des iterativen
schrittweisen Vorgehens
bei der Szenenanalyse

Das benutzte a priori Wissen ist vollständig und in einer überschaubaren Form in der Struktur des Segmentierungsbaumes und in den Listen
von Attributen zur Beschreibung der Knoten enthalten. Es kann aufge-
spalten werden in: a) grundlegende Gegebenheiten mit gesicherter Gül-
tigkeit auch in Randfällen, b) detailliertere Informationen, die zwar
sehr nützlich sein können, aber die oft nur in typischen Fällen oder
für bestimmte Zellklassen gültig sind.
Mit der Zielsetzung, das benutzte a priori Wissen ohne Verlust an Allgemeingültigkeit zu minimisieren, werden nur Informationen der Art (a)
benutzt. Diese sind enthalten in der Struktur des Baumes und in einigen
zwingenden Vorschriften, z.B. bezüglich relativer Grauwertniveaus, Min-
destgrößen von Zellen und der Kompaktheit von Zellen. Zu allen anderen
Informationen werden aus der vorliegenden Szene Schätzwerte ermittelt
und in iterativer Weise verbessert. Ein besonderes Problem bei diesen
Schätzungen liegt im Auftreten von Übergangsregionen und im variablen
Inhalt der Szenen, speziell dem Fehlen üblicherweise vorhandener Teile.

4. Szenensegmentierung

Die Segmentierung der Szene in Regionen trifft für jeden einzelnen
Bildpunkt eine Aussage der Zugehörigkeit zu einer der drei Regionen

Zellkern, Cytoplasma und Bildrest. Diese Markierung kann analytisch als
funktionelle Zuordnung verstanden werden, jedoch ist diese Funktion
nicht unmittelbar explizit ausdrückbar. Zur Entscheidung sind von der
biologisch-medizinischen Definition der gesuchten Regionen her die folgenden Kriterien zu berücksichtigen:

  - Dichtewert des Bildelements (Grauwert)

  - Farbwert des Bildelements

  - Analyse der lokalen Umgebung des Bildelements

  - topologische Beziehungen zwischen Gruppen von Bildelementen.

Die lokalen und die globalen topologischen Kriterien stehen zunächst
ohne unmittelbaren Zusammenhang und können nicht gemeinsam benutzt
werden. In dem in Abb. 3 gezeigten Modell mit iterativem schrittweisen
Vorgehen wird die Kombination durch mehrfache sequentielle Anwendung
beider Gruppen von Kriterien erreicht.

Durch die Steuerung des Vorgehens mit einem Modell der mikroskopischen
Szene ist eine Integration von Segmentierung und Interpretation gegeben. Eine Begründung für die Notwendigkeit dieser Semantik-orientierten
Technik /2,6,10/ ergibt sich daraus, daß elementare Prozeduren ohne
Benutzung semantischer Information eine Region nur nach einem lokalen
Ähnlichkeitskriterium erkennen können /4/. Da jedoch folgende Fälle
auftreten: a) gleichartige Regionen haben unterschiedliche Bedeutung,
            b) verschiedene Regionen haben gleiche Bedeutung,
können elementare Prozeduren nicht zu biologisch relevanten Gruppierungen von Bildpunkten führen.

5. Implementierung und Ergebnisse

Die Implementierung des Verfahrens zur Zellisolierung erfolgte in einer
hierarchisch gegliederten Struktur, das Programmsystem ist auf einem
Prozeßrechner mittlerer Größe ablauffähig. Die Bildzugriffsfunktionen
wurden unter Einschränkung auf lokal bleibende Operationen mit prinzi-
pieller Eignung zur Parallelverarbeitung in zwei Gruppen unterteilt:
a) Bildmanipulationen, b) Abfragen zum Bildinhalt.
Alle erforderlichen Algorithmen können durch Sequenzen von Elementar-
operationen der Typen (a) und (b) ausgedrückt werden. Durch die Trennung der zeitintensiven Bildzugriffe von der Steuerung des Ablaufs und
durch die Mehrfachausnutzung modularer Bildzugriffsfunktionen erlaubt
dieses Konzept Weiterentwicklungen mit spezieller parallelverarbeiten-
der Hardware für den Bildzugriff.

Als Applikation wurde eine Prozedur zur Isolierung von Leukozyten aus
Pappenheim-gefärbten Blutausstrichen entwickelt /7/. Die abzutastenden

Szenenausschnitte wurden visuell selektiert, Ausgangsmaterial für die
Verarbeitung sind je drei monochromatische Spektralauszüge. Eine erste
Grobschätzung liefert gesicherte minimale Regionen für Zellkern und
Bilduntergrund, nach deren Verfeinerung ein zunächst unbestimmter Bildrest verbleibt. Aus diesem Bildrest werden Erythrozyten, welche wiederum in einem mehrstufigen Verfahren gewonnen wurden, und Bildelemente
mit hoher lokaler statistischer Unsicherheit eliminiert. Nach einer
Schrumpfoperation ergibt sich hieraus die Grobschätzung für das Cytoplasma. Die erhaltenen Schätzungen für Kern, Cytoplasma und Untergrund
berücksichtigen sowohl die Dichteinformation als auch die Topologie,
sie erlauben die Wahl optimaler Schwellwerte zur Trennung dieser
Regionen. Es ergeben sich Masken für Kern und Gesamtzelle, die wiederum
auf Übereinstimmung mit topologischen Zwängen korrigiert werden.
Abb. 4 zeigt am Beispiel der Zelle aus Abb. 1 das Ergebnis der Isolierung.

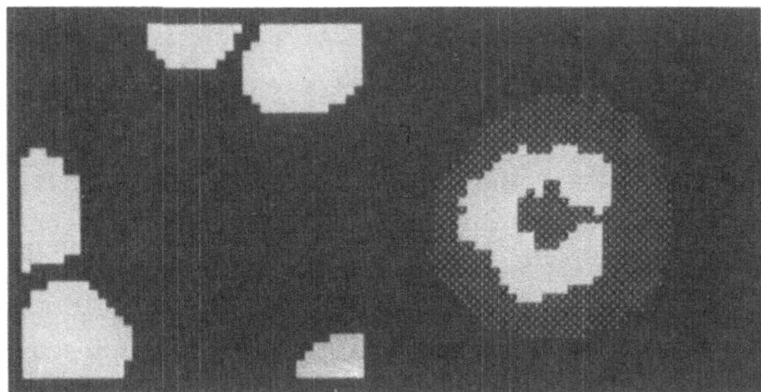

Abb. 4: Ergebnis der Zellisolierung am Beispiel
        von Abb. 1
        a) Erythrozyten
        b) Zellkern und Cytoplasma des Leukozyten

Die Erprobung dieser Prozedur an über 300 Datensätzen lieferte Ergebnisse, die mit der visuellen Zergliederung der Szene gut übereinstimmen, nur in 2% der Fälle traten Fehler wegen präparativer Artefakte
auf. Von den isolierten Zellen wurde weiter eine Liste mit 21 Merkmalen berechnet, bei der Klassifikation in fünf Klassen (normale
Blutzellen) ergab sich in 97,7% der Fälle eine Übereinstimmung mit der
visuellen Klassifizierung.

LITERATUR

/1/ BACUS, J.W., E.E. GOSE: Leukocyte Pattern Recognition,
     IEEE Transactions SMC, 2:513, 1972

/2/ FELDMAN, J.A., Y. YAKIMOVSKY: Decision Theory and Artifical
     Intelligence: I. A semantics-based region analyzer,
     Artificial Intelligence 5:349, 1974

/3/ HARLOW, C.A., S.J. DWYER, G. LODWICK: On radiographic image
     analysis, in "Digital Picture Analysis" ed. A. ROSENFELD
     Springer, Berlin 1976

/4/ HOROWITZ, S.L., T. PAVLIDIS: Picture segmentation by a tree
     traversal algorithm, J. ACM 23:368, 1976

/5/ INGRAM, M., K. PRESTON: Automatic Analysis of Blood Cells,
     Sci. Amer. 223:72, 1970

/6/ KELLY, M.D.: Edge detection in pictures by computer using
     planning,in "Machine Intelligence 6", eds. B. MELTZER,
     D. MICHIE, Edinburgh Univ. Press, Edinburgh 1970

/7/ KLEMENT, V., G. THIESSEN: A new method for scene analysis of
     multispectral blood cell images, VIth Engineering Foundation
     Conference on Automated Cytology, Elmau 1978
     (to appear in J. Histochem. and Cytochem.)

/8/ MUI, J.K., J.W. BACUS, K.S. FU: A scene segmentation technique
     for microscopic cell images, Proc. of the Symp. on Computer-
     aided Diagnosis of Medical Images, IEEE, San Diego 1976

/9/ TANIMOTO, S., T. PAVLIDIS: A hierarchical data structure for
     picture processing, Comp. Graphics and Image processing 4:104,
     1975

/10/ TENENBAUM, J.M., H.G. BARROW: IGS: A paradigm for integrating
     image segmentation and interpretation,
     in "Proceedings 3IJCPR", IEEE, San Diego 1976

/11/ THIESSEN, G., V. KLEMENT, H.W. TIFFE: Kriterien zur quantita-
     tiven Zellbildanalyse, in "Moderne Untersuchungsmethoden in
     der Zytologie", eds. S. WITTE, F. RUCH, Witzstrock,
     Baden-Baden 1976

/12/ YOUNG, I.T.: The classification of white blood cells,
     IEEE Trans. BME 19:291, 1972

MEDIZIN

KONTURFINDUNGSALGORITHMEN UND IHRE ANWENDUNG AUF DEM GEBIET DER MEDIZINISCHEN BILDDATENVERARBEITUNG

L. Abele, C. Lange, Institut f. Nachrichtentechnik, TU München

Zusammenfassung

Für eine computerunterstützte oder automatisierte Diagnose auf dem Gebiet der medizinischen Bilddatenverarbeitung sind zuverlässige Konturfindungsalgorithmen in vielen Fällen eine unabdingbare Voraussetzung. Die vorliegende Arbeit beschreibt eine nichtlineare Gradientenmethode, die charakteristische, statistische Abhängigkeiten von Grauwert und lokalen Grauwertänderungen an Konturelementen berücksichtigt. Demonstriert wird das Verfahren bei der Konturfindung von Zellkern- und Zytoplasmagrenzen in der Zellbildanalyse und bei der Organgrenzfindung in Myokardszintigrammen.

1. Einleitung

In der Bildverarbeitung spielen Konturfindungsalgorithmen zur Trennung von Bildbereichen unterschiedlicher Bedeutung eine entscheidende Rolle. Die Kenntnis dieser Konturen erlaubt Aussagen über Form und Größe von Bildunterbereichen, sowie die Bestimmung statistischer Bildeigenschaften innerhalb dieser Unterbereiche. Darüberhinaus können Beziehungen verschiedenster Art zwischen den Unterbereichen hergestellt und damit weitere Aussagen über das Gesamtbild (allgemeiner: die Szene) gemacht werden.

Konturfindung läßt sich als Zweiklassenproblem betrachten, wobei die beiden Klassen Konturpunkte bzw. Nicht-Konturpunkte sind.

Viele der herkömmlichen Verfahren verwenden als Merkmale zur Klassentrennung den Grauwert eines Bildpunktes oder das Ergebnis eines der bekannten, lokalen Gradientenoperatoren /1/. Dieses Vorgehen liefert in vielen Fällen durchaus befriedigende Ergebnisse, mit abnehmender Bildqualität bzw. zunehmendem Rauschgehalt eines Bildes jedoch versagen solche Verfahren. Um trotzdem eine genügend gute Klassentrennung zu erreichen, bietet sich folgendes Vorgehen an:

- Das Bild kann einer geeigneten linearen oder nichtlinearen Filterung unterzogen werden, um die Überlappung der Klassen im Parameterraum zu verringern.

- Es können zusätzliche Parameter zur Klassentrennung eingeführt werden. Naheliegend ist es, den Grauwert _und_ den Gradientenbetrag eines Bildpunktes zu wählen, da beides lokale und damit einfach und zeitsparend zu errechnende Parameter sind.

- Die Anzahl der Bildpunkte, die zur Parameterberechnung herangezogen werden, läßt sich vergrößern. Bei Vorhandensein von Rauschen verringert sich dadurch die Streuung der Parameter.

Die vorliegende Arbeit zeigt anhand medizinischer Bilddaten, daß eine Anwendung dieser Möglichkeiten eine befriedigende Konturfindung auch bei sehr schlechter Bildqualität ermöglicht.

2. Darstellung der Konturfindungsalgorithmen

2.1 Das 2-D Histogramm eines Bildes

Für die folgenden Betrachtungen verwenden wir die 2-dimensionale, diskrete
Häufigkeitsverteilung (HV) eines digitalisierten Bildes im Parameterraum:

$$h(\xi, \eta) = h_k(\xi, \eta) + h_u(\xi, \eta) \tag{1}$$

$h(\xi, \eta)$ ist die HV des Gesamtbildes, die in die HV $h_k(\xi, \eta)$ der Konturpunkte
und $h_u(\xi, \eta)$ der Nicht-Konturpunkte aufgeteilt ist. ξ und η sind die diskreten Zufallsvariablen Grauwert und Gradientenbetrag eines Bildpunktes, die
die ganzzahligen Werte $0,1,\ldots,G$ annehmen können (G=Anzahl der verwendeten
Graustufen).

2.2 Optimierung der Konturpunktklassifikation

Eine vollständige Klassentrennung ist aufgrund der beiden Parameter nur möglich,wenn

$$h_k(\xi, \eta) \, h_u(\xi, \eta) = 0 \; \forall \, \xi, \eta \tag{2}$$

Die meisten realen Bilder erfüllen diese Bedingung nicht, außerdem ist $h_k(\xi, \eta)$
unbekannt. Das von uns vorgeschlagene Konturfindungssystem geht nun von den
folgenden Überlegungen aus:

a) Entsprechend Gl.(2) kann ein Überlappungsmaß F definiert werden, welches
   eine Aussage über die Trennbarkeit von Konturpunkten und Nicht-Kontur-
   punkten liefert:

$$F = \sum_{\xi, \eta} \sum h_k(\xi, \eta) \, h_u(\xi, \eta) \stackrel{!}{=} \text{Min} \tag{3}$$

   Die Erfüllung dieses Kriteriums erfordert also Maßnahmen zur Minimierung
   der Klassenüberlappung im Parameterraum - wie etwa eine geeignete Bildfilterung (Wienerfilter, Tiefpaß, Medianfilter etc.).

b) Wenn jedem Bildpunkt ein Maß für die Wahrscheinlichkeit seiner Zugehörigkeit zu einer Kontur zugeordnet wird, in der Weise, daß

$$P_{xy} = h_k'(\xi_{xy}, \eta_{xy}) \, / \, h(\xi_{xy}, \eta_{xy}) \tag{4}$$

   dann muß h_k' so gewählt werden, daß Konturpunkte mit Sicherheit nicht zu
   schwach gewichtet bzw. aus dem Bild eliminiert werden, d.h. Konturpunkte
   sollen in keinem Fall als Nicht-Konturpunkte eingestuft werden. Daraus
   folgt, daß $h_k' \geqslant h_k \; \forall \, \xi, \eta$ (5)

Um (5) sicher zu erfüllen, sollte h_k' sehr groß gewählt werden, was aber
Gl.(3) widerspricht. Für einen optimalen Kompromiß zwischen den Forderungen (3) und (5) muß gelten:

$$h_k(\xi,\eta) = h_k'(\xi,\eta) \qquad \forall\; \xi,\eta \tag{6}$$

h_k sollte also möglichst genau geschätzt werden.

c) Da sich (2) auch nach einer Bildvorverarbeitung meist nicht erreichen läßt,
bleiben nach der Zuordnungsoperation (=Bildgewichtung) Nicht-Konturpunkte
im Bild erhalten. Es muß also noch eine abschließende Klassifikation durchgeführt werden. Dabei nutzt man aus, daß sich Konturen immer aus mehreren
Konturpunkten zusammensetzen, die so gewählt werden, daß ihre geschätzten
Verbundwahrscheinlichkeiten ein Maximum ergeben. Um diese Art von Klassifikation durchführen zu können, muß sich das gesuchte Konturbild aus einer
bekannten Anzahl zusammenhängender Linienstücke zusammensetzen lassen, von
denen jeweils ein Punkt bekannt ist oder sich ermitteln läßt. Wenn diese
Voraussetzungen erfüllt sind, kann die Klassifikationsvorschrift folgendermaßen formuliert werden:

Ausgehend von bekannten Anfangspunkten einer Kontur werden die weiteren
Konturpunkte in der Weise gewählt, daß ihre geschätzten Verbundwahrscheinlichkeiten innerhalb einer vorgegebenen Streckenlänge l ausgehend von dem
jeweils letzten gefundenen Konturpunkt der laufenden Nummer n ein Maximum
ergeben.

$$\prod_{k=n}^{n+1} P_{xy} \;\stackrel{!}{=}\; \mathrm{Max} \tag{7}$$

Für die Wahl der Konturpunkte können noch zusätzliche Nebenbedingungen herangezogen werden, wie z.B. eine Limitierung von Richtungsänderungen, die
Suche nach geschlossenen Kurven etc. Als Klassifikator kommt etwa ein Ma-
ximum-Tracing-Algorithmus in Frage /2/,/3/.

2.3 Schätzung der Häufigkeitsverteilung h_k

Der Erfolg einer Konturfindungsstrategie, wie in 2.2 dargestellt wurde, hängt
weitgehend von der Genauigkeit einer Schätzung von h_k ab. Im folgenden wird
ein Modell für die HV einer oder mehrerer Konturen in digitalisierten Bildern
abgeleitet. Bei Bildern, die mehr als zwei Grauwertbereiche aufweisen, ist h_k
multimodal, anderenfalls unimodal in ξ-Richtung. Um h_k schätzen zu können,
muß die Anzahl der zu erwartenden Grauwertbereiche bekannt sein, wie das etwa
bei vielen medizinischen Bildern der Fall ist. Das von uns verwendete Modell
für das Verhalten der HV von Konturen wird durch Gleichung (8) dargestellt:

$$h'_k(\xi, \eta) = \sum_{r=1}^{t-1} K_r \left[\exp(-(\xi - M_r)^2/2\sigma_r^2) \underset{①}{\circledast} P_Q(\xi) \right] \cdot \eta \qquad (8)$$

$$P_Q(\xi) = \begin{cases} 1/\eta & \text{für } -\eta/2 \leqslant \xi \leqslant +\eta/2 \\ 0 & \text{außerhalb} \end{cases}$$

t = Anzahl der zu erwartenden Grauwertbereiche

K_r = Normierungsfaktoren

Die Terme ① - ③ aus (8) sollen nun näher erläutert werden.

Term ①

Es wird angenommen, daß die Grauwerte von Konturpunkten einer Normalverteilung um die Mittelwerte M_r gehorchen; die zugehörigen Standardabweichungen sind die σ_r , wobei M_r und σ_r als von η unabhängig angenommen werden.

Term ②

Durch die digitale Bilddarstellung ergibt sich zusätzlich zur Standardabweichung σ_r eine Grauwertunsicherheit, die dem Gradientenbetrag η proportional ist. Die Begrenzung der Ortsauflösung bewirkt über den Gradientenbetrag des digitalisierten Bildes eine Begrenzung der Grauwertauflösung:

$$\Delta\xi = \Delta x \cdot \eta_a \approx \eta \qquad (9)$$

η_a = Gradientenbetrag des betrachteten Bildpunktes im Analogbild

Δx = Sampleabstand

$\Delta\xi$ = Betrag der resultierenden Grauwertquantisierungsstufe

Je höher also der Gradientenbetrag des Bildes an einem Punkt ist, desto grober ist dort die Grauwertquantisierung und desto größer wird die Grauwertunsicherheit an diesem Punkt. Es entsteht daher auch ohne Verletzung des Abtasttheorems durch die fehlende Ausnutzung der im Bild vorhandenen, vollständigen Bildinformation ein Grauwertquantisierungsfehler. Die resultierende Grauwertunsicherheit eines Konturpunktes ergibt sich aus der Faltung (in ξ-Richtung) von Term ① und Term ②. Bild 1 zeigt schematisch, wie die Grauwertunsicherheit von h'_k entsteht.

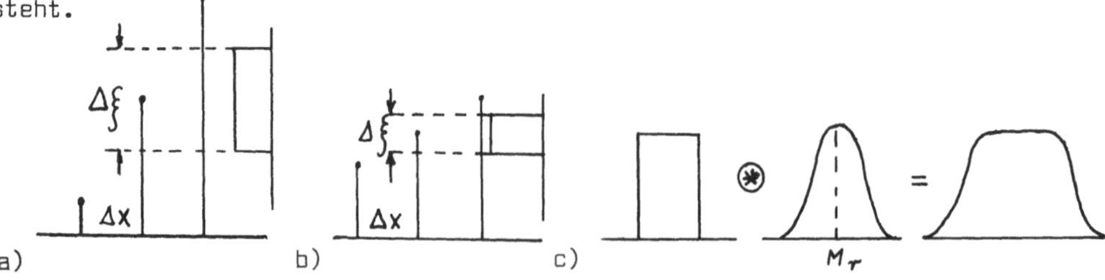

Bild 1 a) $P_Q(\xi)$ bei hohem Gradienten und b) bei niedrigem Gradienten
c) Faltung von Term 1 und Term 2

Term ③

Im allgemeinen nimmt die Wahrscheinlichkeit dafür, daß ein Bildpunkt Konturpunkt ist, mit seinem Gradientenbetrag zu.

Gleichung (8) enthält nur zwei unbekannte Parametervektoren, nämlich die σ_r
und die M_r , r = 1, ... ,t-1

σ_r muß je nach den zu verarbeitenden Bildsignalen geschätzt werden. Für die
Ermittlung der M_r existieren mehrere Algorithmen, die zum Teil aus der Literatur bekannt sind /4/,/5/, zum Teil von uns entwickelt wurden, worauf aber in
diesem Rahmen nicht eingegangen werden kann. Bild 2 zeigt eine reale und eine
geschätzte HV der Kontur eines Myokardszintigramms.

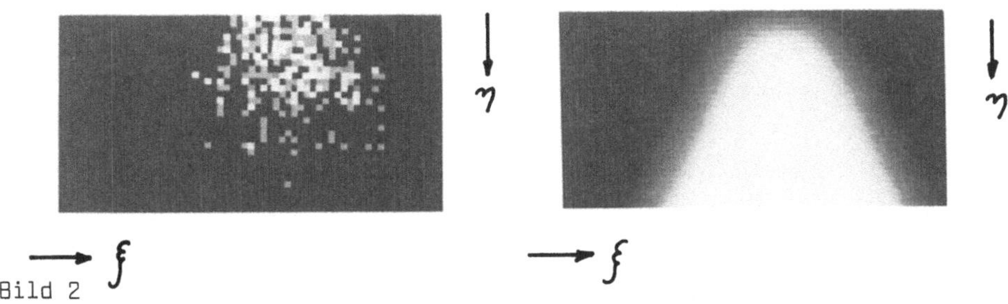

Bild 2

3. Ergebnisse

Die geschätzten HV wurden in Form von Gewichtsfunktionen auf mikroskopische
Zellbilder und auf Myokardszintigramme angewendet. Dabei wurde exemplarisch
untersucht, wie eine geeignete Bildvorverarbeitung die Klassentrennbarkeit
verbessert, wobei zur Berechnung eines quantitativen Maßes Gl.(3) verwendet
wurde. Qualitative Untersuchungen wurden bereits in früheren Arbeiten auf dem
Gebiet der Myokard- und Zellbildverarbeitung durchgeführt /6/,/7/,/8/. Um die
Güte der geschätzten HV abschätzen zu können, wurden die betreffenden Bilder
auch mit der optimalen HV $h_k' = h_k$ gewichtet, wobei die Berechnung von h_k mit
Hilfe einer interaktiv in das Bild eingezeichneten Kontur erfolgte.
Die Bilder 3a-d zeigen die Gewichtung eines nicht gefilterten Myokardszintigramms mit einer Gleichverteilung, einer geschätzten (nach Kap.2.3) und einer
optimalen Verteilung. Die Bilder 4a-d zeigen die gleiche Verarbeitung auf ein
gefiltertes Bild angewendet. Diese Bildbeispiele zeigen deutlich, daß bei derart stark verrauschten Bildern sowohl eine Bildfilterung als auch eine Bildge-
wichtung angebracht ist, um überhaupt Konturen durch ein Maximum-Tracing-Ver-
fahren extrahieren zu können. In den Bildern 5a-d ist der Effekt der vorgeschlagenen Verarbeitungsmethode anhand eines mikroskopischen Zellbildes dargestellt.
Im vorliegenden Fall wurde auf eine Bildfilterung verzichtet. In /6/ wurde
aber gezeigt, wie stark sich im Fall von Zellbildern eine Medianfilterung auf
das Verarbeitungsergebnis auswirkt.

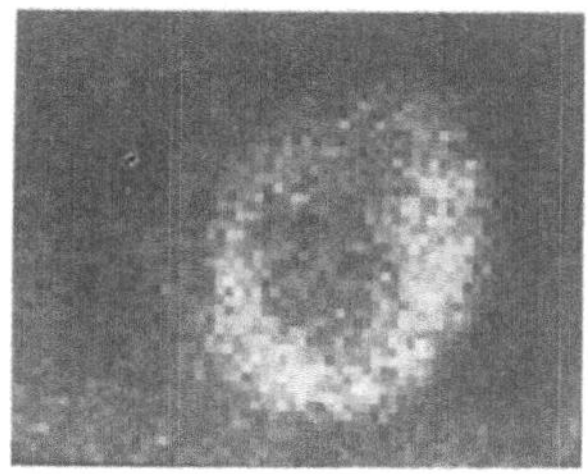

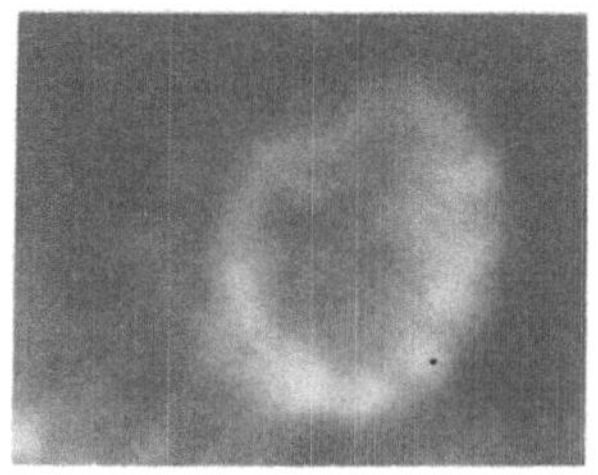

4a) Myokardszintigramm, ungefiltert
   F = 2330

5a) Myokardszintigramm nach Wiener-
   filterung; F = 1069

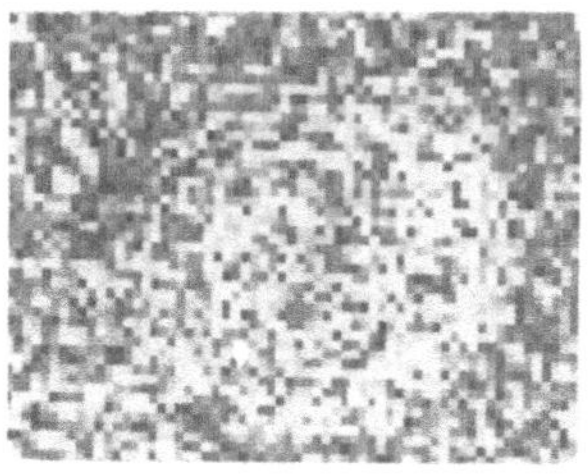

4b) Szintigramm differenziert mit
   Roberts-Gradient in 3x3 Maske

5b) Gefiltertes Szintigramm differenziert wie 4b).

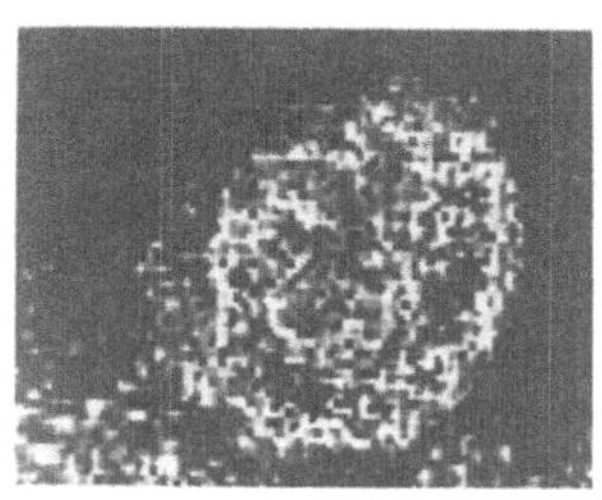

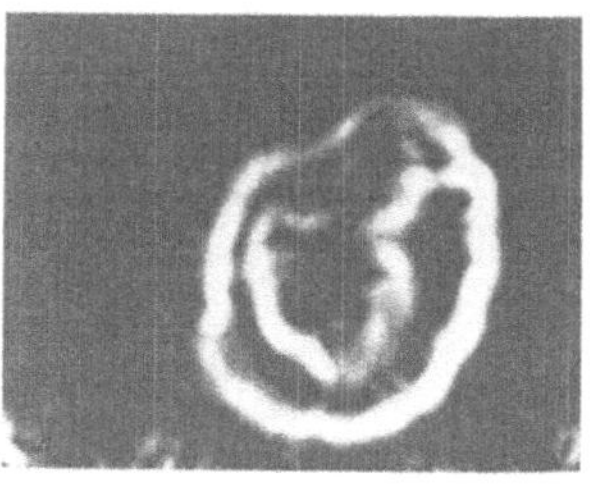

4c) Ergebnis der Gewichtungsoperation
   mit geschätzter HV

5c) analog 4c)

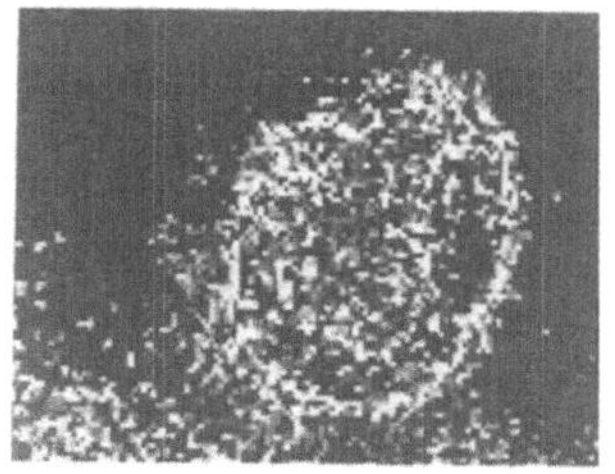

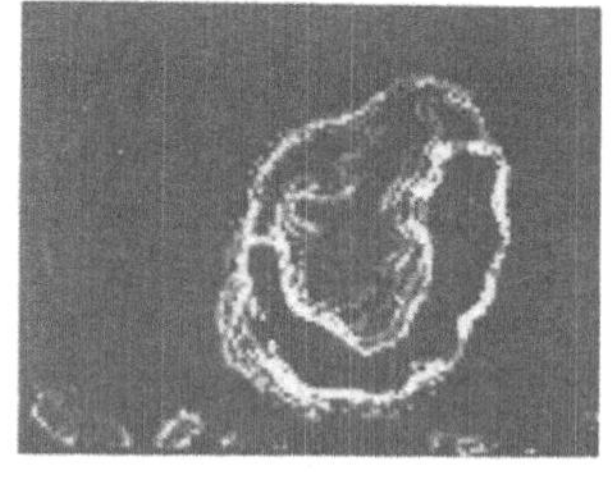

4d) Ergebnis der Gewichtungsoperation
   mit optimaler HV

5d) analog 4d)

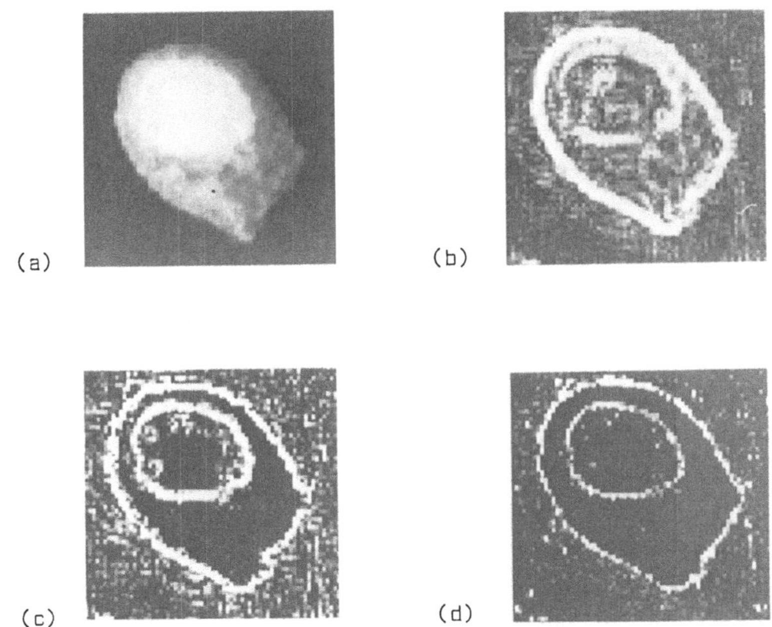

Bild 6 a-d Ungefiltertes Zellbild . Die Verarbeitung erfolgte analog den
        Bildern 4 und 5.

Literatur:

/1/ B.J.Schachter, A.Rosenfeld, Computer Science 1976

/2/ R.D.Tilgner, L. Abele, F. Wahl, Proc. of convegno su tecniche di elaborazi-
    one di immagini di interesse clinico, Pavia 1977

/3/ C. Lange, F. Wahl, Proc. of Biosigma 78, Paris 1978

/4/ Chow C. K., Kaneko T., Frontiers of Pattern Recognition

/5/ H. Borst, W. Abmayr, P. Gais, Journal of Histochemistry and Cytochemistry 78

/6/ L. Abele, F. Wahl, R.D. Tilgner, Proc. of Symp. on Medical Informatics,
    Toulouse 1978

/7/ I. Bofilias, F. Wahl, J. Hofer et al, Int. Radiologenkongreß,Rio de Jan. 77

/8/ F. Wahl, J. Hofer, I. Bofilias, G. Hör, 15th Int. Meeting of Soc. of Nucl.
    Medicine, Groningen 1977

KLASSIFIZIERUNG VON SUBSTANZFLECKEN IN CHROMATOGRAMMEN

Harald Kronberg, Volker Neuhoff

Max-Planck-Institut für experimentelle Medizin, Göttingen

1. Einleitung

Die zweidimensionale Dünnschicht-Chromatographie ist ein Analyseverfahren zur Trennung von Substanzgemischen /1/. In unserer Abteilung werden routinemäßig Aminosäuren in biologischen Proben wie z.B. im liquor cerebrospinalis und im Serum des Menschen nach Umsetzen mit einem Fluorochrom analysiert. Die Chromatogramme können bis etwa 100 Flecke enthalten, aus deren Lage und Fluoreszenzintensität der Biochemiker auf die Art der dort angesammelten Substanz schließt. Die Fluoreszenzintensität selber ist ein Maß der Substanzmenge. Ausgangsdaten für das automatische Verfahren zur Klassifizierung der Flecke sind die gemessenen Koordinaten und Intensitäten x_i, y_i, I_i (i = 1,...,n) der Substanzflecke, wie sie mit Methoden der digitalen Bildverarbeitung gewonnen werden /2,3/. Wichtigste Information zur Klassifizierung der Flecke (x_i, y_i, I_i) ist deren gegenseitige Lage. Das hier beschriebene Verfahren benutzt aber die Fleckintensitäten als eine Zusatzinformation und imitiert damit das Vorgehen des Biochemikers beim Auswerten von Chromatogrammen.

Drei Umstände erschweren die automatische Mustererkennung von Chromatogrammen. Mechanische und chemische Einflüsse während der Chromatographie führen zu ortsabhängigen Verzerrungen des Fleckmusters. Daher ist es im allgemeinen unmöglich, ein a priori bekanntes Normalmuster, definiert durch Normwerte x_j, y_j, I_j (j = 1,...,m) für die Koordinaten und Intensitäten der Flecke, in den Ortskoordinaten mit dem gemessenen Fleckmuster zur Deckung zu bringen und damit die Flecke den Substanzen zuzuordnen. Weiterhin ist nicht von vornherein bekannt, ob in einer Probe überhaupt alle gesuchten Substanzen vorkommen. Schließlich enthält das Fleckmuster einige zusätzliche Flecke meist geringer Intensität, die Verunreinigungen darstellen und als Artefakte in der Nähe eines gesuchten Substanzflecks liegen können.

Die geometrische Verzerrung der Fleckmuster ist zwar ortsabhängig, innerhalb von Teilbereichen des Chromatogramms aber gering. So ist es möglich, solche Teilbereiche nach einer geeigneten Translation annähernd mit ent-

sprechenden Bereichen des Normalmusters zur Deckung zu bringen. Diesen
Sachverhalt nutzt das beschriebene Klassifizierungsverfahren aus.

2. Klassifizierungsverfahren

Das Normchromatogramm wird in vier Quadranten zerlegt, so daß das Normalmuster x_j, y_j, I_j $(j = 1,\ldots,m)$ bezüglich der Ortskoordinaten in getrenn-
te Normteilmuster zerfällt. Das gemessene Chromatogramm wird in vier um
20% größere, sich in Grenznähe überlappende Probenteilmuster eingeteilt.
So ist sichergestellt, daß trotz der Verzerrungen kein Fleck, der im
entsprechenden Quadranten des Normalmusters aufgeführt ist, die Bereichs-
grenzen überschreitet.

Als erster zu bearbeitender Quadrant wird derjenige genommen, in dem der
Startpunkt der Substanzläufe liegt, weil in dessen Nähe die geringsten
Verzerrungen des Fleckmusters zu erwarten sind. Aus diesem Quadranten
des Normalmusters wird ein Fleck $(x_{j_0}, y_{j_0}, I_{j_0})$ als Stützpunkt gewählt,
der gegenüber den übrigen Flecken durch hohe Intensität und isolierte
Lage ausgezeichnet ist. Mit seiner Hilfe wird die Translation bestimmt,
die eine annähernde Deckung des ersten Probenteilmusters mit dem ersten
Normteilmuster bewirkt. Dazu werden alle Abstände D_i vom Stützpunkt zu
den Flecken (x_i, y_i, I_i) $(i = 1,\ldots,n_1)$ des ersten Probenteilmusters
berechnet nach folgender Formel:

$$\text{I)} \qquad D_i = \sqrt{(x_i - x_{j_0})^2 + (y_i - y_{j_0})^2} \cdot Q(I_i, I_{j_0})$$

$$\text{mit } Q(I,J) = \max\left(\frac{I}{J}, \frac{J}{I}\right) = e^{|\log I - \log J|}.$$

Das Minimum der D_i für $i = 1,\ldots,n_1$ bestimmt einen Fleck $(x_{i_0}, y_{i_0}, I_{i_0})$
als den nächsten Nachbarn des Stützpunkts. Die Translation
$x' = x + (x_{j_0} - x_{i_0})$ und $y' = y + (y_{j_0} - y_{i_0})$, angewendet auf das Probenteilmuster, läßt die Ortskoordinaten des nächsten Nachbarn mit denen
des Stützpunkts zusammenfallen und ergibt für die weitere Klassifizierung
eine ausreichende Deckung des Probenteilmusters mit dem Normteilmuster.

Nach der Translation werden für jeden einzelnen Normfleck $(j = 1,\ldots,m_1)$
des ersten Normteilmusters die Abstände d_{ij} zu allen Flecken des Probenteilmusters berechnet gemäß

$$\text{II)} \qquad d_{ij} = \sqrt{(x_i' - x_j)^2 + (y_i' - y_j)^2} \cdot (4 + Q(I_i, I_j)).$$

Die Minima $\min_{i=1,\ldots,n_1} (d_{ij})$ für festes j bestimmen die Meßflecke (x_i', y_i', I_i),
die den einzelnen Normflecken zuzuordnen sind.

Falls die gemessene Probe eine gesuchte Substanz nicht enthält, führt dieses Verfahren zunächst zu einer Fehlzuordnung. Um sie zu eliminieren, werden die Minimalabstände $\min\limits_{i=1,\ldots,n_1}(d_{ij})$ darauf untersucht, ob sie eine Toleranzschranke überschreiten. Dazu wird der Mittelwert der Minimalabstände $\bar{d} = \dfrac{1}{m_1} \cdot \sum\limits_{j=1}^{m_1} \min\limits_{i=1,\ldots,n_1}(d_{ij})$ berechnet und die Toleranzschranke festgelegt als

$$\text{III)} \qquad S = 3\bar{d}.$$

Es werden dann alle Zuordnungen zwischen i und j aufgehoben, für die gilt $\min\limits_{i=1,\ldots,n_1}(d_{ij}) > S$.

Wenn auf diese Weise die Flecke des ersten Teilmusters des gemessenen Chromatogramms klassifiziert sind, geht das Verfahren zum zweiten Probenteilmuster über. Dabei wird zunächst die Translation des vorhergehenden Teilmusters übernommen, so daß die Bestimmung der endgültigen Translation bis zur Deckung des nun maßgeblichen neuen Stützpunkts mit dem zugehörigen Meßpunkt wesentlich erleichtert ist. Auf diese Weise wird das Klassifizierungsverfahren dreimal wiederholt, bis alle Flecke des gemessenen Chromatogramms klassifiziert sind. Abschließend erfolgt der Ausdruck der nach Substanzen geordneten Meßwerte.

3. Diskussion

Jeder Fleck ist definiert als Tripel (x_i, y_i, I_i) der Ortskoordinaten und Intensität. Theoretisch bedeutet die Verwendung der Fleckintensität als Merkmal für das Klassifizierungsverfahren eine Einschränkung seiner Anwendbarkeit, in der Praxis hat dies jedoch den Vorteil, daß der Biochemiker auf abnorme Proben aufmerksam gemacht wird und sie spezifisch prüfen kann. Werden nämlich nur Proben aus biologisch definierten Klassen genommen, wie z. B. aus dem liquor cerebrospinalis des Menschen, so ist die Schwankungsbreite der Intensitäten eines Flecks klein gegenüber den Intensitätsunterschieden zwischen verschiedenen Flecken. Daher können sie bei Beschränkung auf Probenklassen als Merkmale zur Mustererkennung herangezogen werden.

In den Abstandsmaßen der Gleichungen I und II wird die Intensität mit unterschiedlichem Gewicht für die Klassifizierung verwendet. Die geeignete Translation der Probenteilmuster wird unter Verwendung der Gleichung I ermittelt. Sie ergibt den euklidischen Abstand in den Ortskoordinaten zwischen Stützpunkt und gemessenen Flecken, gewichtet mit dem Quotienten aus den zugehörigen Intensitäten. Da der Stützpunkt so gewählt ist, daß er eine gegenüber seinen Nachbarn große Intensität besitzt, hat nur der zugehörige Meßpunkt einen kleinen Intensitätquotienten Q und Abstand D_i. In diesem Abstandsmaß entscheidet die Intensität, welcher Meßfleck aus der näheren Umgebung des Stützpunktes diesem zuzuordnen ist.

Für die Klassifizierung der Flecke wird das Abstandsmaß d_{ij} der Gleichung II benutzt, das sich durch einen wesentlich verminderten Einfluß des Intensitätsquotienten von Gleichung I unterscheidet. Erst für $Q(I_i, I_j) > 4$ wirkt er sich deutlich auf den Abstand d_{ij} aus, so daß sich Meßwertverhältnisse bis 1:16 wenig im Abstand d_{ij} bemerkbar machen. Damit dient die Intensität als Merkmal bei der Mustererkennung nur der Rückweisung schwacher Artefaktflecke.

Fehlt in einem Probenteilmuster ein gesuchter Fleck, weil die Probe die entsprechende Substanz nicht enthält, so wird trotzdem ein Minimalabstand zu einem Meßfleck gefunden. Dieser Abstand ist jedoch größer als der mittlere Minimalabstand. Daher benutzt das Rückweisungskriterium eine Funktion des Mittelwertes als Toleranzschranke (Gleichung III). Eine Toleranzschranke, die eine Funktion von Mittelwert und Standardabweichung der Minimalabstände ist, hat sich als ungeeignet erwiesen. Weil nämlich mit dem betrachteten Minimalabstand die Standardabweichung schneller wächst als der Mittelwert aller Minimalabstände, liefert sie kein ausreichend scharfes Kriterium für die Rückweisung.

Die in dem Klassifizierungsverfahren benutzten Abstandsmaße, das Rückweisungskriterium sowie das Normchromatogramm sind experimentell bestimmt und optimiert worden. Bei insgesamt 1053 Fleckzuordnungen an 39 Chromatogrammen konnte 1 Fehlzuordnung aufgrund zu großer Toleranz des Rückweisungskriteriums gezählt werden, sowie 2 Fehlrückweisungen infolge zu scharfer Rückweisung. Diese Fehlerrate ist niedriger als die bei manueller Auswertung beobachtete Fehlerhäufigkeit.

Literaturverzeichnis

/1/ Neuhoff, V. (editor): Micromethods in Molecular Biology. Berlin, Heidelberg, New York: Springer 1973

/2/ Zimmer, H.-G., Neuhoff, V.: Quantitative Auswertung von zweidimensionalen Mikro-Dünnschicht-Chromatogrammen. In: Informatik-Fachberichte, Vol. 8: Digitale Bildverarbeitung, Hrsg. Nagel, H.H., Berlin, Heidelberg, New York: Springer 1977, p. 12-20

/3/ Zimmer, H.-G., Kronberg, H., Neuhoff, V.: Quantitative Evaluation of Chromatograms. Zur Veröffentlichung vorbereitet in: Proc. 4th Int. Joint Conf. on Pattern Recognition, Kyoto 1978, Japan.

AUTOMATISCHE VERARBEITUNG VON CRANIALEN COMPUTER-TOMOGRAMMEN

H.S. Stiehl, Institut für Technische Informatik, TU Berlin

Zusammenfassung

Die automatische Verarbeitung von biomedizinischen Grauwertbildern gewinnt als spezielle Disziplin der medizinischen Informatik immer mehr an Bedeutung. Methoden der Bildverbesserung und -auswertung wurden mit Erfolg auf die verschiedensten Grauwertbilder
in Biologie und Medizin angewendet. In dieser Arbeit werden Methoden der Bildvorverarbeitung und -segmentierung für craniale Computer-Tomogramme, einer speziellen Klasse
von Grauwertbildern mit definiertem Strukturinhalt, vorgestellt und weiterführende Möglichkeiten diskutiert. Die im Rahmen einer Dissertation entwickelten Algorithmen wurden
auf dem Rechner ADAGE AGT-130 am Institut für Technische Informatik der TUB implementiert. Die Tomogramme wurden von der Abteilung "Computer-Tomographie" im Klinikum Char-
lottenburg der FU Berlin zur Verfügung gestellt.

1. Computer-Tomographie

Die Anfang der 70er Jahre von EMI Medical Ltd. eingeführte Computer-Tomographie hat

sich in kürzester Zeit einen wichtigen Platz in der Neuroradiologie erobert /5/ und

unterliegt einer bisher keineswegs abgeschlossenen Entwicklung hinsichtlich der Physik

und Technik /8/ als auch ihrer Anwendung /10/. Das Prinzip der Bilderzeugung im Compu-

ter-Tomographen EMI CT1010 ist in Bild 1 skizziert. Ein auf 13 mm (wahlweise 8 mm)

Schichtdicke fokussierter fächerförmiger Röntgenstrahl der Intensität I_0 durchdringt

den Schädel in einer definierten Ebene und erzeugt über acht Detektoren mit den Gehirn-

dichtewerten korrelierte Intensitätswerte I_k längs der Strecke s.
Es gilt

$$I_k = I_0 \, e^{-\mu_k s} \implies \mu_k s = \ln (I_0/I_k) \quad , \quad k = 1,2,\ldots,8$$

mit μ_k als Absorptionskoeffizient des durchstrahlten Materials der Dicke s /8/. $\mu_k s$ wird

als Projektion p_k^ϕ bezeichnet und ist gleich der Summe aller Absorptionswerte μ_{k_i} von

n Teilstrecken s_i längs der Strecke s.
Es gilt

$$\mu_k = \int_1^n \mu_{k_i} \, ds \quad \text{und} \quad s = \sum_{i=1}^n s_i$$

M winkelgleiche Projektionen p_k^ϕ resultieren in einem für die durchstrahlte Schicht

charakteristischen Intensitätsprofil P_I^ϕ. Im CT1010-Prozessor wird aus 61 (wahlweise 81)

winkelverschiedenen Intensitätsprofilen P_I^ψ, jeweils um 3^0 versetzt, mit mathematischen
Verfahren zur Bildrekonstruktion /2/, /8/ eine Bildmatrix $P_{i,j}$, i,j=1,2,3...,160 errechnet, die eine ortsabhängige Beschreibung der Dichteverhältnisse in dieser Ebene
des Gehirns ermöglicht. Die numerischen Werte f(i,j) der Matrixelemente $p_{i,j}$ ("pixels")
beschreiben den mittleren Absorptionskoeffizienten aller im Volumenelement ("voxel")
der Größe $1,5^2$ mm^2 x 13 mm enthaltenen Strukturen verschiedener Dichte und liegen im
Bereich -1000 (Luft) bis +1000 (Knochen). Sie werden als "Hounsfield units" (HU's)
bezeichnet und sind auf Wasser mit 0 HU normiert. Die hohe Detail- und Kontrastauflö-
sung pro Schicht ermöglicht eine bisher unerreichte Darstellung von Gehirnstrukturen
bis hin zu einer beschränkten Weichteildifferenzierung. Die Aufnahme von acht paralle-
len Schichten pro Patient (Bild 2) erschließt im Gegensatz zu konventionellen bildge-
benden Verfahren in der Medizin (wie Thorax-Röntgenaufnahmen, Szintigramme, Angiogramme,
Thermogramme usw., die nur eine zweidimensionale Projektion komplexer dreidimensionaler
Strukturen ermöglichten) die dritte Dimension für Diagnostik und Therapie.

Bild 3a und Bild 3b zeigen craniale Computer-Tomogramme mit normalem Strukturinhalt
/4/, die dunklen Regionen innerhalb des Schädels repräsentieren die mit Hirnflüssigkeit
(Liquor cerebrospinalis) gefüllten Hirnkammern (Ventrikel), Zisternen sowie den Subarachnoidalraum an der Hirnperipherie.

2. Vorverarbeitung

Die Tomogramme werden vom Prozessor des EMI CT1010 - Scanners zeilenweise auf Magnetband geschrieben, auf der IBM 370/158 des Fachbereichs Informatik der TUB gelesen und
über eine Telefonleitung zeilenweise auf die Platten der ADAGE AGT-130 übertragen. Die
anschließende Vorverarbeitung gliedert sich in die Unterdrückung des Bildhintergrundes,
die Bildglättung zur Beseitigung von Rauschanteilen und die automatische Erkennung
des Schädels. Über einen Zeilenpuffer werden jeweils drei Zeilen im "scan mode" bearbeitet und die das Gehirn darstellenden Zeilensegmente in einer kernspeicherresidenten
linearen Liste abgelegt.

Die Bildglättung ("smoothing") ist nicht der Entstehung der Rauschanteile im Tomogramm
angepaßt und wird mit dem konventionellen "average operator" durchgeführt.
Es gilt

$$f(i,j) = [f(i-1,j+1) + f(i,j+1) + f(i+1,j+1) + $$
$$f(i-1,j) \qquad + \qquad f(i+1,j) + $$
$$f(i-1,j-1) + f(i,j-1) + f(i+1,j-1)] \; /8$$

Die Schädelerkennung wird ebenso wie die Erkennung der Zeilensegmente S_{1j}^b, die das
Gehirn darstellen, über eine Grenzwertoperation ("thresholding") durchgeführt. Dieser
Ansatz wird ermöglicht durch die Abbildung von Strukturen über HU-Intervalle, die a
priori vorgegeben werden können.

Es gilt für die Schädelerkennung

$$f(i,j) = \begin{cases} f(i,j) & \text{wenn } -1000 \leq f(i,j) \leq 69 \\ 0 & \text{wenn } 70 \leq f(i,j) \leq 1000 \end{cases}$$

wobei $f(i,j)$ der geglättete Wert ist. Die Erkennung der Gehirnzeilensegmente S_{1j}^b schließt an die Schädelerkennung an. Ein Zeilensegment S_{1j} der Länge L=m+1 ist definiert durch $S_{1j} = \{p_{k,j}, p_{k+1,j}, \ldots, p_{k+m,j}\}$ mit k = 2,3,4,...,159, j = 1,2,3,...,160
und m $\leq$ 159-k.
Es gilt

$$f(k-1,j) > 69 \ \underline{und} \ \ f(k+m+1,j) > 69 \ \underline{und} \ \ L > \xi$$

Für die Erkennung der Gehirnzeilensegmente gilt

$$S_{1j}^b = S_{1j} \text{ wenn } f(i,j)_{min}^b \leq [\sum_{i=k}^{k+m} f(i,j)] / L \leq f(i,j)_{max}^b , \ \forall \ f(i,j) : p_{i,j} \in S_{1j}$$

Die Intervallgrenzen $f(i,j)_{min}^b$ und $f(i,j)_{max}^b$ können vorgegeben werden, die Wahl des
Intervalls ist unkritisch. In einer normalen Verarbeitungssequenz wird das Intervall
für die oberste Schicht vorgegeben (z.B. [20,50]) und dann im Laufe der "top-down"-
Verarbeitung von Schicht zu Schicht modifiziert. ξ ist ein weiteres Kriterium für die
Beseitigung von Störstellen im Tomogramm.

Während der Vorverarbeitung wird ein Histogramm H^p aller Bildpunkte $p_{i,j}$ in Gehirn-
zeilensegmenten berechnet, für die $-30 \leq f(i,j) \leq +69$ (dem diagnostisch relevanten Bereich von HU-Werten) gilt.

3. Segmentierung

Ziel der Methoden zur Bildsegmentierung ist die automatische Erkennung des Ventrikelsystems und die Berechnung des Ventrikelvolumens. Lineare Abstandsmessungen,wie in /3/
beschrieben, konnten bisher keine quantitativen Aussagen über das Volumen der Hirnkammern machen.

Durch die Abbildung der Liquorräume (Ventrikel, Zisternen und Subarachnoidalraum) auf
dem Tomogramm über ein charakteristisches Intervall von HU-Werten, $[f(i,j)_{min}^{csf}, f(i,j)_{max}^{csf}]$,
bietet sich bei der Segmentierung der Liquorräume die Möglichkeit des "thresholding"
an. Im Gegensatz zur Vorverarbeitung kann jedoch das Intervall für Liquor nicht a priori
vorgegeben werden, da die Werte von Schicht zu Schicht als auch von Patient zu Patient
Schwankungen unterworfen sind. Daher wird das Intervall für die betreffende Schicht
automatisch berechnet ("threshold selection"). Die Kanten des Ventrikelsystems unter-
liegen einem durch die Schichtdicke bedingten "partial volume"-Effekt /7/, damit ist
ebenso Gehirngewebe wie Liquor in einem Voxel enthalten (Bild 4). Die Kantenvoxel mit
dem geringsten Anteil Liquor haben demnach die größte durchschnittliche Dichte aller
Ventrikelvoxel und dementsprechend einen HU-Wert $f(i,j)$, der die obere Intervallgrenze

$f(i,j)^{csf}_{max}$ angibt. Für die Berechnung wird ein Gradientenoperator vom Summentyp angewendet /11/, die Gradientenwerte $g(i,j)$ werden über ein modifiziertes "joint histogramm" nach /9/ $H^J(k,l)$ mit den HU-Werten $f(i,j)$ korreliert.

Es gilt

$$H^J(k,l) = \Sigma g(i,j) \quad \text{für } \forall p_{i,j} : f(i,j) = k \;\underline{\text{und}}\; g(i,j) = l$$

Da Gradienten ihr Maximum an Objektkanten haben, wird, nach der Bestimmung des Gradientenmaximums $g(i,j)_{max}$ einer Schicht, ein Histogramm $H^g(m)$ der HU-Werte $f(i,j)$ aller Bildpunkte $p_{i,j}$ des Tomogramms mit Gradienten $g(i,j)$ in einem definierten Bereich (z.B. $0{,}6g(i,j)_{max},\ldots,0{,}9g(i,j)_{max}$) berechnet.

Es gilt

$$H^g(m) = \overset{p}{\Sigma} H^J(K,p) \quad \text{mit } m = k = -30,-29,\ldots,+69$$
$$p = a \cdot g(i,j)_{max},\ldots,b \cdot g(i,j)_{max}$$
$$0 \leq a < b \leq 1$$

Der Maximalwert der unimodalen Verteilung $H^g(m)$ kennzeichnet den HU-Wert $f(i,j)$ mit der maximalen Gradientensumme im Bereich der Ventrikelkanten, mithin ist für

$$\max(H^g(m)) : \quad f(i,j)^{csf}_{max} = m$$

Die untere Intervallgrenze wird aus dem Histogramm H^P gewonnen, es gilt

$$f(i,j)^{csf}_{min} = q \quad \text{für } \exists q : H^P(q) > 0 \;\text{ und }\; \forall r < q : H^P(r) = 0 \quad, q=r=-30,-29,\ldots,69$$

Nach der Bestimmung des Intervalls wird mit einem Zeilenvergleichsverfahren (ähnlich dem in /1/ beschriebenen) ein "region growing" durchgeführt und die Regionen einschließlich ihrer beschreibenden Parameter in einer die Bildhierarchie repräsentierenden Datenstruktur abgelegt.

Bild 5a und Bild 5b zeigen die Segmentierungsergebnisse für die Tomogramme in Bild 3a und Bild 3b. Die automatisch segmentierten Regionen des Ventrikelsystems wurden über lineare Messungen nach /3/ mit den Ergebnissen der manuellen Auswertung verglichen und zeigten eine genaue Übereinstimmung.

4. Volumenberechnung

Die Volumenberechnung schließt der Segmentierung an und addiert trivialerweise die Volumenanteile aller Bildpunkte $p_{i,j}$ einer Schicht, die je nach "partial volume"-Anteil zwischen 1 % und 100 % Liquor enthalten. Die Volumenberechnungsformel ist in /12/ entwickelt. Damit wird aus den Pixelwerten $f(i,j)$ der Bildmatrix die Information über die dreidimensionalen Dichteverhältnisse in der Schicht wiedergewonnen.

5. Zusammenfassung

Das automatische Bildverarbeitungssystem des Projektes "COMPACT" /6/ am Institut für Technische Informatik verarbeitet, der Speicherstruktur der Tomogramme angepaßt, zeilenweise craniale Computer-Tomogramme und berechnet in seiner momentanen Version das Volumen der Liquorräume. Die automatische Erkennung des Ventrikelsystems, einer Untermenge der erkannten Liquor-Regionen, ist das nächste Ziel der vorliegenden Arbeit und schließt die Merkmalsextraktion als auch die Klassifikation der automatisch erkannten Bildobjekte ein. Die Erkennung des Ventrikelsystems ermöglicht die Berechnung des Ventrikelvolumens und, über die Bestimmung der relativen Lage der "partial volume"-Anteile innerhalb der Schicht, eine dreidimensionale Rekonstruktion und Darstellung der Struktur des Ventrikelsystems.

<u>6. Literatur</u>

/1/   AGRAWALA A.K., KULKARNI A.V., 1977, "A Sequential Approach to the Extraction of
        Shape Features", Computer Graphics and Image Processing, vol.6, pp.538-557

/2/   BROOKS R.A., DI CHIRO G., 1975, "Theory of Image Reconstruction in Computed Tomo-
        graphy", Radiology, vol. 117, pp.561-572

/3/   HANSON J., LEVANDER B., LILIEQUIST B., 1975. "The Size of Intracerebral Ventricles
        as Measured with Computer Tomography,Encephalography and Echoventriculo-
        graphy", acta radiologica supplementum,vol.346, pp.98-106

/4/   LANGE S., GRUMME T., MEESE W., 1976, "Anatomie des Gehirns im Computertomogramm",
        Fortschritte a.d.Gebiet d.Roentgenstrahlen und Nuklearmedizin, Bd. 125,
        Nr.5, S. 421-427
/5/

      LANGE S., GRUMME T., MEESE W., 1977, "Zerebrale Computer-Tomographie", Berlin,
        Bergkamen: Schering AG

/6/   LEMKE H.U., 1977, "Anwendungen der digitalen Bildverarbeitung und Computer Gra-
        phics in der cranialen Computer-Tomographie", TU Berlin, Institut für Tech-
        nische Informatik: Arbeitsunterlage zum Projekt "COMPACT"

/7/   LIM S.T., SAGE D.J., 1977, "Detection of Subarachnoid Blood Clot and Other Thin,
        Flat Structures by Computed Tomography", Radiology, vol. 123, pp.79-84

/8/   LINKE G., 1977,"Technische Grundlagen der Computertomographie", Röntgenpraxis,
        Bd.30, Nr.4, S.159-180

/9/   PANDA D.P., 1977, "Segmentation of FLIR Images by Pixel Classification", Univer-
        sity Maryland, Computer Science Center: Technical Report TR-508

/10/ PREWITT J.M.S., 1976, "New Vistas in Medical Reconstruction Imagery" in:
        PRESTON K., ONOE M., Digital Processing of Biomedical Images, New York,
        London: Plenum Press, pp. 133-160

/11/ WESZKA J.S.,VERSON J.A., ROSENFELD A., 1973, "Threshold Selection Techniques 2",
        University of Maryland, Computer Science Center: Technical Report TR- 260

/12/ WALSER R.L., 1975, "Automated Interpretation of Reconstructed Objects: Finding
        the Volume of Brain Ventricles", University of Illinois at Chicago Circle,
        Department of Information Engineering: Master Thesis

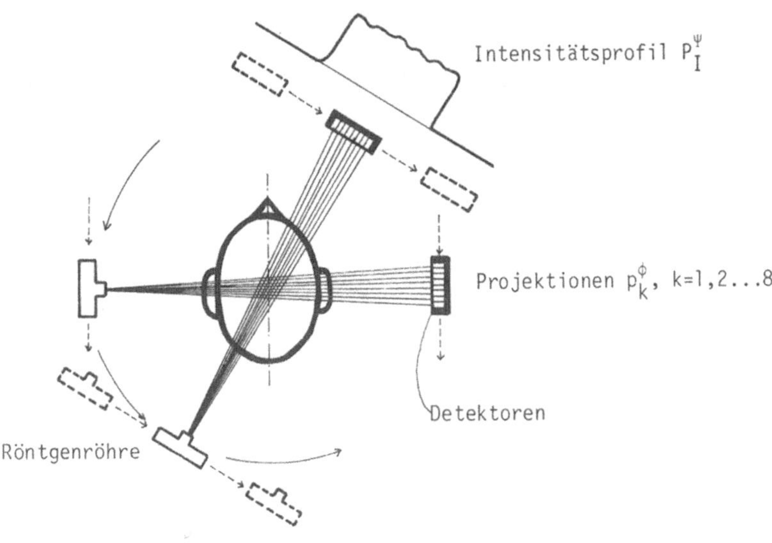

Bild 1: Prinzip der Bilderzeugung (Computertomograph EMI CT1010)

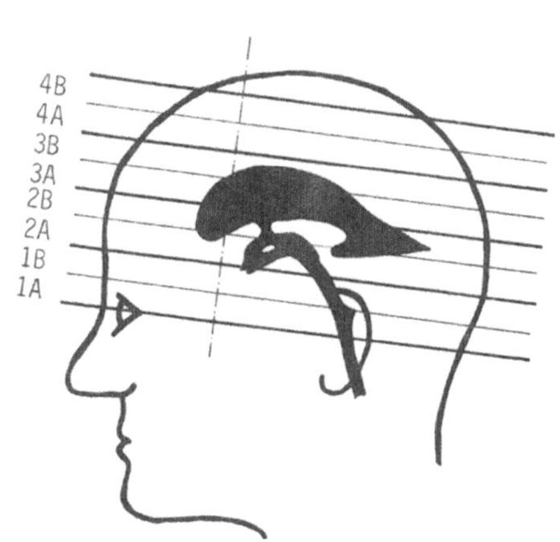

Bild 2: Lage der 8 mm-Standardschichten
mit skizziertem Ventrikelsystem

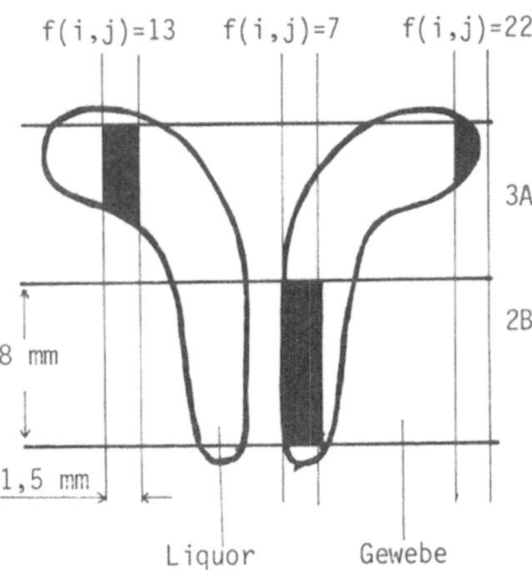

Bild 4: "Partial volume"-Effekt im Bereich des Ventrikelsystems
(Schnittebene ¦   in Bild 2)

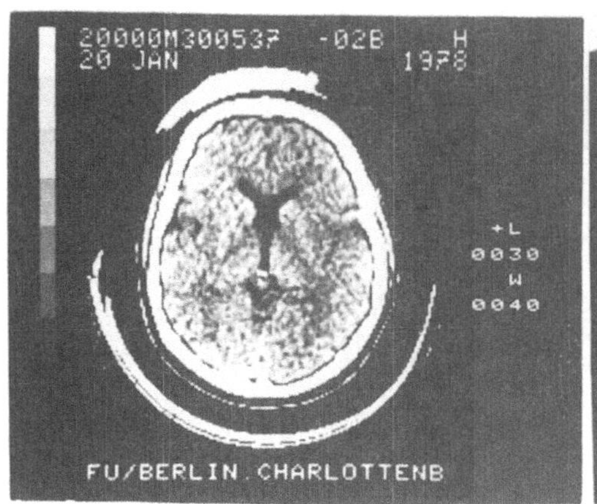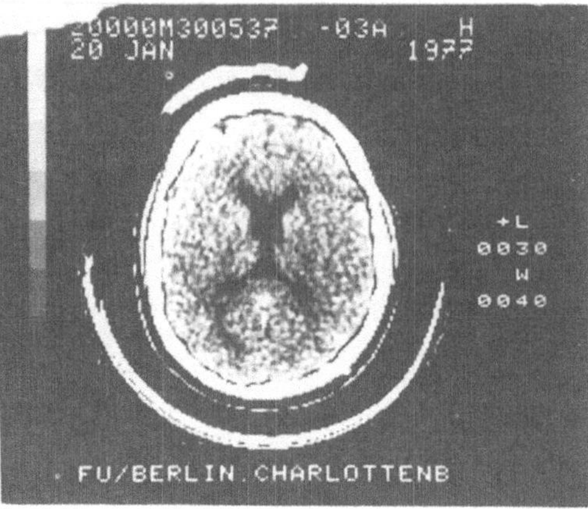

Bild 3a und 3b: Polaroid-Fotos der Tomogramme für Schicht 2B und 3A
(siehe Bild 2)

Bild 5a und 5b: Ergebnis der Bildverarbeitung für Bild 3a und 3b
(CSFRANGE: HU-Intervall für Liquor
CSFVOLUME: Volumen der Liquorräume in ml)

Vergleich von linearen Rekonstruktionsverfahren in der Computertomographie mit statistischen Methoden

H.Füchtjohann
Institut für Nachrichtentechnik
Technische Universität Braunschweig

Zusammenfassung

Die Annahme eines statistischen Objektmodells erlaubt neben einer Fehler-
schätzung für lineare Rekonstruktionsverfahren auch die Synthese eines
Verfahrens mit minimaler Fehlervarianz. Das Back-Projection Verfahren
und das z.Zt. gebräuchliche Filtered-Back-Projection werden mit der optimalen Rekonstruktionsmethode verglichen. Das Verhalten der Rekonstruktionsalgorithmen wird bei Variation der Systemparameter Projektionsanzahl,
Abstand der Abtastwerte und Objektkorrelation diskutiert.

1. Einleitung

In der Computertomographie
wird versucht, aus Pro-
jektionen die Dichtever-
teilung innerhalb eines
Objekts zu ermitteln. Das
Objekt wird gedanklich in
Scheiben zerlegt, deren
Dichteverteilungen nach-
einander mit Hilfe eines
Rekonstruktionsverfahrens
berechnet werden. Die den
folgenden Betrachtungen
zugrundeliegende Abtast-
anordnung eines Röntgen-
scanners zeigt Bild 1.
Betrachtet wird hier je-
weils nur eine Objektscheibe.

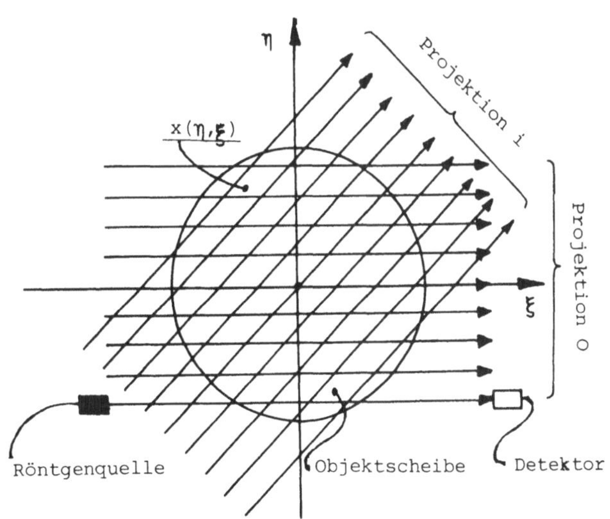

Bild 1: Abtastanordnung eines
Röntgenscannersystems

2. Objektmodell

Für Fehlerberechnungen von Rekonstruktionsalgorithmen bietet sich ein
stochastisches Objektmodell an, das von Tasto in /1/ und /2/ vorgeschlagen wurde.

Es sei $x(\eta,\xi)$ ein räumlich stationäres Zufallsfeld mit dem Mittelwert

$$E\{x(\eta,\xi)\} = 0 \qquad (1) \ .$$

Die Korrelation zweier Objektpunkte sei mit

$$E\{x(\eta_0,\xi_0)\cdot x(\eta_1,\xi_1)\} = \exp(-2\cdot\lambda\cdot d) \qquad (2)$$

nur von ihrem euklidischen Abstand d und von der "inversen Korrelations-
länge" λ abhängig. Der Korrelationsparameter λ ist innerhalb einer Objektklasse (z.B. Köpfe) konstant. Außerdem sei die Wahrscheinlichkeits-
verteilung der Dichte in jedem Objektpunkt (η,ξ) eine Normalverteilung.

$$p[x(\eta,\xi)] = N(0,\sigma^2) \qquad (3)$$

3. Lineare Rekonstruktionsverfahren

Bei linearen Rekonstruktionsalgorithmen wird der rekonstruierte Wert $\hat{x}$
am Ort (η,ξ) aus

$$\hat{x}(\eta,\xi) = [A(\eta,\xi)]^T [S] \qquad (4)$$

bestimmt. Der Rekonstruktionsvektor $[A]$ ist vom Ort (η,ξ) abhängig. Der
Meßwertvektor $[S]$ besteht aus den Elementen

$$s_{ij} = \int_l x(\eta,\xi)\, dl \quad \text{(Projektion i , Strahl j)} \qquad (5) \ ,$$

die sich aus der Integration über die Objektdichte längs des Strahl-
weges l ergeben (Absorptionsgleichung für Röntgenstrahlen wird durch
logarithmische Verstärker umgewandelt). Die Fehlervarianz eines solchen
Rekonstruktionsverfahrens läßt sich aus

$$\sigma_e^2(\eta,\xi) = \sigma^2 + [A]^T [S_{22}] [A] - 2\cdot[A]^T [S_{12}] \qquad (6)$$

berechnen. Hierbei ist $[S_{22}]$ die Kovarianzmatrix der Meßwerte und $[S_{12}]$
enthält die Korrelationswerte zwischen Rekonstruktionspunkt und den
einzelnen Meßwerten.

3.1 Back-Projection (BP)

Beim Back-Projection wird jede Projektion einzeln betrachtet und die
Dichteverteilung längs eines Strahls als konstant angenommen. Jede Projektion liefert für einen Rekonstruktionspunkt unterschiedliche Werte.

Der Rekonstruktionswert $\hat{x}(\eta,\xi)$ ergibt sich dann aus der Mittelung über die einzelnen Ergebnisse. Für den Rekonstruktionsvektor $[A]$ bedeutet dieses, daß alle Strahlen, die den Rekonstruktionspunkt nicht treffen, mit Null gewichtet werden.

3.2 Filtered-Back-Projection (FBP)

Das Back-Projection Verfahren hat den Nachteil, daß es das Originalobjekt verschmiert wiedergibt. Um diesen Effekt zu korrigieren, kann das durch Back-Projection rekonstruierte Objekt einer zweidimensionalen Hochpaß-filterung unterworfen werden. Da Back-Projection und Filterung lineare Operationen sind, können sie in ihrer Reihenfolge vertauscht werden. D.h. zuerst werden die einzelnen Projektionen eindimensional gefiltert. Dann wird der Back-Projection Algorithmus auf diese Projektionen ange-wandt. Der Rechenaufwand ist bei dieser Vorgehensweise erheblich geringer. Die Filterung selbst wird im Bildbereich (Fourier-Reconstruction) oder im Originalbereich (Convolution-Technique) durchgeführt. Der Rekonstruk-tionsvektor $[A]$ enthält dann den Faltungskern, der so gestaltet ist, daß im kontinuierlichen Fall (Grenzfall für steigende Anzahl von Projektionen und Abtastungen je Projektion) ein Impuls im Originalobjekt fehlerfrei rekonstruiert wird.

3.3 Optimal-Rekonstruktion (OR)

Bei der Optimal-Rekonstruktion wird der Rekonstruktionsvektor $[A]$ so ge-wählt, daß die Varianz des Rekonstruktionsfehlers minimal wird. Der Re-konstruktionswert $\hat{x}$ am Ort (η,ξ) läßt sich dann aus

$$\hat{x}(\eta,\xi) = [S_{12}]^T [S_{22}]^{-1} [S] \tag{7}$$

bestimmen. Der Rekonstruktionsvektor ergibt sich aus der Multiplikation der Kovarianzmatrix der Meßwerte $[S_{22}]^{-1}$ mit dem Vektor $[S_{12}]$, der die Korrelation zwischen den Meßwerten $[S]$ und dem Objektpunkt (η,ξ) enthält. Die Fehlervarianz dieses Verfahrens ist durch

$$\sigma_e^2(\eta,\xi) = \sigma^2 - [S_{12}]^T [S_{22}]^{-1} [S_{12}] \tag{8}$$

gegeben. Gleichung (7) ist die beste Schätzung für den wahren Wert $x(\eta,\xi)$, die mit linearen Rekonstruktionsalgorithmen möglich ist.

4. Vergleich von Rekonstruktionsverfahren

Das Verhalten der drei Rekonstruktionsverfahren bei Erhöhung der Zahl der Projektionen P zeigt Bild 2.

Das Filtered-Back-Projection (FBP) schneidet verglichen mit den anderen Verfahren relativ schlecht ab, weil es eigentlich für eine unendliche Anzahl von Projektionen gedacht ist. Beim Back-Projection (BP) nimmt die Fehlervarianz bei Erhöhung der Projektionszahl nur noch geringfügig ab, während das optimale Rekonstruktionsverfahren (OR) den Informationszuwachs erheblich besser ausnutzt.

Erhöht man die Anzahl der Strahlen je Projektion S, ändert sich die Fehlervarianz des Back-Projection (Bild 3) nicht, da dieses Verfahren die Korrelation zwischen den Meßwerten nicht ausnutzt. Der Optimal-Rekonstruktion Algorithmus (OR) nutzt die bekannte Korrelation der Meßwerte und ist dadurch das beste aller hier betrachteten Verfahren. Filtered-Back-Projection (FBP) ist in diesem Beispiel (P = 1) wie zu erwarten erheblich schlechter als die anderen Algorithmen, jedoch nimmt im Gegensatz zum Back-Projection die Fehlervarianz bei Erhöhung der Meßwertanzahl S ab.

Auch beim Vergleich für verschiedene Objektklassen (Bild 4) ist das Filtered-Back-Projection wegen der Projektionszahl P = 1 schlechter als die anderen Rekonstruktionsalgorithmen. Bei allen Verfahren nimmt erwartungsgemäß die Fehlervarianz σ_e^2 bei Erhöhung der Objektkorrelation, d.h. bei kleiner werdendem λ, ab. Bei stark korrelierten Objekten wird der Vorteil der Optimal-Rekonstruktion (OR) besonders deutlich.

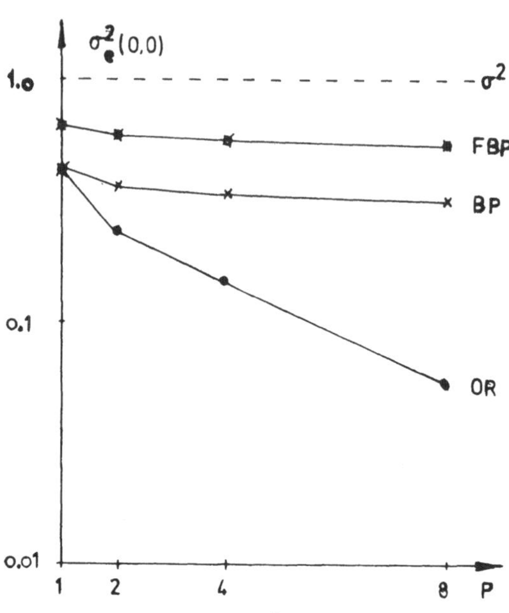

Bild 2: Fehlervarianz σ_e^2 als Funktion der Projektionszahl P bei S=9 Meßwerten je Projektion und Korrelationsparameter λ=1.o

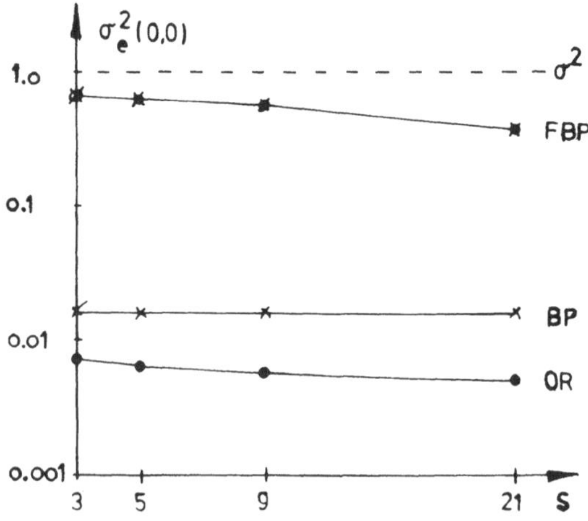

Bild 3: Vergleich verschiedener Rekonstruktionsalgorithmen bei Variation der Strahlanzahl S für Objektkorrelation λ=o.o1 bei einer Projektion P=1

Die hier angestellten Betrachtungen sollen den Weg zu einer objektiven Einschätzung von Rekonstruktionsverfahren der Computertomographie zeigen. Mit den diskutierten Beispielen werden die Möglichkeiten des statistischen Objektmodells demonstriert. Um das Objektmodell bzw. das optimale Rekonstruktionsverfahren zur Dimensionierung von Röntgenscannersystemen nutzen zu können, ist es jedoch erforderlich, Beispiele mit großer Anzahl von Projektionen (P > 1oo) und Meßwerten je Projektion (S > 1oo) zu rechnen. Erst dann wird auch eine gerechte Einordnung des Filtered-Back-Projektion möglich sein. Weiterhin ist bei Einsatz der Optimal-Rekonstruktion u.U. eine Veringerung der Zahl der Projektionen möglich. Damit würde die Strahlenbelastung für den Patienten reduziert und die Abtastdauer vermindert.

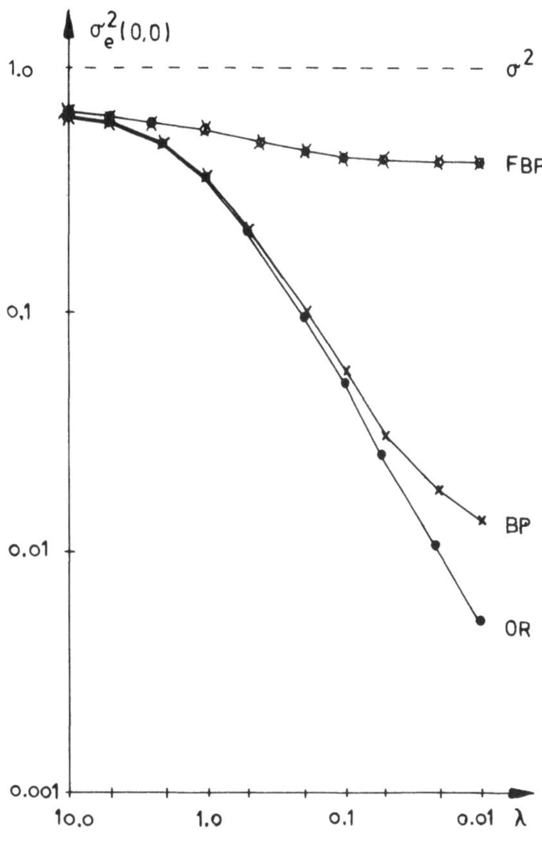

Bild 4: Fehlervarianz σ_e^2 verschiedener Rekonstruktionsverfahren als Funktion der Objektkorrelation λ bei einer Projektion P=1 und S=9 Meßwerten

Literatur

/1/   M.Tasto   ' A Probabilistic Model for Computerized Axial Tomography '

Proceedings 2nd Joint Conference on Pattern Recognition, Copenhagen 1974

/2/   M.Tasto   ' Reconstruction of Random Objects from Noisy Projections '

Computer Graphics and Image Processing Vol.6 , 1977

AUTOMATISCHE ERKENNUNG UND LOKALISATION VON
METALLSPLITTERN IN RÖNTGENAUFNAHMEN DER AUGENREGION

J. Ellwart, GSF, München
M. Mertz, TU München

Fremdkörper gelangen häufig bei Arbeitsunfällen in das menschliche Auge, zum Beispiel beim Meißeln und Hämmern in der eisenverarbeitenden Industrie. Bei Unfällen dieser Art durchdringen die kleinen, scharfkanntigen Splitter von meist weniger als 10 mg Gewicht und einer Geschwindigkeit von 100-200 m/sec die Hornhaut und bleiben je nach Durchschlagkraft in den vorderen oder hinteren Augenabschnitten stecken. In manchen Fällen durchschlagen sie sogar das ganze Auge.

Fremdkörper, die in das Auge eingedrungen sind, müssen umgehend entfernt werden, da der Patient sonst auf dem verletzten Auge erblindet.

Nichtmagnetische Fremdkörper werden instrumentell extrahiert. Die meisten intraokularen Fremdkörper jedoch sind ferromagnetischer Natur und können mit Hilfe eines Elektromagneten entfernt werden.

Das Auffinden von Splittern im Auge ist schwer, da alle Gewebe in diesem kleinen Organ sehr empfindsam sind. Aus diesem Grund ist eine instrumentelle Suchoperation im Auge kaum durchführbar. Auch größere Fremdkörper sind optisch meist nicht auffindbar, da die Augenmediendurch die Verletzung undurchsichtig geworden sind, zum Beispiel durch Blutungen.

Somit stellt sich meßtechnisch die Aufgabe der genauen Ortung und Feststellung des kürzesten und schonensten Extraktionsweges. In die Orbita eingedrungene Metallsplitter lassen sich röntgenologisch nachweisen. Im Röntgenbild ist das Auge selbst nicht schattengebend abgebildet, deshalb wird bei den bisherigen Verfahren eine Ortungshilfe angebracht. Bei dem

in Deutschland am häufigsten angewandten Verfahren, dem Combergverfahren,
geschieht dies mittels einer Kontaktlinse, die vier Bleipunkte enthält.
Danach wird das Röntgenbild mit Zirkel und Lineal von Hand ausgewertet,
und das Meßergebnis in das Combergschema(Abb. 1) eingetragen, welches dem
Operateur zur Orientierung dient.

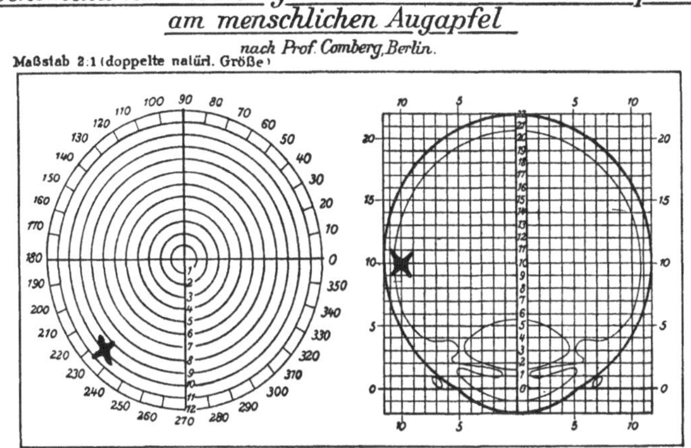

Abb. 1: Combergschema

Unser Ziel ist, die langsame manuelle, durch eine schnelle automatische
Ortung zu ersetzen. Wir erhoffen dabei folgende Vorteile:
1. dauernde Kontrolle, auch bei beweglichen Fremdkörpern, und während der
   Extraktion,
2. Abkürzung der Operationszeit,
3. Herabsetzung der Strahlenbelastung bei Bildwandleranwendung.
Zusätzlich wollen wir die Genauigkeit der Lokalisation erhöhen, indem wir
die individuellen Daten des Patietenauges mitberücksichtigen.

Das größte technische Problem bei der automatischen Ortung ist, den Fremd-
körper genügend kontrastreich im Röntgenbild darzustellen. Weiter ist die
Selektion des Fremdkörperschattens aus dem Bild problematisch. Wegen der
Superposition des Fremdkörpers mit Knochenstrukturen oder der Überlager-

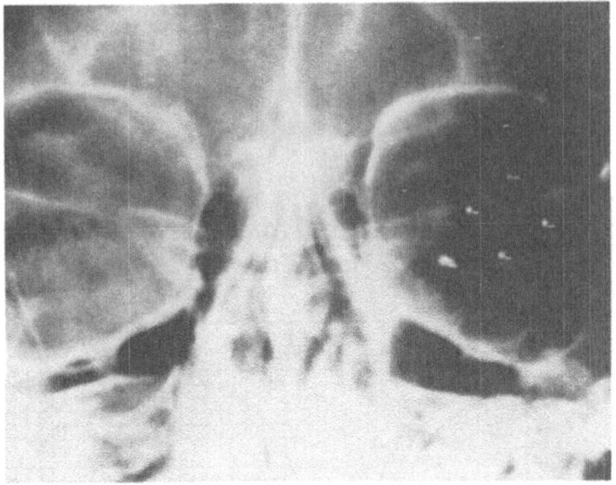

Abb. 2: Combergaufnahme mit Zählfähnchen an Fremdkörper und Marken

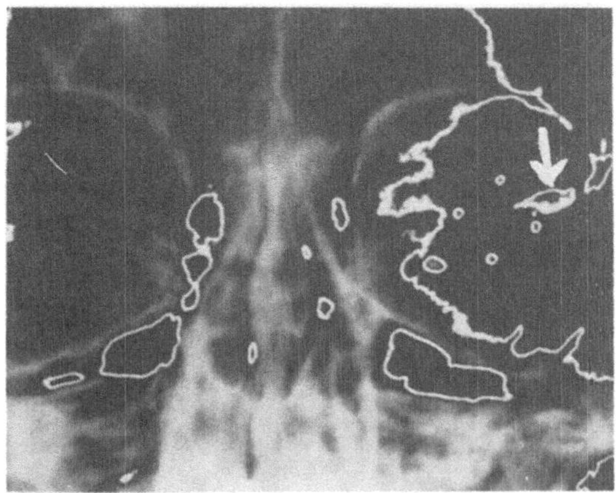

Abb. 3: Detektierte Knochenstrukturen in Combergaufnahme

ung von Knochenstrukturen (Pfeil in Abb. 3) müssen Parameter wie Größe und
Bildausschnitt vorgegeben werden. Auch muß der Fremdkörper wegen des Auf-
lösungsvermögens unseres Fernsehbildanalysegerätes eine Mindestgröße von
einem Millimeter haben. Formprobleme ergeben sich bei der Benutzung des
Antikoinzidenzpunktes (ACP) bei großflächigen Fremdkörpern, da der ACP
rechts unten am detektierten Teilchen sitzt (Abb. 4). Eine genauere Ortung
wäre mit den Schwerpunkten der detektierten Teilchen möglich. In Abb. 2
sind in der linken Orbita vier Metallmarken und ein Fremdkörper mit je einem Zählfähnchen am ACP zu erkennen.

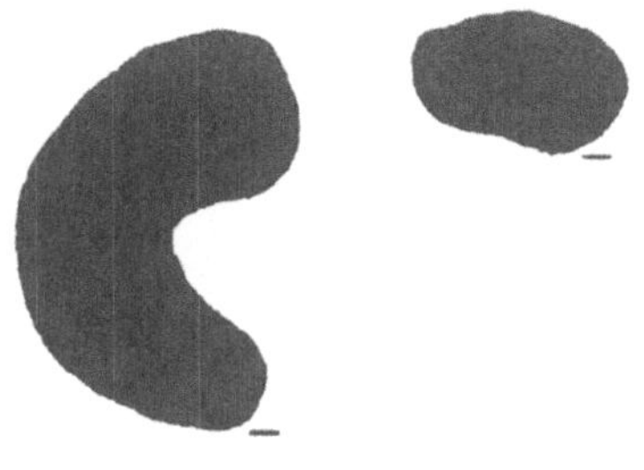

Abb. 4: Antikoinzidenzpunkte

Unser derzeitiger Entwicklungsstand:

Vor der Lokalisation führen wir eine Längenmessung des Bulbus mit Ultraschall durch. Mit Hilfe eines Computerprogramms können wir damit ein individuell gültiges Augenschema auf dem Bildschirm eines Prozeßrechners
darstellen (Abb. 5-7). Die kleine Uhr rechts oben im Bild gibt den Winkel
des Meridians durch den Fremdkörper an. In der Mitte ist der Meridional-
schnitt durch das Auge mit dem Fremdkörper dargestellt. Liegt der Fremdkörper am hinteren Augenrand, wie hier in den Beispielen, so ist seine genaue Ortung für die Wahl des richtigen operativen Verfahrens Voraussetzung.
In Abb. 5 bis 7 bleiben die Koordinaten des Fremdkörpers relativ zum Horn-

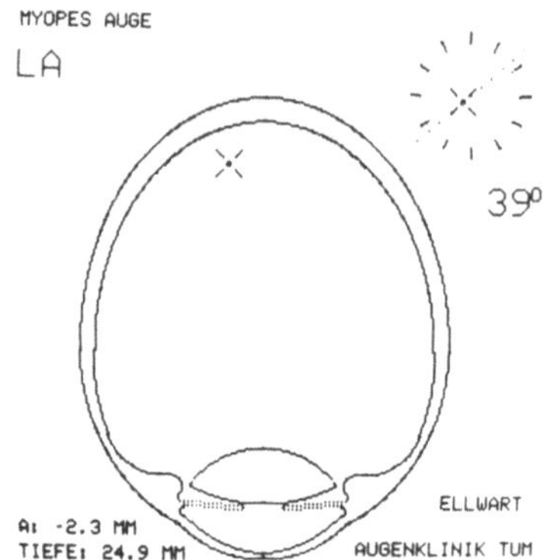

Abb. 5: Computerbild mit Fremdkörper im Glaskörper

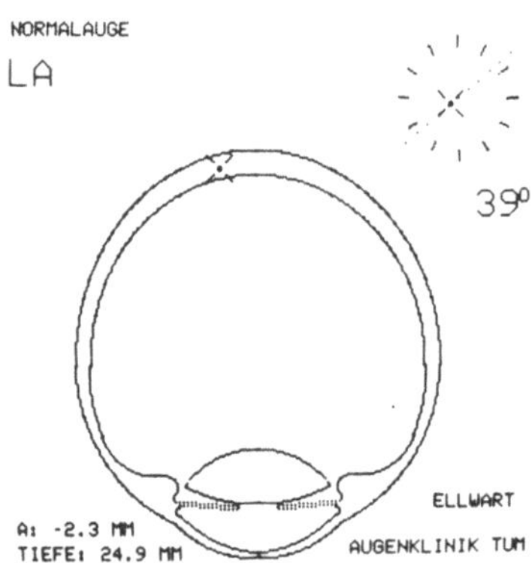

Abb. 6: Computerbild mit Fremdkörper in der Netzhaut

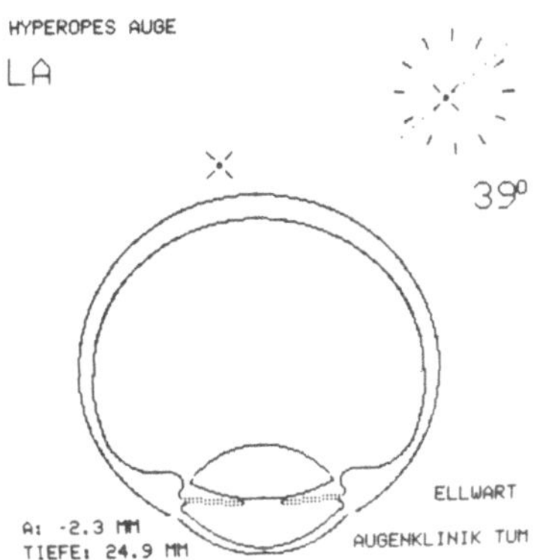

Abb. 7: Computerbild mit Fremdkörper außerhalb des Bulbus

hautscheitel immer gleich, nur die Augenlänge variiert. Hier wird deutlich, wie wichtig die Längenmessung des Bulbus ist.

Unsere Lokalisationsapparatur (Abb.8) besteht aus einem Röntgenbildverstärker, dem Fernsehbildanalysegerät (Quantimet 720) und dem Prozeßrechner. Bisher haben wir nur Modellversuche durchgeführt und Comberg-Aufnahmen ausgewertet. Bei der Ortung eines Splitters in der Orbita wird zunächst der Winkel des Meridionalschnittes aus einer Frontalaufnahme (Abb. 2) ermittelt. Die Tiefe des eingedrungenen Fremdkörpers und dessen Abstand von der Augenachse wird anschließend aus einer seitlichen Aufnahme gewonnen. Diese zweite Einstellung des Röntgengerätes soll auch später während der Extraktion beibehalten werden. Das Quantimet 720 hat eine Auflösung von 500 000 Bildpunkten, die mit 8 MHz abgetastet werden. Die Bildwechselfrequenz beträgt 10 Hz. Bereiche, die eine einstellbare Helligkeitsstufe überschritten haben, werden detektiert. Störende Knochenstrukturen wie in Abb. 3 schalten wir durch geschickte Auswahl des Meßfeldes und durch Vorgabe der Mindest- und Maximalgröße der selektierten Flächen aus. Das Quantimet liefert die ACPs der detektierten und selektierten Teilchen. Aus den Zeitpunkten ihres Auftretens ermittelt der Rechner ihre Koordinaten, errechnet daraus die Lage des Fremdkörpers im Auge und stellt ihn auf dem Bildschirm im Augenschema dar.

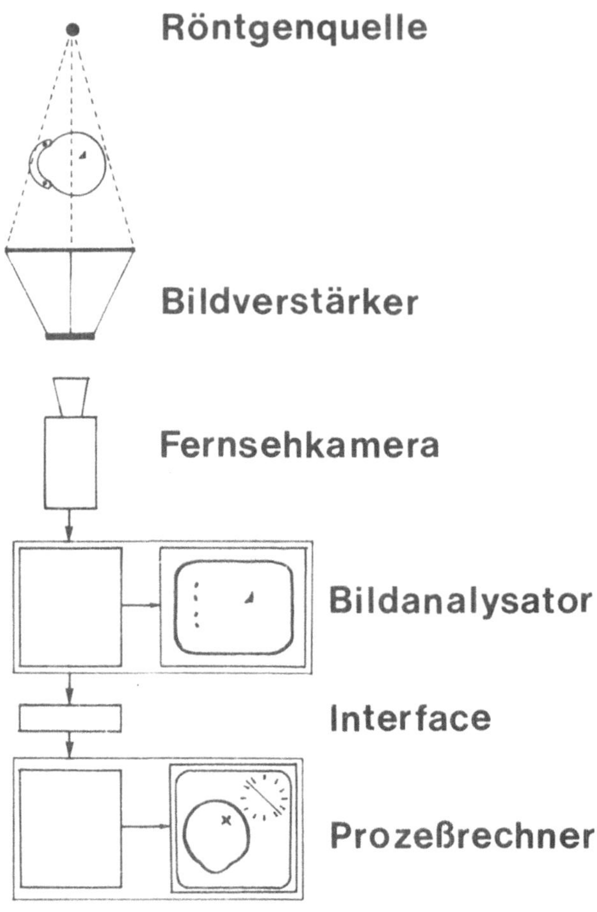

Abb. 8: Schematischer Aufbau der Apparatur

In den Modellversuchen konnten wir bewegliche Fremdkörper alle 2,4 sec neu lokalisieren. Wenn unser Rechner einen größeren Kernspeicher besäsße, könnte eine Bildverarbeitungsfrequenz von 2 Hz erreicht werden.

Mit dem Röntgen- Fernseh- Computersystem wird es möglich sein, intraoku-
lare Fremdkörper schnell zu lokalisieren und kontrolliert durch den Glaskörper zu bewegen. Der Operateur wird den Weg des Fremdkörpers auf dem
Bildschirm verfolgen und seine Bahn beeinflussen können. Diese Kontroll-
möglichkeit wird ein sehr genaues und schonendes Operieren erlauben.

Literatur:

Comberg, W. : Operative Behandlung der Fremdkörperverletzungen. In
R. Thiel : Ophthalmologische Operationslehre, Leipzig: Thieme 1943
Waubke Th. N. : Fernsehröntgen intra-okularer Fremdkörper (Ein neues
Verfahren zur Lokalisation und Extraktion). Beih. Klin. Mbl. Augenheilk.
H. 47, Stuttgart: Enke 1967
Neubauer, H. : Experimentelle Untersuchungen zur durchdringenden Meißel-
splitterverletzung des Auges. Graefes Arch. Ophthalm. 168
Mertz, M. : Zur automatischen Ortsbestimmung intraokularer Fremdkörper.
In H. Neubauer, W. Rüssmann, H. Kilp: Intraokularer Fremdkörper und Me-
tallose, München: Bergmann 1977
Ellwart, J., M. Mertz: Zeitfaktoren bei der computer-kontrollierten Ex-
traktion intraokularer Fremdkörper. Tagung der Bayerischen Augenärzte,
Würzburg 6. - 8. Mai 1977. In Klin. Mbl. Augenheilk. , Bd. 172

Methoden zur reproduzierbaren Darstellung pathologischer Veränderungen der Papille am Augenhintergrund

N.Schultes, M.Mertz, Augenklinik rechts der Isar
der TU München

Zusammenfassung

Die Notwendigkeit einer reproduzierbaren Darstellung von pathologischen Veränderungen der Papille am Augenhintergrund wird begründet und es werden Kriterien zu ihrer Beurteilung aufgestellt. Bildverarbeitungsmethoden, die diese Kriterien ganz, oder zum Teil erfüllen, werden vorgestellt, ihre technische Realisierung erläutert und ihre Vor- und Nachteile an Hand von Beispielen diskutiert.

Als "Papille" wird derjenige Bereich des Augenhintergrundes bezeichnet, an dem der Sehnerv das Auge verläßt. Er hat hier einen Durchmesser von ca. 1.2 mm. An dieser Stelle sammeln sich alle Fasern, die vom Auge zum Gehirn ziehen (ca. 1 Mio.). Somit ist hier die gesamte Information, die das Auge erbringt, örtlich zusammengefaßt. In der Mitte der Papille dringt außerdem die zentrale Arterie in das Auge ein, die mit ihren Ästen die Netzhaut mit Blut versorgt. Auch das wiederabfließende Blut, durch zahlreiche Venen in die Zentralvene gesammelt, passiert wieder die Mitte der Papille. Es ist daher offensichtlich, daß Veränderungen in dieser Region mit erheblichen Änderungen der Sehfähigkeit einhergehen können. So haben z.B. Entzündungen, Degenerationen, Gefäßverschlüsse und Tumoren an der Papille meist einen mehr oder weniger starken Verlust des Sehvermögens zur Folge.

Das normale Aussehen einer Papille zeigt die Abbildung 1. In der seitlichen Ansicht des Schnittbildes (Schema Abbildung 2) sind die das Auge verlassenden Sehnervenfasern und die Blutgefäße zu erkennen.

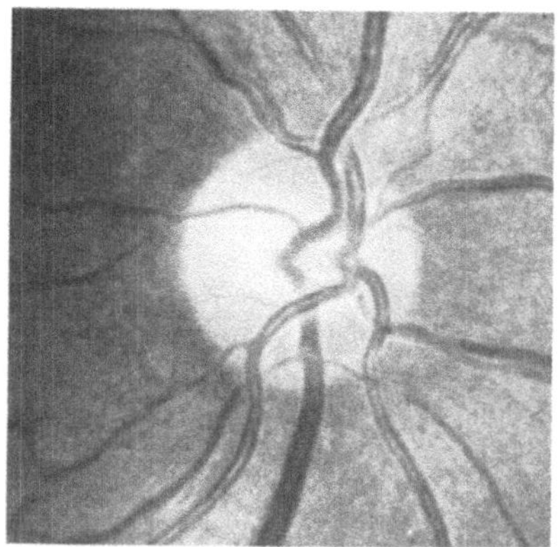

Abb. 1: normales Aussehen einer Papille

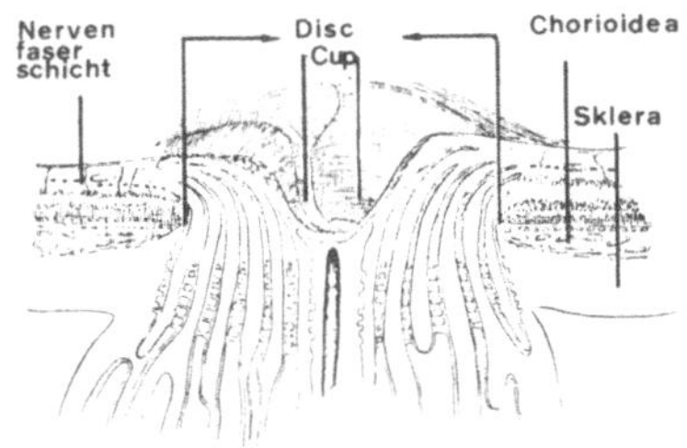

Abb. 2: schematisches Schnittbild
durch eine Papille (nach (1))

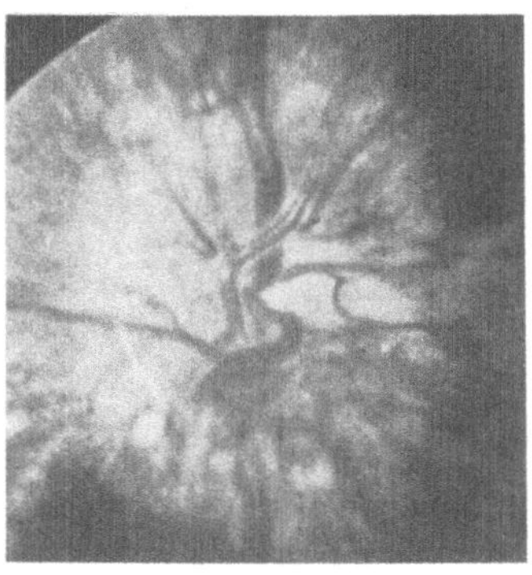

Abb. 3: krankhaft veränderte Papille
(Stauungspapille)

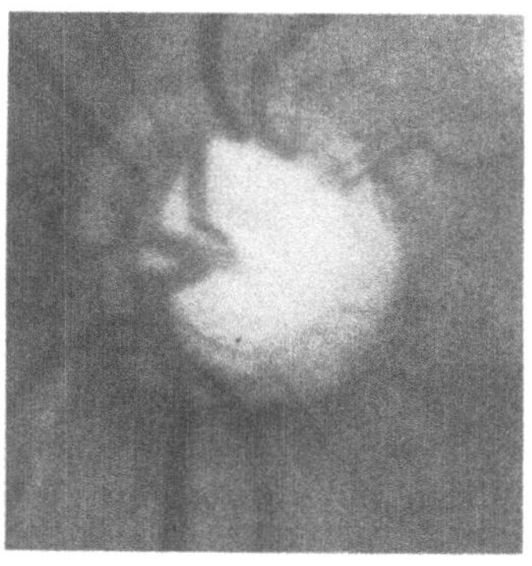

Abb.4: krankhaft veränderte Papille
(Glaukom)

Veränderte Papillen sind in den Abbildungen
3 und 4 zu sehen. In derart fortgeschritte-
nen Stadien sind sie klar erkennbar. Im An-
fangsstadium hingegen sind eindeutige Unter-
scheidungen oft nicht möglich. Gerade in der
frühzeitigen Erkennung aber liegt die Möglichkeit einer erfolgreichen Behandlung,
denn einmal eingetretene Verluste an funk-
tionsfähigen Sehnervenfasern sind irrepara-
bel.

Unser Ziel ist es daher, Parameter zu finden,
mit denen Form und Struktur der Papille so
beschrieben werden können, daß mit ihrer
Hilfe auch frühe Veränderungen erkannt werden können.

Die Idee der Bestimmung von Formparametern
der Papille ist nicht neu, die ersten Messungen an der Papille begannen schon bald nach
der Erfindung des Augenspiegels durch Helm-
holtz im vorigen Jahrhundert. In neuerer
Zeit versuchte u.a. Armaly (2) die Papille
durch projizierte Kreise anzunähern und ihre
Form durch das Verhältnis der Durchmesser
von äußerem und innerem Ring zu beschreiben
("cup-disk-ratio"). Als "cup" oder "Excava-
tion" wird die mittlere große Vertiefung des
Sehnervenkopfes bezeichnet, als "disc" oder
"Sehnervenscheibe" die Gesamtfläche der Papille. Andere Untersucher verwendeten von
Hand bestimmte Konturen von "cup" und "disc"
um diese Flächenverhältnisse als Kenngrößen
zu verwerten. (3).

Nun sind die bei oberflächlicher Betrachtung
meist scharf erscheinenden Grenzen zwischen
diesen Flächen im Detail nur schwer festzulegen. Deshalb kranken alle diese manuellen
Methoden daran, daß die Entscheidung, wie
Kreisfläche oder Umriss gewählt werden, subjektiv beeinflußt ist. Dies bedeutet, daß
schon ein und derselbe Untersucher die Kan-

ten nicht immer gleich festlegen wird; die interindividuellen Unterschiede sind natürlich noch viel größer. Die Standardisierung dieser Bildauswertung sollte daher nicht erst bei den auswertenden Rechenmethoden ansetzen, sondern bereits bei der Bestimmung der Rechengrößen, also der Erhebung der Form. Deshalb arbeiten wir daran die Formparameter durch ein Rechenprogramm zu detektieren.

Aus dieser Überlegung ergeben sich die folgenden Anforderungen an das Bildverarbeitungssystem:

1) Übersichtsinformation

   Es ist notwendig eine Möglichkeit zur schnellen Überblicksinformation über die gesamte Grauwertinformation im Bild zu schaffen, damit Abtastfehler und andere Bildfehler schnell erkannt und die entsprechenden Datensätze eliminiert werden können.

2) Kantenextraktion

   Die Weiterverarbeitung im Rechner ist nur bei gelungener Kantenextraktion möglich. Außerdem ist die Beschreibung der Kanten durch einen binären Code bedeutend platzsparender als das Abspeichern der gesamten Bilder (64k).

   a) Die Kante muß zwingend durch geschlossene Linien beschrieben werden, möglichst nur durch eine einzelne.

   b) Die Papille sollte automatisch von der Struktur der umgebenden Netzhaut separiert werden können.

   c) Ebenso sollte der Gefäßbaum im Inneren der Papille isoliert erfaßt werden können.

An diesen Anforderungen sind die entsprechenden Operatoren zu messen.

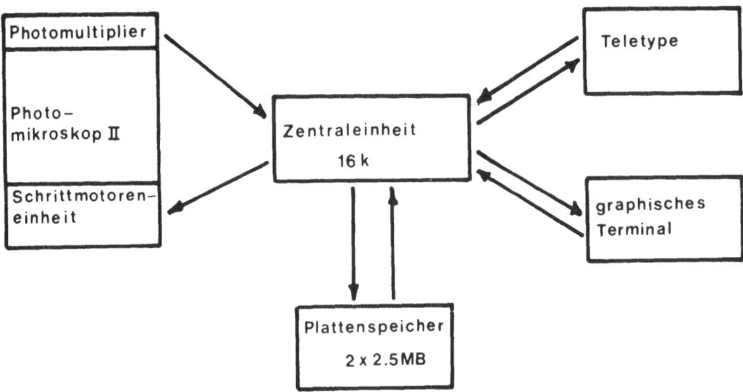

Abb. 5: Blockschaltbild des Rechners

Wir benutzen zu unseren Arbeiten einen relativ kleinen Rechner: (Abb. 5) als Zentraleinheit ein System 2100A (Hewlett-Packard) mit 16k Kernspeicher, dazu als peripheren Speicher ein Plattenlaufwerk mit 2 Platten mit je 2.5 MB (davon eine auswechselbar), als periphere Einheiten zur Ein- und Ausgabe und zur Darstellung ein modifiziertes graphisches Terminal (Tektronix 4006-1) und eine Teletype und zur Bildeingabe ein Photomikroskop II (Carl Zeiss Oberkochem), dessen Schrittmotoreinheit durch den Rechner angesteuert wird.

Abb. 6: pseudo-dreidimensionale Darstellung der gemessenen Bildpunkte

Abb. 7: pseudo-dreidimensionale Darstellung der Bildpunkte nach Anwendung des Median-Filters (4)

Aus der Größe des Rechners ergeben sich zwei Konsequenzen für unsere Arbeit. Auf Rechenzeiten können wir kaum Rücksicht nehmen, da bei unserer Rechnergröße die meiste Zeit ohnehin für Abspeichern und Lesen von der Platte verwendet werden. Deshalb können wir auch nur Verfahren entwickeln, während die routinemäßige Anwendung auf anderen Anlagen durchgeführt werden muß. Außerdem sind wir durch die geringe Rechnergröße gezwungen, nur lokal wirkende Operatoren auf die Bilder anzuwenden.

Die Bilder der Papille werden mit Funduskameras aufgenommen. Wir tasten die erhaltenen Farbdiapositive mit einem quadratischen Raster der Schrittweite 40μ ab und erhalten eine ca. 250 x 250 Matrix von Bildpunkten der Werte 0 bis 110 (Abb. 6). Die örtliche Auflösung liegt wegen der 2.5-fachen Vergrößerung der Funduskamera bei 16μ. Alle Bilder werden einer Vorverarbeitung unterzogen, nämlich einem Medianfilter (4) der Grösse 3 x 3 Punkte, um Fehler durch Rauschen und Staub zu eliminieren.

Von jedem dieser Grauwertfelder wird zum möglichst raschen Überblick über die Verteilung der Graustufen eine pseudo-dreidimensionale Darstellung gebildet (Abb. 7), die es erlaubt, subjektiv charakteristische Formen des Grauwertbildes zu erkennen und fehlerhafte Datensätze zu eliminieren.

Dieses plastisch wirkende Bild besteht aus einer Hintereinanderreihung von Histogrammen, wobei verdeckte Teile weggelassen werden. Dies wird aufs Einfachste erreicht, indem man für jede Spalte des Bildschirmes den obersten gezeichneten Punkt speichert und in den folgenden Histogrammen alle Punkte, die darunter liegen, wegläßt.

Eine Darstellung dieser Art erfüllt vollständig die oben gestellten Forderungen an ein Übersichtsbild.

Als dritte Stufe der Verarbeitung wendeten wir verschiedene Operatoren zur Isolierung von Kanten auf die Bilder an.

1) Median-Filter
Das Vorhaben, Blutgefäße und Papillenrand durch ein Median-Filter mit genügend großem Feld voneinander zu trennen scheiterte, da die Eliminierung der Blutgefäße nur außerhalb der Papille gut gelang. Im Inneren der Papille blieben an den Abzweigungs- und Überkreuzungsstellen Reste der Blutgefäßstrukturen als Artefakte übrig. Außerdem war die Glättung durch das Medianfilter so stark, daß die Konturen von Cup und Disc ineinander verschwammen.

2) Schwellenfilter
Auch die Anwendung von Schwellenfiltern führte nicht zum gewünschten Erfolg. Die Anzahl der notwendigen Schwellenbedingungen (Blutgefäße, Fundus, Disc, Cup) sind nicht eindeutig trennbar und außerdem noch lokal unterschiedlich. Dies wird deutlich an Abbildung 8. Jede Äquidensite umfaßt 5 Graustufen. Es ist leicht zu erkennen, daß der gesamte Zusammenhang des Bildes verloren geht.

3) Gradientenbildung

Eine reine Gradientenbildung, zum Beispiel
mit einem Roberts-Gradienten, zeigte zwei
erhebliche Fehlerquellen aller Gradienten-
methoden auf. Zum Einen zerfielen die Kanten in einzelne, nicht zusammenhängende
Teilstücke, zum Anderen waren die aller-
meisten kanten breiter als eine Punktreihe,
da die gesuchten Kanten im Bild keine Stu-
fen-, sondern Rampenform haben.

Abbildung 8

4) Tracing-Algorithmus

Als Verbesserung verwendeten wir einen
Tracing-Algorithmus (nach (5)). Wegen der
komplizierten Struktur der Papille ist es
aber nicht möglich, sich auf sehr wenige
Startpunkte zu beschränken. Wir müssen daher die Startschwelle hoch ansetzen und dafür alle Punkte mit Gradientenwerten gleich,
oder über dieser Schwelle als Startwerte
verwenden. Nur dann können wir erwarten,
daß die Kanten der Papille ausreichend detektiert werden.

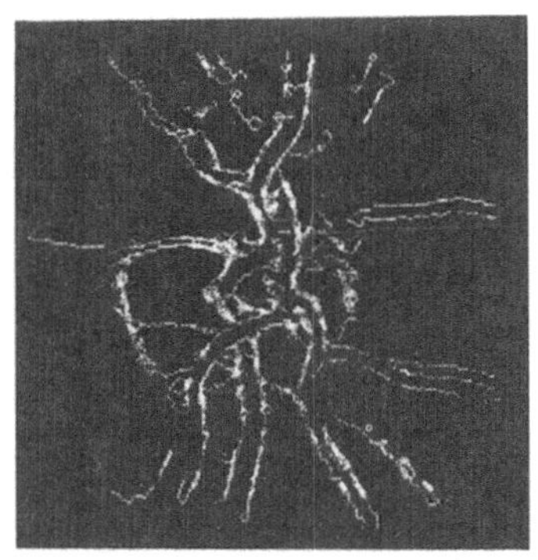

Abbildung 9

5) Gewichtete Gradienten

Wie Abbildung 9 zeigt, bewirkt die Verbindung von Gradient und TRacing-Algorithmus
eine schlechte Detektion der Papillenrän-
der, da hier nur kleine Gradienten auftreten. Es erschien uns daher sinnvoll zu gewichteten Gradienten überzugehen. Als Wichtungsfunktion verwenden wir die Grauwertinformation der Papille selbst, und zwar nach folgenden zwei Algorithmen:

Algorithmus 1:

$$b_{i,j} = \max(\, a_{i,j} - a_{i+1,j+1} \,,\, a_{i+1,j} - a_{i,j+1} \,) \quad (a_{i,j} + a_{i+1,j} + a_{i,j+1} + a_{i+1,j+1})$$

Algorithmus 2:

$$b_{i,j} = \max(\, a_{i,j} - a_{i+1,j+1} \,,\, a_{i+1,j} - a_{i,j+1} \,) \quad (a_{i,j} + a_{i+1,j} + a_{i,j+1} + a_{i+1,j+1})$$

Diese Kopplung hat, gegenüber anderen Wichtungsfunktionen für Gradienten mehrere Vorteile. Der Rechenaufwand ist gering, da die Funktion nicht rekursiv ist, und die zur Multiplikation notwendigen Werte auch bereits für die Gradientenbildung gebraucht werden. Außerdem ist die erzielte Wirkung unabhängig von der Lage der Papille auf dem Bild und auch unabhängig von unterschiedlichen Grauwertbereichen von verschiedenen Bildern.

Eines der mit diesem gewichteten Gradienten erzielten Kantenbilder zeigt Abbildung 10. Man erkennt deutlich, daß die außerhalb der Papille liegenden, im Original dunklen Gebiete so stark abgeschwächt sind, daß sie durch das Konturverfolgungsprogramm nicht detektiert werden. Nachteilig sind die Abhängigkeit von niederfrequenten Störungen im Bild, deutlich zu sehen an der schlechten Detektion der oberen rechten Gebiete von Abbildung 10. Andererseits bewirken die hohen Gradientenwerte, direkt am Gefäßbaum innerhalb der Papille eine Verbreiterung der Linien.

Zur Extraktion der Konturen des Gefäßbaumes verwenden wir ein gewichtetes Filter analog zu Algorithmus 2. Wir dividieren die Gradientenwerte durch den lolalen Grauwert an dieser Stelle. Dadurch erreichen wir eine starke Abschwächung der Papillenregion, ausgenommen desjenigen Teiles, in dem die Kanten des Gefäßbaumes liegen. Ein Ergebnis dieser Art zeigt Abbildung 11.

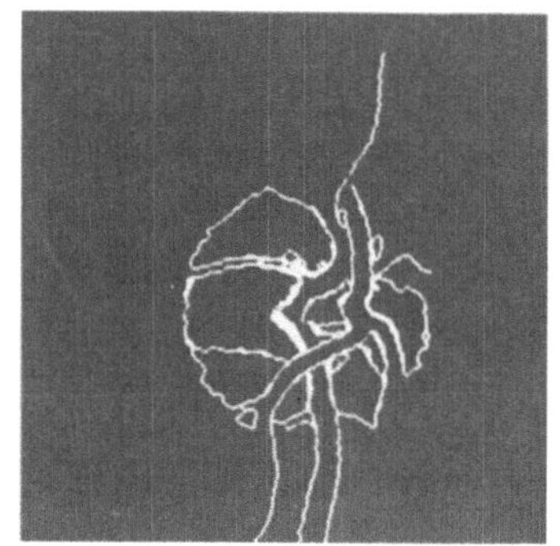

Abbildung 10

Die Probleme bei dieser Art von Konturfindung liegen einerseits in der Skalierung bei der Gradientenbildung und andererseits bei der Festsetzung der Schwelle für die Startwerte des Tracing-Algorithmus.

Die Skalierung bei der gewichteten Gradientenbildung ist deshalb wichtig, weil hier entschieden wird, welche Auflösung, in Bezug auf die Gleichsetzung von Kantenwerten, das Bild haben wird. Grund dafür ist die Abspeicherung der Bildwerte als Integerzahlen und das dadurch erzwungene Runden, bzw. Abschneiden der Realzahlen (aus Multiplikation oder Division).

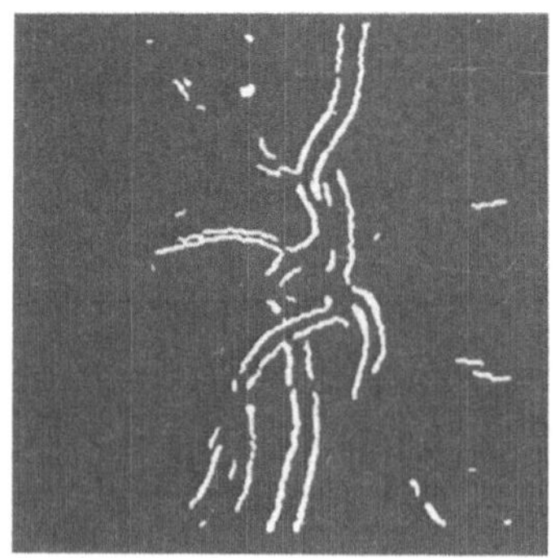

Die Festlegung der Schwelle für Startwerte beim Tracing-Algorithmus führt im Extrem-

Abbildung 11

fall (Schwelle zu niedrig gewählt) zu einer Abbildung der Gradientenwerte oberhalb
dieser Schwelle, im anderen Extrem zu bruchstückhaften Kantenteilen ohne Zusammenhang.

Die Auswahl der Schwelle geschieht zur Zeit noch heuristisch. Wir arbeiten jedoch daran, sie automatisch durch die Bildinformation selbst festzulegen und lokal zu variieren, um niederfrequente Störungen ausgleichen zu können.

Unabhängig von diesen Schwierigkeiten kann man sagen, daß durch unsere Experimente
gezeigt wurde, daß auch bei einem kompliziert aufgebauten Objekt, wie es die Papille
darstellt, prinzipiell eine sinnvolle Kantendetektion möglich ist. Unser nächstes
Ziel ist es, zuerst interaktiv, dann automatisch bestimmte Teile der Papille zusammenzufassen. Erst dann ist es möglich reproduzierbare Aussagen über Formparameter
der Papille zu machen.

Literatur:
(1) Anderson D.R.: Clinical evaluation of the glaucomatous fundus; Symposium on
    Glaucoma; Trans. New Orleans Acad. Ophtal.; C.V.Mosby Company (1975) S. 95
(2) Armaly M.F.: Genetic Determination of Cup/Disc Ratio of the Optic Nerve
    Arch. Opht. $\underline{78}$ 35, 1967
(3) K. Czechowicz-Janika: Surface and Shapes of the Optic Disc in Healthy Subjects
    in Various Age Groups; Ophtalmologica (Basel) $\underline{174}$ 261, 1977
(4) Abele L., Wahl F. (1977) A digital procedure for boundary detection and elimination
    of background in cytologic images, Proceedings of MEDINFO 77, Noth Holland
    Publishing Company
(5) Tilgner R.D., Abele L., Wahl F. (1977) An improved edge detection system applied
    to cytological material, Proceedings of "Convegno su Techniche di Elaboratione
    Immagini di Interesse Clinico", Pavia.

Mustererkennungsverfahren bei Ultraschallschnittbildern
der Prostata zur Tumorerkennung

Autoren: G. Wessels (1.), W. v. Seelen (2.), U. Scheiding (3.),
         A. Gaca (1.), E. Loch (1.)

1. Deutsche Klinik für Diagnostik
   6200 Wiesbaden, BRD

2. Institut für Zoologie, (Abteilung für Biophysik)
   6500 Mainz, BRD

3. Battelle Institut e. V.
   6000 Frankfurt, BRD

Zusammenfassung:

Wir untersuchten die Prostata mit Hilfe von Ultraschall, um
tumoröse Gewebsveränderungen des Organs zu erkennen. Dabei
wurde das Organ direkt von der Bauchdecke durch die gefüllte
Blase (transvesikal) abgeschallt. Diese Untersuchungen hatten
folgendes Ziel:

1. Verbesserung und Aufbereitung von Ultraschallbildern, um
   den Arzt bei seiner Diagnose zu unterstützen.

2. Ermittlung von signifikanten Parametern, die eine Trennung
   in die Klassen klinisch normale Prostata, Prostataadenom
   und Prostatakarzinom für eine Screening-Methode erlauben.

Die Ergebnisse zeigten, daß mit Hilfe dieser Methode Adenome
und Karzinome bei 96 % der untersuchten Patienten erkennbar
waren und von normalem Prostatagewebe differenziert werden
konnten. Als Referenz diente bei diesen Untersuchungen der
Palpationsbefund des Urologen.

Einführung

Das Prostatakarzinom steht an dritter Stelle der Krebsmortali-
tät in der Bundesrepublik Deutschland. Neben der subjektiven
rektalen Palpation, die dem Arzt Anzeichen von Organveränderungen
gibt, ist es sinnvoll, nach anderen Untersuchungsmethoden zu
suchen.

Ziel unserer Untersuchungen war, die Wertigkeit der Ultraschall-
methode für die Differentialdiagnose, für Verlaufskontrollen bei
tumorösen Prozessen und ihren Einsatz als Screening-Methode zur
schnellen Trennung zwischen verdächtigen und unverdächtigen Be-
fund bei größeren Patientengruppen zu ermitteln.

An Geräten standen zwei Ultraschallgeräte (COMBISON II Fa. Kretz
(Compoundscanner) und VIDOSON Fa. Siemens (Realtime scanner)),
ein Prozeßrechner (Fa. DEC (PdP 11/34) und ein Videorecorder
zur Verfügung (Abb. 1).

Als Untersuchungsweg bei den Untersuchungen in vivo wurde die
transvesikale Darstellung der Prostata gewählt. Der Abstand
zweier aufeinanderfolgender Organschnittebenen betrug 3 mm
und der Einschallwinkel schwankte je nach Körperbeschaffen-
heit des Patienten zwischen 15⁰ und 20⁰ zur Vertikalen.
Abb. 2 zeigt sowohl die Lage des Organs als auch schematisch
die Untersuchungsmethode. Die Schallfrequenzen, die verwendet
wurden betrugen 2,25 MHz und 4 MHz. Zum Bildaufbau wird ein
angenäherter Linearscan verwendet, die so gewonnenen B-Bilder
werden anschließend auf ein Videoband aufgezeichnet, das
gleichzeitig als Massenspeicher dient. Für die rechnerunter-
stützte Analyse der Videosignale kann das Fernsehbild mit
Hilfe eines speziell dafür entwickelten Interfaces digitalisiert und in eine 512 x 512 Bildpunktematrix eingelesen werden.
Zusätzlich ist es möglich, das nichtdemodulierte Hf-Signal
bzw. das demodulierte A-Signal in den Rechner zu übernehmen.

Zur Ultraschallbilderstellung tragen im wesentlichen Gewebe-
grenzflächen bei die senkrecht zur Schallausbreitungsrichtung
auftreten. Da keine hinreichenden Kenntnisse über die Reflexionseigenschaften der unterschiedlichen Gewebe vorlagen, waren die
Bildmerkmale für verschiedene Bildklassen a priori nicht exakt
zu definieren. Die Untersuchung wurde daher in folgenden Schritten
durchgeführt:

1. Definition einer begrenzten Lernstichprobe, mit dem Ziel
   einer möglichst sicheren Diagnose, wobei als Referenz der
   Palpationsbefund bzw. die histologischen Gewebsuntersuchungen
   dienten.

2. Bestimmung möglichst vieler, scheinbar signifikanter Muster
   im Bild.

3. Erstellen eines adaptiven Klassifikators, der mit einer
   festen Gewichtung der Merkmale beginnt, die im Laufe der
   Klassifikation der Lernstichprobe solange geändert wird,
   bis alle Fehler minimiert sind.

4. Ermittlung der Validität der einzelnen Parameter, um einen
   möglichst trennscharfen Merkmalssatz zu erstellen.

Abb. 3, 4 und 5 zeigen je 1 Beispiel für die Klassen "normale
Prostata", "adenomatöse Prostata" und "karzinogene Prostata".
Die normale Prostata (Abb. 3) zeichnet sich im Innenbereich
durch praktische Echofreiheit aus, das Prostataadenom (Abb. 4)
hingegen erscheint relativ hoch strukturiert. Demgegenüber im-
poniert die karzinogenveränderte Prostata (Abb. 5) durch relativ hohe lokale Echointensität und einer Aussparung im Kapsel-
bereich.

Bildaufbereitung

Die Aufbereitung der Schallbilder soll es dem Arzt erlauben, eine
möglichst sichere Diagnose zu finden. Für die Lösung dieser Aufgabe ist es erforderlich, Bildstörungen und Verzerrungen zu eliminieren, sowie relevante Merkmale im Bild hervorzuheben. Hierfür
wurden die nachstehend beschriebenen Operationen am Digitalrechner
implementiert.

1. Definition eines "region of interest"

Diese Operation besteht in der Eingrenzung des Organbereichs
durch den Arzt am Monitor und reduziert die zu verarbeitende
Datenmenge.

2. Normierung der Bildintensität

Die ortsabhängige Intensität im Bild $x(r,s)$ variiert stark
von Patient zu Patient (Leibesumfang usw.) und hängt darüberhinaus von der Verstärkung der gesamten Gerätekette ab. Um
intensitätsabhängige Parameter zur Diagnose verwenden zu
können, wird $x(r,s)$ durch den Mittelwert $\overline{x^*(r,s)}$ eines festgelegten Organbereichs dividiert.

3. Inverse Filterung

Um die laterale Verzeichnung von Echozonen durch die Form
$H_k(r,s)$ der Schallkeule annähernd zu korrigieren, wurden
die im Wasserbad ermittelten Werte dieser ortsabhängigen
Kopplung zur Bestimmung des Filters $H_i(r,s)$ verwendet.
Die Realisierungsbedingung für $H_i(r,s)$

$$\underline{F}(H_k(r,s)) \cdot \underline{F}(H_i(r,s)) = 1$$

wurde aus numerischen Gründen durch

$$\underline{F}(H_k(r,s)) \cdot \frac{1}{1+\underline{F}(H_i{}^*(r,s))} = 1$$

ersetzt. F charakterisiert die Fouriertransformierte nach
beiden Ortskoordinaten r und s. Die Abb. 6a zeigt das
Schnittbild eines 0,5 mm starken Drahtes im Wasserbad und
das Filterergebnis mit verbesserter Seitenauflösung.

4. Symmetrische Filterung

Die Faltung eines Bildes $x(r,s)$ mit einer beliebig wählbaren
symmetrischen und damit phasenfreien Übertragungsfunktion
$H(r,s)$ erlaubt eine weitgehende Veränderung der Bilder,
wenn man in

$$Y(r,s) = x(r,s) \cdot H(r,s)$$

$$\text{mit} \quad H(r,s) = m_1 \cdot e^{\frac{-(r^2 + s^2)}{B_1^2}} - m_2 \cdot e^{\frac{-(r^2 + s^2)}{B_2^2}}$$

die Parameter m_1, m_2, B_1, B_2 variiert. Für $m_1 B_1^2 = m_2 B_2^2$
und $B_2 > B_1$ werden zwei phasenfreie Bandpaßfilter mit
unterschiedlichen Mittelfrequenzen Um_1 und Um_2 realisiert,
deren Filterergebnisse in Abb.6b und 6c für $Um_2 > Um_1$
dargestellt sind.

Die gefilterte Version des Bildes ermöglicht eine bessere
Trennung der Klassen als das Originalbild.

Die zweite Filteroperation ist so ausgelegt, daß die Bild-
amplitude annähernd proportional zum Anstieg der Intensität im originalen Bild ist.

5. Phasenabhängige Filter

Die Bildbeurteilung kann erleichtert werden, wenn die
Funktion $H(r,s)$ bei der Faltung unsymmetrisch ist. Dadurch entsteht ein Bild, das bei der Betrachtung als
pseudodreidimensional interpretiert wird. $H(r,s)$ ist ein
differenzierendes Ortsfilter, das mit einer nichtlinearen
Kennlinie kombiniert ist. Dadurch lassen sich Intensitäts-
modulationen hervorheben.

Abb. 7 zeigt zwei Beispiele bei unterschiedlichem Verlauf
von $H(r,s)$. Der Winkel des scheinbaren "Lichteinfalls"
kann durch Veränderung von $H(r,s)$ beliebig variiert werden.

6. Äquidensiten

Eine genauere Analyse der schwachen Modulationen im Organ-
bereich wird erleichtert, wenn das tiefpaßgefilterte
Originalbild mit Linien gleicher Intensität versehen wird.
Abb. 8 zeigt ein Beispiel bei erhöhter Bildpunktzahl.

Merkmalsextraktion

Das Problem der Merkmalsextraktion muß auf zwei Wegen gelöst
werden. Die Referenzvektoren werden auf der Basis des ärztlichen Palpationsbefundes bestimmt und die Vektoren $\underline{x}_i$ erhält man aus den Ultraschallbildern. Der Palpationsbefund
berücksichtigt Größe, Konsistenz, Oberflächenbeschaffenheit
und einfache Formparameter. Die Analyse des Ultraschallbildes
läßt Rückschlüsse auf globale und lokale Merkmale zu, welche
in der ersten Phase zusätzlich durch visuelle Untersuchungen
des Bildes am Monitor unterstützt wurden. Reichen die Merkmale aus um eine Trennung der untersuchten Klassen zu ermöglichen, dann kann diese Prozedur vollständig automatisiert
werden.

1. Längsdurchmesser des Organs

2. Anhebung des Blasenbodens

3. Lokale Aussparung der Kapsel

4. Grobparallelfaserige Strukturen im Organinneren

5. Fein diffus faserige Strukturen im Organinneren

Die automatische Bestimmung der Merkmale 4 und 5 durch Viel-
fachkorrelationen der Bilder mit strukturierten Bildern, wobei die Form der Elemente frei wählbar ist (z. B. elliptisch)
die örtlich jedoch statistisch verteilt sind, wird gegenwärtig
implementiert. Nach der Bildübernahme vom Videorecorder in den
Computer werden folgende Parameter entsprechend der Definition
des "Region of Interest" extrahiert.

6. Schnittbildfläche Fg

7. Autokorrelation $\phi_{xx}(0,0)$

8. Standartisierte Signalleistung in "Region of Interest"

$$\phi_{xx}(o,o) / \overline{x(r,s}^{\,2}$$

9. Die Amplitudendichteverteilung $p(x(r,s))$ mit den relevanten ersten drei Momenten oder entscprechendem Zentralmoment

$$E(x(r,s)), \quad E(x(r,s) - \overline{x(r,s)})^2, \quad E(x(r,s) - x(r,s))^3$$

10. Verlauf der Autokorrelationsfunktion entlang einer Linie durch verdächtige Zonen $\phi_{x_r x_r}(r')$.

11. Kohärenzbreite und relative Extrema der Autokorrelationsfunktion $\phi_{xx}(r)$ entlang einer Linie durch die verdächtigen Zonen.

12. Leistung und Energie oberhalb einer Schwelle oder innerhalb eines Amplitudenfensters wird mit Hilfe eines angepaßten Klassifikators getestet.

Klassifikation

Falls $\underline{y}_i$ ein Merkmalsvektor ist, dann besteht die Aufgabe der Klassifikation in der Aufteilung des Merkmalsraumes durch Klassengrenzen, so daß

$$D(\underline{y}_i) \geqslant D(\underline{y}_j) \quad \text{ist} \qquad i,j = 1,2,\dots\dots m, \qquad i \neq j$$

falls $\underline{y}_i$ korrekt klassifiziert wurde; D ist eine diskriminierende Funktion. Im vorliegenden Projekt wurde zunächst ein adaptiver linearer Klassifikator gewählt mit

$$D(\underline{y}_i) = \sum {}^k y_i \cdot {}^k \underline{W}_i + {}^{k+1}\underline{W}_i \qquad k = 1,2,\dots\dots n$$

Die Variable ${}^k W_i$ bezeichnet die k-te Komponente des Referenzvektors $\underline{W}_i$, der mit Hilfe einer Lernstichprobe in Schritten generiert wird entsprechend der Regel

$$\underline{W}_{i,\varsigma+1} = \underline{W}_{i,\varsigma} \qquad \text{falls } \underline{y}_i \text{ richtig klassifiziert wurde}$$

und $\quad \underline{W}_{i,\varsigma+1} = \underline{W}_{i,\varsigma} + c_\varsigma \underline{y}_{i}, \qquad$ falls $\underline{y}_i$ falsch klassifiziert wurde

mit $\quad c_\varsigma = \text{sign} \left[\dfrac{\underline{W}_{i,\varsigma} \, \underline{Y}_{i,\varsigma}^T}{\underline{Y}_{i,\varsigma} \, \underline{Y}_{i,\varsigma}^T} \right]$

Im Falle einer Gauß'schen Merkmalsstörung minimiert die Entscheidungsregel den quadratischen Abstand zwischen dem Referenzvektor und zu klassifizierendem Vektor. Die Entscheidung über eine richtige oder falsche Klassifikation im oben beschriebenen adaptiven Prozeß, basiert auf dem ärztlichen Palpationsbefund. Nach Erstellung des Referenzvektors werden die Bilder in Stufen klassifiziert. Zunächst wurde der Merkmalssatz 1 - 5 angewandt (Teil 1), dann die Parameter 6 - 11 für die Originalbilder, sowie zwei gefilterte Bildversionen (Teil 2) und danach für 60 Patienten der Parameter 12 an intensitätsnormierten Bildern.

Teil 1

Nach Erstellung des Palpationsbefundes von 500 Patienten wurden die Parameter 1 - 5 extrahiert und die Klassen normal, verdächtig und karzinogen unterschieden. Die ärztliche Diagnose ergab

- a) 97 Patienten normal
- b) 324 Patienten adenomatös oder karzinogen verändert
- c) 79 Patienten unspezifisch verdächtig (Prostatitis, Kongestion usw.)

Falls $P(N/A+C)$ die Wahrscheinlichkeit charakterisiert, daß ein Patient, der als normal klassifiziert wurde, trotzdem ein Adenom oder Karzinom (falsch-negativ) hat, erhält man folgende Ergebnisse für falsche Klassifikation. Im Falle der eindeutigen Diagnose

$$P(N/A+C) = 3,2 \ \% \ (\text{falsch-negativ}),$$
$$P(A+C/N) = 7,4 \ \% \ (\text{falsch-positiv}).$$

Falls die unspezifisch verdächtigen Fälle in die Betrachtung mit einbezogen werden, dann ist $P(N/A+C) = 7,2 \ \%$

Teil 2

Die Klassifikation der Bilder von 198 Patienten mit den Merkmalen 6 - 11 ergab einen Fehler von 11,9 % für das 2-Gruppenproblem (normal/verdächtig) bei den Originalbildern und 10 % für die gefilterte Version (F) und 14 % für die gefilterte Version (G).

Teil 3

Benutzt man das Merkmal 12 für intensitätstandardisierte Bilder, so ergibt sich für das 2-Gruppenproblem ein Fehler von 0 %. Der Hauptfehler beim 3-Gruppenproblem ergibt sich zu 7 %. Zu bemerken ist jedoch, daß kein Karzinom falsch klassifiziert wurde. Falls die Merkmale für die 3 untersuchten Gruppen partiell unabhängig voneinander sind, ist zu erwarten, daß die Fehlerrate durch Kombination mehrerer Merkmale miteinander reduziert werden kann. Dies ist Gegenstand momentaner Untersuchungen, die jetzt gerade begonnen haben.

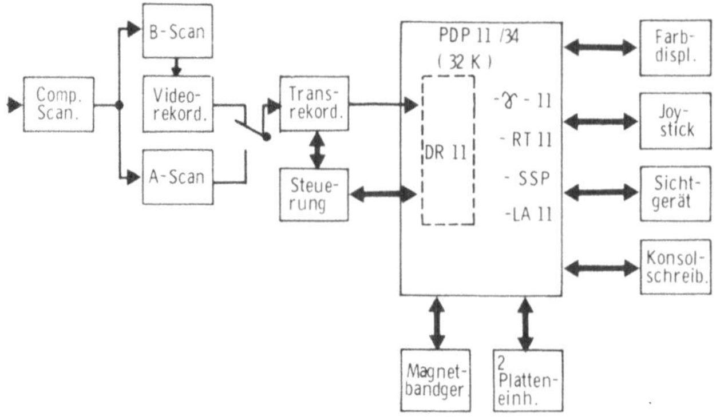

Abb. 1   Verwendete Gerätekette

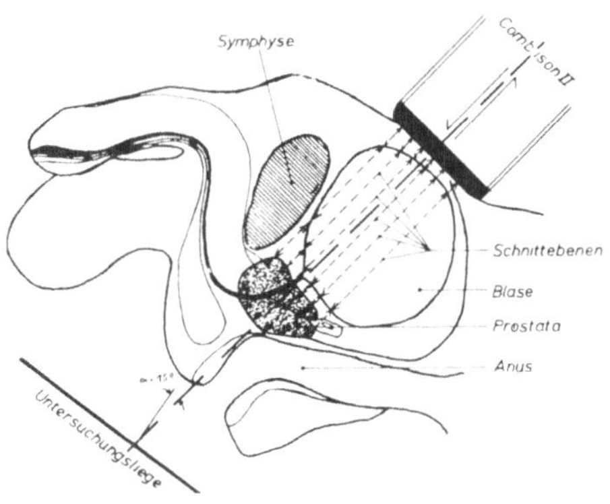

Abb. 2   Untersuchungsmethode

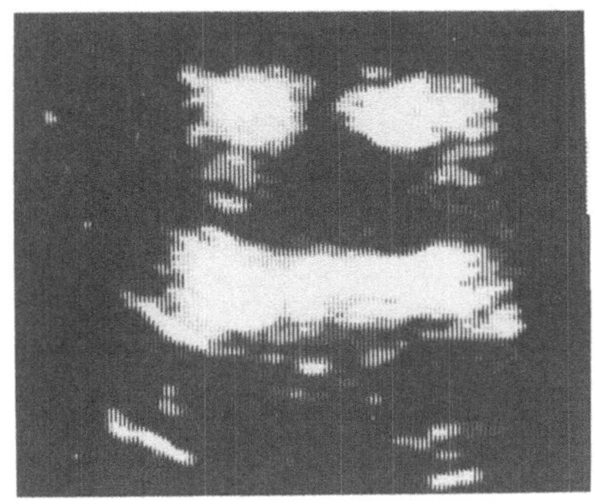

Abb. 3

Schallbild einer
normalen Prostata

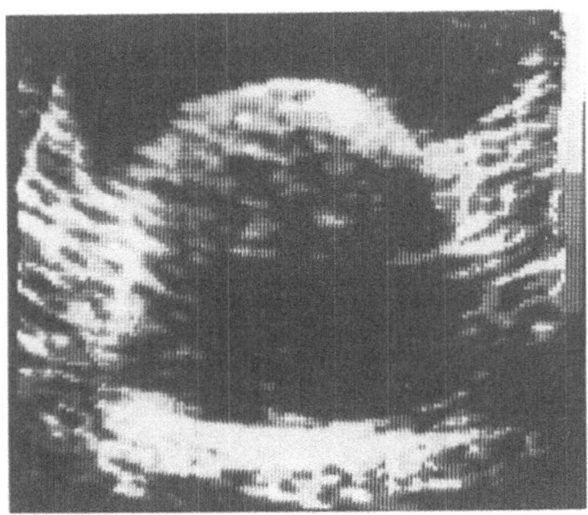

Abb. 4

Schallbild eines
Prostataadenoms

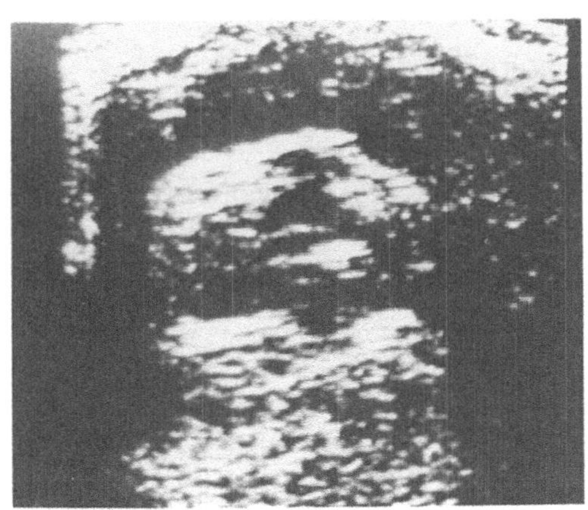

Abb. 5

Schallbild einer
Karzinogen veränderten
Prostata

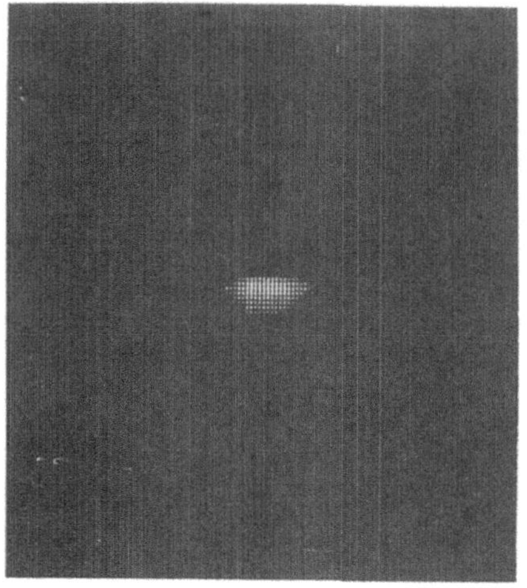

Abb. 6a   Querschnittsbild eines Drahtes vor und nach
der inversen Filterung

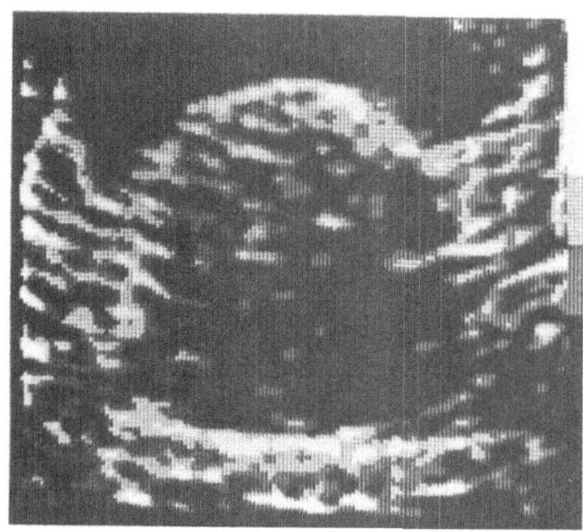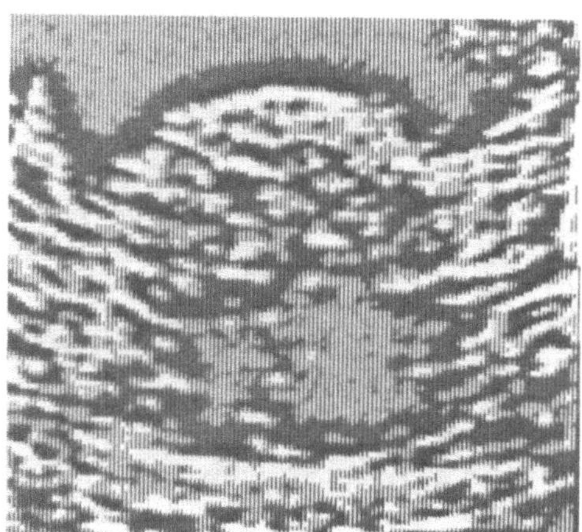

Abb. 6b   Bandpaßgefiltertes Schallbild (Prostataadenom)

Abb. 6c   Bandpaßgefiltertes
Bild $(U_{m_2} \quad U_{m_1})$

(Prostataadenom)

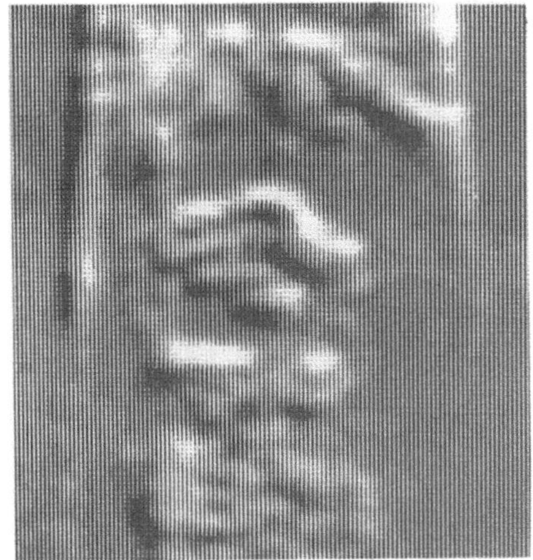

Abb. 7   Filterung mit unsymmetrisccher
          Funktion H(r,s)

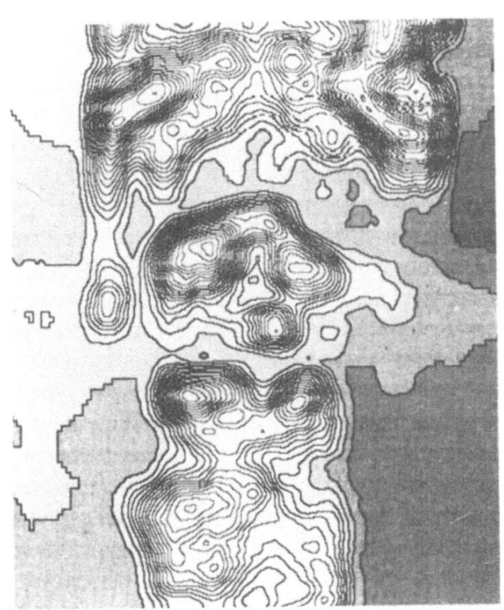

Abb. 8   Äquidensitendarstellung in einem
          tiefpaßgefilterten Bild (karzinogen
          veränderte Prostata)

<u>Literaturverzeichnis</u>

1. Gaca, A., Loch, E.G., Scheiding, U., von Seelen, W. und Wessels, G.: Ultraschalluntersuchungen der Prostata zur Erkennung von Tumorerkrankungen. Report BF-R-62.991-3 (1977). (This report contains a comprehensive list of the relevant literature).

2. Fu, K.S.: Digital pattern recognition. Springer-Verlag, Berlin, Heidelberg, New York (1976).

3. King, W.W. et al.: Current status of prostatic echography, JAMA, Oct. 22, Vol. 226, No. 4 (1973).

4. Takahashi, H. and Ouchi, T.: Ultrasonic diagnosis in the fielt of urology. First Report, Tokyo, Japanese Medical Ultrasonics, pp. 7-10 (1963).

5. Takahashi, H. and Ouchi, T.: Ultrasonic diagnosis in the field of urology. Second Report,Tokyo, Japanese Medical Ultrasonics, pp. 35-37 (1964).

6. Watanabe, H. et al.: Development and application of new equipment for transrectal ultrasonography. Journal of Clinical Ulltrasound, Vol. 2, No. 2.

7. Watanabe, H. et al.: Diagnostic application of ultrasonography to the prostate. Invest. Urol. 8., 548-559 (1971).

ANHANG

AUFSTELLUNG VON DIGITALEN BILDVERARBEITUNGSSYSTEMEN

IN DER

BUNDESREPUBLIK DEUTSCHLAND

(OHNE ANSPRUCH AUF VOLLSTÄNDIGKEIT)

INSTITUT und Ansprechpartner	Art des Gerätes für Bildeingabe (E) Bildausgabe (A)	Zahl der Bildpunkte (Bildgröße)	Bildformat (cm)
GSF, Inst.f.Strahlenschutz z.H. Dr. W. Abmayr Ingolstädter Landstr. 1 8042 Neuherberg	E: TV E: Photometer A: TV-Monitor A: Plasma Panel	512 x 312 256 x 256 512 x 312 512 x 512	Mikroskop-bilder
DFVLR, DIBIAS z.H. Dr. E. Triendl 8031 Wessling	E: Trommel E: Dissector A: Trommel A: Flying spot A: TV (Comtal)	2000x1600 2048x2048 2000x1600 2048x2048 512x512	20 x 20 6 x 6 20 x 20 6 x 6 30 x 30
Inst.f.Physikal.Elektronik z.H. E.R. Reinhardt Böblinger Str. 70 7000 Stuttgart 1	E: TV-Mikroskop TV-Makro A: TV-Monitor	$1{,}6 \times 10^5$	

Inst.f.Meteorologie der FU z.H. E. Hilt Pobielskiallee 62 1000 Berlin 33	E: Radiometer
	   VHF
	A: Chromagraph
	   d. Fa. Hell
		$5{,}5 \times 10^6$	max.
			22 x 34 cm

Zentralstelle für Geo-Photogrammetrie und FE z.H. S. Fernandez Luisenstraße 37 8000 München 2	Multispektral	$6{,}9 \times 10^6$	
Max-Planck-Inst. Forschungsst. Neurochemie z.H. Dr. L.G. Zimmer Hermann-Rein-Straße 3 3400 Göttingen	E: Scanning-Mikro-skop-Photo-meter A: CRT-Display	$1{,}2 \times 10^5$ 512 x 512	3 x 4 (max.) 16 x 16
Inst.f. Geophysik z.H. Dr. J. Schopper Postfach 2 30 3392 Clausthal-Zellerfeld	Photometer	$1{,}2 \times 10^5$	

Graustufen	Abtastgeschwindigkeit (Punkte/sec)	Rechner	Bemerkungen Typische Objekte	Magnetband
256 256 256 1	10 M 10 K	Siemens 330 Siemens 4004/151	Zellpräparate	9-Spur 800 bpi
256 256 Farbe 256 256 Farbe	4.000 10.000 4.000 10.000	Interdata 80 und 8/32 AMDAHL 470	Erdoberfläche	9-Spur 800 bpi 1600 bpi
256 64 Farbe digit. Shading- Korrektur	10 M	CAI -LSI 2/20 CAI -LSI 4/90	Zellpräparate Röntgenbilder Satellitenbilder	9-Spur 800 bpi
256	4 k	PDP-11/40 PDP-11/45	Satellitenbilder	9-Spur 800 bpi
256	100 k	PDP-11/40	Erdoberfläche	9-Spur 800 bpi 1600 bpi
4096/512	200	PDP-12	Chromatogramme	Dectape
	50	"SYSTEMES 72" (Bildabtastung) TR 440 (Bildanalyse)	Gesteinsschliffe	7-Spur 9- " (sek.) (Binärbild- daten) 9-Spur (Analysedaten)

INSTITUT und Ansprechpartner	Art des Gerätes für Bildeingabe (E) Bildausgabe (A)	Zahl der Bildpunkte (Bildgröße)	Bildformat (cm)
Philips GmbH Forschungslaboratorium z.H. Dr. Dr.Spiesberger Postfach 54 08 40 2000 Hamburg 54	E: IDT E: Trommel A: Storage Tube A: Trommel	2048x2048 14000x17200 2048x2048 17200x22000	5,4 x 5,4 35 x 35 19 x 19 43 x 55
Max-Planck-Inst. für Biophysikalische Chemie z.H. Dr. S. Eins Am Faßberg 3400 Göttingen	E: TV	5×10^5	10^{-4} (mikroskopisch) 10^{-1} (makroskopisch)
III. Physikal. Institut z.H. Prof. W. Lauterborn Bürgerstr. 42-44 3400 Göttingen	E: IDT A: Tektronix 4014	$1,6 \times 10^7$ 4096x4096	
Lehrstuhl f. Theoretische Nachrichtentechnik und Informationsverarb. d. TU z.H. Prof. Dr. E.C.Liedtke Callingstr. 32 3000 Hannover	E: Flying spor A: BB-TV E: BB-TV E: SB-TV A: SB-TV	$2,6 \times 10^5$ $2,6 \times 10^5$ $2,6 \times 10^5$ $5,8 \times 10^4$ $5,8 \times 10^4$	3,6 x 2,4 47 x 32 11,7 x 10,5

DFVLR-GSOC z.H. H. Engel 8031 Wessling	E: Digitalmagnetband, HDDT
	E: Video-Signal
	A: Trommel
	  : TV-Monitor
	  : Video-Kassette Band
		
		5000 x 5000
		512 x 512
			
			50 x 32

Lehrstuhl f.Informatik Univ. Erlangen-Nürnberg z.H. H. Bunke 8520 Erlangen	E: IDT	$1,6 \times 10^7$	

Graustufen	Abtastgeschwindigkeit (Punkte/sec)	Rechner	Bemerkungen Typische Objekte	Magnetband
256 256 64 256	28 KHz-780 Hz 30 KHz	Philips P 880 (P 1400)	Röntgenfilme	9-Spur 800 bpi
64/	5 M	HP 9830	Histologische Präparate, Autoradiographien, Mikro- und Makrofotographien	Cassette
1024/512	100 k	Honeywell H 632	Hologramme	7-Spur 800 bpi
256 Farbe 256 " 256 256 256	10 M 10 M 2 M	PDP-11/45	Farbdias Fernsehszenen 25 Bilder/sec 30 sec Dauer	9-Spur 800 bpi
128	25.000	Krantz Mulby 3/35 Amdahl 470 V/6	Interaktives System f. Meteorologische Bilddatenverarbeitung Erdoberfläche	9-Spur 800/1600/ 6250 bpi
256	100 k	PDP 11/34	Linienzeichnungen Grauwertbilder	

INSTITUT und Ansprechpartner	Art des Gerätes für Bildeingabe (E) Bildausgabe (A)	Zahl der Bildpunkte (Bildgröße)	Bildformat (cm)
Labor f.Feldarchäologie Rheinisches Landesmuseum Dr. I. Scollar Colmantstr. 14 5300 Bonn	E: Trommel A: Trommel A: TV Farbe A: TV S/W	$6,7 \times 10^7$ $6,7 \times 10^7$ 512×512 512×512	25 x 25 25 x 25 30 x 30 20 x 20
Sonderforschungsbereich 149 Inst.f. Photogrammetrie und Ingenieurvermessungen TU Hannover z.H. Prof.Dr.-Ing.G.Konecny Nienburgerstr. 1 3000 Hannover	E: Trommel E: TV A: Trommel	$3,4 \times 10^8$ $3,9 \times 10^5$ $3,4 \times 10^8$	bis 23 x 23 bis 50 x 50 bis 23 x 23
FO Ges. Angew. Naturwis- senschaften FO Inst. f. Informations- verarbeitung u. Mustererk. z!H. Prof.Dr. H. Kaczmierczak Breslauer Str. 48 7500 Karlsruhe	E: DICOMED E: TV-Kamera E: Laser-Scanner A: Comtal A: Großflächen- display	bis 2048x2048 Fernsehnorm 2-5 n, 20x20 512 x 512 4000 x 4000	 20 x 20 32 x 32 bis 2x2 m
Fachbereich Informatik Univ. Hamburg Schlüterstr. 70 2000 Hamburg 13	E: TV A: Faksimileschr. A: TV (Comtal)	574 x 512 574 x 512 256 x 256	

Graustufen	Abtastge-schwindig-keit (Punkte/sec)	Rechner	Bemerkungen Typische Objekte	Magnetband
256 256 256 Farben 256 S/W	16 k 16 k	PDP-11/70 11/10 Ramtek GX100B	Luftbilder s/w Filme Röntgenfilme	9-Spur 800 bpi
256	$2,9 \ 10^4$	LSI 2/20	Erd/Wasserober- fläche Satellitenbilder konv. Luftbilder	9-Spur 800 bpi
4 Primär- farben	bis 10.000 Fernsehnorm	CDC 330 PDP 11/45 11/70	Fernerkundung (Scanner) Luftbilder Wärmebilder	7-Spur CDC 9-Spur 800 560 800 bpi 1600 bpi
256 12-15	300 k 3 min/Auf- nahme	Mincal 621 (PDP-10)	Labor- und Real- weltszenen	7/9-Spur 800/1600 bpi